गीता लड़ी कुरान से

न भूतो: न भविष्यति:

वीरेंद्र शर्मा

Made with ♥ on the Notion Press Platform
www.notionpress.com

क्रम-सूची

क्रम-सूची

प्रस्तावना

इस किताब में मैंने मनुष्य के भीतर और बाहर के सत्य की जटिलताओं को सरल करने की कोशिश की है। अपने सत्य को समझने और स्वीकार करने का साहस हो, जब अपने असली मुख को 'सत्य' के दर्पण में देखने का दम रखते हो केवल तभी इस किताब के भीतर कदम रखो।

"गीता लडी कुरान से" मानवता के हृदय में गहरे मूल्यों को स्थापित करने का एक विनम्र प्रयास है। यह अजर अमर अविनाशी शाश्वत 'सत्य' का उद्घोष करती है। यह स्पष्ट करती हैं कि मानव धर्म सभी धर्मों से सर्वोपरि है। यह प्रेम और भाईचारे के अटूट बंधन की वकालत करती है। यह हमें सिखाती है कि मतभेदों से परे जाकर हम एक ऐसे सामंजस्यपूर्ण विश्व का निर्माण कर सकते हैं जहाँ प्रत्येक व्यक्ति सम्मान और करुणा का अनुभव करे। इसके पृष्ठों में निहित ज्ञान हमें स्वार्थ और पूर्वाग्रहों से ऊपर उठकर दूसरों के प्रति सहानुभूति और समझ विकसित करने के लिए प्रेरित करता है।

भीतर आप ऐसे विचार और दृष्टांत पाएंगे जो आपको स्वयं के वास्तविक 'सत्य' से परिचित करवाते जाएंगे। आप व्यावहारिक संतोष का अनुभव करने और सभी मनुष्यों को भेद-भावो से ऊपर उठकर केवल मनुष्य के रूप में देखने के लिए प्रोत्साहित होंगे।

यह किसी विशेष पुस्तक, व्यक्ति, धर्म, जाति, संप्रदाय, देश या स्थान से संबंधित या केंद्रित भी नहीं है ना ही इस रूप में देखी जानी चाहिए। यह उन सार्वभौमिक सिद्धांतों पर आधारित है जो सभी मानवीय आध्यात्मिक परंपराओं में निहित हैं।

हर एक जीवित मनुष्य के साथ सम्पूर्ण विश्व शांतिपूर्ण, सामंजस्यपूर्ण और परस्पर प्रेम से परिपूर्ण हो यही इस पुस्तक की रचना का एकमात्र उद्देश्य है।

किसी भी जीवित या मृत व्यक्ति, धर्म, जाति या सम्प्रदाय की आस्था या विश्वास को प्रत्यक्ष या अप्रत्यक्ष किसी भी रूप में ठेस पहुंचाना या सही या ग़लत ठहराना इस पुस्तक का उद्देश्य बिल्कुल भी नहीं है। यहां सिर्फ व्यक्तिगत अनुभवो के आधार पर कुछ तथ्य प्रस्तुत किए गए हैं जिसके निष्कर्ष पाठकों के स्वविवेक पर पूर्णतया निर्भर है।

यह एक पुस्तक मात्र नहीं है यह मेरे अनुभवो की एक जीवंत लंबी यात्रा है। समय इतनी तेजी से निकला है कि उस 'सत्य' उस 'ईश्वर' को समझने के वर्षों के इन प्रयासों में लगता है कि मैं बहुत कम ही समझ सका हूं। हां, यह भी समझ आया कि 'सत्य' अनुभव का विषय है, समझने का तो यह विषय ही नहीं है। दशकों बाद आज मैं स्वीकारता हूं कि 'सत्य' समझ से बहुत बड़ा है।

जिम्मेदारियों के निर्वहन और रोजमर्रा की कस्मकस में मैं इतना ज्यादा व्यस्त रहा हूं कि लगभग आधा जीवन खो चुका हूं। पर हां, एक एक बूंद थोड़ा थोड़ा समय 'नित्य' मैंने 'सत्य' को निष्ठा से दिया है। इस अनुशासन में मुझे कोई मेडल, सर्टिफिकेट प्रमाणपत्र या एक रूपया भी नहीं मिला है। पर हां, उस बनाने वाले की दया से 'आंनद' बहुत मिला है।

सब किताबे पहले अनुभवों की डगर से गुजरती है फिर कहीं जाकर शब्दों में रचती है सजती है संवरती है। हमारे 'सत्य' का भी एक 'सत्य' है जो मैं हृदय की सच्चाई से लिख रहा हूं कि 'प्रेम' और 'आभार' एक हृदय से दूसरे हृदय तक बिना शब्दों के भी पहुंचते है। मैं निश्चिंत हूं जानता हूं कि पुस्तक हर उस हृदय तक पहुंचेगी जिसको इसकी तलाश है। क्यों ? क्योंकि प्यास और पानी का बार बार मिलना टाला नहीं जा सकता यही अटल 'सत्य' है यही नियति है।

जिस 'प्रेम' ने बड़े प्रेम से मुझे हृदय के एक एक शब्द सिखाए उसके चरणों में ही अपनी 'लेखनी' रखकर मैं इस पुस्तक रूपी 'युद्ध' का शंखनाद करता हूं।

इस पुस्तक में मेरी कलम उस 'सर्वशक्तिमान ईश्वर' को लिखने का एक छोटा सा प्रयास करती है और इसके लिए गुरुचरणों के पश्चात अब उस परमात्मा के ही सम्मुख नतमस्तक है और सामर्थ्य के आशीर्वाद की अभिलाषा करती है।

इस प्रयास में मेरी कलम की सबसे बड़ी चुनौती यह है की जो 'अलेख' है उसे 'लिखना' है, जो 'धार्मिक-अधार्मिक' मतो में विभिन्न रूपों से 'विभाजित' है उसे 'एक' करना है। जो युग युगान्तर से 'रहस्य' है उसे 'उजागर' करना है। जिसके नाम पर आज लाखों लोग मर रहे हैं, एक-दूसरे को मार रहे हैं, उस परम 'सत्य' से साक्षात्कार करना है।

यह मेरे समक्ष पहली चुनौती नहीं है, हां इस बार बेशक थोड़ी बड़ी है। आपकी ही भांति मैं भी एक मनुष्य हूं। इस क्षण अपने भीतर के इस पारब्रह्म परमेश्वर को साक्षी मानकर मैं इस पुस्तक का शुभारंभ करता हूं और अपने हृदय से आपके हृदय के लिए सब सार शब्द लिखता हूं।

- वीरेन्द्र शर्मा

1

रणक्षेत्र !

सावधान पार्थ: ये कलियुग है। अपना गांडीव संभालो ! आगे 'सत्य' खड़ा है ! कैसा 'सत्य' केशव ?

वहीं जिससे मनुष्य आज भाग रहा है !

क्या यह दुर्योधन के अधर्म का सत्य है केशव ? कदाचित नहीं ! ये तत्व ज्ञान के मर्म का सत्य है मित्र ! यह हम सभी का अपना सत्य है !

इसे देखकर आप इतने चिंतित क्यों है केशव ? हे अर्जुन, क्योंकि इस लोक में या परलोक में भी इस 'सत्य' की काट किसी के पास नहीं है ! स्वयं महाकाल भी इसके सम्मुख नतमस्तक हैं !

अगर यह इतना ही शक्तिशाली है तो क्या हमें इससे युद्ध नहीं करना चाहिए प्रभु ?

यह तो अब प्रश्न ही नहीं है मित्र, क्योंकि इस जीवन का प्रथम स्वांस लेते ही हम इस युद्ध में शामिल हो चुके हैं ! आज हमारी ही तरह इस धरा का प्रत्येक जीवित मनुष्य इसका भागीदार है !

हे केशव, जब हमने उस भयावह महाभारत को जीत लिया तो यह युद्ध हमारे समक्ष कितनी देर टिकेगा ?

समय इस बार यही तो देख रहा है मित्र, इस मूल प्रश्न का उत्तर की इस बार इस परम 'सत्य' के समक्ष जीवन के इस कुरूक्षेत्र में हम कितनी देर टिकेंगे ?

हे केशव, कृपया मेरे भ्रम का नाश करें और शंकाओं का निवारण करें ! इस युद्ध की तैयारी हेतु मुझे वास्तविक 'सत्य' का ज्ञान दें और कलियुग का सारांश दें प्रभु !

हे भरतवंशी अर्जुन, 'सत्य' की गली कामी क्रोधी लोभी लालची दम्भी मनमत या कायरो के लिए नही है ! यहां सिर्फ छल कपट रहित बालक का हृदय रखने वाले 'सत्य' को स्वीकार करने वाले स्वयं से नजरें मिला पाने वाले शूरमा ही प्रवेश करते हैं।

आज यहां इस युग में ईश्वर विवाद का विषय बन गया है। धर्म के नाम पर लोग राजनीतिक रोटियां सेंक रहे है। समाज में जानबूझकर जहर घोला जा रहा है। आदमी अपने से ही दूर हो रहा है। नैतिकता मर गई है। अश्लीलता विषाणु की तरह फैल रही है। पुस्तकें पुस्तकालयों के सन्नाटों में पड़ी है। लोगों की मेहनत इंटरनेट की अश्लीलता को छूकर चुपचाप नालियों में बह रही है।

स्वतंत्रता और आधुनिकता के नाम पर मर्यादाएं टूट रही है। धूर्त लोग धन कमाने के लिए मासूमो को द्यूतक्रीड़ा, मदिरा और अश्लीलता की लत लगा रहे है। यहां इतिहास उपद्रव और उत्पात के लिए प्रयोग हो रहा है। यहां भविष्य खोखला हो रहा है, वर्तमान सिर पीट पीट कर रो रहा है पर लोगों के बधिर कर्णो में आवाजें नहीं आती क्योंकि सबका अंतर्मन सो रहा है। यहां 'सत्य' को न्यायालयो में खरीदा और बेचा जाता है। रक्षक ही भक्षक बन गए हैं। पालनहार ही गिद्धों की तरह नोच नोच कर खा रहे हैं। इस अंधकार में आशा का अंतिम दीया भी बुझा दिया गया है। यहां लोग भोगों में लिप्त है इस बात से अंजान कि काल धीरे धीरे सभी को खा रहा है। ना मेरे पास समय है बताने का ना तुम्हारे पास समय है बुझाने का पर यहां सभी के जीवन में एक अदृश्य भयावह आग लग गई है। भीतर से हर कोई जल रहा है गल रहा है पिघल रहा है।

हे केशव, यदि कलियुग चरम पर है तो कृपया मनुष्यो की मुक्ति का रहस्य बताएं ? मुक्ति और परम संतुष्टि तो पहले से ही मनुष्य के भीतर है पार्थ ! विलाप सिर्फ इतना है कि अपने कल्याण में आज मनुष्य स्वयं ही सबसे बड़ी बाधा बन चुका है।

पार्थ, वर्तमान को बचाने और भविष्य को संवारने की जिम्मेदारी आज मेरी भी है पर तुम्हारी भी है। हम इस कर्मभूमि से आज भी भाग नहीं सकते अन्यथा अपना दायित्व ना निभाने की कायरता के कृत्य के लिए अपने पूर्वजो को क्या जवाब देंगे और आने वाली पीढ़ियों को क्या मुंह दिखाएंगे ?

हे कुंतिपुत्र ! अगर आज तुमने कमर नहीं कसी, अगर आज तुम्हारा रक्त नहीं खौला तो स्वीकार करना इस सत्य को कि तुम शेर नहीं सियार हो।

या तो बढ़ो, लड़ो और जीतो फिर 'असत्य' से इस जीवन युद्ध को और शूरवीर की तरह 'सत्य' के लिए अपनी गर्दन कटार पर रख दो अन्यथा जाओ कायरों की तरह 'माया' के रचे किसी भोग में अपना मुंह छिपाओ। 'सत्य' की तरफ जो एक कदम बढ़ा नहीं सकता उसके जीवन पर वैसे भी सहस्रो बार धिक्कार है।

समय यहीं रहेगा, मनुष्य बीत जाएंगे, नई पीढ़ियां आएंगी, नई सदियां आएंगी, नए मनुष्य आएंगे, तकनीक और परिस्थितियां बदल जाएंगी पर मेरे हृदय से कहा एक एक शब्द हर उस मनुष्य को समझ में आएगा जो अपने हृदय को, जो अपने आप को समझना चाहेगा। परमात्मा बहुत बड़े हैं और मेरी सामर्थ्य बहुत छोटी है, पर अपने हृदय के इस मटके में थोड़ा सा प्रेम का जल मैंने भर दिया है और अगर आप भी मेरी तरह छल-कपट को त्यागकर बालक का हृदय लेकर अपने भीतर स्थित मटके में झांकेंगे, तो मैं सच कहता हूं आपको भी उस सूर्य

- चंद्रमा - पृथ्वी - ब्रह्मांड के साथ साथ वह परमपिता परमेश्वर इसमें नजर आएंगे।

पर हां, एक नियम याद रखना जब भीतर ईश्वर के लिए प्रेम हो, उसे जानने समझने की जिज्ञासा हो तभी आगे बढ़ना। यह कोई मनोरंजन नहीं है यह हृदय रंजन है। यह ईश्वर के विषय में हमारे दृष्टिकोण को और परिपक्व करने के बारे में है। बडी विरोधी बात है कि गीता में जिस ईश्वर को मन और बुद्धि से परे बताया गया है उसको समझने और उस तक पहुंचने के अनेक मार्गों में से मेरी कलम भी एक मार्ग है। ईश्वर की कल्पना नहीं उसके साक्षात्कार के लिए पढ़ना, भौतिक जीवन की समस्याओं के साथ नहीं हृदय की सहजता सरलता और स्थिरता से पढ़ना। कहीं मेरे शब्द कुछ कठोर लगे तो बड़े हृदय से क्षमा करना। शब्दों से अधिक भावों पर ध्यान देना, मेरे मित्र इस यात्रा में थक ना जाओ कहीं तुम इसलिए बीच बीच में थोड़ा थोड़ा विश्राम भी करना।

2
आनंदशाला !

एक तरफ वह ईश्वर नर और नारी दोनों में है और दूसरी तरफ वह स्वयं किसी एक लिंग से बंधा भी नही है। वह साधन भी है साध्य भी है, बंधन भी है और बाध्य भी है पर सिर्फ एक वही है जो परम स्वतंत्र भी है।

समय की धाराओं में वही शुक्ल पक्ष भी है वही कृष्ण पक्ष भी है। पूजा की विधियों में वही वैदिकी भी है वही तांत्रिकी भी है। वही उत्तरायन भी है वही दक्षिणायन भी है। वही ब्रह्मांड का रचयिता ब्रह्मा भी है, वही पालनकर्ता विष्णु भी है, वही संहारक विनाशकर्ता शिव भी है। वही विद्या रूप में सरस्वती भी है, वही धन लक्ष्मी भी है, वही महागौरी भी है। पृथ्वी भी वही है, आकाश भी वही है, वही पाताल भी है। वही हमारा सत्वगुण है वही रजोगुण है वही हमारा तमोगुण भी है। वही हमारे भीतर और हमारे बाहर चर अचर सभी रूपों में ठोस भी है द्रव्य भी है और वायु भी वही है। वही इस सारी रचना का प्रारंभ भी है मध्य भी है वही अंत भी है।

वही हमारी सारी अवस्थाएं भी है, वही बचपन भी है, जवानी भी है, वही बुढ़ापा भी है। वही देवता भी है, वही दानव भी है, वही मानव भी है। वही इडा भी है, वही पिंगला भी है, वही सुषुम्ना भी है। सवेरा भी है, मध्याहन भी है, संध्या भी वही है। वही इच्छा शक्ति भी है, ज्ञान शक्ति भी है, वही क्रिया शक्ति भी है। वही बद्रीनाथ, जगन्नाथ पुरी, रामेश्वरम भी है, वही द्वारिका भी है। वही सनत, सनातन, सनंद, सनत कुमार, मुनि भी है। वही ब्राह्मण भी है, क्षत्रिय भी है, वैश्य भी है, शुद्र भी वही है। एक तरफ वही सब जातियां भी है और दूसरी तरफ वही सब जातियों से परे भी है। वही सर्वश्रेष्ठ नीति भी है, वही साम भी है, दाम भी है, दंड भी है, वही भेद भी है। वही सामवेद, ऋग्वेद, यजुर्वेद और अथर्ववेद भी है। वही माता, बहन, पत्नी, पुत्री, पिता, भाई, पति और पुत्र भी है। वही सतयुग भी है, त्रेता भी है, द्वापर भी है, कलयुग भी वही है। वही सुबह, शाम, दिन और रात भी है। वही उर्वशी, रंभा, मेनिका और तिलोत्मा भी है। स्वयं शिक्षक भी वही है, वही स्वयं शिष्य भी है।

वही प्राणी रूप में जलचर, थलचर, नभचर और उभयचर भी है। वही जीव रूप में अंडज, पिंडज, स्वेदज, उद्भिज भी है। वही वाणी का ओमकार भी है। अकार, उकार, मकार भी वही

है। वही ब्रह्मचर्य, गृहस्थ, वानप्रस्थ भी है, वही जीवन का संन्यास भी है। प्यास भी वही है और तृप्ति भी वही है। भूख भी वही है, संतुष्टि भी वही है। वही भोज्य, खाद्य, पेय, लेह्य भी है, वही चोष्य भी है। वही धर्म भी है, अर्थ भी है, काम भी है और मोक्ष भी वही है। वही वाद्यों में तत, सुषिर, अवनद्ध भी है, वही घन भी है। वही है जो पृथ्वी, आकाश, अग्नि, जल, वायु के पांच रूपों में समाहित भी है। वही देवताओं में गणेश, दुर्गा, विष्णु, शंकर और सूर्य भी है। वही हमारी त्वचा, जीभ, कान, नाक, आंख रूपी सब ज्ञान इंद्रियां भी है। वही हज भी है, वही रोजा भी है, वही जकात है, नमाज है, शहादत है, वही इबादत भी है। वही हदीस है, वही कुरान की आयत भी है। वही धैर्य है, वही आभार है, आशा है, तौबा है, वही जिहाद भी है।

वही ध्वनि, स्पर्श, गंध, रूप, रस, पंच कर्म भी वही है। वही हमारी उंगलियों में अंगूठा, तर्जनी, मध्यमा, अनामिका और कनिष्ठा भी है। वही पूजा भी है और वही पूजा विधि हेतु गंध, पुष्प, धूप, दीप और नैवेद्य भी है। एक तरफ वही विष भी है, तो दूसरी तरफ वही शक्कर, शहद, घी, दही और दूध का अमृत भी है। वही ब्रह्मराक्षस, कुष्मांड, बेताल, पिशाच भी है, वही भूत प्रेत भी है। वही स्वाद रूप में कड़वा, खारा, खट्टा, तीखा और मीठा भी है। वही वायु रूप में प्राण, अपान, व्यान, उदान और समान भी है। वही उज्जैन के सिद्धवट, प्रयागराज के अक्षयवट, बोधगया के बोधीवट, वृंदावन के वंशीवट और गया के साक्षीवट के रूप में पांचो पवित्र वटवृक्ष भी है। वही पवित्र अशोक, गूलर, बरगद, पीपल और आम का पत्ता भी है। कन्या रूप में वही द्रौपदी, कुंती, मंदोदरी, तारा और अहिल्या भी है। ऋतु रूप में वही शिशिर, वसंत, शरद, वर्षा, ग्रीष्म और शीत भी है। ज्ञान रूप में वही शिक्षा, कल्प, व्याकरण, निरुक्त, छंद और ज्योतिष भी है। कर्म रूप में वही देव पूजा, गुरु उपासना, स्वाध्याय, संयम, तप और दान भी है।

वही दोष रूप में आलस्य, मोह, मद, क्रोध, काम और लालच भी है। वही छंद रूप में जगती, त्रिष्टुप, पंक्ति, वृहति, अनूष्टुप, उष्णिक और गायत्री भी है। वही स्वर रूप में सा, रे, ग, म, प, ध और नि भी है। वही सुर रूप में षड्ज, ऋषभ, गांधार, मध्यम, पंचम, धैवत और निषाद बनकर सभी दिशाओं में गूंजता भी है। वही हमारे भीतर विराजित सातों चक्र सहस्त्रार, आज्ञा, विशुद्ध, अनाहद, मणिपुर, स्वाधिष्ठान और मूलाधार भी है। रवि, सोम, मंगल, बुध, गुरु, शुक्र और शनि रूप में वही सातो वार भी है। वही गौशाला, घुड़साल, हाथीसाल, राजद्वार, बाम्बी, नदी संगम और तालाब की मिट्टी भी है। वही जम्बु, प्लक्ष, शाल्मली, कुश, क्रौंच, शाक और पुष्कर द्वीप भी है, वही सातो महाद्वीप भी है। वही मित्र भी है, वही शत्रु भी है, वही भूत भी है, वहीं वर्तमान भी है, वही भविष्य भी है, वही बीता हुआ कल भी है, आज भी है, अब भी है और आने वाला कल भी वही है। वही आदत भी है, वही क्रिया भी है, वही विचार भी है, वही शब्द भी है, वही किताब भी है, वही प्रश्न भी है, वही उत्तर भी है, वही मैं भी हूं और इस किताब में उसे समझते समय यह भूलना नही मित्र कि वही तुम भी हो।

3

रिदयगाथा !

सभी के दृष्टिकोण में समय की गति बराबर नहीं रहती, बचपन में यह निम्न, युवावस्था में मध्यम और वृद्धावस्था में उच्चतम वेग की लगने लगती है परंतु वास्तविकता में तो समय एकसमान ही है। मेरे जीवन में भी चेहरे बदलते रहे है, इतने वर्षों में हर व्यक्ति जो मुझसे मिला वह किसी चीज की तलाश में था, पर माया की तलाश या मायापति की ? उन सभी चेहरों की संतुष्टि के क्या मानक थे क्या मापदंड थे ? सभी की आंखों में मैंने सिर्फ दो ही तलाश देखी, या तो वह लोग अपनी पूरी क्षमताओं से मन की इच्छाओ की संतुष्टि, किसी विशेष गुण में महारत, शारीरिक या मानसिक योग्यता का विस्तार, धन या प्रसिद्धि प्राप्त करने की तीव्र महत्वाकांक्षा तक केंद्रित थे जिसके कारण उनके जीवन में विरोधाभास था, या फिर दूसरी तरफ बहुत कम 'बिरले' ऐसे भी मिले जिनका जीवन मान्यताओं पर नहीं अनुभवों पर आधारित था उनके जीवन में स्पष्टता, संतुष्टि, आनंद और संतुलन था। विपरीत परिस्थितियों में भी मैंने उनकी आंखों में आशा देखी थी एक हिम्मत देखी थी जो उनके भीतर कहीं से आई थी।

उस मुस्कान से बड़ी प्रेरणा क्या है जो अत्यधिक क्षति होने पर भी आशा बनाकर चेहरे पर चली आए ? मैंने उन सभी 'बिरले' लोगों को संतुलित जीवन जीते देखा है, मैंने उनके भीतर ऊर्जा देखी है, मैंने उनके हृदय में आनंद देखा है, मैंने उनके जीवन में संतुष्टि देखी है। आज परिस्थितियां, समय, विश्वास, विचारधाराएं, मान्यताएं, राजनीतिक और सामाजिक परिप्रेक्ष्य सब कुछ बदल गया है और तेजी से बदल रहा है परंतु क्या आप मनुष्य होने के नाते, भ्रम से स्पष्टता में आने की जिज्ञासा होने के नाते, इस तथ्य की सत्यता को समझते है कि आपके लिए भी और मेरे लिए भी जीवन के मूल विकल्प नहीं बदले है। हमारे पास भी जीवन के दो ही विकल्प हैं : संतुलन या विरोधाभास। पूछिए अपने आप से और 'सत्य' से उत्तर दीजिए स्वयं को कि आप कहां हो ? संतुलन में या विरोधाभास में ?

अत्याधुनिक तकनीक के बाद भी आज भी प्रश्न वही है जो सदियो पहले के मनुष्य के समक्ष था कि वह अपने जीवन मे किसको प्राथमिकता देना चाहता है, अपने 'मन' को जो कि

अस्पष्टता की तरफ ले जाएगा अथवा अपने 'हृदय' को जो कि जीवन में संतुलन लेकर आएगा। सीखने के लिए इतिहास और आजमाने के लिए भविष्य हमारे वर्तमान के हर क्षण को महत्वपूर्ण बना रहा है। मन की आशाएं पूरी करने के अलग तरीके हैं और हृदय की प्यास को तृप्त करने के अलग।

कोशिशें कितनी भी कमियों से भरी रहे परंतु परिणाम यहां सभी को सकारात्मक सर्वोत्तम ही चाहिए। यहां सभी बहुत व्यस्त हैं और इस जीवन के तथ्यों को पढ़ने, सुनने, जांचने, जानकारी एकत्र करने, शंकाओं का निवारण करने, सुझाव लेने तथा चर्चा करने के लिए किसी के पास एक क्षण का समय भी नहीं है। पैसा खर्च करके लोग आनलाइन 'अशांति' खरीद रहे हैं, शायद इसलिए यह कलियुग है। करें चाहे कितने ही विपरीत काम पर हां, सभी को स्पष्टता शांति और संतुलन जीवन में भरपूर चाहिए।

एक तरफ दोस्तों में, घूमने फिरने में और इंटरनेट पर बैठकर व्यर्थ वाली यहां वहां की बेवजह बातें करके अपना समय बर्बाद करने से किसी को कोई परहेज नहीं है, दूसरी तरफ अपना कीमती समय लगाकर वह क्या प्राप्त कर रहे हैं ? वह उनके कितना काम का है ? किस दिशा में समय लगाकर असली लाभ है ? इसे समझने के लिए बहुत कम लगभग नगण्य लोग 'उत्सुक' हैं। शायद इसलिए यह कलियुग है। रूकिए रूकिए ज्यादा कठिन हो गया, सरल शब्दों में लिखता हूं 'अपने समय को बचाने के लिए लोगों के पास समय नहीं है और समय गवाने से लोगों को कोई परहेज नहीं हैं।' जब नगरी ही अंधेर हो और राजा ही चौपट हो तो वहां 'सत्य' का क्या मोल होगा या ज्ञान की तलाश में ही कौन होगा ?

यहां लोग अपने अपने विभिन्न प्रकार के कामों में इतना ज्यादा व्यस्त हैं निरंतर भाग रहे हैं, दौड़ रहे हैं, यहां जा रहे है वहां जा रहे हैं, पर जीवन में कहां जा रहे हैं ? कहां पहुंच रहे हैं ? इसे समझने के लिए उनके पास समय ही नहीं है। वह इस सत्य को नहीं देख पा रहे है की पलक झपकते ही समय हाथों से निकल जाएगा और फिर वो इस 'सत्य' को समझ जाएंगे की 'सत्य' को समझने के लिए उनके पास अब 'समय' ही नहीं है। 'समझना' महत्वपूर्ण है क्योंकि ध्यान रहे कागज की नाव बनाकर और उसमें लोहे भरकर माया की यह भवसागर रूपी नदी पार नहीं होगी। तुम जीवित हो तुम्हें अवसर मिला है और इस बार इस जन्म में अगर तुमने अपने सच्चे हृदय से 'सत्य' को स्वीकारने की कोशिश की तो मैं भरोसा देता हूं कि बेशक पृथ्वी टूट जाएगी और सूर्य फूट जाएगा पर तुम्हारी कोशिश कभी बेकार नही होगी।

4

अश्रुअर्पण !

मन और हृदय का द्वंद हम सभी के भीतर चल रहा है, यह एक ऐसी कस्मकस है जिससे कोई नहीं बचा है। मन अथवा हृदय ? कौन किसे प्राथमिकता देता है यह हर व्यक्ति पर व्यक्तिगत निर्भर है। हृदय और मन दोनो हमारे ही तो हिस्से है। जब से हमारा अस्तित्व है, तब से यह दोनो भी रहे है और यह भी सुनिश्चित है कि जब तक हम रहेंगे तब तक हमारे भीतर यह दोनो भी रहेंगे। एक तरफ मन की इच्छाओं की सूची बदलती रहती है, बढ़ती रहती है दूसरी तरफ हृदय की शांति की कामना हमेशा स्थिर रही है। शांति और संतुलन के अलावा कोई और कामना हृदय ने कभी की ही नहीं है। हृदय या मन पूरी तरह कोई एक कभी भी समाप्त नहीं होगा। ये दोनो तब तक बने रहेंगे जब तक हमारे भीतर यह स्वांस रहेगा।

फिर, समझना क्या हैं ? एक सरल तथ्य कि किसका हमारे जीवन में ज्यादा प्रभाव है। आपने तो प्रारंभ में कहा था ईश्वर का परिचय करवाएंगे, ये कहां मन और हृदय की बातें समझाने लगे ? रुकिए रूकिए शंका ना करें। क्योंकि यहां समझने का तथ्य भी यही है और 'सत्य' भी यही है की ईश्वर आपके भीतर के बैकुंठ में बैठे हैं वहां का व्यवहारिक रास्ता जहां से होकर जाता हैं आपका अपना 'हृदय' ही उसका प्रारंभिक द्वार है। दुःख की बात यह है कि हम बार बार हृदय को छोड़कर मन के द्वार में प्रवेश करते हैं और वहां जब हमें निराशा मिलती है, नरक का अनुभव होता है तो हम अपने अपने शास्त्रों अपनी अपनी किताबों में लिखते हैं कि 'संसार दुःखो का घर है।' फिर यही हमारा अनुभव बन जाता है हम सबको यही बताते है। पर 'सत्य' यह नहीं है। सत्य यह है कि 'संसार में सुख भी है और दुःख भी है मूल बात सिर्फ इतनी है कि हम कहां है ?' अब क्योंकि जीवन हमें मिला है तो स्पष्टतया यह हम पर निर्भर करता है कि हम कहां रहना चाहते है ? स्वर्ग में या नरक में।

मन जीवन भर प्रश्न करना सीखता है, हृदय उतरों को स्वीकार करता है। मन शंकाएं पैदा करता है, हृदय आभार व्यक्त करता है। मन ना शांत रहता है ना रहने देता है, हृदय शांति की तरफ आवाहन करता है। मन सिर्फ कमियां निकालता है, हृदय अच्छाइयों को पहचानता है। मन के रूप, पसंद और भाव क्षणभंगुर है, निरंतर बदलते हैं, हृदय का आनंद शाश्वत है और

अविचल रहता है।

मन पर कामना, क्रोध, लालच और वासना जैसे तत्व हावी रहते हैं परंतु हृदय के आंगन में सिर्फ बनाने वाले के प्रति आभार और कृतज्ञता के आंसू ही बहते है। मन जीवन भर भटकता रहता है, हृदय निरंतर सामंजस्य बैठाता रहता है। मन कल्पना से संतुष्ट हो जाता है, हृदय प्रत्यक्ष अनुभवो की मांग करता है। मन स्वयं ही जाल बुनता है और स्वयं ही उसमें उलझा रहता है, हृदय जंजालो में नही उलझता सिर्फ आनंद में विभोर रहता है। मन शर्तो से चलता है, हर चीज को नफा नुकसान से तोलता है, हृदय के पास नफा नुकसान के तराजू ही नहीं है। मन तो मंदिर मस्जिद में भी स्वारथ से ले जाता है, भगवान से भी सिर्फ और सिर्फ कुछ पाना चाहता है, हृदय अपना सर्वस्व दान करके भी निस्वार्थ निर्भय जीवन बिताता है। मन के लिए कोई चीज तब तक कीमती है जब तक वह उसे मिल नहीं जाती। हृदय, कीमत ही नहीं लगाता है। मन के लिए जीवन में कुछ पाना महत्वपूर्ण है। हृदय, के लिए जीवन ही महत्वपूर्ण है। मन, महाभारत करवा देता है। हृदय, ईश्वर से मिलवा देता है। मन रंग, धर्म, जाति, लिंग, व्यवसाय, उम्र, शिक्षा, सब देखता है परंतु हृदय को सिर्फ 'मनुष्य' का हृदय नजर आता है।

मन को षड्यंत्र, तर्क, वितर्क, कुतर्क पसंद है, हृदय सिर्फ आभार से आनंदित रहता है। मन ईश्वर को हर उस जगह ढूंढवाता है, जहां मिलने की कोई आशा नही होती। हृदय, बड़ी खामोशी से भीतर का सही पता बता जाता है। मन के लिए पूजास्थल पूजापद्धति महत्वपूर्ण है पर हृदय के लिए सिर्फ भक्ति महत्वपूर्ण है। मन के लिए गिलास भी मायने रखता है, हृदय सिर्फ पवित्र जल से संबंध रखता है। मन निरंतर चेहरो को निहारता परखता है, हृदय सिर्फ चरित्रों पर ध्यान देता है। मन को भविष्य की तमाम चिंताएं है, परंतु हृदय सिर्फ वर्तमान में जीता है। मन मित्रों की प्रगति से भी ईर्ष्या कर जाता है परंतु हृदय सभी के लिए सिर्फ शुभकामनाएं व्यक्त करता है। मन इस जीवन में अपना एक विशेष सपनों का स्वर्ग बनाना चाहता है, पर हृदय के लिए यह जीवन ही एक स्वर्ग बन जाता है। मन मृत्युशय्या पर भी कामों की एक लिस्ट छोड़ जाता है पर हृदय इस संसार से जाते समय भी एक मुस्कुराहट के साथ, भीतर एक ठंडक, चेहरे पर एक शांति और आंखों से अश्रुओं के आभार बहा जाता है। मैं जानता हूं की बड़ी संख्या में लोग है जो अहंकार से भरे हैं बहुत पढ़ें लिखे हैं बहुत रूपए पैसे वाले हैं जो मेरी कलम की बात को गंभीरता से नहीं लेंगे, पर मेरी कलम आपसे एक सत्य कहती है कि अगर मेरी किताब की एक प्रति भी ना बिके तो भी मुझे कोई आश्चर्य नहीं होगा, क्योंकि मैं स्पष्ट रूप से जानता हूं कि यहां संसार के इस बाजार में अधिकतर के भीतर कलियुग समाया हुआ है वो मनमत लोग माया के पीछे तो करोड़ो खर्च कर सकते हैं पर 'सत्य' के लिए उनकी झोली में एक रूपया भी नहीं है। वो सब मदहोश है वैसे भी 'सत्य' के प्रति उनकी कोई रूचि भी नहीं है।

यहां अमृत के समान गाय का दूध गली-गली में आवाज लगाकर बेचा जाता है पर उसके लिए लोगों में कोई विशेष आकर्षण नहीं है, पर हां दूसरी तरफ गली-गली के कोने-कोने में छिप छिपकर मदिरा बेची जाती है जो विष के समान है, पर उन दुकानों को लोग ढूंढ ढूंढ कर

वहां पहुंचते हैं। मदिरा रूपी विष की महंगी से महंगी कीमत भी अदा करते हैं, कर्ज लेकर भी हर मनोकामना पूरी करते हैं, क्योंकि वहां मन हावी है, या फिर मैं 'सत्य' लिखूं की 'कलियुग' हावी है। 'कलियुग' हावी है। हां, क्या आप देख नहीं रहे की लोगों के पास 'मन' के लिए घंटो घंटो है पर 'हृदय' के लिए एक क्षण भी नहीं है। जिन गरीबों के पास अपने ही 'हृदय' के लिए समय नहीं है वो क्यो मेरी पुस्तक की 'एक टका' की भी कीमत देंगे ?

5

अमृतमंथन !

जीवन में जब सत्य और असत्य के बीच हमारे भीतर द्वंद्व होता है तभी अच्छाई और बुराई के बीच व्यावहारिक अमृतमंथन होता है। देने के लिए गुरु जैसा सामर्थ्य होना चाहिए और लेने के लिए शिष्य जैसी नम्रता। हम किसी जरूरतमंद को धन, सामान, भोजन इत्यादि दान दे सकते है परंतु उससे भी बडा हम दूसरो को समझ, प्रेम, आनंद और सम्मान दे सकते है, जिसकी आज के समाज में बड़ी कमी है। जिन्हें हम अपना समझते है उनके लिए हम कुछ ना कुछ करते रहते हैं पर क्या ये संभव नहीं कि हम मनुष्य होने के नाते हर प्राणी के लिए घृणा टकरावों और भेदभावो से दूर एक छोटा सा स्वर्ग बनाएं ? एक ऐसा स्वर्ग जिसमें हम सभी मिल जुलकर एक दूसरे के साथ सुख दुःख बांट सकें।

किसी निष्कर्ष पर पहुंचने से पहले ध्यान रखे कि आप किसी भी व्यक्ति को केवल वही दे सकते है जिसकी अपनी ज़रूरते पूरी करने के बाद आपके पास कुछ अधिकता है। सीधी सी बात है जो स्वयं ही गरीब है, भोजन विहीन है और भूख से मरे जा रहे हैं, अरें जो स्वयं ही भिखारी है वो दूसरों को क्या दान देंगे ? यदि हमारे अपने जीवन में ही भ्रम, अस्पष्टता, बेचैनी और उदासी भरी रहे तो हम कैसे अपने बंधु बांधवो, परिवार, समाज, राज्य, देश या विश्व को प्रसन्नता देने का विचार कर सकते है ? यदि हम स्वयं ही भ्रमित है तो हम परिवार समाज राज्य देश या पूरे संसार का नेतृत्व कैसे कर सकते हैं ?

व्यक्ति धन कमाने के अलग-अलग तरीके सीखता है, प्रयास करता है, सफल या असफल होता है। कई बार धन व्यक्ति को विरासत में भी मिलता है परंतु उसे सही तरीके से व्यय करना भी सीखना होता है अन्यथा परिणाम आपको पता ही है। भूतकाल से वर्तमान तक कमाने, बचाने और गंवाने का यही संतुलन व्यक्ति को राजा से रंक या रंक से राजा बनाने के लिए जिम्मेदार रहा है। आप कहेंगे कि पुस्तक के पृष्ठो में तलाश तो मुझे परमात्मा की है और आप यहां धन की बातें समझा रहे है, आय व्यय और अर्थशास्त्र समझा रहे हैं यह तो हम पहले से ही जानते है पर आप ध्यान दीजिए यहां आपका और मेरा विषय राजा, रंक या धन का तो है ही नहीं, क्योंकि हमे 'सत्य' को समझना है इसलिए सबसे महत्वपूर्ण है शिष्य

की भांति 'सीखना'।

वास्तविकता और व्यवहारिकता यह है कि ममता, प्रेम, दया, करुणा, यह सब सीखना ही नहीं होता। जब हमारा जन्म होता है और हम अपनी मां की छाती से लगते हैं तो स्वाभाविक रूप से हमें अपनापन महसूस होता है। नवजात को शब्दों का ज्ञान नहीं होता, वह नहीं जानता कि मां की छाती से लगने की इस भावना को ही 'प्रेम' कहते हैं। बहुत छोटी सी है मां की गोद, बहुत छोटी सी है उस गोद में उस नवजात की नन्ही सी दुनिया, नन्हा सा स्वर्ग। हम पढ़े लिखे लोग भगवान को जगह जगह ढूंढ रहे हैं पर क्या आपने ध्यान दिया वो नन्हा नवजात मुस्कुरा रहा है शायद उसने हमसे पहले ही अपने भगवान को पा लिया है।

उस अनपढ़ अनजान मासूम नवजात ने अपने भगवान को पा लिया है और वह अपने भगवान की गोद में ही है। याद है आपको किताब के वह प्रारंभिक शब्द जब मैंने कहा था कि वह परमात्मा तुम में भी है और मुझ में भी है वो जन्म देने वाली मां में भी है। हां, वो परमात्मा ही स्वयं जन्म लेने वाली सन्तान रूप में चेतना की वह शक्ति भी है। मनुष्य का 'सीखना' स्कूल में शुरू नहीं हुआ, परिवार में भी शुरू नहीं हुआ, यादाश्त थोड़ी धूमिल है, हम भूल गए परंतु सत्य यही है कि कई सरल मौलिक तथ्य हमने मां की गोद में नहीं अपितु उससे भी पहले मां की कोख में ही सीख लिए थे।

इतिहास की किताबों में जन्म से पहले की याददाश्त वाले 'अभिमन्यु' जैसे कई प्रमाण आपको कई जगह मिल सकते हैं, परन्तु क्या हम सभी को जन्म से पहले की बातें याद होती है ? निःसंदेह, बिल्कुल भी नहीं। तो फिर तथ्य क्या है ? तथ्य यह है कि जन्म से पहले जब हम उस परमात्मा के हाथो में थे और रचे जा रहे थे तो जन्म के बाद शब्दों को हम भूल गए, कोई बात नहीं, पर आप बताइए दो दिन नहीं पूरे नौ महीने की उस परमात्मा की संगत का अहसास हमने कैसे भुला दिया ? क्योंकि उसने तो हमें कभी नहीं छोड़ा, जन्म के बाद भी हर सांस के साथ वो हमारा पालन करता चला गया और आज भी बेशक हमारा पूरा ध्यान इस माया में लगा रहता है पर वह परमात्मा हर सांस के साथ हमें छूता है और हमें जीवन देता है। मेरी कलम पूछती है आपसे जब से जन्म लिया है तब से माया में ही उलझे रहे या कभी अपने उस 'कृष्ण' उस 'राम' को भी याद किया ?

इतिहास को छोड़िए और वर्तमान में लौटिए, ध्यान दीजिए उस परमात्मा द्वारा सांसों की यह माला इस क्षण भी आपके भीतर फेरी जा रही है। हम 'सीखते' हैं ताकि हम सफल हो सके और हर बार 'एकाग्रता' ही सफलता को जीवन में उपहार के रूप में लेकर आती है। जी हां वही 'एकाग्रता' जो हमारे निरंतर प्रयासो का परिणाम होती है। ईश्वर के प्रति 'प्रेम' को 'भक्ति' कहा जाता है। भक्ति मार्ग में भी सफलता हेतु 'एकाग्रता' अनिवार्य है। कैसी सफलता ? जैसी कबीर को मिली थी, जैसी नानक को मिली थी, जैसी मीरा को मिली थी। परंतु 'एकाग्रता' से कार्य करना हमारे लिए इतना भी सरल नहीं है और इस एकाग्रता के अभ्यास में सबसे बड़ी बाधा है 'शोर'। सीखना महत्वपूर्ण है, शांति हमारा लक्ष्य है, एकाग्रता हमारा हथियार है परंतु 'शोर' हम पर किए जाने वाले बाहरी और आंतरिक प्रहार है।

'शोर' दो प्रकार के होते हैं एक बाहरी और एक भीतरी। बाहरी शोर को शांत करने के तीन तरीके हैं। एक, जहां से शोर आ रहा है उस स्रोत को बंद कर दिया जाए। दूसरा, अपने ग्रहण माध्यम यानी कानों को बंद कर लिया जाए। तीसरा, सरल भी है पर जटिल भी है कि शोर पर ध्यान ही ना दिया जाए। लोग कहेंगे कि यह कैसे संभव है कि शोर होता रहे और हम ध्यान ही ना दें, क्या शोर हमें परेशान नहीं करेगा ? आप ध्यान दो जब मीरा को कृष्ण से प्रेम हुआ तो संसार ने विरोध का बहुत शोर मचाया पर मीरा अपनी धुन में मस्त रही उसे कोई शोर सुनाई ही नहीं दिया। भक्त प्रहलाद को भी हिरण्यकश्यप ने बहुत डराया बहुत धमकाया, शोर की आग में जलाया पर विकराल लपटों वाला बाहरी शोर उसे छू भी नहीं पाया, वह भीतर के आंनद में ही विभोर रहे।

जब आप एक गहरी नींद की अवस्था चले जाते है तो कई बार आपके ठीक पास रेडियो भी चालू है, पास बैठे लोग आपस में बाते भी करते हैं पर आप उनकी कोई बात नहीं सुनते हैं और आप सिर्फ अपनी नींद में ही पूरी तरह व्यस्त रहते है। मतलब शोर का स्रोत भी है आपके कान भी खुले है परंतु फर्क सिर्फ इतना है कि आपका ध्यान वहां नहीं है। क्योंकि ध्यान नहीं था इसलिए आपके लिए शोर होते हुए भी 'कोई शोर नहीं था।'
'शोर' की संसार को बहुत बड़ी बीमारी है और इसे नजर अंदाज करना बहुत मुश्किल है। परिवार से कोई हमारी थोड़ी सी बुराई कर दे तो उसने बेशक बुराई धीरे से ही की थी पर उसके कारण हमारे पूरे तन बदन में शोर मच जाता है। कई बार यह शोर महीनो और कई बार सालों सालों तक हमारे भीतर गुंजता रहता हैं। अब अगर इस स्थिति में कोई शांतिदूत हमारा पास आए और हमसे कहे कि शोर पर ध्यान मत दो, तो अपने शोर से बौखलाए हम उस शांतिदूत के गाल पर शोर दे देते हैं। ये शोर का बवंडर है जिसमें और कोई हो या ना हो पर हम जरूर फंस चुके हैं।

व्यावहारिक बात ये है कि इस माया में, इस मतलब की दुनिया में सब अपने अपने बारे में सोचने में व्यस्त हैं आपके बारे में सोचने के लिए किसी के पास ज्यादा समय नहीं है। लोग आपके बारे में क्या सोचते हैं इसकी आपको बड़ी चिंता है, पर कई बार आप दूसरों की अच्छी या बुरी टिप्पणियों को पूरी तरह नजर अंदाज करके अपने कार्य पर ध्यान केंद्रित करते हैं और आप पाते हैं कि ऐसा करके आपने कार्य में सफलता प्राप्त की है। क्योंकि आपने अपने ध्यान को, अपनी एकाग्रता को, स्वयं को, बाहरी शोर से प्रभावित होने नहीं दिया और इसलिए आप अपने कार्य पर ज्यादा अच्छे तरीके से ध्यान केंद्रित कर पाए। इस प्रकार क्योंकि लोगों की टिप्पणियो पर आपका ध्यान नहीं था या आपने ध्यान जाने नहीं दिया इसलिए कार्य करते समय आपके लिए शोर होते हुए भी 'कोई शोर नहीं था'। पर क्या सच्ची शान्ति और सच्चे आनंद की प्राप्ति के मार्ग के शोर को हमने समझ लिया ? जी नही। क्योंकि अभी तो मूल बात मैंने कही ही नहीं।

अब मेरी कलम आती है इस विषय यात्रा के सबसे मूल पडाव पर, और वह बात है कि ईश्वर प्राप्ति के मार्ग में सबसे बड़ी बाधा बाहर का शोर तो है ही नहीं, सबसे बड़ी बाधा है हमारे

दोनों कानो के बीच का शोर, हमारे अपने भीतर का शोर। बाहर वाले शोर को तो एक बटन दबाकर आप बंद कर देंगे, लोगो को दो बाते कहकर आप उन्हे शांत कर देंगे पर समस्या यह है कि भीतर के शोर को कैसे शांत करेंगे ? क्योंकि जब आप भीतर के शोर को शांत करने के लिए आगे बढ़ेंगे तो एक विरोधाभास एक द्वंद एक युद्ध होगा।

आप सोच रहे होंगे कि इतनी बड़ी समस्या है कि उसके लिए 'युद्ध' शब्द का इस्तेमाल किया जा रहा है ? तो मैं कहूंगा कि, हां इतनी बड़ी समस्या है और यही इस जीवन में ईश्वर प्राप्ति के लिए भक्ति मार्ग में आने वाली सबसे बड़ी बाधा है। यही इस जीवन का सबसे बड़ा सत्य है कि आप ही अपने सबसे बड़े मित्र है और आप ही अपने सबसे बड़े शत्रु है। आगे के पृष्ठो में जब यह युद्ध होगा तो आप पाएंगे कि इस युद्ध में आप ही प्रहार कर रहे हैं और आप ही घायल हो रहे हैं। आपके भीतर स्थित दोनो प्रतिद्वंदियों के बीच भीषण रक्तपात होगा। जीत से आप ही में हर्ष उमड़ रहा होगा और हार के संताप से आप ही रो रहे होंगे। आप ही हार रहे है पर आप ही जीत भी रहे हैं। अच्छा रहेगा यदि आपके भीतर का 'असत्य' हार जाए और 'सत्य' की विजय हो।

युद्ध की परिणति में 'हारने का शोक' या 'जीतने का उल्लास' जो इन दोनों बातों से ऊपर उठ पाएगा बस वही इस जीवन रूपी रणभूमि में माया पति की माया को समझ पाएगा। आप पूछेंगे कि लड़ने वाले दोनों प्रतिद्वंद्वी कौन है ? तो मैं कहूंगा, बताया तो था मैंने आपको, वह दोनो भी आपमें ही है। हम सभी जीवित मनुष्य है। हम सभी के भीतर भी कई प्रत्यक्ष तो कई गुप्त हिस्से हैं। एक तरफ शोर मचाता हमारे भीतर का 'मन' है और दूसरी तरफ शान्ति की समाधि में लीन हमारा अपना 'हृदय' ही है।

6

वासनायन !

जैसे समय नहीं रूकता ठीक वैसे ही भीतर अन्तर्मन के इस द्वंद्व को रोका नहीं जा सकता, अगर मन ही मन जीतने लगता है तो हृदय हमें पुकारता है और यदि हृदय ही हृदय जीतने लगता है तो मन विभिन्न प्रकार से हमें अपनी तरफ आकर्षित करने की कोशिश करता है। यहां बात आती है 'सत्य' को स्वीकारने की। सत्य यह है कि जिस व्यक्ति की मन या हृदय जिसके साथ असली प्रीत होती है उस व्यक्ति पर वही हावी हो जाता है।

मनुष्य की आदत है भूल जाने की और इसी कमजोरी का मन बार बार फायदा उठाता है। मन लेता तो मनुष्य से असली समय है पर देता हमेशा नकली आंनद है। जब कोई शिकायत करता है तो उससे मन सिर्फ वायदे करता है, ऐसे वायदे जिन्हें कभी पूरा नहीं किया जाता है। इसी प्रकार गोल गोल घुमाते धीरे-धीरे-धीरे मन मनुष्य जीवन का पूरा का पूरा अनमोल समय खा जाता है। परन्तु यह सब तो चेतना की बातें हैं, आज कलियुग के प्रभाव से मनुष्य की मति इस कदर मर गई है कि उसे तो इस प्रत्यक्ष 'सत्य' का भी अहसास नहीं है की उसके जीवन में कोई युद्ध भी हो रहा है। आज मनुष्य इतना भ्रमित है कि उसे यह भी नहीं पता की इस युद्ध में उसका शत्रु कौन है ? उसका मित्र कौन है ? आपस में लड़ने वाले, रूढ़िवादी लोग तो मनुष्य भी नहीं है या ऐसे लिखूं कि यहां असत्य के वश में जकड़े विकसित वानर आपस में लड़ते हैं कभी प्रत्यक्ष लड़ते हैं कभी बातों के तीर फेंकते हैं कभी छिपकर वार करते हैं कभी किसी मुद्दे पर किसी चैनल की चर्चा में धर्म के नाम पर भिड़ पड़ते हैं, क्योंकि 'सत्य' ये है कि गीता और कुरान दोनों 'प्रेम' है, और प्रेम में कभी युद्ध ही नहीं होता है। आपके भीतर भी मित्र और शत्रु दोनों है। मित्र की पहचान सरल है, पूछो अपने आप से कि मन तो माया में ही खुश था तो आपके भीतर का वह कौन सा हिस्सा है जो आपकी उंगली पकड़कर आपको सत्य की तलाश में इस किताब के भीतर तक ले आया है ? इसका सरल उत्तर है आपका हृदय। मन को तो वैसे भी सिर्फ मनोरंजन चाहिए, ये तो सिर्फ आपका हृदय है जिसे 'सत्य' चाहिए।

जो अपने जीवन में हृदय के लिए जीते हैं वह मन से यह युद्ध भी जीतते हैं, भ्रम से निकलकर सत्य भी पाते है और जीते जी ही उन्हें कल्पना वाला नहीं, फोटो वाला नहीं बल्कि

वास्तविकता वाला स्वर्ग भी मिलता है। लोग सोचते हैं कि नीरस होगी पर असली कहानी बड़ी रोमांटिक है जब प्रेम सच्चा होता है तो ईश्वर को ढूंढना नहीं पड़ता अपितु ईश्वर स्वयं ही ढूंढते ढूंढते आते हैं। मैं जानता हूं कि अभी आपके लिए मन और हृदय दोनो को अलग अलग समझना काफी कठिन है। चेतना और समझ के प्रारंभिक स्तरो पर सभी मनुष्यों के लिए यह स्थिति लगभग समान होती है। मन और हृदय दोनो को अलग अलग रूप में स्वीकार कर पाना दुष्कर होता है। लोगों द्वारा दोनों को प्रायः एक ही समझा जाता है। कई लोग इसी धारणा में अपना पूरा जीवन बिता देते हैं।

कलियुग का अंधकार इतना गहरा है माया की पकड़ इतनी मजबूत है कि लोग प्रकाश को देखने के बाद भी अपने अंधकार में वापिस लौट जाते हैं।

आप भी चाहे तो किताब बंद करें और सीखने के इस मार्ग को अभी छोड़ दें और लौट जाए अपने मन की मनोकामनाओ की कृत्रिम दुनिया में, जहां आप सच को सपना और सपने को सच समझ कर ही प्रसन्न थे और जीवन के सत्य को समझने के लिए किसी जिज्ञासा को महसूस ही नहीं करते थे। बस पैसा कमाना, अपने और अपनों के मन की कामनाएं पूरी करते रहना ही आपने अपनी नियति बना रखी थी, पर यदि आप चाहें तो एक छोटा सा कदम बढ़ाए सत्य की दिशा में, ज़हां मेरी लेखनी आपका प्रेम से पूरे हृदय से स्वागत करती है। इस दिशा में हृदय का साम्राज्य है, आंनद है, असली संतुष्टि की अनंत अवसर हैं, यहां मन हावी नहीं है अपितु स्थिरता है, यहां हृदय के शांत आंगन में वह परमपिता स्वयं विराजित है।

श्री गुरुनानक ने कहा कि जहां तक हमारी ये भौतिक आंखें देख सकती है वह सब सपना है, शायद इसीलिए सुख का अहम और दुःख का संताप दोनों ही नकली है, क्योंकि सपने में आप राजा बने या रंक क्या फर्क पड़ता है ? तो फिर वास्तविकता कहां है और क्या है ? इस प्रश्न का आपके भीतर ही जीवित उत्तर भी है, चलो भीतर की एक ऐसी दुनिया में जहां भ्रम नहीं है, नश्वरता नहीं है, जहां सच सच है और सपना सपना है। मैंने लिख दिया और सब चल दिए भीतर की दुनिया में ! पर ठहरिए यह इतना सरल भी नहीं है। चन्द्रमा पर जाना आसान है पर भीतर जाने के लिए उससे भी अधिक प्रयास उससे भी अधिक 'प्यास' की ज़रूरत है। माया इतनी शक्तिशाली है कि वह हमें खींचे रहती है। सब प्रयास जरूर करते हैं पर बार बार फिसलते है। आप निराश ना हो, हार ना माने क्योंकि सफलता भी अधिक दूर नहीं है।

एक तरफ हम अपने मन को शांत करना चाहते है परंतु दूसरी तरफ मन को अशांत करने वाले साधन हम निरंतर एकत्र करते रहते हैं। एक तरफ हम चाहते हैं कि हमें गुस्सा ना आए परंतु दूसरी तरफ अभ्यास सिर्फ दूसरों की कमियां देखने का ही करते है जिससे गुस्सा स्वाभाविक रूप से आता ही है। एक तरफ हम सभी अच्छी सेहत चाहते हैं परंतु दूसरी तरफ जीवन शैली में अनियमितता, भोजन में विकार और सोच में विरोधाभास भरे रहते हैं। एक तरफ हम सभी अनहद की परम शांति को साध लेना चाहते हैं परंतु थोड़ी बहुत अंदर से अनहद की आवाज आती भी है तो हम बाहर के शोर को और बढ़ा देते है और हर बार वह भीतरी आवाज अनसुनी ही रह जाती है। एक तरफ हम सभी चाहते हैं की संभोग वासना हमें

परेशान ना करें परंतु दूसरी तरफ अश्लील साइटों पर समय बिताना हम अपना परम कर्तव्य समझते है। कंपनी वाले भी शातिर है जैसे ताकत के नाम पर अफीम खिलाया जाता है वैसे इंटरनेट पर मनोरंजन और रिल्स के नाम पर धीरे-धीरे अश्लीलता परोसी जा रही है। तर्क भी ऐसे हैं जिनका ना सिर है ना पैर है, आप बेशक निर्वस्त्र खड़े हो जाओ पर आप ग़लत तो हो ही नहीं सकते हो, क्यों? क्योंकि भाई गलत तो बस देखने वाले की आंखें हैं।

वैसे भी गलतियां करना तो हम सभी का जन्मसिद्ध अधिकार है, नहीं तो हमने कौन सा समाज सुधार का ठेका ले रखा है। हम स्वयं कीचड़ में ही गंदगी में ही मजा लेंगे क्योंकि समाज सुधार के लिए तो हमने कई गेरूए वस्त्र पहने हुए महापुरुषो को जिम्मेदारी दे रखी है। वो समाज पर नजर रखेंगे, हमारी जिम्मेदारी तो सिर्फ़ उनपर नजर रखने की है और अगर उनके टेस्टोस्टेरोन लेवल थोड़े भी ज़्यादा हुए और उन्होंने थोड़ी भी गड़बड़ की तो हम उन्हे उन्हीं के समाज में बेनकाब कर देंगे, पहले भी हमने बहुतों को किया हुआ है। भाई रूको क्या सिर्फ शरीर को सजा देंगे या मन को भी? क्या सिर्फ पकड़े गए अपराधी को सजा देंगे या बच निकलो को भी? ठीक है कई लोगों ने शरीर से अशुद्धियां नहीं की पर सोच की शुदि्ध का क्या? क्योंकि सच की अदालत में मन के पीछे दौड़ने वाला हर व्यक्ति निर्वस्त्र खड़ा है। इस 'सत्य' के कटघरे में सिर्फ कोई एक तथाकथित महात्मा नहीं है। हम सभी चाहते हैं कि हम स्वतंत्र रहे, माया से बचे रहे, किसी के भी मोह बंधन में ना रहे परंतु हमारी आंखें निरंतर नए पार्टनर से मोहित रहती है, बिना पूंछ के भी हम उसके आगे पूंछ हिलाते हैं। हम सभी चाहते हैं कि हम लालची ना बने परंतु हमारी बातों में हमेशा डॉलर चमकते है। एक तरफ हम सभी भक्ति, भाईचारा और मानवता को बढ़ाना चाहते हैं और इसके लिए विभिन्न पूजा स्थलों की स्थापना करते है परंतु दूसरी तरफ इसी पूजा स्थल और धर्म के नाम पर लाशों के अंबार लगा देते हैं। बड़ी संख्या में बड़े-बड़े विद्वान धर्म की डिबेट करने के लिए बैठते हैं पर मंदिर और मस्जिद की नींव में श्रद्धा समर्पण भक्ति भाव और मेहनत का पसीना होना चाहिए ना की विपरीत धर्म वाले मासूमों का लहू। धर्म जोड़ना सीखाता है ना कि तोड़ना। स्वयं को स्कोलर कहते है पर बस इतनी सी बात बड़े-बड़े विद्वानों को समझ ही नहीं आती है। या फिर 'सत्य' ये है कि असत्य ही उनका व्यापार है असत्य ही उनका एजेंडा है इसलिए वह 'सत्य' सुनना ही नहीं चाहते हैं? लड़ने में हम सभी माहिर हैं और झुकना कोई नहीं चाहता। 'भाईचारा' शब्द सिर्फ संविधान में छाप दिया गया है, उसका क्या अर्थ होता है यह किसी को समझ ही नहीं आता।

हम सभी चाहते हैं कि देश तरक्की करें परंतु देश तो एक-एक व्यक्ति से बनता है और सभी की तरक्की जरूरी है, हमारी ही नीतियों से अमीर और अमीर होता जाता है और गरीब और गरीब होता जाता है, आर्थिक विषमता कि ये खाई इतिहास से वर्तमान तक गहरी से और गहरी होती चली गई है। लग्जरी कारों और वातानुकूलित ऑफिस में बैठे हम अपने बिजनेस को बढ़ाने के लिए बड़ी-बड़ी मीटिंग्स करते है और बड़ी-बड़ी योजनाएं बनाते हैं परंतु कारों के शीशे से बाहर भूखे नंगे, मटमैले बच्चों के लिए हमारी योजनाएं शायद किसी भ्रष्टाचारी

अफसर की दफ्तर की पुरानी फाइलों के बीच दीमक खाए जा रही है। सरकार की कोई कमी नहीं है साहब, वह तो योजनाएं बनाती है पर पता नहीं क्यो, यह गरीबी है की डायन गरीबों को ही खाए जाती है। ना दवा काम करती है, ना दुआ काम करती है, साहब गरीबी कैंसर से भी ज्यादा खोखला करती है। आप कहेंगे कि भगवान की बात के बीच गरीब अमीर कहां से आ गए यह तो अलग सामाजिक परिप्रेक्ष्य हो गया। अद्वैतवाद का सिद्धांत कहता है कि हम सभी ईश्वर अंश है हमारे शरीर अलग है परंतु हमारी आत्मा एक ही है और इसलिए मानवता के नजरिए में कोई भेदभाव नहीं है। जब हमे अपनी बात करनी हो तो हम केवल एक शरीर मात्र नहीं है जिसको हमनें समझ लिया और कहानी समाप्त। शरीर के साथ साथ हमारी चेतना, हमारे विचार, हमारे शब्द, हमारे अर्थ, हमारी क्रियाएं, हमारी आदतें, हमारा चरित्र भी हमारा ही हिस्सा है। इसी प्रकार गरीब हो या अमीर हो, है तो दोनों ही मनुष्य। पर ध्यान रखें मेरी कलम का तर्क यहां किसी भी प्रकार की दान दक्षिणा का नहीं है, क्योंकि फिर बात एकतरफा हो जाएगी। 'सत्य' यह है कि गरीबों को अपना मार्ग हिम्मत करके स्वयं ही बनाना चाहिए, हां अगर उनकी इस हिम्मत में अमीर कुछ सहयोग कर सके तो यह श्रेष्ठ रहेगा। मेरी कलम कैसे छिपा सकती है कि इतिहास में कई ऐसे भी गरीब थे जिन्होंने अपनी मेहनत से बड़े-बड़े देशों की कई बड़ी-बड़ी सरकारे चला दी है। सार तथ्य यह है की परिस्थितियां चाहे कितनी भी विपरीत क्यों ना हो मनुष्य को कभी भी निराश नहीं होना चाहिए।

सच क्या है ? झूठ क्या है ? इसकी रेखा इतनी बारीक है कि इन आंखों से नजर ही नहीं आती है। भ्रम में भ्रमण करते सत्य से मिलन के मार्ग में सबसे बड़ी बाधा हमारा अपना ही मन है। तरक्की के जिस वाहन में हम बैठे हैं उसकी सबसे बड़ी कमी यह है कि उसमें ब्रेक नहीं है। समय की रफ्तार से हम दौड़ रहे हैं और इस बात से पूरी तरह अनजान है कि इसके परिणाम विनाशकारी हैं। हम सभी एक बनावटी दुनिया में प्रकृति से दूर, तरह-तरह के एक मानव निर्मित कृत्रिम परिवेश में अपने-अपने चेहरों पर नकाब लगाए, सपनों को सच समझते हुए अपनी असली प्रकृति असली रूप और असली स्वभाव से दूर सत्य की दिशा को छोड़कर यमराज की दिशा में अंधाधुंध दौड़ रहे हैं और बस दौड़ रहे हैं और बस दौड़ रहे हैं। नचिकेता होता तो वरदान में यमराज से ज्ञान मांगता, पर कलियुग की मति तो नीच है वरदान में भी साहब जिह्वा सिर्फ माया ही मांगती है।

7

भोगव्याधि !

भीतर की सच्चाई, वास्तविकता, सुंदरता, समृद्धि, शांति, परम आनंद, हम चाहे तो उस खुशी को कुछ भी नाम दें परंतु ढूंढने से यह हमें कभी नही मिलेगी। क्यो ? क्योंकि हमने इसे कभी खोया ही नहीं।

'सत्य' यह है कि यह हमेशा हमारे भीतर ही रही, हमसे कभी भी एक पल के लिए भी जुदा नहीं हुई। सभी बातों को याद रखने का दावा करते हम अपने ही वास्तविक स्वरूप को हमेशा भूले रहे। हम भूल गए कि हमारा वास्तविक स्वभाव क्रोध, डर, युद्ध, कड़वाहट नहीं है हमारा वास्तविक स्वभाव मिठास, शांति, प्रेम और आनंद है। यही भाव हमारे अस्तित्व को एक पूर्णता प्रदान करते है। परिस्थितियां इतनी ज्यादा खराब है कि जिम्मेदारियों और महत्वाकांक्षाओं के जाल में उलझे हम जाने अनजाने अपने असली स्वभाव को इस कदर भूल गए है कि अब याद दिलाने पर भी याद नहीं आता है। हम वह सभी कार्य करते है जो यह संसार हमसे कहता है, परंतु क्या यह संसार स्वयं सही रास्ते पर है ? क्योंकि अगर यह स्वयं ही भटक रहा है तो यह हमारा मार्गदर्शन कैसे कर सकता है ? अगर किसी अंधे ने ही किसी अंधे की बांह पकड़ ली हो तो अंधों की इस जोडी को रास्ता कौन दिखाएगा ?

लोग कहते है कि यदि ईश्वर साक्षात है और सत्य भी समक्ष है तो हमें दिखाई क्यों नहीं देता ? आप तथ्य को समझिए, यदि हम किसी अस्वच्छ क्षेत्र में जाएं जहां बहुत गंदगी है, बहुत दुर्गन्ध हैं। वहां हमें बहुत असुविधा होगी, बहुत बदबू भी आएगी परंतु ठीक उसी समय, वहां जो लोग पहले से बसे पड़े हैं, देखिए उनकी तरफ क्योंकि उन्हें तो कोई दुर्गन्ध नहीं आ रही है, उन्हें तो कोई परेशानी नहीं हो रही है। अगर हम उन, पहले से वहां रह रहे लोगों से, बदबू आने की बात कहेंगे तो वह उल्टा हम पर हंसेंगे और कहेंगे कि सब ठीक है, यहां कोई बदबू नहीं है। अपने अपने अनुभव के आधार पर तर्क दोनों तरफ से ही प्रस्तुत किए गए हैं पर आप अच्छी तरह से जानते समझते हैं कि दोनो में से कोई एक ही सही है। आप तो ये भी जानते हैं कि कौन सही है। इसका अर्थ है कि आप देख सकते हैं और स्पष्टता में है।

यदि मनुष्य सत्य असत्य को देख सके और स्पष्टता में रह सके, यही मनुष्य की सद गति है। पर अनुभव की एक बात और है जैसे जैसे हम उस अस्वच्छ बदबूदार जगह पर और अधिक समय बिताएंगे, हमें पता नहीं चलेगा पर धीरे धीरे हम भी उसी दुर्गन्ध के आदी हो जाएंगे और हम भी गलत तर्क देने वालों की सूची में शामिल हो जाएंगे। इसका अर्थ है कि हम अब 'सत्य' को नहीं देख सकते हैं और अस्पष्टता में है। यही ज्ञान चक्षुओं का मोतियाबिंद है। यही मनुष्य की दुर्गति है। जब हमारा जन्म हुआ तब हम भी एक पवित्र देश से यहां आए, इस संसार में आए, जहां बहुत गड़बड़ भी है, बहुत दुर्गन्ध भी है। समय बीतता रहा और हम धीरे धीरे यहां की दुर्गन्ध के आदी हो गए और आज जब कोई भीतर के स्वच्छ वातावरण से आता है और हमसे इस संसार की बदबू की बात कहता है तो हम उल्टा उस पर हंसते है और कहते हैं कि तुम गलत हो, यहां सब ठीक है, यहां कोई बदबू नहीं है। पर आप अच्छी तरह से जानते समझते हैं कि दोनो में से कोई एक ही सही है। आप तो ये भी जानते हैं कि कौन सही है। इसका अर्थ है कि आप देख सकते हैं और स्पष्टता में है।

कलियुग दीवार पर टंगी समय की किसी घड़ी से नहीं बंधा। जब मनुष्य की मति मारी जाए और वह सत्य असत्य की परख ना कर पाए तो असमंजस की इस मनोस्थिति का नाम ही 'कलियुग' हैं। कुछ प्रकांड विद्वानो ने कलियुग का समय जरूर गिन रखा है वो आपको कुछ हजार साल की गिनती भी समझा देंगे पर मनुष्य का जीवन तो ओस की बूंद की तरह है जो इस पल है और अगले पल नही है, ऐसे में हजार साल का इतिहास हम क्या करेंगे ? 'सत्य' ये है कि कलियुग किसी कलैंडर से नहीं बंधा है कि कुछ हजार साल पहले इसकी शुरुआत हुई और कुछ हजार साल बाद इसका अंत हो जाएगा, यह सब तो छोटे बच्चों की परियो वाली कहानियों जैसी बिना सिर पैर की बातें हैं। कलियुग बहुतों के भीतर त्रेता में में भी था जैसे रावण और कंस में। सतयुग भी किसी कलैंडर से नहीं बंधा। आज बहुतों के भीतर 'सतयुग' इस कलियुग में भी रहा जैसे कबीर, मीरा और नानक में। आप छोड़िए कलियुग और सतयुग को, आप वर्तमान से बंधे हैं। मूल प्रश्न आपके लिए यही है कि क्या आप भी भीतर की पवित्रता को भूल चुके हैं और संसार की इस गंदगी के आदी हो गए है ? आपकी बीमारी है अस्पष्टता, जी हां ! एक संक्रमण एक वायरस एक कर्क रोग।

चलिए बीमारी पकड़ में आ गई, अब करते हैं दुर्गन्ध दूर करने की बात। दुर्गन्ध दूर करने का आजकल के कथित विद्वानो ने बड़ा विचित्र समाधान निकाला है और वह समाधान यह है कि यदि किसी कूड़े के ढेर में से बहुत ज्यादा दुर्गन्ध आ रही हो तो उस कूड़े के ढेर पर इत्र छिड़क दो ताकि कूड़े की दुर्गन्ध दब जाए। आप क्या समझते हैं, यह तरीका कितना सफल है ? क्या ऐसा करने से खुशबू आने लग जाएगी ? आप बताइए, जब हमारे भीतर दुख है, उस पूर्णता को महसूस ना कर पाने की वेदना है तो दुनिया भर की बाहरी खुशियां जैसे कि पढ़ाई लिखाई में सफलता मिल जाना, अच्छी नौकरी मिल जाना, अच्छी शादी हो जाना, बच्चे हो जाना, बड़ा घर बड़ी गाड़ी हो जाना, प्रमोशन मिल जाना, विदेश घूम आना, नए नए रिकार्ड बनाते चले जाना, आदि आदि आदि सब इत्र ही तो हो गए ना ? कही हम इस इत्र को

छिडककर अपने भीतर कि उस वेदना- उस अधूरेपन - उस दुख को छिपाने की कोशिश तो नहीं कर रहे ? दुनियादारी में तरक्की के नाम पर भीतर की प्यास को छुपा तो नहीं रहे हो ना मित्र, 'सत्य' को मिटा तो नहीं रहे हो ना पार्थ ? क्योंकि हमारे पास यह है, क्योंकि हमारे पास वह है, हम खुश है, हम खुश है, चिल्ला चिल्ला कर शोर मचा कर बार-बार उस भीतर की शांति की प्यास, उस आवाज को हम दबाने की कोशिश तो नहीं कर रहे ?

इस प्रश्न का उत्तर आप स्वयं को स्वयं दें। मुस्कान दो प्रकार की होती है। एक, जो असली है जो हमारे भीतर से आती है और दूसरी, जो सिर्फ कैमरे के सामने सेल्फी के लिए ली जाती है। आप अपने जीवन में कौन सी मुस्कुराहट के लिए प्रयासरत है असली वाली या सेल्फी वाली ? इतने उत्तर दे चुके हो, इस प्रश्न का उत्तर भी है मित्र, सत्य से स्वयं को स्वयं ही दें देना।

8

योग समाधि !

घर का मजबूत होना जरूरी है परंतु उससे भी ज्यादा जरूरी है बुनियाद का मजबूत होना। हमारी बुनियाद हमारे बाहर नहीं बल्कि हमारे भीतर है। चलिए ठीक है कि हमारी समझ नादान है, हमने अभी परिपक्वता प्राप्त नहीं की है, हम एक छोटे से बालक है और इस स्थिति में हम इस माया के मेले में घूम रहे हैं और हमारा ध्यान रंग-बिरंगे गुब्बारे, तीर धनुष, सर्कस, मिठाइयां, खिलौने और झूले इन सबमें पूरी तरह से व्यस्त है। परंतु यहां प्रश्न यह है कि ठीक है कि हम इस दुनिया में आए और माया रूपी मेले का आनंद ले रहे है, परंतु क्या हमने अपने माता या पिता की उंगली पकड़ी हुई है ? या फिर हम इस माया की चकाचौंध में इतना ज्यादा खो गए हैं कि वह उंगली छूट चुकी है और हमें पता ही नहीं है।

ईश्वर नहीं चाहते थे कि हमें कभी भी बिना उनके इस अजनबी अनजान दुनिया में भटकना पड़े इसलिए जब उन्होंने हमारी रचना की तो सबसे पहले स्वयं को ही 'सत्य' स्वरूप हमारे भीतर विराजमान कर दिया था। बहुत ज़्यादा असंतुष्टि में, बहुत ज़्यादा परेशानी में, निराशाओं के अंधकार में हमें लगता है कि वह परमात्मा साथ नहीं है परंतु 'सत्य' यह है कि हम जहां कहीं भी जाते हैं, वह ईश्वर, हमेशा हमारे भीतर हमारे साथ ही रहते हैं। धीमे से ही सही पर वह भीतर से ही आशा, सांत्वना और हर दुःख को सहने की सामर्थ्य देते है।

जब हम जाग रहे होते है तब तो वह साथ रहते ही है परंतु सोई हुई अवस्था में भी वह हमें छोड़कर एक पल के लिए भी कहीं नहीं जाते है। उन पर ध्यान देना ही असली योग है, उनके साथ हर समय उस आनंद में लिप्त रहना ही असली समाधि हैं। असीमित प्रेम और दया से हमारा और उस अविनाशी का गठजोड़ हुआ है। ये बंधन कुछ इस प्रकार से बनाया गया है कि जिस पल वह हमें छोड़कर चले जाएंगे उसी पल हमारे भी इस संसार में रहने का कोई कारण शेष नहीं रह जाएगा। तब कोई गृहकार्य बाकी नहीं रहेगा, तब कोई प्रोजेक्ट अधूरा नहीं रहेगा, संसार तब भी बहुत तेज गति से भाग रहा होगा पर हम हमेशा के लिए 'विराम' 'विश्राम' ले चुके होंगे। तब गांव का घर बनाना किसी और की जिम्मेदारी होगी, तब हमारे अधूरे प्रोजेक्ट्स को कोई और पूरा करेगा, तब हम सभी कर्ज़ों से मुक्त हों चुके होंगे, तब हमें

अपने बच्चों की चिंता नहीं करनी पड़ेगी, तब घर की बेटी किसी भी धर्म में किसी के भी साथ शादी कर ले हम आग बबूला नहीं होगें, तब कोई हमें नहीं ठग सकेगा तब हम किसी को नहीं ठग सकेंगे। थोड़े दिन रोएगी फिर मां भी भूल जाएगी धीरे-धीरे उसे भी हमारे बिना रहने की एक आदत सी पड़ जाएगी। अरबों लोगों की यही कहानी बन चुकी है और असंख्य लोगों की यही कहानी बनेगी। कोई पर्ची निकालकर भूत भविष्य वर्तमान बताने वाले बाबा तुम्हें ये 'सत्य' नहीं बताएंगे कि जीवन मरण सुख दुख की समय रूपी लाइन में वो स्वयं भी खड़े हैं, पर्चियां बखान सकते हैं पर जो अटल है उसे टाल नहीं सकते हैं।

पर महत्वपूर्ण क्या है ? महत्वपूर्ण है कि अभी कलम हमारे हाथ में है हम जीवित है और हम कुछ नया लिख सकते हैं। हमारे भीतर वह चेतना है, वह ब्रह्म है, वह परमात्मा है, वह भीतर से हमारा निरंतर मार्गदर्शन करते है। जब हम बड़ा नाम प्राप्त कर लेते है, तो वह भीतर से ही कहते है 'अहंकार से बचना' और जब हम विपरीत परिस्थितियों में परेशान होते हैं तो वह भीतर से ही कहते हैं 'थोड़ा हौसला रखना'। वह आवाज हर बार हमारे भीतर से आती है, हार जाने पर हमें ढांढस बंधवाती है, पर माया की माया से बंधे हम जैसे ही उस आवाज को सुनने लगते है, उस पर थोड़ा ध्यान देने लगते है, समझने लगते हैं उसके और निकट जाने लगते है तुरंत हमारा मन आता है हमारी स्थिरता को भंग करता है और चंचल हो जाता है। मन कहता है यहां कुछ नहीं है ! भूल गए तुम ? अभी-अभी बुरी तरह असफल हुए हो। तुम किसी काम के नहीं हो।

फिर अपनी असफलता की अशांति के निवारण के लिए हम मन के बताएं रास्ते पर ही चलने लगते है और हमारा हृदय फिर धैर्य रखकर बैठ जाता है। हृदय, हां वही जिसकी आवाज को हमारे द्वारा कभी सुना ही नहीं गया। हृदय, हां वही जिसके इतिहास को कभी लिखा ही नहीं गया।

सुख और दुख मौसम की तरह हमारे जीवन में निरंतर आते जाते रहे, मन का यह कुचक्र भी निरंतर चलता रहा, हर चीज के लिए हमारे पास समय था पर हृदय, जहां साक्षात् परमेश्वर बैठे थे उसके भाग्य में हमने सिर्फ प्रतीक्षा ही लिखा था। हम हमेशा भाग्य को कोसते रहे पर धीरे-धीरे-धीरे यही चक्र, हृदय को छोड़कर मन के पीछे चलने का चक्र, हमारे जीवन में एक कुचक्र बन गया। ऐसी बात बिल्कुल भी नहीं है कि पूरे संसार में सब स्वार्थी ही भरे पड़े हैं क्योंकि यहां कई लोग ऐसे भी है जो सचमुच में बड़ा हृदय रखते हैं, निस्वार्थ दान करते हैं, सेवा भावना रखते हैं। परंतु हां, ज्यादातर की संख्या वो है जो लोग हमसे स्वार्थवश बड़े बड़े वायदे तो जरूर करते हैं पर जब निभाने का समय आता है तो वह छल-कपट करते है। लक्ष्य हमारा ईश्वर है, प्रेम के मार्ग पर हम निकल पड़े है, पर जरा समझ तो ले हम किस श्रेणी के है स्वार्थ सहित या स्वार्थ रहित ? क्योंकि वह प्रेम अमृत कैसे होगा जिसमें स्वारथ का विष मिला होगा। बचपन में हमारे लिए हर समय आनंद में रहना सबसे ज्यादा जरूरी था। महंगे खिलौने नहीं थे पर सबसे बड़ी बात खिलौने के महंगे या सस्ते होने की समझ भी नहीं थी, और इसीलिए व्यर्थ का दुख भी नहीं था। पर ध्यान दीजिए अब हम बड़े हो गए सस्ते

और महंगे का दुख आज हमें जरूर खा जाता है। आज छोटी छोटी बातों से हमें फर्क पड़ता है पर बचपन में कई बार सारे खिलौने भी दूसरों के थे और कई बार दूसरों के सारे खिलौने भी हमारे अपने थे। भेदभाव या तेरा मेरा का विष नहीं था। पर आज ये विष जरूर है। मैं सोच रहा हूं क्या लिखूं ? हम बड़े हो गए हैं समझदार हो गए हैं या बचपन की हम सबकी वो नादानी ही ज्यादा अच्छी थी जिसमें हम सभी नासमझ थे।

साइकिल का बेकार जर्जर टायर, रद्दी कागज से बनी नाव, फटी पुरानी पतंगे, कुछ गंदे मटमैले दोस्त यही हमारी दौलत थी, यही हमारी दुनिया थी, यही हमारा आनंद था। बड़ी खुशी से हम हर नए दिन का स्वागत किया करते थे, हर दिन को हम पूरा-पूरा जिया करते थे। आज महंगे महंगे वाहन है, ब्रांडेड कपड़े और घड़ियां है, हमारे दैनिक कार्यो को सरल बनाते तमाम आधुनिक उपकरण है, मनोरंजन करने हेतु विभिन्न संसाधन है। सोशल मीडिया पर लाखों मित्र है पर फिर भी हम अकेले हैं।

सरल प्रश्न वही है कि जो मुस्कान वह सस्ते खिलौने दे जाते थे वह कहां है ? चलते हम सारा सारा दिन है पर पहुंचते कहीं नहीं है। कमाते और जमा करते बहुत है पर फिर भी अन्त में दोनो हाथ खाली है। मेहनत दिन रात करते है पर काम है कि खत्म ही नहीं होते हैं। सबको समय देते हैं बस अपने लिए ही नही है। बचपन में हमें कहा गया था कि बस एक काम करो, बस एक शब्द बस एक वाक्य लिखो, बस एक पहाडा याद करो और फिर सब काम खत्म जाओ खेलों। हमने उनकी बात मानी और मानते रहे। आज वर्षों बीत गए, एक चीज समझ नहीं आई, खेल कबका खत्म हो गया पर वह एक शब्द और, वह काम बढ़ता ही चला गया आज भी खत्म नहीं हुआ, वह कभी खत्म नहीं हुआ, और फिर एक समय आया जब वह पहला एक शब्द लिखने वाला भी चला गया। बचपन में दोस्तों से अनबन होती थी और अगले ही पल अनबन कहीं चली जाती थी सब भूलकर हम फिर साथ मिलकर खेलते थे पर आज दोस्तों से अनबन हो जाती है तो दोस्त कहीं चले जाते हैं हम सब कुछ भूल जाते हैं पर सिर्फ अनबन बनी रह जाती है।

पहले कुछ नहीं था पर एक खुशी थी आज सब कुछ है पर फिर भी खुशी नहीं है। आज कपड़े फटे और मटमैले नहीं है, साफ और ब्रांडेड हैं पर बस आंखों में वह बचपन की खुशी नहीं है। धन कमाने हम चल दिए ताकि खुशियां खरीद सके पर चलते ही पहले पल भूल गए की खुशियां तो पहले ही भीतर है, असली खुशी बिकती नहीं है। आज लोग है जो स्वयं को त्रिकालदर्शी बताते हैं, भूत भविष्य वर्तमान सब बताते हैं, और लाखों करोड़ों की संख्या में लोग उनके अंधभक्त है। पर आपको भी समझ मिली है आप एक सरल प्रश्न का उतर दीजिए जब उनको भविष्य नजर आता ही है तो उन्होंने पहले से क्यों नही बता दिया था की कोरोना नाम की एक बीमारी आने वाले हैं जिससे लाखो करोड़ो लोग मरेंगे। यदि वह सचमुच यह दावा करते हैं कि वह भविष्य देख सकते हैं तो सच जानते हुए भी उन्होंने लाखों करोड़ों लोगों को समय रहते नहीं बचाया इसके लिए उन सब भविष्य दृष्टाओ को मृत्युदंड मिलना चाहिए।

मैंने स्वयं अपनी आंखों से देखा : औरो को वटी और भभूत खिलाकर कोविड से ठीक करने का दावा करने वाले बाबा कोविड की वैक्सीन लगवाने की लाइन में सबसे आगे खड़े थे। उनका नाम योगगुरु है उनका नाम संत है, दवा बेचना उनका बिजनेस है पर संकट आते ही सबसे पहले अपने लिए सुरक्षा ढूंढना ही उनका 'सत्य' है। हृदय के 'सत्य' से मेरे इस प्रश्न का जवाब दो बाबाजी, अपने भक्तों को ये क्यों नहीं बताया कि बेटा जब काल की फांस गले में फंसेगी तो कोई बाहरी योगा तुम्हारे काम नहीं आएगा ? लोग मेरी कलम से ढोंगी बाबाओं के बारे में भी लगातार पूछते रहे है। पर भाई इसमें जटिल क्या है, उत्तर बडे सरल है। संसार एक मेला है, हम यहां दर्शक है, समय हमारा पैसा है, मेले में झूले, गुब्बारे और खिलौने भी बहुत है। पर हां बचो क्योंकि यहां मदारी और जादूगर भी बहुत है।

९

राम रसायन !

धर्म अधर्म की गूढ़ बातों से परे मेरी कलम ने सरल ज्ञान का मार्ग चुना है। ज्ञान कहीं से भी मिले उसे संभाल लेना चाहिए। अगर धर्म ईश्वर की याद दिलाता है उसकी तरफ प्रेरित करता है तो इसमें बुराई ही क्या है ? हर धर्म में मनुष्य के लिए प्रेरणा भरी पड़ी है, परन्तु क्योंकि मनुष्यो का विकास वैज्ञानिक रूप से बंदरों से हुआ है इसलिए इसकी टोपी उसके सिर रखने की मनुष्यो की आदत अभी गई नहीं है। लोग धर्म को पढ़ते हैं, पढ़ाते हैं, समझते हैं, समझाते हैं, चर्चा करते हैं परन्तु क्या उन भावनाओं के पुष्पों को भी ग्रहण करते हैं जो धर्म हमें ज्ञान स्वरूप देते हैं। धर्म के मर्म को समझना हमारे लिए सबसे ज्यादा श्रैयस्कर है।

याद है आपको ? जब श्रीराम से यह कहा गया की आपको चौदह वर्ष के वनवास के लिए जाना है तो उन्होंने एक शब्द भी प्रश्न अथवा विरोध का नही कहा। उन्होंने इसमें भी अपना सौभाग्य देखा। जब सीता से यह कहा गया कि तुम महल में ही रुक जाओ तो सीता ने कहा हर परिस्थिति में अपने स्वामी के साथ रहना ही मेरी नियति है। शरीर और आत्मा अलग तो सिर्फ मृत्यु पर ही होती हैं। मै तो सिर्फ शरीर हूं वो जो वन में जा रहे हैं वो मेरी आत्मा हैं। प्रेम की इन पराकाष्ठाओ को कलियुग के वो पति-पत्नी क्या समझेंगे जो बात बात में एक दूसरे को तलाक की धमकी दिया करते हैं। अरे जो अपने भीतर के 'सत्य' की हत्या करके पीठ पीछे दूसरे भोगों में लिप्त है वो क्या मर्म समझेंगे जिनके भीतर प्यास ही नहीं है। विपरीत है शब्द पर मेरी कलम के लिए वो सिर्फ जिंदा लाशें है।

जब लक्ष्मण से कहा गया कि तुमने तो कोई वचन नहीं दिया तुम्हारे लिए तो कोई आदेश नहीं है तुम तो रुक जाओ, राज महलों के सुख भोगो गृहस्थ जीवन का आनंद उठाओ। तो लक्ष्मण ने कहा राजमहल में तो बस ईट पत्थरों का मंदिर है साक्षात भगवान तो वन में जा रहे हैं यही तो स्वर्ण अवसर है जब मुझे अपने स्वामी की सेवा का अवसर मिलने वाला है। भाई भाई के इस प्रेम भाव को वो कलियुगी भाई क्या समझेंगे जो एक एक इंच जमीन के लिए एक दूसरे के मस्तक काट रहे हैं।

जब दशरथ से यह कहा गया की दस रथो की शक्ति तुम्हारे भीतर है, तुम्हारे जितना कोई इस धरा पर पराक्रमी नही है कम से कम जी तो जाओ। तो उन्होंने कहा कि राम ही तो मेरी सांस है और बिना सांसों के जीवन संभव नही है। पिता के प्रेम और विवशता की इस स्थिति को वो क्या समझेंगे जो एक बोतल शराब के पीछे आतुर है और बच्चों के भविष्य की जिन्हें कोई चिंता ही नहीं है।

जब हनुमान से यह कहा गया कि तुमने मेरी इतनी सेवा की जितना कोई सगा भी नहीं करता तुम कोई वरदान मांग लो, चाहो तो तीनों लोकों का राज्य मांग लो, तो हनुमान ने कहा प्रभु वरदान का मैं क्या करूंगा ? देना ही है तो अपनी निष्काम भक्ति का आशीर्वाद दे दो। इस निस्वार्थ समर्पण भक्ति को वो क्या समझेंगे जो ईश्वर को याद भी किसी ना किसी स्वार्थ से ही करते हैं।

जब शबरी से यह कहा गया कि रोज-रोज कुटिया नए-नए फूलों से क्यों सजाती हो ? रोज-रोज रास्ते को क्यों बहारती हो, पूरी उम्र बीत गई, सालों हो गए तुम्हें ऐसा करते, किस पागलपन में खोयी हुई हो ? राम कभी नहीं आएंगे। तो शबरी ने कहा जिसे तुम पागलपन कहते हो वही तो मेरी जीवन शक्ति है वही मेरी भक्ति है। मेरे गुरु ने कहा था कि राम जरूर आएंगे। एक दिन तो प्रभु को आना ही है पर अगर मैं उनके स्वागत के लिए तैयार नहीं रही और वह अवसर चूक गया तो फिर यह पूरा जीवन व्यर्थ ही है। परमात्मा से मिलन की ऐसी पल पल की तैयारी वो क्या करेंगे जो परमात्मा को भी पैसे से खरीद लेना चाहते हैं।

जब जटायु से कहा गया कि तुम मूर्ख हो, बड़ी राम की भक्ति करते फिरते हो, यह कैसी भक्ति की कि रावण के हाथों दोनों पंख ही कटवा बैठे ? तो जटायु ने कहा कि यह भी ठीक ही हुआ जो मेरे पंख कट गए, यह भी मुझ पर श्रीराम की ही कृपा हो गई। प्रेम के बंधन के कारण उनका और मेरा मिलन तो निश्चित ही है टाला नहीं जा सकता। अगर मेरे यह पंख होते तो इस मिलन के लिए मुझे प्रभु के पास उड़कर जाना पड़ता, अब जब पंख ही नहीं है, तो मिलन के लिए प्रभु को ही मेरे पास चलकर आना पड़ेगा। प्रभु मेरे पास खुद चलकर आएंगे ये मेरा सौभाग्य ही तो है। भक्ति भाव की इस गंगा को वो क्या समझेंगे जिनका थोड़ी सी विपदा आते ही भगवान से विश्वास डगमगा जाता है।

जब अहिल्या से यह कहा गया की श्रीराम के चरणों का स्पर्श तो मिल गया। तुम अब पवित्र हो और सक्षम भी हो इस दुनिया की सुख सुविधाओ को भोगो, तो अहिल्या ने यह कहते हुए प्राण विसर्जन कर दिया कि युगों युगों से मैं पत्थर की शिला थी। सिर्फ एक इंतजार था प्रभु के चरणों का स्पर्श। अब जब वह लक्ष्य पूरा हो गया तो इस जीवन में और कोई लक्ष्य मेरे लिए शेष नहीं रहा। जब केवट से यह कहा गया की आपने नौका पार करवाई है, बदले में यह सोने की अंगूठी रख लो तो उसने कहा कि प्रभु आपका और मेरा काम तो एक ही है। मै लोगों को इस छोटी सी नदी से पार करवाता हूं पर आप तो सारे संसार को इस भवसागर से पार करवाने वाले हो, प्रभु मैं आपसे कुछ कैसे ले सकता हूं ? जब तुलसीदास से यह कहा गया कि आप तो बड़े विद्वान हो, आप तो बड़े महान हो, आप तो बहुत बड़े रचयिता हो,

आपने तो पूरी की पूरी रामायण लिख डाली तो उन्होंने बड़ी विनम्रता से कहा कि तुलसी तो जंगल में उगने वाली साधारण सी घास होती है, यह तो मुझ पर राम की कृपा हो गई है कि मैं तुलसीदास बन गया हूं।

सजीवों को छोड़ो भक्ति के इतिहास में निर्जीवो की गाथा सुनो : जब पुल के पत्थरों से यह कहा गया कि पानी में डूब जाना ही तुम्हारी प्रकृति है, डूब क्यों नहीं जाते हो तो उन पत्थरों ने कहा कि हमने सुना है कि राम यहां से गुजरने वाले है, अगर हम डूब गए तो राम के चरणों के स्पर्श का सौभाग्य कैसे प्राप्त करेंगे ? जब भरत से यह कहा गया कि आप राजा हो, राजा की तरह रहो। यह सन्यासी वेश क्यों ? यह कुटिया क्यों ? यह कंदमूल फल क्यों और यह कुटिया के अंदर छह फीट का गड्ढा क्यों ? तो भरत ने कहा मैं राजा नहीं हूं, सेवक हूं। प्रभु श्रीराम के दासो का भी दास हूं मेरे प्रभु जंगल में रहते हैं तो मैं महल में कैसे रह सकता हूं ? मेरे प्रभु सन्यासी के वेश में रहते हैं तो मैं राजसी वस्त्र कैसे धारण कर सकता हूं ? मेरे प्रभु कंदमूल फल खाते हैं तो फिर मैं छप्पन भोग कैसे ग्रहण कर सकता हूं ? यह जो छह फीट का गड्ढा है यह मेरे सोने के लिए है, जब मेरे प्रभु जंगल में जमीन पर सोते हैं तो मैं तो उनका दास हूं जमीन पर सोकर उनकी बराबरी कैसे कर सकता हूं ?

समय बेशक कितना भी निकल जाए पर हर व्यक्ति जिसने हृदय से भक्ति की है इतिहास के समुद्र में मोतियों की तरह जगमगाता है। इस बार हम जीवित है और इस बार हमारी बारी है। तो चलिए भक्ति करनी है यह बात निश्चित हो गई पर भक्ति करेंगे किसकी ? क्योंकि जहां तक मन की और माया की भक्ति की बात है उसमें किसी को कोई दिक्कत नहीं है। तो फिर समस्या क्या है ? समस्या यह है की हमें हमारे राम का कुछ अता पता ही नहीं है। 'राम' के नाम पर भी लोग बटे हुए हैं। कोई दशरथ के बेटे राम की भक्ति में लगा है, कोई कृष्ण को ही राम रूप में पूज रहा है, कोई इस जगत को बनाने वाले राम को ढूंढ रहा है तो कोई इस संसार से भी परे वाले राम को। ये तो हुई उनकी बात जो किसी ना किसी तरह से कोशिश कर रहे हैं ढूंढ रहे हैं। दूसरी तरफ आज के मदहोश लोग भी है जो अपने मन के संसार में पूरी तरह से व्यस्त हैं उस राम को ढूंढने की ना तो उन्हें कोई रूचि है ना ही उनके पास उसके लिए समय ही है। अब 'सत्य' आप बताइए इस स्थिति में हमारे जीवन में भक्ति की ये गाथा पूरी होगी कैसे ?

आपने पढ़ लिया, गुन लिया, सीख लिया, समझ लिया और उत्साह के आवेश में उस राम को ढूंढने भी निकल जाओगे और यदि आपके प्रयासों ने साथ दिया तो हो सकता है वह राम आपके सामने भी आ जाए, पर उन्हें पहचानोगे कैसे ? क्योंकि इस माया के मेले में बहुत सारे लोग है जो अलग-अलग नामों से राम बने बैठे हैं। दूसरे लोग इज्जत नहीं देते शायद इसलिए अपने नाम में ही 'श्री' लगा लेते हैं। फिर 'श्री' और लोगो ने भी लगा लिया तो कहीं इज्ज़त प्रतियोगिता में कम ना हो जाए इसलिए दो-दो तीन-तीन बार 'श्री' लगाते हैं। एक बाबाजी तो स्वयं सीधे शिव का अवतार कहते थे पर 'सत्य' ये हैं की मरने के बाद उनकी लाश एक ताबूत में सड़ रही है। अंधभक्ति की यहां भी कोई कमी नहीं है, अंधभक्ति में लोग दुर्गति के बाद भी

पूजा तो उन्ही की करते हैं।

कई लोग जो अपने राज्य से भी कभी बाहर नहीं गए वह अपने नाम में विश्वगुरु जगतगुरु लगाए बैठे हैं। खैर उनका नाम है उनका तरीका है उनका अधिकार है आपके और मेरे काम की बात यह है कि राम नाम में यदि भ्रमित ही रहे तो उस असली ईश्वर की भक्ति कैसे होगी जिसे किसी नाम से कोई सरोकार ही नहीं है। कई बार असत्य, सत्य से भी बडा हो जाता है, थोड़ा ध्यान से समझिए जनाब, क्योंकि भक्ति के भी कई पक्ष होते हैं।

एक बार एक लकड़िहारा और उसकी पत्नी दोनो नदी के किनारे बैठे तेज तेज रो रहे थे। वहां श्रीराम, लक्ष्मण और सीता आए और उससे पूछा कि, भाई तुम क्यों रो रहे हो ? तो लकड़िहारे ने कहा कि 'प्रभु मैं और मेरी पत्नी नदी के ऊपर झूलते वृक्ष की उस डाल पर बैठकर दोपहर का भोजन कर रहे थे, तभी मेरी कुल्हाड़ी नदी में गिर गई। वह कुल्हाड़ी ही मेरे पास आमदनी का एकमात्र साधन है, वह नदी में गिर गई और कहीं खो गई।' तब श्रीराम नदी में उतरे और पानी में अपना हाथ डाला और एक सोने से बनी कुल्हाड़ी निकाली और लकड़िहारे से पूछा 'क्या यह कुल्हाड़ी तुम्हारी है ?' लकड़िहारे ने कहा 'नहीं प्रभु, यह मेरी नहीं है।' श्रीराम ने फिर पानी में हाथ डाला। इस बार उन्होंने नदी से एक चांदी की कुल्हाड़ी निकाली और लकड़िहारे से फिर पूछा, 'क्या यह कुल्हाड़ी तुम्हारी है ?' लकड़िहारे ने फिर कहा, 'प्रभु यह कुल्हाड़ी भी मेरी नहीं है।' अंततः श्रीराम ने नदी में हाथ डालकर लोहे से बनी एक सामान्य घिसी पिटी कुल्हाड़ी निकाली और लकड़िहारे से पूछा, 'क्या यह कुल्हाड़ी तुम्हारी है ?' तो लकड़िहारे ने तुरंत कहा, 'हां प्रभु। यह मेरी कुल्हाड़ी है, आपका बहुत-बहुत धन्यवाद आपने मेरी कुल्हाड़ी ढूंढ दी।' श्रीराम उस लकड़िहारे की ईमानदारी से इतना प्रसन्न हुए कि उन्होंने सोने की, चांदी की और लोहे की तीनो कुल्हाड़ियां उसे दे दी। उन्हें पाकर लकड़िहारा बहुत खुश हुआ और प्रसन्नचित अपने घर लौट गया।

कुछ दिन बीते, श्रीराम लक्ष्मण और सीता फिर उसी मार्ग से गुजर रहे थे और फिर उसी लकड़िहारे को बैठे, तेज तेज रोते हुए सुनते है। श्रीराम उसके नजदीक जाते हैं और फिर पूछते हैं की, 'भाई तुम अब क्यों रो रहे हो ?' लकड़िहारे ने कहा, 'प्रभु मैं और मेरी पत्नी वृक्ष की उसी डाल पर बैठे दोपहर का भोजन कर रहे थे, मेरी पत्नी का पैर फिसल गया और वह नदी में गिर गई, डूब गई और मिल नहीं रही है, कृपया आप उसे ढूंढ दीजिए। श्रीराम फिर नदी में उतरे और डुबकी लगाई, कुछ समय बाद श्रीराम नदी से बाहर एक बहुत सुंदर अप्सरा के साथ आते हैं। लकड़िहारे से पूछते हैं 'क्या यह तुम्हारी पत्नी है ?' लकड़िहारा अप्सरा की तरफ देखता है और कहता है 'हां प्रभु यही मेरी पत्नी है।' श्रीराम लकड़िहारे से कहते हैं, 'बदमाश, अप्सरा के रूप रंग से इतना मोहित है कि इसको देखते ही अपनी पत्नी को भूल गया ? किसी और को अपनी पत्नी बता रहा है, झूठ बोलता है।'

तो लकड़िहारे ने बड़ी मासूमियत से कहा की प्रभु माफ करना मुझसे गलती हो गई, मैंने सोचा कि पिछली बार आपने नदी में डुबकी लगाई थी और तीन कुल्हाड़ियां निकाल दी, आपने तीनों ही अंततः मुझे दे दी। आपकी आज्ञा को मैं मना भी नहीं कर पाया।

मैंने सोचा कि कहीं मैं इस अप्सरा को अपनी पत्नी मानने से इनकार कर दूंगा तो आप फिर डुबकी लगाएंगे और दो नारियां और नदी से निकाल लांएगे और अंततः तीनो नारियां मुझे सौंप देंगे और मैं आपकी आज्ञा को मना भी नहीं कर पाऊंगा।

प्रभु, मैं काफी गरीब हूं मुझसे एक ही नारी का खर्च बड़ी मुश्किल से वहन होता है। मैं तीन-तीन नारियों का खर्च कैसे वहन करूंगा, इसीलिए मैंने असत्य बोल दिया, मुझे क्षमा करना। श्रीराम ने उसके कथन से प्रभावित होकर नदी से उसकी पत्नी को निकाला और उसे सौंप दिया। वे फिर प्रसन्नतापूर्वक अपने घर चले गए।

भक्ति गाथा में यहां 'असत्य' सत्य से बड़ा हो गया। कहानी समाप्त हो गई, पर इस कहानी में आपके और मेरे काम की क्या बात है उसे समझिए, काम की बात यह है कि "भक्ति और प्रेम से विभोर होकर, छल कपट से विहीन, बालक का हृदय लेकर बोला गया 'असत्य' भी सत्य से बड़ा होता है।"

10

रसातल !

सत्य प्रकृति के कण-कण में व्याप्त है। कोई व्यक्ति, वस्तु, प्राणी, प्रकृति के चर या अचर तत्व ऐसे नही है जहां वह नहीं है। सभी जगह वह ईश्वर है, यह महत्वपूर्ण नहीं है क्योंकि हम उसे सभी जगह पा नहीं सकते हैं, वह हमारे भीतर भी है यह जानकारी हमारे लिए महत्वपूर्ण है क्योंकि हमारे भीतर हम उसका साक्षात्कार कर सकते हैं। चलिए मानते हैं कि ईश्वर कण कण में है परंतु फिर भी ज्यादातर लोगों को वह कभी नहीं मिलता, क्यों ? इसका एक सरल सा उत्तर है वह उनको इसलिए नहीं मिलता क्योंकि वह उसे वहां ढूंढ रहे हैं जहां वह उसे पा नहीं सकते हैं, और जहां वह पा सकते हैं वहां उनके प्रयास ही नहीं है।

हो सकता है आप सोचे कि अभी तो आपने कहा कि कण-कण में हर जगह व्याप्त है तो यहां और वहां का मतलब क्या हुआ ? इसका भी एक सरल सा उत्तर है यहां का मतलब है 'वास्तविकता', जिसमें बहुत कम लोग जी रहे हैं और वहां का मतलब है 'कल्पना', जिसमें बहुत अधिक लोग अपना समय अपनी खुशी से बर्बाद कर रहे हैं। जब आप यह किताब पढ़ रहे हैं तब भी हम सभी के भीतर यह यहां और वहां का चक्कर चल रहा है। अब आप 'सत्य' बताइए कि अगर आपको ईश्वर मिलेगा तो वह कल्पना में मिलेगा या वास्तविकता में मिलेगा ? समझिए, सूर्य का लक्ष्य क्या है ? प्रकाश देना। पृथ्वी का लक्ष्य क्या है ? जीवन योग्य परिस्थितियां देना। पवन का लक्ष्य क्या है ? सभी जीवो में सांस का संचार करना। जल का लक्ष्य क्या है ? प्यास को तृप्त करना। पक्षी का लक्ष्य क्या है ? हवा में स्वच्छंद उड़ान भरना। पुष्प का लक्ष्य क्या है ? सुगंध और सुंदरता फैलाना। गुरु का लक्ष्य क्या है ? शिष्य को अंधकार से प्रकाश में लाना। मेरी कलम ने इतने उत्तर दे दिए अब आपकी बारी एक उत्तर दीजिए - आपका लक्ष्य क्या है ? हो सकता है आपका मन कहे नाम रोशन करना, धन कमाना, अच्छा परिवार बसाना, और और और..! परंतु आपका हृदय जानता है इस प्रश्न का सही उत्तर क्या है, और वह उत्तर है - इस जीवन को उपहार रूप में स्वीकार करना, मिलने वाले हर पल को पूर्णता से जीना, बनाने वाले के प्रति आभार व्यक्त करना, हर दिन अपने आपको उस परमआनंद, परमशांति, कृतज्ञता और धन्यवाद से भरना।

मेहनत करें तो सब कुछ संभव है आप चाहे तो अपने मन की इच्छाओं को भी पूरा कर सकते हैं और चाहे तो अपने मन की सभी मनोकामनाओ को भी साथ में पूरा कर सकते हैं। हृदय की दिशा में आगे बढ़ने के लिए किसी मनोकामना का त्याग करने की जरूरत नहीं है और यह संतुलन भी पूरी तरह संभव है। हां, यह भी सत्य है कि हो सकता है जब आप अपने हृदय का कहना मानकर हृदय की दिशा में आगे बढ़े तो मन वाले कई लक्ष्यों को पूरा न कर पाए परंतु 'मन वाले बहुत से लक्ष्यो पर श्रेष्ठ हृदय वाला एक ही लक्ष्य होता है।' आप चाहे तो दोनों के बीच में संतुलन का प्रयास करें। अपने जीवन में मन या हृदय किसके लक्ष्य को प्राथमिकता देनी है और पूर्णता तक पहुंचाना हैं यह अंतिम निर्णय भी आपका ही व्यक्तिगत रूप से अपना है। हमारे पास एक ऐसी क्षमता है जो प्रकृति में किसी के पास नहीं है। सूर्य, मेघ, पवन, नदी, पुष्प, पहाड़, जंगल के पास भी वह क्षमता नहीं है। शायद इसलिए प्रकृति में उनकी तुलना में हम मनुष्य यहां एक बेहतर स्थिति में है। वह क्षमता है 'विकल्प चुनने की क्षमता।'

जी हां, सूर्य के पास यह विकल्प नही है कि वह अपनी मर्जी से उगने से मना कर दे। बादल के पास यह विकल्प नहीं है कि वह बरसने से मना कर दे। हवा के पास यह विकल्प नहीं है कि वह एक दिन छुट्टी कर ले और न बहे। जंगलों के पास यह विकल्प नहीं है कि एक दिन के लिए ही सही वह भी शहरो की सैर कर लें। अंधकार के पास यह विकल्प नहीं है कि वह चाहे तो जाकर प्रकाश से मिल लें। मनुष्य चंद्रमा तक जा सकता है पर चंद्रमा के पास यह विकल्प नहीं है कि वह एक दिन पृथ्वी पर उतर लें। मनुष्य होने के नाते हमारे विकल्प भी असीमित होते हैं और हमारे लिए संभावनाएं भी असीमित होती है। हम अपने जीवन में क्या चाहते हैं इसका अंतिम निर्णय भी हमारा ही होता है। हमारे पास तमाम तरह के विकल्प होते हैं अच्छे भी होते हैं बुरे भी होते हैं परंतु हां हर बार चुनाव हमें ही करना होता है। अपने दैनिक जीवन में हम तमाम प्रकार के निर्णय करते हैं। हिसाब किताब इस बात का होना चाहिए कि कितने निर्णय हृदय के होते हैं और कितने मन के होते हैं। मन बार-बार वह निर्णय करता है जो अंततः हमारे ही लिए हानिकारक और घातक होते हैं। मन ने कई चीजें ऐसी खरीद दी उनकी संगत पकड़ ली, जिसकी वास्तव में हमें कोई जरूरत ही नहीं थी। देखिए अपनी अलमारी में, देखिए अपने घर में, देखिए अपने जीवन में आपको बहुत सारी मिल जाएंगी। हर चीज में मन थोड़ा और, थोड़ा और, इससे अच्छा, इससे अच्छा, के पीछे पड़ा रहा और इस चक्कर में इसने हमारा सारा समय ले लिया, सारा धन ले लिया, सारी उम्र ले ली, सारी शक्ति निचोड़ ली, सारा यौवन ले लिया और एक दिन आया जब हम काफी हद तक लूट लिए गए तब हमें पता चला कि हम लुट गए। हमने शर्म के मारे किसी को नहीं बताया कि हम धोबी के कुत्ते बन गए, ना घर के रहे ना घाट के रहे।

कभी आपने इस चीज को महसूस किया की मन के पीछे चलते-चलते दुनिया कहां से कहां पहुंच गई ? हम हैं मनुष्य, पर हमारा व्यवहार जानवरों से भी बदतर हो गया। आज वासना ने मां को मां नहीं समझा, बहन को बहन नहीं समझा, बेटी को बेटी नहीं समझा, और

मन के गुलाम बने हम स्वयं को आजाद समझते रहे, आजाद कहते रहे। मन के वशीभूत हम हर उस काम को करने के लिए मजबूर कर दिए गए है, जिसे हम अपनी नजर में ही सही नहीं मानते हैं। बाहर से तो नहीं दिखता पर भीतर से हम तो एक जाल में फंस गए और अब समझ नहीं आता कि उस जाल को कैसे काटे जिसको हमने ही बुना है और जिसमें हम ही उलझ गए। आंखें बंद करके नशे में धुत मदहोश हम उन कल्पनाओं को सच करने के पीछे अंधाधुंध दौड़ते रहे जिनका दूर-दूर तक वास्तविकताओं से कोई लेना-देना ही नहीं है। ब्रह्मांड की तुलना में हम सूक्ष्मजीव से भी लाखों गुना छोटे हैं। इतने ज्यादा छोटे है कि हमें देखने के लिए कोई विशेष दर्जे का सूक्ष्म दर्शी यंत्र बनाना पड़ेगा, परंतु इस धरती पर हमारे अहंकार का सीना हिमालय पर्वत से भी ज्यादा चौड़ा है। हम भूल गए हैं कि हमारी वास्तविक स्थिती ओस की बूंद से भी ज्यादा नाजुक है, जिस अपबल तपबल और बाहुबल का हम घमंड करते हैं उसका कोई भरोसा नहीं है, इस पल है और अगले पल नहीं है। अरे, इस प्रकृति ने तो बड़े बड़े जंगलो के बड़े बड़े डायनासोरो को भी नहीं छोड़ा तो फिर हम चाहे कितना भी तन कर खड़े हो जाएं हम तो उन डायनासोरों के दांतों के बीच में फंसे चावल के दानों से ज्यादा बड़े भी नहीं है। ध्यान रहे कि अगर एक बार हृदय की उंगली छूट गई तो फिर दुनिया रूपी जंगल में भटक जाने की कोई सीमा नहीं है। एक समय था जब जंगल - जंगल था और शहर - शहर था पर आज कहानी उल्टी है आज शहर ही जंगल है। आज जंगल में चार पैर वाले जानवरों से उतना खतरा नहीं है जितना शहरों में दो पैर वाले इंसानो से हैं। पेट भर जाने के बाद जंगली जानवर खाना नहीं खाते पर इंसानी चेहरे का मास्क लगाए शहरो के ये जानवर पेट भरने के बाद भी लाशो की दुर्गति करते हैं।

आप अपने खिलौने से खेलने में मस्त हैं, खतरे में है, बस खतरे को भाप नहीं रहे हैं। सपनों के खिलौनों से निकलिए, वास्तविकता में आइए, यहां इस शहर नाम के जंगल में बहुत सारे भूखे भेड़िए है। वो सब आदमखोर सिर्फ घात लगाए मौके के इंतजार में है। जैसे ही आप दूसरे खिलौने में व्यस्त नजर आएंगे और ध्यान नहीं देंगे, थोड़े से कमजोर प्रतीत होंगे, वे सब आप पर हमला कर देंगे। आप उनके हाथ जोड़ेंगे, पैर पड़ेंगे, उनके आगे गिड़गिड़ाएंगे पर वे दयाविहीन गिद्ध फिर भी आपको जिंदा ही नोच नोच के खाएंगे। आपकी किस्मत तेज रही तो कोई शेर आकर उन सभी भेड़ियों को डरा कर भगा देगा। पर खुश मत होइए, शैतान और संत अलग अलग होते हैं। आपसे भूख तो मिटनी ही थी भेड़ियों की नहीं मिटी तो शेर की ही सही। यहां लोग मौत को आसान और जिंदगी को कठिन कर देंगे। ये सब जंगली जानवर मिलकर आपके शरीर पर, आपकी आत्मा पर ऐसे ऐसे जख्म देंगे कि आप मरने से पहले भी सौ बार मरेंगे। इससे पहले कि आप पर ये दुर्गति हावी हो और आपको इस भय में डूबना पडे, सद गति के मार्ग पर बढ़ो, मेरा सरल अर्थ है : भवसागर में पड़ ही गए हो तो पार्थ, 'तैरना' सीख लो।

11

अंतिमबेला !

इस संसार में तीन तरह के लोग हैं एक वह जो संसार को पाने के लिए भगवान को भूले बैठे हैं, दूसरे वह जो भगवान को पाने के लिए संसार को भूले बैठे हैं और तीसरे वह जो भगवान और संसार दोनों के बीच संतुलन और सामंजस्य बना रहे हैं। आप किस मार्ग पर है ? मां बाप ने उंगली पकड़कर चलना सिखाया ये महत्वपूर्ण है पर एक सत्य इससे भी बड़ा है और प्रतिक्षण हमसे जुड़ा है और वह 'सत्य' ये है कि जैसे ही हम मां के गर्भ से बाहर आए, हमने पहली सांस ली, लोगो ने हमें गोद में उठाया पर ठीक उसी क्षण छिपकर यमराज ने भी हमारी उंगली पकड़ ली। जब तक हम जिए, हम जन्मदिन के केक काटते और बाटते रहे, पर साथ साथ यमराज भी बैठे बैठे हमारे शेष बचे दिन गिनते रहे।

जब तक यह सांस आती रही और जाती रही हमारा शरीर भी कई बार छोटी बड़ी बीमारियों से गुजरा पर यमराज शांत रहे। जैसे ही एक क्षण के लिए यह सांस हमें छोड़कर अलग हुई तुरंत उसी पल यमराज ने हमें पकड़ लिया और साथ ले गए। कुछ लोग हैं जो यह कहते हैं कि वह यम की पकड़ से लौटकर वापस आए तर्क तो वो बड़े बड़े देते हैं पर इस बात के प्रमाण हमेशा संदिग्ध ही रहे। हमें सामान्य समय मिला लगभग सत्तर या सौ साल तक ही हमारी उम्र थी। हमारी सारी योजनाएं समय की इस सीमा तक ही केंद्रित रही, जिंदगी के साथ क्या हुआ मृत्युशय्या पर वह सब बातें अब बेमतलब थी।

जब हम बीत गए और यमराज अपना काम कर गए उसके बाद कुछ दिनों तक हमारी फोटो घर में लटकी रही और उसके बाद कुछ ही समय में हमारी यादें भी इतिहास में कहीं भुला दी गई। जब हम ज्यादा पुराने हो गए तो दीवारों पर भी लोगों के द्वारा किसी और की नई फोटो लगा दी गई। फिर धीरे धीरे समय रूपी दीमक उस फोटो को भी खा गया और उस दीवार को भी हटा गया। क्या अपना था, क्या पराया था, अब समझ में आया कि जिंदगी भर हमारे साथ जो चला जिसे हमने अपना कहा, जिसने हमें अपना कहा, वह सिर्फ एक साया था। हमारी सारी योजनाएं तो सिर्फ जीवन के सौ साल तक ही सीमित थी और अनंतकाल की इस यात्रा में जिसकी हमें जरूरत थी उसकी हमने कोई कमाई ही नहीं की थी।

जब तक जिंदा थे तब तक इस शरीर पर भी हमें काफी गर्व था, पहलवानी तो बहुत की थी पर जब शरीर भीतर से धीरे-धीरे टूटने लगा तो सारी शारीरिक शक्ति धराशायी थी, हमने अपना सारा समय और सारी पूंजी परिवार को दी पर पता नहीं क्यों हमारी आंखें बंद होते ही उन हमारे अपनों ने ही हमें आग लगा दी। शरीर की ये काया तो धूल से बनी थी, उस आग में चमड़ी तो एक पल भी टिकी ही नहीं, फिर सूखी लकड़ियों की तरह हमारी हड्डियां कटकटा के जल गई, घास की तरह हमारे बाल जल गए, हमारी पूरी काया जो सोने की तरह हमने चमकाई थी उसे चंद ही पल लगे, वह फिर धूल बन गई।

मुठ्ठी में उंगलियां पांच ही तो थी जिंदगी भर पांचों को साथ लेकर मैंने बड़ी हिम्मत की थी। एक बात समझ नहीं आई जिनकी मैंने विपरीत परिस्थितियों में भी बहुत मदद की थी, जो हर सुख-दुख बांटने आते थे, जो मेरे अपने थे जिनके लिए मैं जिया था, जिनकी ज़रूरतो पर मैं हर बार दौड़े दौड़े साथ खड़ा था, जिनके लिए मैं जीवन भर मरा था, वो सब के सब खड़े, सिर्फ मेरे राख बनने का यह तमाशा क्यों देखते रहे ? कोई एक भी अपना मेरे साथ नहीं चला। थोड़े से दिन ये मेरे अपने रोते और मुझे याद करते दिखे पर उन दिनों से ज्यादा तो मेरे हाथों में उंगलियां थी। मृत्यु ही अटल 'सत्य' है हम सभी की यही कहानी है, अमरता सिर्फ अफवाहें हैं मनुष्य शरीर की कभी होनी नहीं है। तो जब तक हम जीवित हैं क्या करें ? हर पल मृत्यु से डरे रहे ? नहीं। मेरी कलम ने ऐसा कभी नहीं कहा। यह तो सभी मनुष्यो का मन सोचता है। 'सत्य' ये है कि मृत्यु की चिंता में बिताया हर पल इस अनमोल जीवन रूपी उपहार की बर्बादी है। हर पल जब आप जीवित है यह चेतना है यह सांस है। आप समस्याओ में मत उलझे रहो, ये तो आती जाती रहेंगी। आप हर पल आनंद का उत्सव मनाओ, हर दिन को ऐसे जियो ऐसे जियो जैसे यह फिर कभी नहीं आएगा, हर पल जो मिला है उसे पूरा-पूरा जियो, एक पल भी बिना आंनद के हाथ से फिसलने मत दो। यह पल जो अब है जो अभी आया है - यह फिर नहीं आएगा फिर कभी नहीं आएगा। हां, साथ ही साथ ये भी 'सत्य' सोचो कि जीवन कम ही क्षणो के लिए है पर मृत्यु अनंत है, इसीलिए अब हमें यह सोचना है कि हमारी योजनाएं केवल कुछ ही क्षणो के लिए है कुछ सालों के लिए है या फिर उस 'अनंत' के लिए है ?

12

भ्रमसागर !

आज दुनिया भर में तमाम तरह के बड़े से बड़े संस्थान है, लाखों करोड़ों अरबों रूपए में सिर्फ और सिर्फ लिखाने पढ़ाने और सिखाने का व्यवसाय करते है। आप मनुष्य की समझ का स्तर समझो, आज हमें हिंदू, मुस्लिम, सिख, ईसाई, जैन, बौद्ध, पारसी सब समझ आता है बस 'इंसान' समझ नहीं आता है। 'ईश्वर एक है।' चलिए हिम्मत करके ये भी लोग कहने के लिए तैयार है, 'हम सब एक है' ये भी सभी के दबाव में मौलाना और पंडित जी, हो सकता है कह देंगे पर, भीतर से इस बात को स्वीकार करना और ऐसा ही व्यवहार करना उनके लिए कुछ जटिल सा है। आज हमारे जो धार्मिक और राजनीतिक हीरो है वो हमें भगवा और हरा रंग समझाते हैं पर यह हमें कोई नहीं समझाता कि हम इन अलग अलग रंग के झंडों को बचाने के लिए अपने ही भाईयो का लहू बहा रहे हैं, और तो और उनको मारकर उनकी लाशों पर नाच रहे हैं, क्या सचमुच आपको अहसास नहीं है कि ये बर्बरता की इंतिहा है।

आज कट्टर मानसिक विकलांग लोग जेहाद कह लें या धर्म की रक्षा या ईश्वर की सेवा, पर वो मासूमों की गर्दने काट रहे हैं, और उनके भाषणो से हम इतने ज्यादा प्रभावित है कि हम उनके इस कार्य में सहयोग देने में इतने ज्यादा व्यस्त हैं कि हमारे पास यह सुनने और समझने के लिए समय ही नहीं है कि धर्म के नाम पर जिनकी हम बलि दे रहे हैं जिनके हम दिल दुखा रहे हैं, मनुष्य होने के नाते अनुवांशिक रूप से भी वे सब हमारे ही अपने बंधु बांधव है। हमने संविधान में तो कहीं 'बंधुत्व' शब्द लिख दिया था पर इस बात से लोगों को कोई फर्क नहीं पड़ता है यदि हमने उसके अर्थ को नहीं समझा है। चलो पंडित जी एक और मस्जिद गिरा देते हैं, चलो मौलवी जी किसी हिंदू काफिर का लहू बहा देते हैं, शायद इससे हमारी आत्मा तृप्त होगी। याद है आपको, जब हम बहुत छोटे थे और भीड़ में कहीं खोने से बहुत डरते थे। फिर एक दिन मेले में कहीं कभी खो भी गए थे, तो हम बहुत रोए बहुत ज्यादा रोए और हमारे दिल में एक डर बैठ गया। उस उदासी के क्षणों में जैसे ही हमारे माता पिता या किसी परिचित का चेहरा हमें नजर आया हमारे 'प्रेम' ने बिना कोई अनुमति लिए ही हमारी आंखों से छलकना शुरू कर दिया था। हमारे हृदय ने प्रेम भाव को महसूस किया था हमें किसी

अपने का साथ मिल गया था। बिछड़ने के बाद ही हमें यह समझ आया कि उनका वह साथ ही हमारे लिए सबसे ज्यादा महत्वपूर्ण था, वो गुब्बारे नहीं, वो खिलोने नहीं वो झूले नहीं।

आज कार बंगला शौहरत और तरक्की के पीछे हम भाग रहे हैं पर ऐसी तरक्की का क्या करेंगे जिसकी खुशी को साथ में कोई बांटने वाला ही ना हो। तो फिर कौन है हमारा अपना ? यही असली गीता का असली सार है : मनुष्य होने के नाते सभी मनुष्य हमारे अपने है और मनुष्य होने के नाते हम सभी मनुष्यो के है। अगर जंगल में हम अकेले कही फस जाएं और किसी तरफ किसी हिंसक जानवर की उपस्थिति हमें महसूस हो या अकेलेपन के कारण भीतर हमें भय भी हो, हम काफी ज्यादा निराश हो तो फिर उस स्थिति में एक दूसरे इंसानी चेहरे का दिखना ही हमारे भीतर तमाम विपरीत परिस्थितियों से लड़ने का दम भर सकता है।

जीवन की इस विपरीत स्थिति में हमें एक साथी मिला जो हमारे ही जैसा है, जो हमारा सुख-दुख बांट सकता है, जिसे हमें समझना है और जिसे हम समझ सकते हैं। चाहे हम जीवन भर अलग समझते रहे हो भेदभाव करते रहे हो पर आज इससे कोई फर्क नहीं पड़ता कि वह दूसरा इंसान हिन्दू है, मुस्लिम है, जैन है, बौद्ध है, पारसी है, आस्तिक है, नास्तिक है, ऊंची जाति का है या फिर नीची जाति का है।

अगर यह संसार एक जंगल है, हमारी समस्याएं वह भय है तो दूसरे व्यक्ति का साथ भी हमारी हिम्मत है, हमारी एक उम्मीद है और इस बात से हमें कोई फर्क नहीं पडना चाहिए कि उस उम्मीद का चेहरा किस 'धर्म' का है। अगर तुम्हारा धर्म किसी और धर्म से घृणा करना ही सिखाता है, भेदभाव ही बढाता है, मनुष्यता को विभाजित और अलग करता जाता है, तो खुलेआम सीना ठोक कर लिखता हूं छोड़ दो इस धर्म को, क्योंकि हे पार्थ, तुमसे ज्यादा 'नीच' और 'अधार्मिक' कोई नहीं है। मेरा कहना मानो मनुष्यता को पहचानो, जला दो इन भेदभाव की किताबों को और आओ मिलकर एक ऐसी किताब लिखे जो नम्रता से थोड़ा झुकना बताती हो, जो हमको मनुष्य बनाती हो, जो आपस में 'प्रेम' करना सिखाती हो, जो मनुष्य को काफिर नहीं मनुष्य बताती हो।

हम इस समय पृथ्वी पर है और पृथ्वी इस ब्रह्माण्ड में है, ब्रह्मांड बहुत ज्यादा विस्तारित है, इसमें अनेकों अनेक आकाशगंगाए हैं, अनेकों अनेक सूरज है, इसमें हमारी समझ से परे की अनंत संभावनाएं है। इस पूरे विस्तार का केंद्र कहां है ? मन के पास इसका कोई सटीक उतर नहीं है, पर हां हमारे हृदय के पास है एक सही और सटीक उतर। वह उतर यह है कि ब्रह्मांड का केंद्र आपके लिए ठीक वही है जहां आप हो। जब आप जीवित नहीं रहोगे तो फिर गोले का व्यास कितना है ? गोले की परिधि कितनी है ? गोले की त्रिज्या कितनी है या फिर गोले का केंद्र कहां है ? इससे आपको कोई लेना देना नहीं है। आपके परिवार के साथ क्या हो रहा है ? आपके देश के साथ क्या हो रहा है ? आपके धर्म के साथ क्या हो रहा है ? आपके शेयर मार्केट के साथ क्या हो रहा है ? कौन-कौन सी नई तकनीक का आविष्कार हो रहा है ? किसने सोशल मीडिया पर नया बेहतरीन पोस्ट किया है ? कौन-कौन सी नई नई किताबें लिखी जा

रही है ? कौन-कौन से ग्रहों पर कौन-कौन से लोग जा रहे हैं ? किस टीम ने ओलंपिक में कितने मेडल जीते है ? इस बार क्रिकेट और फुटबॉल का मैच किस टीम ने जीता है ? किस देश के द्वारा किस देश पर चढ़ाई की जा रही है ? कहां कहां युद्ध का डंका बज रहा है और कहां कहां शांति की शहनाई गूंज रही है ? दुनिया की सबसे ऊंची इमारत कहां बनाई जा रही है ? मन बहलाने के लिए नवीनतम सबसे सुंदर जगह कौन सी है ? अब कौन सा व्यंजन सबसे ज्यादा स्वादिष्ट है ? कब इनकम टैक्स वालों का छापा पड़ने वाला है ? जज कितने साल की हमें सजा सुनाने वाला है ? वह कॉलेज की सबसे सुंदर लड़की किसकी फ्रेंड बन गई है ? उस हैंडसम बॉय ने किस से शादी कर ली है ? मैंने लोन की कितनी किस्ते भर दी है और कितनी किश्तें बाकी रह गई हैं ? अगर मैं यह काम कर दूंगा तो दूसरे लोग मेरे बारे में क्या सोचेंगे ? अबकी बार नौकरी में मेरा सिलेक्शन होगा या नहीं ? कल क्या होगा, परसों क्या होगा, मेरे भविष्य का क्या होगा ?

होगा यही कि जब यह सांस ही आपके भीतर से निकल जाएगी, जब यह हंस ही आपके भीतर से उड़ जाएगा तो फिर आपकी कीमत जंगल में पड़ी मिट्टी से ज्यादा कुछ नहीं है। इन सारी चीजों से इन सारी बातों से आपका कोई सरोकार नहीं होगा, आपकी सारी चिंताएं और सारी समस्याएं आपको सिर्फ इसलिए घेरे बैठी है क्योंकि आपके भीतर अभी-अभी एक सांस आई, क्योंकि आप जीवित हैं और यदि जीवित ही ना होते तो कोई समस्या भी ना होती। यह समझ आपको विकसित करनी है कि जीवन आपके लिए एक सुख है या फिर आप इस सुख को समस्या समझे बैठे हैं ? जिस दिन इस सांस का आना-जाना बंद हो जाएगा उस दिन सारी समस्याएं भी स्वत: समाप्त हो जाएंगी तो अगली बार जब समस्या आए तो थोड़ा मुस्कुराएं क्योंकि वह आपको सिर्फ इसलिए परेशान कर रही है क्योंकि आप जीवित हैं। आज पूरी दुनिया दुख के जंजाल से पीड़ित है पर आप इस सुख को समझें कि जीवित होना इतनी बड़ी खुशी है जिससे बड़ी दूसरी खुशी आपके लिए संभव ही नहीं है।

मेरी कलम जानती है कि 'किसी अपने का इस संसार से चले जाना हमारे जीवन में एक ऐसा खालीपन भर देता है जिसकी पूर्ति कभी नहीं हो सकती।' सब कुछ सकारात्मक होने के बाद भी वह खालीपन अब कभी समाप्त नहीं होगा, इन शब्दों को केवल वही समझ सकता है जिसने इस संसार के मेले में किसी अपने को "कभी खोया,,... . है। परंतु मौलिक प्रश्न उस अपने के साथ रहने के साथ भी और उसके चले जाने के बाद भी यही है कि जीवन के इस सफर में वास्तव में हमारा अपना कौन है ? क्या वह अपना इस दुनिया में कोई है या वह अपना हमारे ही भीतर बैठा है ? एक घटना व्यक्ति के जीवन का नक्शा बदल देती है और नक्शा बदलते ही दिशा, उद्देश्य, साध्य, साधन सब बदल जाते हैं। सभी बातें समझ पर निर्भर रहती हैं और समझ का हमारी उम्र, पद, संरचना, सामाजिक या आर्थिक स्थिति आदि से कोई लेना-देना नहीं है। समझ होने की वजह से ही छोटा होते हुए भी महावत हाथी के ऊपर बैठता है और बड़ा होते हुए भी हाथी गुलामी करता है। हर व्यक्ति केवल तब तक कमजोर होता है जब तक वह अपनी वास्तविक शक्तियों को नहीं पहचानता है, आपके और मेरे लिए

एवरेस्ट बहुत बड़ा हो सकता है परंतु जिसके पास साहस है दृढ़ता है, उसके लिए एवरेस्ट भी बहुत छोटा है। साहस और दृढ़ता को छोटा ना समझे, बड़ी-बड़ी चट्टानों और पत्थरों से आप और मैं डरते हैं, पर जरा देखो, उनसे पानी नहीं डरता है। पानी उस पत्थर के बगल से बहता है और धीरे-धीरे उस पत्थर को घिस घिस के रेत बनाकर नदी के बगल में पटक देता है। जहां पत्थर या चट्टान खड़ी थी ठीक उसी जगह पर, अब बड़ी शान से पानी बहता है।

पानी पत्थर से क्यों जीता ? इसलिए नहीं कि वह छोटा है बल्कि इसलिए क्योंकि उसमें साहस है दृढ़ता है। क्या पानी वहीं रुक जाता है ? बिल्कुल नहीं। वह निरंतर आगे बढ़ता है और कई बार यही सरल सा दिखने वाला पानी बड़े-बड़े देशो का नामोनिशान मिटा देता है। ईश्वर से मिलन के लिए आपको भी पानी की ही तरह दृढ़ता और साहस की जरूरत पड़ेगी। जब शंका रूपी चट्टाने आएंगी तो समझ के आधार पर कुछ को छोड़ना और कुछ को तोड़ना होगा, हर हथियार काम नहीं करेगा, भक्ति मार्ग में भाव ही आपकी मदद करेगा। अगर बात कुएं, तालाब, नदी या नाले की होती तो कोई बड़ी बात नहीं थी, कोई भी आसानी से तैरकर उन्हें पार कर लेता परंतु यहां बात है 'भवसागर' की, जिसकी गहराई और विस्तार अथाह है।

हम बैठे तो अपने मन वाले देश में है पर जाना अपने हृदय वाले देश में चाहते हैं और दोनों देशों के बीच में एक बहुत बड़ा महासागर है, जिसे इतिहास में ईश्वर की प्राप्ति करने वाले सभी संतो ने 'भवसागर' बताया है। 'भवसागर' मतलब 'भ्रमसागर' इतना गहरा और इतना उथला है की जिसे आप अपने शारीरिक व मानसिक क्षमताओं से तैरकर पार नहीं कर सकते। इसके लिए आपको एक समर्थ नाव और एक अनुभवी 'मल्लाह' की जरूरत होगी।

13

हृदयनिकेतन !

लोग तो यहां बाद में लड़ते हैं पहले उनकी 'सोच' लड़ती है, सोच को सही मार्ग पर रखने के लिए सही शिक्षा जरूरी है। शिक्षा पर कई देशों की सरकारें बहुत पैसा खर्च करती है पर आजकल उपद्रवी विद्यार्थियों, मेरा मतलब आनुवंशिक विकसित बंदरों को मजा तो संस्कारहीनता में ही आता है। अनुशासन क्या होता है यह उन्हें कोई नहीं समझा पाता है। स्कूल के शिक्षक, सरकार, मां-बाप, प्रेरणा देने वाले स्पीकर, सब मिलजुल कर यह कठोर प्रयास कर रहे है कि बच्चों को शिक्षा व संस्कार वाला पानी पिलाया जाए। परंतु मेरी कलम का उन सभी से एक सरल प्रश्न है, 'सीखाना' अच्छी बात है पर पहले यह तो बताएं कि सीखने की प्यास कहां है ? मतलब हम घोड़े का मुंह जबरदस्ती पानी वाली बाल्टी में डाल तो सकते है परंतु जब तक उसको प्यास नहीं लगी, तब तक हम उसे पानी पिला नहीं सकते है। तो क्या प्रयास करना बंद कर दें ? मेरी कलम ऐसा नहीं कहेगी। बात सिर्फ इतनी है कि प्रयास 'पानी' से अधिक 'प्यास' की दिशा में हो।

माता या पिता बनने के लिए किसी संतान का होना अनिवार्य है, नर और नारी मिलकर एक संतान की उत्पत्ति कर सकते हैं, जो संतान आगे चलकर उन्हें माता या पिता कहेगी। यहां कई लोग स्वयं ही, स्वयं को 'गुरु' बना लेते हैं। भाई गुरु बनने के लिए भी शिष्य का होना अनिवार्य है। गुरु की पदवी स्वयं घोषित नहीं की जाती कि मैं गुरु हूं। यह पद शिष्य देता है, जब वह यह समझता है कि हां इस व्यक्ति ने मेरे अंधेरे जीवन में ज्ञान का प्रकाश दिया है तो व्यक्ति भीतर से आभार व्यक्त करते हुए उसे भीतर से ही गुरु स्वीकार करता है। विद्यार्थी बनने के लिए भी एक नियम है आपके भीतर सीखने की जिज्ञासा का होना अनिवार्य है। बिना प्यास के पानी की कीमत आप समझ नहीं पाएंगे, बिना जिज्ञासा के ज्ञान की कीमत आप समझ नहीं पाएंगे। यदि पैसा मिला और आप खर्च ही ना कर पाए तो धन व्यर्थ है। यदि उपहार मिला और आप स्वीकार ही ना कर पाए तो उपहार व्यर्थ है। यदि ज्ञान के बीज मिले पर आप उसे विकसित ही नहीं कर पाए तो ज्ञान व्यर्थ है। यदि किसी से प्रेम हुआ पर आप कभी उसे बता ही नहीं पाए तो अवसर व्यर्थ है। यदि तर्क करने सोचने विचारने

और अनुभव की क्षमता मिली पर आप 'सत्य' को पा ही नहीं पाए तो समझ व्यर्थ है।

मिट्टी थे हम, उस ईश्वर की कृपा हुई, हमें चेतना मिली, पर हम आनंद ही नहीं ले पाए तो शरीर से तो जिंदा थे हम, पर वास्तव में हम मृत ही थे। यदि आंखें मिली पर अपने असली प्रेमी को पहचान ही नहीं पाए तो आंखें व्यर्थ हैं। यदि स्वर मिले पर उस बनाने वाले का गुणगान ही नहीं कर पाए तो जबान व्यर्थ है। यदि पैर मिले पर सत्य तक पहुंच ही नहीं पाए तो पैर व्यर्थ है। यदि हाथ मिले पर सेवा ही नहीं कर पाए तो हाथ व्यर्थ है। यदि हृदय मिला पर उस परमपिता परमेश्वर का साक्षात्कार ही नहीं कर पाए तो हृदय व्यर्थ है। भक्ति भाव महसूस तो जरूर किए पर व्यवहार में उस भाव को बदल ही नहीं पाए तो भाव व्यर्थ है। यदि कान मिले पर हरि की महिमा ही नही सुन पाए तो कान व्यर्थ है। यदि नाक मिली पर संतुष्टि की सुगंध ही नही आई तो नाक व्यर्थ है। यदि मनुष्य जीवन मिला और भक्ति ही नहीं कर पाए तो जीवन व्यर्थ है। आजकल लोगों को पहली नजर वाला प्यार बहुत ज्यादा ही होता है बात मजाकिया है पर शायद इसीलिए आजकल तलाक भी कुछ ज्यादा ही होता है। पहली नजर में हमें व्यक्ति का रंग, रूप, आकार, प्रकार, शब्द, सामाजिक और आर्थिक स्तर तो नजर आया पर रुकिए, क्योंकि अभी हमें 'व्यक्ति' नजर नहीं आया।

अगर वह हमारे सपनों वाले राजा या रानी से मैच करता है तो प्रस्ताव थोडा आगे बढ़ता है अगर मैच नहीं होता तो तुरंत रिश्ता रिजेक्ट होता है। ईश्वर हमें चाहिए पर उसके मामले में भी लोग फायदे और नुकसान की बातें बड़ी ध्यान से करते है।

भक्त को भगवान कुछ मांगने के लिए नहीं चाहिए होता, भगवान इसलिए चाहिए ताकि जो कुछ उसने दिया है हम उसका आभार व्यक्त कर सके। दोनों रास्तों में एक बड़ा अंतर है। नफा या नुकसान की संकीर्ण सोच में ही फंसे रहेंगे तो इसका एक सरल सा मतलब है कि पार तो हमें महासागर को करना है पर नाव हमने कागज की बना रखी है। नाव मजबूत रहे इसीलिए बीच-बीच में हमने उसमें लोहे की कीले भी धसा दी है। मेरी कलम पूछती है आपसे कि आपकी यह समझ रूपी नाव उस भवसागर में कितनी देर टिकेगी ? कितनी दूर चलेगी ? इस भ्रम के महासागर को पार तो कर देगी ना ? मित्र, मैंने तो सुना है कि कागज़ की प्रकृति पानी में जाते ही 'गलने' की होती है।

एक साथी हैं जो हमारे भीतर बैठा है और दूसरा इस भौतिक संसार का हमारा जीवन साथी है। संसार में भी अगर सचमुच में हमें असली जीवन साथी ढूंढना है तो मन की कल्पनाओं से हटकर उसके चेहरे और बाहरी व्यक्तित्व से हटकर उसके भीतर झांकना होगा, चेहरों को नहीं चरित्रों को सम्मान देना सीखना होगा। उसको समझना होगा और खुद को उसे समझाना होगा। कुछ गलतियां हम भी करेंगे उन गलतियो को स्वीकार करना होगा। कुछ गलतियां वह भी करेगा उसके साथ जीना होगा। खुले हृदय से आगे बढ़ना होगा। दोनो के लक्ष्य, दोनो की पसंद, दोनो के विचारो की कुंडली मिलानी होगी। गृहस्थी को निभाने के लिए दोनों को सुनाने की जगह सुनने की आदत डालनी होगी।

चाणक्य नीति कहती हैं कि ये सब करने के बाद भी दो बातें फिर भी ध्यान रहे, एक बात तो यह कि यह सूत्र सिर्फ मनुष्यो पर लागू है, बंदरों पर इसका कोई असर नही होना है। दूसरी बात यह कि समय काल और परिस्थिति के अनुसार यह सूत्र संशोधन योग्य है।

जंगल एक दिन में नहीं उगता है। प्रारंभ किसी एक बीज से ही हुआ होगा, पानी कहीं से पड़ा होगा, थोड़ी सी धूप उस पर आई होगी, मौसम बदला होगा, हवाओं ने भी कुछ सहयोग दिया होगा, तब जाकर वह बीज एक दिन फला होगा, फूला होगा। मेरी कलम आपसे कहती है कि वह 'समझ का बीज' 'आनंद का बीज' आप भी अपने जीवन में बो दो, उसकी देखभाल करो उसे विकसित होने दो, उसकी जरूरत खाद, पानी, धूप आदि का प्रबंध करो। धैर्य से काम लो, मौसम आएगा और एक दिन वह बीज भी वृक्ष बनेगा। अभी आप उसकी जरूरत को पूरा करते हैं, धैर्य रखें, एक दिन वह आपकी जरूरत को पूरा करेगा।

इस पूरी प्रक्रिया में बहुत धैर्य से काम लेना, भीतर की बंदरता से बचकर रहना, मन के बहकावे में आकर सोने के अंडे देने वाली मुर्गी को कहीं एक ही दिन में मत काट देना, नहीं तो सुख आपको मिले या ना मिले परंतु निराशा, दुख, संताप, वेदना, पीड़ा, व्याधि, इनकी आपको कोई कमी नहीं होगी। आप जीते जी काटे जाएंगे, तले जाएंगे, भूने जाएंगे, परोसें जाएंगे, चबाएं जाएंगे और अंततः कहीं गंदगी में थूक भी दिए जाएंगे, बहा दिए जाएंगे। संसार में दूसरे लोग हमें कुछ नुकसान पहुंचाए, यह बात बाद की है पहला महत्वपूर्ण विचार यह है कि हम उन्हें परेशान करने की अनुमति स्वयं ही तो देते है। अगर हमने ही उन्हें अवसर नहीं दिया होता तो उन्होंने हमें कैसे काटा होता ? आजकल लोग बड़े समझदार हैं कहीं पर भी एक रुपए भी निवेश करने से पहले सौ बार जांचते है, प्रश्न करते है, प्रश्नों का समाधान करते हैं, होने वाले लाभ व हानि और जोखिम मापदंडों के आधार पर ही कुछ निवेश करते हैं।

मेरी कलम आपसे जानना चाहती है कि 'पैसा' निवेश करने से पहले इतनी जांच पड़ताल कर ली पर पार्थ 'प्रेम' बिना सोचे समझे ही संसार में निवेश कर दिया ? ये कैसी समझदारी है ? सालों सालों तक संसार में निवेशित आपके 'प्रेम' का शेयर मार्केट नीचे जाता रहा आपका निवेश खत्म होता रहा, पर क्योंकि आपको संसार के द्वारा अच्छी प्रकार से समझा दिया गया था की लंबी अवधि के लिए निवेशित रहना है इसीलिए आपने अपना धन कभी वापस नहीं लिया अंत में संसार में निवेशित आपके प्रेम की कीमत भी शून्य हो गई और आपके वह संसार के बड़े बड़े सलाहकार भी कहीं गायब हो गए। धन्य हो, मुबारक हो मित्र आप पूरी तरह से लुट गए।

मेरी कलम आपको नई रणनीति समझाएगी, केवल जीतकर ही नहीं जीता जाता है कई बार हारकर भी जीता जाता है। हानि होने पर भी आपको एक लाभ होता है। हानि से हो सकता है आपने पैसे थोड़े गंवा दिए हो, पर ध्यान दो आपने हानि से कई नए सबक भी कमा लिए है। ये सबक पैसे से भी ज्यादा कीमती है।

यदि हमने हानि से कोई सबक नहीं लिया, बार-बार जो कर्म हमें काटते रहे, हम बार-बार वही कर्म दोहराते रहे। सत्य की तरफ देखने तक का हमारे पास समय नहीं था और कामी,

क्रोधी और स्वार्थी लोगों को हम मनाते रहे। जिस नाव में हम बैठे हैं अगर उसमें ही बैठे-बैठे छेद करते रहे तो फिर यह भवसागर पार कैसे होगा ? माफ़ किजिएगा, कहना मुझे यह चाहिए कि अगर स्वयं को स्पष्टता में आने ही नहीं दोगे तो यह भ्रमसागर पार कैसे होगा ? जो भी पृथ्वी पर जीवित है हर प्राणी, समय से बंधा है, आगे बढ़ रहा है। कोई रिश्तो की तरफ, कोई तरक्की की तरफ, कोई धन की तरफ, कोई अच्छी या बुरी स्थिति की तरफ, हम सब कुछ ना कुछ प्रयास जरूर करते हैं ताकि हमारा भविष्य अच्छा हो। परंतु क्या हमें ध्यान नहीं देना जाना चाहिए कि जो बीज हम वर्तमान में बो रहे हैं उनके ही फल हमें भविष्य में काटने है। भविष्य में हमें मृत्यु का भी सामना करना है, डरने की तो बिल्कुल बात नही है क्योंकि जिसने सत्य को समझ लिया है उसके लिए, मृत्यु मातम नहीं है, एक समाधि है। परंतु हां संसार के असत्य में फंसे लोगों के लिए मृत्यु एक व्याधि है।

गीता में अर्जुन ने श्रीकृष्ण से पूछा था कि मन को कैसे शांत करें ? यहां समझने वाला एक तथ्य है, आपको कहा किसने है कि मन को शांत करो, ध्यान दो क्योंकि ये सलाह मन ने ही दी है। यह तो ऐसी बात हो गई कि चोर हमें स्वयं ही बता रहा है कि वह हमारी चोरी करने वाला है, फंसाने वाला ही बचाने की बाते कर रहा है। आप बताइए मौसम को बदलने से कैसे रोके ? पृथ्वी को घूमने से कैसे रोके ? सूर्य को निकलने से कैसे रोके ? समय को अपने काबू में कैसे करें ? क्या समझे ? जब वह काम करने की हम कोशिश करेंगे जो संभव ही नहीं है तो प्रयासों के पश्चात निराशा तो हाथ लगेगी ही, परंतु क्या सचमुच में मन को शांत करने का कोई तरीका नहीं है ? क्या सचमुच में यह कार्य असंभव है ? तो मैं कहूंगा कि निरंतर अभ्यास और समर्थ मार्गदर्शक की सहायता से मन को नियंत्रित करना संभव है। चंचलता उसकी कभी समाप्त नहीं होगी परन्तु अभ्यास द्वारा उसके बुरे प्रभाव से आप जरूर बचने लगेंगे। और हां, आपके पास एक विकल्प और है जिसका नाम मन नहीं 'हृदय' है। मन की दिशा में चंचलता है, पर हृदय की दिशा में अटल, अविचल, स्थिरता है। वह परमात्मा स्वयं है। मन को शांत करने की जगह, मन को उसके हाल पर छोड़कर शांति से जाकर हृदय के स्थिर आंगन 'हृदयनिकेतन' में बैठकर भी आप अपना जीवन 'आंनद' से गुजार सकते हैं।

14

प्रेमपिपासा !

मनुष्य अपने जीवन में सबसे ज्यादा अगर कुछ करता है तो वह है 'विचार'। हमारे विचार ही धीरे-धीरे हमारे शब्द बन जाते हैं, हमारे शब्द ही धीरे-धीरे हमारी क्रियाएं बन जाते हैं, हमारी क्रियाएं ही धीरे-धीरे हमारी आदतें बन जाती हैं और हमारी आदतें ही धीरे-धीरे हमारा चरित्र बन जाता है। तथ्य को समझिए कि विचार ही धीरे-धीरे चरित्र बन गए, अब चरित्र को बदलना तो आसान नहीं है पर हां, अपने विचारों को हम बड़ी सरलता से एक सही दिशा दे सकते थे।

विचार और चरित्र ही किसी व्यक्ति को श्रेष्ठ बनाते हैं। इतिहास में इसके उदाहरण भरे पड़े हैं। अगर हम भी अपने चरित्र को श्रेष्ठ और महान बनाना चाहते हैं तो सीधी सी बात है सबसे पहले हमें अपने विचारों को श्रेष्ठ और महान बनाना होगा। हम सभी ने अपनी अपनी कल्पनाओं का एक ताना बाना बुन लिया है और वास्तविकता को छोड़कर हम कल्पना में ज्यादा समय गुजारने लगे हैं, कई बार इस कल्पना में हम भंयकर डरते भी है ये जानते हुए कि वह वास्तविकता नहीं है। जीवन कल्पनाओं के इन्हीं चक्रव्यूह में फंसकर रह जाता है, और अंततः समाप्त हो जाता है।

ईश्वर कल्पना का विषय कभी नहीं थे वह साक्षात अनुभव का विषय थे, है और हमेशा रहेंगे। यहां मूल बात आती हैं कि हमारे जीवन का सबसे बड़ा भटकाव क्या है ? उत्तर भी बड़ा सरल है : 'वर्तमान' में ना रहना। जी हां, जीवित हम वर्तमान में है परंतु हमारे विचार भक्ति से नहीं अपितु भूतकाल की निराशाओ और भविष्य की आशाओं से भरे पड़े हैं। विचार हम पर हमेशा इतने हावी रहते हैं कि हम वर्तमान को भूले रहते हैं। सारा दिन यह विचार चलते हैं और रात को सोने के बाद सपनों में भी हम खोए रहते हैं, जिस व्यक्ति ने अपने विचारों पर नियंत्रण नहीं किया, समय रहते ध्यान नहीं दिया, उसका सारा जीवन विचारों में खोए खोए ही बीत जाता है।

विचार एक तरह का 'सपना' है जो सारी दुनिया खुली आंखों से देखती है। सपने में आप आइसक्रीम खाते हैं उसका आनंद अलग है पर असलियत में आप आइसक्रीम खाते हैं उसका

आनंद अलग है। हां, हो सकता है जब आप सोए हुए हैं तो पूरी तरह आपकी चेतना आपके सपने को ही वास्तविकता बता रही हैं, परन्तु आप भी जानते हैं कि 'सत्य' क्या है। मेरी कलम ने तो लिख दिया अब आप देख लीजिए कि ईश्वर आपको सपने में चाहिए, विचारों की दुनिया में चाहिए, कल्पनाओं की दुनिया में चाहिए या वास्तविकता में प्रत्यक्ष चाहिए। जैसे कल्पना और वास्तविकता दोनों बातें बिल्कुल अलग-अलग है ठीक उसी तरह दोनों जगह मिलने वाले भगवान भी अलग है। आपके जो भगवान अभी हैं उनसे आप वास्तविकता में कभी मिले हो या और लोगों की तरह आप भी भेड़ चाल में ही हो ?

वास्तविकता और कल्पना ! अचरज है परन्तु 'सत्य' है कि दोनों जगह में भक्तों की ज्यादा भीड़ कल्पना लोक में ही लगी है। कल्पना सत्य से परे है परंतु अनुभव स्वयं 'सत्य' ही है। यही तो मेरी कलम के इस यात्रा के प्रारंभिक शब्द भी थे कि प्रश्न भी वही है, वही उतर भी है। हम कल्पना में जीते हैं बार बार वर्तमान को भूल जाते हैं। हमारी सारी योजनाएं आने वाले कल के लिए है, पर जब वह 'कल' आएगा तो 'आज' ही बनकर आएगा और जब वह 'आज' आएगा तो 'अब' बनकर आएगा, परंतु हमारी सारी योजनाएं भविष्य से बंधी हुई है और 'अब' के लिए तो हमारी कोई योजना ही नहीं है। इस तरह से यह चक्र चलता रहेगा और हमारा 'आज' हमारे 'कल' की कल्पना द्वारा नष्ट होता रहेगा, हम चक्रव्यूह में फंस गए हैं या चक्रव्यूह ने हमें फंसा लिया है यही नियति बन गई है जो अटल रूप ले रही है।

हमें तकनीक का विकास करने की जरूरत है, हमें सामाजिक योजनाएं बनाने की जरूरत है, हमें दूसरे ग्रहो पर जाने की भी जरूरत है, पर सबसे पहले स्वयं को समझने की जरूरत है। इस पूरे ब्रह्मांड को समझने से पहले बहुत ज्यादा जरूरी है कि पहले हम अपने आप को समझें। निशाना लगाने के लिए बंदूक का स्थिर रहना बहुत ज्यादा जरूरी है, क्योंकि अगर बंदूक हिलती रही तो निशाना कभी लग नहीं पाएगा। जो फिल्म पहली बार देखते ही मनपसंद बन गई थी आज उस पसंद में कहीं कुछ कमी है। जो गाना अच्छा लगा हम कुछ दिनों तक उसे गुनगुनाते रहे परंतु उसका प्रभाव भी ज्यादा समय तक नहीं टिका। फैशन बदल गया, सोच बदल गई, आसपास के सभी चेहरे भी बदल गए पर लोग वही हैं। अपने चेहरे को तो हम रोज देखते रहे पर क्या ध्यान दिया आपने कि वह कब बदल गया ? इस निरंतर परिवर्तनशील संसार में अगर चर अचर सारी चीजें बदल रही है, हमारा अपना मन, अपनी पसंद, अपना चेहरा तक बदल रहा है तो कोई तो चीज होगी जो कभी नहीं बदली है कभी नहीं बदलती है। उसी की चर्चा उसी की महिमा लिखने के लिए तो मेरी कलम चली है।

आप उस 'सत्य' को ढूंढ रहे हैं पर 'सत्य' ये है कि अभी जब आप अपनी आंखों से पढ रहे हैं अपनी बुद्धि से समझ रहे हैं वह 'सत्य' अभी भी इस क्षण भी आपके भीतर ही है। वह शक्ति ना कभी बदली है, ना कभी बदलेगी। एक वही है जो अटल, अविचल है, सभी कालो और सभी लोको में स्थिर है। तीनो लोको में आप उसे पा नहीं सकते हैं, पर आपके लिए वह हर क्षण आपके भीतर है। वह सत्य है, वास्तविकता है, सुंदरता है, सुकून है, शांति है, एक ऐसा आनंद है जो आपको छोड़कर कभी गया नहीं है। हो सकता है आपने उसे कभी अवसर

नहीं दिया कभी समझा नहीं है। जब हम बहुत ज्यादा परेशान हुए तब भी वह सत्य हमारे भीतर ही रहा, जब हम शंकाओं में रहे तब भी वह स्पष्टता हमारे भीतर ही रही, जब हमारे चेहरे ने क्रोध का भाव धारण किया तब भी वह प्रेम हमारे हृदय में रहा, जब हम उसे भूल गए तब भी वह कृपा हम पर बनी रही। जब जीवन को हम डर, युद्ध और कड़वाहट में जीते रहे तब भी वह आनंद, शांति वह मिठास, हमें छोड़कर कहीं गई नहीं। वह सत्य हमारे उतने पास है जितने पास हमारी अपनी परछाई भी नहीं है। बहुत ज्यादा रोशनी में या बहुत ज्यादा अंधेरे में हमारी परछाई साथ छोड़ सकती है परंतु वह 'सत्य' किसी भी परिस्थिति में हमें छोड़ता नहीं है।

बड़े अमीर बने फिरते हैं, लाखों करोडो रुपए के उपहार हम इस बेवफा दुनिया को देते है परंतु मैं इस सत्य को कैसे लिखूं कि अपने भीतर के उस प्रेमी के लिए हमने एक छोटी सी कोशिश भी शायद की नही है। आपने बहुत प्रेम की कहानियां सुनी होगी, पर क्या आप जानते हैं कि एक प्रेम ऐसा भी होता है जो अपने परमात्मा के साथ होता है, अपने बनाने वाले के साथ होता है, अपने हृदय के साथ होता है। पर अफसोस, इस प्रेम को समझने के लिए तो लोगों के पास समय ही नहीं होता है। इस महान दुनिया में बड़ी उल्टी गंगा बहती है जहां सुबह सुबह ब्रह्म मुहूर्त में लोग भक्ति से नहीं वासना से भर जाते है। हम कोशिशें नियमित करते हैं, पर कभी संतुष्ट नहीं हो पाते है। भक्ति को तो हम अपने भीतर घुसने ही नहीं देते, दिन में सौ सौ बार वासना के शिकार हो जाते है। बिना पूछे ही हर बार गलत विचार हमारे भीतर घुस जाते हैं। हमें काटते है हमारी समझ को छिन्न-भिन्न करते हैं और कई बार हम चाहकर भी कुछ नहीं कर पाते हैं। कामना, क्रोध, लालच और मोह रूपी गंदी मक्खियां हमारे भीतर दिनरात भिनभिनाती है और हम बाहर की थोड़ी सी धूप अगरबत्ती जलाते हैं और समझते हैं कि हम पवित्र हो गए हैं। हम खुश हैं क्योंकि थोड़े समय के लिए बदबू कहीं चली गई है। हमने कृत्रिम सुगंध अपने आस पास फैला ली है। पर भाई, दूसरों को मूर्ख बनाना अलग बात है स्वयं को मूर्ख बनाना अलग बात है।

सारी गड़बड़ हमने जिंदगी में छुप-छुप करके की फिर दूसरों से हमने अपनी सारी कमियां छुपा ली, दूसरों की नजरों में तो हम बड़े बन गए, अमीर बन गए, महान बन गए, परंतु क्या वह गलतियां हम अपने आप से भी छिपा पाए ? दूसरों से नज़रें मिलना और बात है परंतु क्या वह नजर हम अपने आप से भी मिला पाए ? 'सत्य' को समझने के लिए हमें इस जीवन में स्वयं को समझने की जरूरत है, स्वयं से प्रेम करने की जरूरत है, परंतु यदि हम स्वयं से ही असत्य कहते रहेंगे, तो अपने अटल 'सत्य' का साक्षात्कार कैसे करेंगे ? क्या आप अपने जीवन में किसी ऐसे व्यक्ति से प्रेम करेंगे जो गलतियां का पुतला हो और इससे भी बड़ी बात वह अपनी गलतियों से कभी कुछ ना सीखता हो।

मेरी कलम यह सब कुछ लिख रही है इसका बिल्कुल भी यह मतलब नहीं है कि मेरी कलम कोई गलती नहीं करती है। सत्य यह है कि गलती तो सब करते हैं परंतु संसार में दो ही प्रकार के लोग हैं एक वह जो चतुर हैं और गलतियां छिपा लेते हैं और दूसरे वह जो

बेचारे छिपाना नहीं जानते है। गलती सब करते है। मेरी सलाह है की गलतियों से सीखिए, सुधार की कोशिशें कीजिए, आप गिरेंगे परंतु हार मत मानिए। अपने हृदय से, अपने ईश्वर से, स्वयं से, प्रेम की यह पवित्र कहानी शुरू तो करिए। कैसे ? ठीक वैसे ही जैसे कबीर ने शुरू की थी, जैसे मीरा ने शुरू की थी, जैसे गुरु नानक ने शुरू की थी, जैसे ईसा मसीह ने शुरू की थी, जैसे मोहब्बत से कभी पैगंबर मोहम्मद ने शुरू की थी। आप सोच सकते हैं कि यह सभी किताबी बातें हैं। परंतु सत्य यह है कि व्यवहार में लोगों ने, परिस्थितियों ने इन संतो को बहुत-बहुत ज्यादा परेशान किया। परंतु हां, एक बार जब इन संतों ने उस ईश्वर से अपनी प्रेम की कहानी लिखनी शुरू की तो फिर यह समाज से या बाधाओं से घबराएं नही। आज तो यह संसार में नहीं रहे परंतु यह भी 'सत्य' है कि इन्होंने जीते जागते ही उस ईश्वर भक्ति की अपनी 'प्रेमपिपासा' पूरी की। कृतज्ञता से भरकर इन्होंने मानव जाति के कल्याण के लिए कुछ अनुभव शब्द लिखें। उस ईश्वर के आशीर्वाद स्वरूप उस परमआनंद में विभोर होकर उनकी आंखों से प्रेम के आंसू छलके। मन वाले सभी विद्यार्थियों के लिए उनके आभार के अश्रु सिर्फ पानी ही रहे पर हृदय वाले सभी शिष्यों के लिए वह बेशकीमती मोती बन गए।

15

बैकुंठबास !

शब्दों से काफी कुछ बताया जा सकता है, परंतु अपनी प्रियतम से मिलन के आंनद या वियोग की व्यथा को व्यक्त करना शब्दों की सामर्थ्य से परे है। कैसा हो, यदि वह प्रेम ईश्वर के साथ हो और इस कहानी में आपके वियोग में वह परमेश्वर ही व्यथित हो ? तब क्या कहानी होगी जब हमें ढूंढते ढूंढते उस अल्लाह को नंगे पैर जंगल जंगल भटकना पड़े ? तब कहानी क्या होगी जब हमारे वियोग में व्यथित होकर भगवान के ही प्राण पखेरू उखड़ने लगे ? तब दोनों के मिलन की वह प्रेम कहानी कितनी प्रासंगिक होगी, प्रेम में मजा तो तभी आता है जब आग दोनों तरफ से बराबर लगी हो।

लोगों को लगता है कि यदि हम सत्य की दिशा में चलने लग जाएंगे तो अन्य लोग हमें मूर्ख समझेंगे। यह निर्णय तो आपको ही करना है कि इस जीवन की चादर को संसार के असत्य से मैली करना है या सत्य के लिए थोड़ा सा बदनाम ही सही पर परमात्मा के प्रेम में सतरंगी रंगना है। जो लोग सत्य का विरोध करते हैं क्या आप नहीं जानते कि वह स्वयं चोर है। जहां तक यह बात आती है कि सत्य की दिशा में आगे बढ़ने से पहले हमें दुनिया के लोगों की चिंता है, तो अपने आप से असत्य क्यों कहते हो भाई, सच क्यों नहीं कहते कि तुम्हें चोरो की चिंता है। इतिहास साक्षी है कि किसी भी संत ने कभी समाज या संसार की चिंता नहीं की, उन्होंने सिर्फ सतनाम की चिंता की, प्रेम किया, अटल किया और अमर किया।

उन संतों के बराबर ज्ञान के स्तर को ले जाना, यह सब तो उच्च शिक्षा की बात है, मित्र आओ सबसे पहले हमें नर्सरी में प्रवेश लेकर प्रेम का ककहरा सीखना है। क्या आप किसी ऐसे व्यक्ति से प्रेम कर सकते हैं, जिसको आपने कभी देखा नहीं, उसकी बातों को सुना नहीं, वह कहां रहता है पता नहीं, ऐसे व्यक्ति से प्रेम कैसे होगा ? लेखको को अपनी रायल्टी की बड़ी चिंता रहती है। 'मीरा' इस प्रेम के विद्यालय की उच्चतर श्रेणी की शिक्षिका है, ज्ञान दान के लिए उन्हें कभी कोई रायल्टी नहीं मिली है। उन्होंने बिना कॉपीराइट की परवाह किए सिर्फ मनुष्य की भलाई के लिए सरलता से समझाया कि प्रेम की गली इतनी संकीर्ण है कि दो व्यक्ति इसमें समा ही नहीं सकते है, जहां मीरा है वहां हरि नहीं है और जहां हरि है वहां

'मीरा' नहीं है। उस ईश्वर की भक्ति में सब कुछ छोड़कर हमें भी कुछ इसी रूप में उसमें समा जाना होगा। परंतु पार्थ हमारे पास समय कहां है ? हमें तो दुनियादारी के और काम है चलो पहले उन्हें निपटा लें। ये प्रेम व्रेम बाद में देखा जाएगा।

मीरा ने कहा कि मैंने अपने जीवन में प्रेम की बाजी राम से लगा ली है अगर यह बाजी मैं जीत गई तो राम मेरे हो जाएंगे पर अगर मैं हार गई तो मैं राम की हो जाऊंगी। आप क्या समझे ? क्योंकि मीरा के लिए भी, आपके लिए भी और मेरे लिए भी भक्ति के नियम अलग अलग नहीं है। अगर हमने भी ऐसा प्रेम किया, ऐसी बाजी लगाई तो हम हारे या जीते दोनों तरीके से हमारी विजय निश्चित ही है। इस संसार में आप जैसा पवित्र कोई और नहीं है क्योंकि साक्षात भगवान आपके हृदय के मंदिर में निवास करते है। जवानी, सुंदरता, अकड़, अहंकार, छल, कपट, राग, द्वेष, लड़ाई, नफा, नुकसान, झूठ, क्रोध, लालच, मोह, भोग, आदि आदि, मनुष्य जीवन इन भावों की अंधियारी गलियों में भटकते भटकते 'सत्य' की तलाश में दम तोड देता है।

बाल्यावस्था युवावस्था प्रौढ़ावस्था या वृद्धावस्था कोई भी अवस्था जीवन में ऐसी नहीं आती जब यह अंधी दौड़ मन के द्वारा किसी सार्थक मंजिल को प्राप्त कर लेती है। हां, एक शांति की प्राप्ति की संभावना हमेशा हमारे भीतर जरूर विद्यमान रहती है, परंतु जब उस दिशा में हमारे भाव, हमारा ध्यान, हमारे प्रयास ही नहीं है तो यह संभावना मृत्युशय्या तक सिर्फ संभावना ही रहती है। हमारी सारी मनोकामनाओ को पूरा करते करते हमारा सारा समय निकल जाता है हम बूढ़े हो जाते हैं, थक जाते है और चंद अंतिम सांसों के साथ अनंत यात्रा हेतु मृत्युशय्या पर लेट जाते हैं। समय निकलने और उम्र बढ़ने के साथ हमारी शारीरिक और मानसिक दोनों क्षमताएं कमजोर होती चली गई है। हम जो कभी दूर-दूर की आवाज़ें साफ़-साफ़ सुन लिया करते थे, आज लोगों के चिल्लाने पर भी सुन नहीं पाते हैं। जो चेहरे पूरा जीवन हमारे चिर परिचित थे, अभी भी सामने है पर पहचान में नहीं आते हैं। भारी भारी चीजों को हम सरलता से उठा लेते थे पर पता नहीं वह शक्ति कहां गई, किससे कहूं कि पूरी शक्ति लगाकर भी इस मृत्युशय्या पर एक सांस नहीं उठ रही है। सब अंग शांत हो चुके हैं, इनमें उठने तक की ताकत नहीं है, मुझे लगता है कुछ अंग जिंदा है शायद कुछ मुझसे पहले ही मर चुके हैं। मन अभी भी भीतर से परेशान कर रहा है, कह रहा है अभी काफी काम बाकी है। तुम जा नहीं सकते, उठो चलो उन कामो को पूरा करो जो अधूरे है। धन काफी कमाया है मैंने, पर उससे अब क्या खरीदूं, सांस तो कहीं बिकती नहीं है। मैं अन्तिम यात्रा पर हूं, बहुत कमाया, बहुत बचाया। पर उस धन का एक अंश भी अपने साथ नहीं ले जा रहा हूं।

क्या होगा मेरे परिवार का ? क्या होगा मेरे मित्रों का ? क्या होगा परंपराओं का ? क्या होगा मेरे धर्म का ? का क्या होगा मेरे देश का ? क्या होगा नफा नुकसान का ? पहले तो थी पर आज यह सभी मेरी प्राथमिकताएं नहीं है। भीतर से एक भय लगातार लग रहा है। एक किताब कभी पढ़ी थी, घर में कहीं पड़ी थी, नाम मुझे याद नहीं उसका, कोई गीता लडी कुरान थी। उसमें लिखा था, समय रहते वो 'आंनदधन' कमा लो, जिसे साथ लेकर निर्भय जा

सकोगे, पर पढ़ते समय मैंने उन शब्दों की गंभीरता नहीं ली थी। मनुष्य जीवन मिलने के कारण भाग्यशाली तो हम है, पर यदि अपने भाग्य को हम संवार ना सके, तो क्या फायदा? सभी दिशाओं में स्वतंत्र विचरण की क्षमता तो प्रकृति ने हमें दी है, पर यदि उस परमपिता के मंदिर में जा ना सके, तो क्या फायदा? हौसलों के सक्षम पंख तो हमें मिले हैं, पर यदि हम पंछी की तरह स्वछंद आकाश में उड़ ना सके, तो क्या फायदा? जीवन जो एक उपहार है, एक फूल है, यदि मौसम और ऋतु आने पर भी खिल ना सके, तो क्या फायदा? तकनीक का सहारा लिए, इंटरनेट का चश्मा लगाए, लाखों लोगों को तो हम पहचानते रहे पर अगर अपने से ही अनजान रहे, तो क्या फायदा? शरीर को तो प्रतिदिन हमने रगड़ रगड़ कर खूब धोया, विभिन्न प्रसाधनों से सजाया चमकाया, पर यदि इस शरीर से कार्य सारे गड़बड़ ही किए तो क्या फायदा? कल्पनाओं और आशाओं में हमारा पूरा जीवन निकल गया, हम सपने देखने की मशीन बने रहे, पर हर सांस के साथ जो आनंद हमें छू रहा है, यदि हम उसे छू ना सके तो क्या फायदा?

हमने अपना सारा समय इस संसार में निवेश किया पर अगर उस निवेश के प्रतिफल को हम अपने साथ ले जा नहीं सके, तो क्या फायदा? मन में जो प्यास थी और पेट में जो भूख थी उन्हें शांत करने के लिए तो हमने सारे प्रबंध किए पर अगर हृदय की प्यास तृप्त नहीं कर सके, तो क्या फायदा? इस जीवन के थिएटर में न जाने कितनी ही फिल्मों का हमने आनंद लिया, कई कहानियां लिखी, सुनी और सुनाई भी, पर अगर अपनी ही कहानी को एक सार्थक अंत नहीं दे सके, तो क्या फायदा? मुख हमें मिला पर हमेशा संसार की तरफ रहा और परमात्मा से विमुख रहा, तो क्या फायदा? मंदिरों, मस्जिदों, गुरूद्वारों, गिरजाघरों सारे धर्मों, महान किताबों और पवित्र नदियों में, रोज गए, रोज पढ़ें, रोज डूबे, पर अगर अपने ही भीतर स्थित गंगा में गोता नहीं लगाया, तो क्या फायदा? हम चाहे या ना चाहे एक दिन 'माया' तो छूट ही जाएगी, पर अगर 'राम' भी छूट गए तो क्या फायदा? आनंद का कोर्स उत्तम है, फलदाई है, सरल है, निःशुल्क है। इस कोर्स को करने के बाद आपको प्रधानमंत्री, राष्ट्रपति या किसी बड़े प्रमाणित उच्चतर संस्थान से सर्टिफिकेट नहीं मिलेगा, पर आपको भीतर से प्रकाश मिलेगा, शांति मिलेगी, आनंद मिलेगा।

हो सकता है लोग आपको बाहर से कंगाल समझेंगे सूखा समझेंगे पर भीतर से आप हमेशा कृतज्ञता से भरे रहेंगे, लबालब रहेंगे, अमीरों के अमीर रहेंगे और उस परम आनंद में प्रतिपल डूबे रहेंगे। इसकी बहुत ज्यादा नहीं है, सरल सी लागत है, जो प्रयास हम मन की दिशा में कर रहे है, वही प्रयास हमे हृदय की दिशा में करने होंगे। मन हमसे कई वायदे करता है और करवाता है पर जब निभाने का समय आता है तो वह गायब हो जाता है। हृदय की प्रकृति अलग है वह जो भी वायदा करता है उसे हर परिस्थिति में जरूर निभाता है। हर क्षण अद्वितीय है, केवल एक बार मिलता है, हमें समझना होगा, ये जीवन एक बोझ, एक सपना नहीं है एक सत्य है, एक उपहार है हमें इसे इसी रूप में स्वीकार करना होगा। मन की नहीं, पर हृदय की उंगली पकड़कर आगे बढ़ना होगा, मन के प्रलोभन को छोड़ना होगा, हृदय की

प्रशंसा को स्वीकारना होगा।

किसी भी प्रकार के दिखावे और बाहरी आडंबर उस परमात्मा तक पहुंचने में आपकी मदद नहीं कर सकते, केवल श्रद्धा और समर्पण के साथ ही आप अपने हृदय के आनंदलोक में प्रवेश कर सकते हैं। यहां कई लोग हैं, जो नाना प्रकार से ब्रह्मज्ञानी होने का दिखावा करते हैं, नाना प्रकार के वस्त्र पहनते हैं, नाना प्रकार के आभूषण धारण करते हैं, दाढ़ी बढ़ाते हैं, विभूति रमाते हैं, एक लंबा तिलक लगाते हैं और कई तो पूरा सिर मुंडवा लेते हैं और सोचते हैं कि यही बैकुंठ का प्रवेश कार्ड है। भाई, बाहरी आडंबरों पर क्या लिखूं ? इतना ही लिखता हूं कि भेड़ कई बार अपने बाल छिलवा लेती है, पर वह किसी बैकुंठ नहीं जाती है।

सीखने के लिए शिष्य बनना होगा, इस दिशा में समझ का विकास करना होगा, सांसारिक विषय वासनाओं का सेवन कम करना होगा, थोड़े प्रयास करने होंगे, हृदय की गीता को ध्यान लगाकर समझना होगा, जैसे जैसे आनंद मिलेगा उसे तुरंत समेटना होगा। अमीरी में गरीबी में, हर समय में, हर स्थिति में प्रसन्नतापूर्वक गुजारा करना होगा। काम, क्रोध, मोह और लोभ की नींद से जागना होगा। स्त्री या पुरुष से नहीं बल्कि सांसारिक आसक्तियों और मदो से दूरी वाले ब्रह्मचर्य का पालन करना होगा। अभी तक यह बाहरी संसार ही हमारा घर है परंतु इसके साथ एक कुटिया भीतर के संसार में भी बनानी होगी। जैसे-जैसे आपके यह छोटे-छोटे प्रयास सफल होने लगेंगे, आप इस बात को महसूस कर पाएंगे की मन पकड़ने के लिए आया तो सही, परंतु इस बार पकड़ने के लिए उसे 'आप' नहीं मिले।

मेरी कलम की सीमाएं हैं, जो कुछ भी लिखेगी वह सिर्फ शब्दों से लिखेगी परंतु ध्यान रखें कि यह सब मनुष्य होने के नाते आपके लिए पूरी तरह से व्यावहारिक है। सीखिए और आगे बढ़िए, इस यात्रा में हृदय के पदचिन्हों पर चलते चलते आप पाएंगे आप उस सत्य और आनंद में स्थिर हो रहे हैं, वह सत्य और आनंद आपमें स्थिर हो रहा है। इस स्थिति में अब आप सत्य का साक्षात्कार कर रहे हैं, आप विश्वासो की दुनिया को छोड़कर अनुभवो की दुनिया में आ चुके है। आप अनुभव कर रहे हैं कि वह परमात्मा आपके भीतर स्थित हो गया है और आप उस परमात्मा में स्थिर हो गए हैं। आप एक बूंद हैं जो समुंद्र में समा गए हैं, परमात्मा एक समुंद्र है जो इस क्षण बूंद में समा गया है। वह परमात्मा निरंतर उस स्थान पर स्थित है। जब तक आप उसके पास रहे तब तक उसका अनुभव करते रहे और जैसे ही आपका ध्यान हटा, आप फिर सत्य से असत्य में आ गए हैं। इस असत्य को इस समय को कलयुग क्यों कहा गया है ? क्या कभी आपने इस बारे में विचार किया है ? क्योंकि इस समय में वह हो रहा है जो पहले किसी भी युग में नहीं हुआ है। आज यमराज की दिशा में आंखें बंद करके पूरी गति से दौड़-दौड़ कर जाने में लोगों को कोई समस्या नहीं है पर हृदय की दिशा में परमात्मा, शांति और सामंजस्य की दिशा में एक कदम रखने से पहले भी व्यक्ति हजार बार सोचता है। मैं आपसे एक सरल प्रश्न पूछता हूं कि यदि गाड़ी विपरीत दिशा में दौड़ती रहे तो मंजिल तक, कब तक पहुंच जाएगी ?

सही दिशा में दौड़ने और फिर मंजिल तक पहुंचने में सबसे बड़ी बाधा कौन है ? सरल उतर है, स्वयं आप। सत्य की दिशा में आप ही अपने सबसे बड़े शत्रु हैं और आप ही अपने सबसे बड़े मित्र हैं आपको अपने दोनों रूपों को पहचानने की जरूरत है। जब आप अपने दोनों रूपो को पहचान लेंगे, शत्रु को छोड़कर मित्र की संगत करेंगे, तो बड़ी सरलता से इस युद्ध में परम आनंद को जीत लेंगे। परमानंद, जी हां एक ऐसा आनंद जो समय और परिस्थितियों से बंधा नहीं है निरंतर है, अचल है, अटल है, शाश्वत है। वह तब भी था जब पृथ्वी नहीं थी वह तब भी रहेगा जब पृथ्वी नहीं रहेगी। कोई भी वस्तु हमसे बड़ी इसलिए है क्योंकि हम उससे छोटे हैं यदि हम उससे बड़े हो गए तो वह वस्तु छोटी हो गई। हमारे जीवन में आनंद और कष्ट में एक चीज है जो बड़ी है और एक चीज है जो छोटी है। यदि कष्ट बड़े हैं तो आनंद को उससे बड़ा करने की जरूरत है। वह परम आनंद इतना बड़ा है, इतना विशालकाय है कि जब हम उसके नजदीक खड़े होते हैं तो हमारे भीतर स्थित दुख और कष्ट स्वयं बौने होते हैं, स्थूल होते है। जब तक हम दुख की इमारत के पास खड़े हैं तो वह बड़ी ही रहेगी जैसे-जैसे हम उससे दूर होते जाएंगे वह इमारत स्वतः छोटी होती चली जाएगी। परिस्थितियां ज्यादा विपरीत हैं, मतलब अंधेरा ज्यादा घना है। यह समझने की बात होती है की घने से घने अंधेरे को दूर करने के लिए एक छोटा सा दीपक ही घणा है। स्लेट पर बहुत कुछ लिखा जाता है परंतु उसके पास सीखने की जिज्ञासा नहीं होती है, इसलिए सबको पढाने के बाद भी वह स्वयं अनपढ़ ही होती है।

मन 'परमानंद' को पढ़ने नहीं देगा, चंचल रहेगा, शंकाए यदि नहीं मिली तो वह बना देगा। समस्याओ से हमेशा घिरा रहेगा कमियो पर ध्यान देगा। हमेशा हम पर हावी रहने का प्रयास करेगा। दूसरी तरफ हृदय शांत रहेगा, सरल रहेगा, भटकाएगा नहीं मार्गदर्शन करेगा, विपरीत परिस्थितियों में भी व्याकुल नहीं होगा, धैर्य रखेगा, हमेशा कृतज्ञता और आभार से सराबोर रहेगा। मेरी कलम के शब्द सिर्फ आपके हृदय के लिए है, आपके मन को समझाने के लिए मेरी कलम के पास कुछ नहीं है। हृदय को मैंने कई बार सुखी पाया है पर मन को तो मैंने कभी सुखी देखा ही नहीं है। जैसे ही मन को एक सुख मिलता है मन उसका सही से सेवन भी नहीं करता और 'अधिक ना पाने' के दुख से दुखी हो जाता है। मन को खुश करना संभव नहीं है, गाय की सेवा करना अच्छी बात है पर बाझि गाय को आप कितना भी खिला ले पिला ले उसकी सेवा कर ले, दूध तो आपको कभी मिलना नहीं है। मन भी एक ऐसी ही बाझि गाय है। यदि आप दुखी हैं तो दुख के कारण को समझें और यदि जांच करने पर आप पाते हैं कि आपका दुख आपके मन की इच्छाओं से संबंधित है, तो मेरी निस्वार्थ सलाह है कि व्यर्थ में दुखी मत होइए, इस सत्य को समझिए मन की इच्छा पूर्ति से भीतर की संतुष्टि संभव नहीं है।

बीमारी होने पर शरीर का संतुलन औषधि उपचार से होता है इसी प्रकार भीतर का संतुलन ज्ञान से होता है।

पाचन तंत्र, परिसंचरण तंत्र, अंतः स्रावी तंत्र, उत्सर्जन तंत्र, प्रजनन तंत्र, तंत्रिका तंत्र, श्वसन

तंत्र, कंकाल तंत्र, और मांसपेशी तंत्र, रुकिए रुकिए ज्यादा जटिल हो गया सरल शब्दों में समझें तो हमारे शरीर के यह सभी तंत्र मिलकर हमारे शरीर को रक्षा, गतिशीलता, लचीलापन, सुरक्षा, नियंत्रण और समन्वय प्रदान करते हैं। और सरल शब्दों में समझें तो यह सभी तंत्र मिलकर जब अपना कार्य संतुलित तरीके से करते हैं तो हम शारीरिक रूप से आनंद में रहते हैं। यह हमारे पूरे शरीर में एक लय प्रदान करते है, और सरल शब्दों में कहें तो हमारी रचना में कई सारे तन्त्रो को इस प्रकार से प्रोग्राम किया गया है कि वह निरंतर हमारी सहायता करते रहें हमारी मदद करते रहे, यह लय हमारी चेतना और एकाग्रता से मिलकर हर सांस के साथ हमें भीतर स्थित उस आनंदधाम तक पहुंचा सकती है। भीतर की इस लय में कोई शोर नहीं है परंतु ध्यान से आप सुनेंगे तो आपको एक संगीत सुनाई देगा पर वह कोई बाहरी या काल्पनिक संगीत नहीं है, आप पूरी तरह से स्थिर रहते हैं परंतु आप पाएंगे की इस लय में एक नृत्य होता है। एक लय एक नृत्य हर सांस के साथ निरंतर हो रहा है। हमारे विचार भी शांत हैं, हम उस नृत्य का साक्षात्कार करते हुए निरंतर आनंद की प्राप्ति कर रहे हैं। कान बंद करके भी हमें एक मधुर आवाज सुनाई देती है, आंखें बंद करके भी हमें एक दिशा दिखाई देती है, जिभ्या स्थिर करके भी हम आंनदरस लेते है, हम शरीर में होते हैं पर 'नहीं भी' होते हैं, उस स्थिति में उस खुदा में रमे होते हैं।

अब हम स्वयं को इस दुनिया की चिंताओ और समस्याओं में नहीं परंतु हृदय के शांत आंगन में स्थिर एकाग्र पाते हैं। उसे आंगन में जहां वह सृष्टि रचयिता अपने संपूर्ण रूप में विराजमान है, उसका दर्शन होना ही उच्चतम समाधि की परम अवस्था है। आप जहां है, वहां समय का प्रभाव नहीं है, वहां बिना सूर्य के प्रकाश है, वहां बिना धरती के इमारते है, वहां उस परमपिता परमेश्वर की दिन-रात आरती हो रही है, वहां परम पवित्र स्वच्छ गंगा बह रही है। वहां मन के बंधन पूरी तरह से टूट चुके है, वहां हृदय अपनी प्यास को तृप्त करने लगता है, वहां हमारे जीवन का उद्देश्य पूरा होने लगता है, वहां इस अस्तित्व का मिलन अपनी सार्थकता से होने लगता है। वहां जन्म जन्म से बिछड़े प्रेमियों का मिलन होने लगता है, वहां ना संसार से कुछ मिलने की खुशी होती है, ना संसार से कुछ छूटने का दुख होता है। सुख और दुख की सीमाओं से परे वह स्थान परम स्वतंत्र है, परम मुक्त है।

ध्यान दीजिए, मेरी कलम की कई सीमाएं हैं, आप सिर्फ शब्दों को पढ़ रहे हैं परंतु मेरी कलम जो बातें लिख रही है वह एक मनुष्य के लिए पूरी तरह से व्यावहारिक है। मेरी कलम उस आनंद को कैसे लिखे, जो शब्दों से परे हैं, जो सिर्फ अनुभव का विषय है, जो समझ से परे है उसे समझना एक चुनौती है। वह एक ऐसी विद्या है जिसे सीखने के बाद और कुछ सीखना इस जीवन में बाकी नहीं रह जाता है। वह एक ऐसी मंजिल है जहां पहुंचने के बाद मनुष्य को कहीं और जाना शेष नहीं रह जाता है, वह एक ऐसा स्थान है जहां इस जीवन को एक संतुलन मिल जाता है। मन तो जीवन भर मांगता ही रहेगा परंतु वह एक ऐसी प्राप्ति है जिसे प्राप्त करने के बाद हृदय को और किसी अन्य प्राप्ति की कामना ही नहीं रह जाती है। जितना अधिक समय आप अपने भीतर स्थित उस आनंद के साथ बिताएंगे उतना अधिक

आप अपने आप को कृतज्ञ, शांत, निर्भय और पूर्ण पाएंगे।

जब आप भीतर से खुश होंगे तभी तो आप बाहर भी किसी को खुशियां दे पाएंगे। संसार की समस्याएं तो कभी समाप्त नहीं होगी और उस आनंद से मिलने के बाद भी यह आपके पीछे पड़ी रहेगी, मेरी कलम तो सिर्फ आपके लिए इतना ही लिख सकती है कि संसार में उम्मीदो के सारे दीये बुझने के बाद भी आप भीतर से उस आनंद से अगर जुड़े रहेंगे तो आशाओ से हमेशा भरे रहेंगे, मुस्कुराते रहेंगे। बाहर घनघोर अंधेरा ही क्यों ना हो, आप भीतर से जगमगाते रहेंगे। बाहर घनघोर बारिश ही क्यों ना हो, आप भीतर से एक छाता लगाए रहेंगे। बाहर समय सब कुछ निगल लेगा, यह मौसम, यह त्यौहार, यह धरती, यह अंबर, यह कैलाश, यह संसार, यह शरीर, सभी कुछ नष्ट हो जाएगा परंतु भीतर आप उस आनंद के साथ उस 'बैकुंठवास' में सदा सर्वदा के लिए 'अमर' रहेंगे।

16

गर्भसमाधि !

मन को हर पल मनोरंजन चाहिए, पर हृदय को हर पल 'सत्य' चाहिए। जब संसार में सभी लोग भोगो की तरफ अग्रसर हो और आप उस भीड़ से स्वयं को अलग करके 'सत्य की तरफ' चलने का निश्चय करते है तो किसी और का साथ मत ढूंढिए क्योंकि यह यात्रा आपकी अकेले की है। इस संसार में हर व्यक्ति अकेला आता है और अकेला जाता है यही नियति है। कई बार सत्य और असत्य की दुविधाओं में इस जीवन के अंदर चलते-चलते कठोर फैसले भी लेने पड़ते हैं। समय का चक्र ऐसा घूमता है जिसमें कई बार समझ ही नहीं आता कि असत्य जीत गया है या सत्य की विजय हुई है।

याद है आपको राम रावण के अंतिम दिनो के युद्ध में मेघनाथ से उसकी पत्नी सुलोचना ने कहा कि, "स्वामी युद्ध में जा रहे हो, सुबह से घर में अपशकुन हो रहे है, मुझे भय लग रहा है, आप अकेले मत जाओ, मुझे भी साथ ले लो।" मेघनाथ ने उन विपरीत परिस्थितियों में भी कहा की, "हे प्रिय, मैं तुमसे अंतिम बार विदाई ले रहा हूं, तुम्हारा बहुत ज्यादा ऋणी हूं, इस सत्य को तुम भी जानती हो और मैं भी जानता हूं कि अब असत्य की संगत में कुछ नहीं बचा है और यह हमारा अंतिम मिलन है। मैं तुम्हें साथ कैसे ले जाऊं प्रिये ? विधान यही है कि मुक्ति की दिशा में हर प्राणी को अकेले ही जाना है।" अपने पिता के प्रति अपने प्रेम को साबित करने के लिए, मेघनाद ने जानबूझकर सत्य को छोड़ दिया और असत्य के लिए लड़ते लड़ते प्राण गंवा दिया। सत्य और धर्म को छोड़ दिया क्योंकि पिता को नहीं छोड़ सकता था। असमंजस की स्थिति में सत्य - सत्य धर्म - धर्म कहकर अगर मेघनाद ने पिता को रणभूमि में अकेला छोड़ दिया होता इतिहास तो तब भी उसे माफ नहीं करता। जो पुत्र हंसते-हंसते अपना बलिदान दे गया हो, उसे रामलीला में हर साल राक्षस कहकर जला दें, या उसका भी कहीं एक मंदिर बना दे ताकि वर्तमान समय के सभी पुत्र जो अपने पिता को आंखें दिखाते हैं, उससे पुत्रता कि शिक्षा ले सके ? प्रश्न मेरा है पर इसका उत्तर मेरी कलम आपके विवेक पर छोड़ती है। रावण गलत था ये सब जानते हैं पर विभीषण जो सत्य की तरफ चला गया था उसे भी इतिहास केवल 'घर का भेदी' की ही उपाधि दे सका है।

मानता हूं कि रामायण में सत्य और असत्य के युद्ध में मेघनाद असत्य की तरफ खड़ा था, परंतु क्या महाभारत में भीष्म, द्रोणाचार्य, कृपाचार्य, स्वयं पांडवों के सबसे बड़े भाई कर्ण, असत्य की तरफ नहीं खड़े थे ? अगर पुतले ही जलाने हैं तो हर साल रामलीला में इन सब के भी जला देने चाहिए, जिनके पास शक्ति और सामर्थ्य दोनों था परन्तु असत्य के ध्वज तले खड़े रहना ही उनका अंतिम निर्णय था। सीता के अपमान के लिए जितना रावण दोषी था क्या आपको नहीं लगता की द्रौपदी के चीर हरण के लिए उतने ही यह सभी योद्धा भी थे। यदि यह सभी चाहते तो द्रौपदी का अपमान होने से रोक सकते थे परंतु इतिहास में इनका नाम बड़े ही सम्मान से लिया जाता है। क्योंकि इन्होंने युद्ध का परिणाम जानते हुए भी मृत्यु के भय से अपने पैर पीछे नहीं किए थे, इन्होंने रणभूमि में पीठ नहीं दिखाई थी।

कोई अपनी प्रतिज्ञा के लिए, कोई अपनी शिक्षा के लिए, कोई अपने वचन के लिए, कोई अपने धर्म के लिए तो कोई अपनी मित्रता के लिए अपने प्राणों का बलिदान कर गया। किसे 'सत्य' कहे और किसे 'असत्य' लिखे ? मेरी कलम असमंजस में है कि क्या लिखूं 'वो योद्धा जीत कर हार गए या फिर हार कर जीत गए ?' जीवन की महाभारत, हमारी अपनी महाभारत अभी खत्म नहीं हुई, यह अभी भी हो रही हैं। जो इतिहास में हुई उससे भी ज्यादा भीषण हो रही है। वास्तविकता यह है कि भीतर हृदय और मन में रोज भीषण युद्ध होता है, मन हर रोज जीतता है, हृदय रोज रोज हारता है। 'कृष्ण' सबका लापता है, जीतने के प्रयास सबके अधूरे हैं, स्वयं पर विभिन्न वासनाएं लादकर लोग युद्ध करने जाते है, पर हां, 'जीतना' सभी मोक्ष को चाहते है। चलिए, युद्ध से बाहर आते है। हर पल हमारे भीतर एक स्वर्ग भी है, हर पल हमारे भीतर एक नर्क भी है, पर इस पल हम कहां हैं ?

क्योंकि यह जीवन फिर नहीं मिलेगा, यह पल फिर नहीं मिलेंगे, इसलिए क्या आप समझ सकते है कि इस पल को सर्वोत्तम तरीके से जीना कितना ज्यादा महत्वपूर्ण है ? विपरीत परिस्थितियों में भी हम इस जीवन का आनंद ले सकते है, हमे अपना ध्यान उस पर केंद्रित करने का प्रयास करना होगा जो जीवित होने के नाते, मनुष्य होने के नाते हमारे लिए सबसे ज्यादा महत्वपूर्ण है। ऐसे सभी कार्य जो हमारी व्याकुलता, हमारे भ्रम और हमारे असंतुलन को बढ़ाएं हमे उनसे बचना होगा और ऐसे कार्य जो हृदय की दिशा में अग्रसर करे, उस वास्तविक संतुष्टि और तृप्ति का एहसास दिलाएं हमें उनकी तरफ अग्रसर होना होगा, हमें इस वास्तविकता को समझना होगा कि जो चीजे हमें हमसे मिलाए वह है ज्ञान, और जो हमे हमसे ही दूर करें वह सारा का सारा है अज्ञान।

असत्य से बाहर आकर हमें सत्य की तरफ चलना होगा, इस तथ्य को समझना होगा कि आनंद और तृप्ति को छोड़कर संसार की बाकी सारी आवाजे हृदय के लिए सिर्फ एक शोर है। एक ऐसा शोर जो हमें हमसे ही दूर करता जा रहा है। प्रत्येक दिन जब हम सो कर उठे तो हमारे हृदय में यह और वह करने की चिंताएं नहीं परंतु सबसे पहले इस जीवन के प्रति आभार होना चाहिए, हमें हर क्षण हमारा लक्ष्य स्पष्ट होना चाहिए। मेरी कलम आपसे पूछती है कि वह लक्ष्य स्पष्टता, आनंद, तृप्ति, संतुष्टि, दया और प्रेम से बढ़कर और क्या हो सकता है

? हर दिन हमें मिल रहा है, यह एक सत्य है पर यह समय हमेशा नहीं मिलता रहेगा यह भी एक सत्य है।

जब तक यह सांस है आनंद की, खुशी की, संतुष्टि की, प्रेम की और इस जीवन के सफल होने की सारी की सारी संभावनाएं है पर जब यह सांस इस शरीर से निकल जाएगी यह शरीर मिट्टी हो जाएगा तब आपके लिए भी और मेरे लिए भी, आनंद, संतुष्टि, प्रेम, हृदय, आभार और स्पष्टता के शब्दों को लिखने और पढ़ने का कोई अर्थ नहीं रह जाएगा। यह सारा सत्य और यह सारा असत्य सब का सब ज्ञान 'मिट्टी' हो जाएगा। लोग कहते हैं कि यदि हम सत्य के रास्ते पर निकल गए तो इससे संसार को क्या फायदा ? क्योंकि संसार तो फिर भी अंधेरे में ही रहेगा। मेरी कलम पूछती है आपसे कि रोटी के बारे में तो लोग ऐसा नहीं सोचते कि अगर मैंने खा ली तो संसार को क्या फायदा ?

आप मूल तथ्य समझे, संसार तो 'माया' की 'मोह' की 'अज्ञानता' की गहरी निद्रा में सो ही रहा है आज से नहीं अनादि काल से सो रहा है। आज हमें संसार को जगाने से ज़्यादा स्वयं जग जाने की जरूरत है। हमें अपने 'दीये' को जलाने की जरूरत है। वैसे भी यदि आपका अपना दीया ही नहीं जला तो आप बताइए अपने बुझे हुए दीये से किसी और का दीया जलाएंगे कैसे ? संसार में प्रकाश लायेंगे कैसे ? सरल बात को समझें, प्रकृति यह है कि अनगिनत बुझे हुए दीये मिलकर भी केवल 'एक' दूसरे बुझे दीये को जला नहीं सकते, पर हां, एक जला हुआ दीया अकेले ही अनगिनत बुझे हुए दीयों को जलाने की क्षमता रखता है। लोग फिर सोचते हैं कि एक अकेला दीया कितनी रोशनी देगा ? यहां बात अब एक 'दीये' की नहीं रही, बात है कि वह एक जलता हुआ दीया कितने और दीयों को जला सकता हैं और फिर वह अनगिनत जलते हुए दीये आगे और कितने दीयो को जला सकते हैं, क्या आप इन संभावनाओं को समझते हैं ?

लोग कहते है कि एक अकेला चना क्या भाड़ फोड़ेगा ? 'बहुतों' को छोड़ो भाई करने के लिए 'एक' ही बहुत होता है। मैं आपसे पूछता हूं कि सूर्य कितने है ? हमारे लिए तो 'एक' ही है। पर हां, ध्यान दीजिए कि जब तक सूर्य की किरणें बिखरी हुई रहती है तो वो केवल प्रकाश देती है परंतु जब वही किरणे किसी दर्पण से एकाग्र हो जाती है तो आग भी लगा देती है। जब तक आपका ध्यान भी बिखरा हुआ रहेगा तब तक आप भी शंका में, भ्रम में, अस्पष्टता में, प्रश्नों में ही रहेंगे परंतु जब ध्यान भीतर स्थित शांति पर केंद्रित होगा तब आप स्पष्टता के उत्तरों में उतरेंगे। हर मनुष्य के भीतर शांति का महासागर है। मनुष्य इतना बेचैन और व्याकुल आज सिर्फ इसलिए है क्योंकि वह बाहर की दिशाओं में शांति की तलाश कर रहा है। भीतर की शांति अनुभव की शांति है वह विचारों की शांति बिल्कुल भी नहीं है। विचारों की शांति चंचल होती है पर भीतर की शांति स्थिर होती है।

'शांति' संसार को हो या ना हो, संसार इस मार्ग पर चलें या ना चले परंतु इस मार्ग पर चलकर कम से कम आप तो अपने जीवन को सफल करें, कम से कम आप तो अपने ईश्वर से मिले। फिर जन्म मिलेगा, फिर अवसर मिलेगा इसका कोई प्रमाण नहीं है। कम से कम इस

बार जो यह अनमोल अवसर मिला है, अपनी कहानी को तो आप पूरा करो, या फिर संसार की जिम्मेदारियो के नाम पर अपनी कहानी को अधूरा ही छोड़ जाएंगे। 'परमानंद' के इस लक्ष्य को जीवन में साक्षात करने के लिए स्वयं को शारीरिक और मानसिक दोनों रूपों से तैयार करो। शरीर की बीमारियों से ग्रस्त व्यक्तियों को भोजन भी सोच समझ कर खाना पड़ता है ठीक उसी प्रकार मन की व्याधियों से ग्रस्त व्यक्ति ईश्वरीय मार्ग में विभिन्न बाधाओं का सामना करता है। यदि शरीर में बीमारी नहीं है तो आप हर प्रकार के भोजन का सरलता से आनंद ले सकते हैं, उसी प्रकार यदि मन की व्याधियो के समाधान हो गए, शंकाओं का निवारण हो गया, तो फिर आप बड़ी सरलता से उस ईश्वर तक पहुंच सकते हैं। जैसे भूख बार बार लगेगी वैसे ही शंकाए भी बार बार आएगी। जैसे भोजन बार बार करना पड़ेगा वैसे ही शंकाएं भी बार बार मिटानी पड़ेंगी। वैसे भी जब भीतर के संतुलन से हमारा संपर्क टूट जाता है तो बाहर के जीवन में भी सभी कुछ असंतुलित हो जाता है।

आप अमीर है या गरीब है ? मन के लिए यह निर्णय आपके कपड़ो आपके रहन-सहन आपके सामाजिक आर्थिक स्तर पर निर्भर है, पर इस प्रश्न का उत्तर आपके हृदय के लिए, आपके भीतर की मुस्कान और संतुष्टि पर निर्भर है। दूसरों को छोड़ो आप तो स्वयं को भी सही से नहीं जानते हो। आप आपका चेहरा नहीं है, आप आपका नाम नही है, आप आपका शरीर भी नहीं है। शरीर की तो है पर आपकी चेतना की कोई बायोमेट्रिक पहचान भी नहीं है। आप शरीर रूपी इस दस खुले द्वारो के पिंजरे में है, उड़ने के लिए पूरी तरह से स्वतंत्र हैं, इसमें रुकने के लिए बाध्य भी आप नहीं है। आपकी चेतना का स्रोत क्या है ? वही परमात्मा, जो संसार को आज तक दिखा नहीं है पर हृदय से देखो तो जो कही छिपा भी नहीं है। लोग कहेंगे यह तो गोल-गोल बातें हो गई, तो मैं कहूंगा भाई शून्य भी तो गोल होता है परंतु समझिए गणित समझने के लिए शून्य को समझना होता है।

उस ईश्वर का आपके भीतर होना बहुत ज्यादा शुभ है। जब तक आपके भीतर वह हंस है, तब तक आप आंनद की नदी में मछली की तरह तैर भी सकते है, खुशी के इस बाग में फूल की तरह खिल भी सकते हैं और स्पष्टता के इस आकाश में पंछी की तरह उड़ भी सकते है। एक समय था जब मां के गर्भ में नौ माह तक हम सभी ने एक समाधि ली थी। हमारे पोषण का सारा प्रबंध प्रकृति मां गर्भ के भीतर पहले ही कर चुकी थी। खेलने के लिए हमारे पास कोई इलेक्ट्रॉनिक डिवाइस भी नहीं था। अभी तो हम पांच मिनट खाली होते ही बोर हो जाते हैं पर वहां हम नौ महीने तक आनंद में ही थे। वहां करने के लिए हमारे पास कोई स्कूली या कार्यालयी कार्य भी नहीं था। गर्लफ्रेंड और बॉयफ्रेंड आज बड़े महत्वपूर्ण है परंतु तब हम सिर्फ स्वयं से परिचित थे। संसार को अभी हमने छुआ ही नहीं था। तमाम प्रकार की चिंताओं और समस्याओं से दूर, हम सिर्फ आनंद में थे।

थोड़े समय जगते थे, ज्यादा समय हम सोए रहते थे। गर्भ में हमारे पास ज्यादा जगह नहीं थी परंतु फिर भी हम खेलते थे, हम शांति में थे, हां साथ ही हम विकसित भी हो रहे थे। फिर हमारा इस संसार में प्रवेश हुआ, लोगों को हमारे आने की खुशी हुई, वह बधाइयां देने

लगे, मिठाइयां बांटने लगे। हमने स्वयं को सिसक सिसक कर रोते पाया। एक तरफ जितना हम रो रहे थे दूसरी तरफ उतना ही लोग हस रहे थे। बातें तो थी आजादी की पर उनके चेहरे पर छिपी खुशी कुछ ऐसी भी दिखी जैसे जेल में बंद कैदियो को होती है जब वह देखते हैं कि एक नया कैदी और आया है। हम क्यों रो रहे थे ? क्या हमें इस संसार में आने की कोई खुशी नहीं हुई या फिर कहीं हम इसलिए तो नहीं रो रहे थे कि हमसे हमारी एकांतता, अपने परमात्मा के साथ रहने का वह अवसर छीन लिया गया था या फिर रोने का कारण यह था कि नौ महीने की हमारी आंनद की 'गर्भसमाधि' भंग कर दी गई थी ?

17

तत्त्वमीमांसा !

धर्म पर और अपने-अपने देवी देवताओ के नाम पर दान दक्षिणा, व्रत उपवास, साधना, तपस्या, जागरण, कुरानखानी, भंडारा, चढ़ावा या इन्हें जो भी कहें, पर लोग बहुत पैसा खर्च करते हैं। कई बार उद्देश्य ईश्वर सेवा होता है, कई बार इसका उद्देश्य पाप की कमाई से ही सही पर पापों को थोड़ा कम करना भी होता है। भक्ति हो या ना हो पर कई बार इसका उद्देश्य समाज में यह दिखाना होता है कि हम भी धार्मिक है और पूजा पाठ वाले हैं। कई बार इसका उद्देश्य सिर्फ अपना रौब जमाना होता है। तरीके चाहे कुछ भी हो सब सही है, चलिए ईश्वर की दिशा में कुछ प्रयास तो है।

याद है आपको उन बालको की भक्ति ? जब दोनों बालक कार्तिकेय और गणेश में यह प्रतियोगिता हुई की किसमें ज्यादा सामर्थ्य है, पहले इस संसार की परिक्रमा कौन लगा सकता है ? तो कार्तिकेय तो अपने मयूर पर बैठकर पवन वेग से पूरे संसार का चक्कर लगाने तेजी से निकल गए पर गणेश कहीं नहीं गए, उन्होंने वहीं स्थित अपने माता पिता शिव पार्वती का एक चक्कर लगाया और उनके पैर छूकर कहा, आपको छोड़कर मैं कहां जाऊं ? आप ही तो मेरा संसार है। मैंने आपका चक्कर लगा लिया तो मेरे लिए मैंने संसार का चक्कर लगा लिया। तब प्रसन्न होकर माता पिता ने आशीर्वाद दिया कि 'गणेश सबसे पहली पूजा तुम्हारी होगी।' गणेश ने कार्तिकेय से बाजी जीत ली थी। क्या आप समझें ? बात सामर्थ्य कि तो कभी थी नहीं थी, बात तो सिर्फ 'हृदय' की थी, 'भावों' की थी। सरल संकेत यही है कि आपका संसार और आपके भगवान भी आपके आसपास ही होगें, कहीं दूर जाने की आपको भी जरूरत नहीं। भक्ति किसी भी रूप में हो जब उसमें भाव मिल गए तो वह पूर्ण हो गई अन्यथा वह एक बाहरी दिखावे से ज्यादा कुछ भी नहीं। अगर भाव है तो बुरी स्थिति में भी आप एक परिवार हैं, अगर भाव है तो टूटा-फूटा ही सही पर आपका अपना घर ही आपका संसार है। लोगो को दूसरे ग्रहो और दूसरे संसार में जाने की बड़ी जिज्ञासा है पर क्या हमें पहले इस ग्रह पर मौजूद हर व्यक्ति तक शुद्ध भोजन, शुद्ध हवा, शुद्ध जल और जीवन का एक सम्मानजनक गरिमा युक्त स्तर सुनिश्चित नहीं करना चाहिए ? क्या शांति इसी ग्रह पर

स्थापित नहीं हो सकती ? क्या ये असंभव कार्य है ?

हर व्यक्ति आनंद ढूंढ रहा है। कोई मित्रों में, कोई खाने में, कोई गाने में तो कोई मैखाने में। पर ध्यान दीजिए, हम जो कुछ भी कर रहे हैं उसका एक मौलिक कारण है, आनंद। फिर चाहे वह कुछ भी करके मिले, पर बिना आनंद के हम रह ही नहीं सकते हैं। जैसे ही हम सोकर उठते हैं एक नए दिन की शुरुआत होती है धीरे से हम अपनी आंखें खोलते हैं, बैठते हैं, थोडा उबासी मारते हैं, थोड़ा अपने शरीर को खींचते हैं तभी तुरंत एक अजीब सी घटना होती है। हमारा मन, हमारे ऊपर आकर बैठ जाता है और तुरंत आज्ञा देता है कहता है कितना आराम करोगे ? उठो चलो दौड़ो, आज यह करना है वह करना है वहां जाना है उससे मिलना है, आदि आदि आदि। हम उठते हैं, एक अनुशासित आज्ञापालक नौकर की तरह दिन भर हर वह काम करते हैं जिसके लिए हमारे मन ने हमें तमाम निर्देश दिए हैं। कई बार वह सारे कार्य करते-करते हम थक जाते हैं और दिन खत्म हो जाता है और हम अपने मन से कहते हैं हुजूर, आज क्षमा करें यह काम रह गया, कल कर लूंगा जरूर कर लूंगा। अगले दिन फिर वही होता है मन फिर आता है और हम पर चढ़कर बैठ जाता है। बात सिर्फ यह नहीं है कि वह बैठ जाता है, बात यह है की ऐसा करते-करते हमारा पूरा जीवन ही निकल जाता है।

बेहोशी के आलम यहां घनघोर है। क्या हो जब लोग सपने में हो पर सोचते हो कि वह जाग रहे है ? क्या हो जब लुट जाने के बाद भी लुट जाने का पता ना हो, अज्ञानता की एक ऐसी अंधेरी रात जिसका कोई सवेरा ना हो ? बताया गया हो कि हम मालिक हैं परंतु काम हमेशा नौकरों के करते हो, माया का एक ऐसा चक्रव्यूह जिसमे हम रोज फसते हो, रोज मरते हो। कितना लुट चुके हैं, कितना लुट रहे हैं, कितना लूटने वाले हैं जब इसका कोई हिसाब किताब ना हो ? जीवन की परीक्षा में बैठे हैं, कितना समय निकल गया है, क्या समय हुआ है, कितना समय बाकी है, इसका कुछ पता ना हो ? प्राप्त बहुत कुछ करना चाहते हैं, परंतु उसके लिए क्या खो चुके हैं, क्या खो रहे हैं, क्या क्या दांव पर लगा चुके हैं, कितना घाटे में है, कितना मुनाफे में है इसका कोई अंदाजा ना हो ? बाहर की इमारते ऊंची से ऊंची होती जा रही हैं, बड़े से बड़े स्टेडियम बनाए जा रहे हैं, आवा गमन के तीव्र साधन विकसित हो रहे हैं, पर स्वयं से आंखें मिलाकर समझ नहीं आता 'सत्य' को कैसे स्वीकार करें ? क्या कहे की तकनीक विकसित हो रही है या फिर ये कहे की नैतिकता कहीं छूटती जा रही है, क्योंकि दोनों ही बातें 'सत्य' है।

आज लोग, मां-बाप बनने से कतराते हैं क्योंकि वह जिम्मेदारियां नहीं उठाना चाहते हैं। मां बाप, बच्चे पैदा करते हैं क्योंकि शायद उनको एक कमी खलती है शायद वह एक किलकारी के लिए लालायित हैं। पर दूसरी तरफ कई बच्चे अपने मां-बाप को छोड़ना चाहते हैं क्योंकि वह अपनी जिंदगी में उनकी दखलअंदाजी नहीं चाहते हैं। शायद नादान है वो कई बार मां बाप के संघर्षों को नहीं समझते हैं। बातें घर से बहुत बड़ी-बड़ी करके निकलते हैं परंतु जब उनके सपने टूट जाते हैं तो शर्म के मारे कुछ नहीं बताते हैं। जवानी का जोश इतना चढ़ा कि होश खो बैठे, कई तो रात रात तक जगते हैं पार्टियां करते हैं व्हिस्की बीयर या रम उनके

चसके है। शरीर से कुछ पसीना निकलता तब तो कुछ विषाक्तता निकलती, पर महंगे महंगे इत्र लगा लगाकर अपने शरीर के रोम छिद्रों को बंद करते हैं, प्राकृतिक था या कर्मो का फल, मदहोशी में शरीर को इतना ज्यादा विषाक्त पदार्थो से और आदतों से नष्ट कर दिया कि अब गाढी कमाई खर्च करके वो महा ज्ञानी लोग आईवीएफ करवाते हैं।

मुझे नही पता की परिणाम मजबूरी का है या कोई फैशन है जिसके चलते एक भीड के लिए सेरोगैसी की नौबत आ गई है। ममता में मिलावट रही या मिलावट में ममता, शायद मेरी कलम मरने के बाद ही ये 'सत्य' समझ सकेगी। आज युवाओं की सेहत और उनकी आदतो को देखकर, बूढ़े मां बाप रोज रोज मरते हैं यह सोच सोच कर भीतर ही भीतर वो रोज रोज डरते हैं की बच्चो के कंधों पर जाएंगे या उनको कंधे पर ले जाएंगे ? माफ कीजिएगा, मेरी लेखनी को फिजूल बातें लिखने की आदत सी हो गई है। हो सकता है आपको भी अभी किसी जरूरी पार्टी में जाना हो। भाव क्या है, भक्ति क्या है, उन्नति क्या है, अवनति क्या है, यह सब समझने का समय ही कहां है ? मेरी आंखों ने इस जीवन में बहुत कुछ देखा है, अब तो आंखें भी लगभग धुंधली हो चली है। कई लोगों को मैंने अपनों को शमशानों में जलाने के बाद पार्टियों में जाते देखा है, सोच रहा था मैं कि जीवन में बस यही देखना बाकी था। मेरी कलम असमंजस में पड़ गई थी कि किसी अपने के देहांत पर उनके चेहरे पर पड़ी दुख की रेखा या तो बनावटी थी या फिर बड़ी सरलता से उनकी मुस्कुराहट उनके दुख के पीछे छिपा दी गई थी। पर क्या असली दुख उन लोगों को कभी नहीं हुआ ? उनके चेहरे पर मैंने असली दुख भी देखा है। कब ? जनाब, जब उनका फोन चोरी हो गया था। कई दिनों तक उनको गहरा आघात लगा था, वह पार्टियों में भी नहीं मुस्कुराते थे, न जाने हंसते ही कम थे या फिर अपने किसी गहरे गम को छिपाते थे।

एक फोन क्या खो गया ऐसा लगता था जैसे अब उनके जीवन में कोई आशा ही नहीं बची थी, जैसे कि चलते-चलते किसी ने पैरों के नीचे से जमीन खिसका दी थी। कौन अपना है, कौन पराया है, किसके लिए रोना है और किसके लिए हंसना है, क्या सच है और क्या सपना है ? जब यह सब पता ना हो तो इसका एक ही अर्थ है सब खुली आंखों से सो रहे है, अभी लिखा तो था मैंने कि सब बेहोश हो रहे हैं। जब हम भौतिक नाशवान चीजों को ही समझ नहीं पा रहे है, तो फिर उस पार ब्रह्म अविनाशी अनंत परमेश्वर को समझने के लिए हमारी क्षमता ही क्या है ?

चिंता मत करो निराश मत रहो क्योंकि 'सत्य' यह है कि आप पूरी तरह से पहले ही योग्य हो। जिस दिन यह पहला सांस आपके भीतर आया उसी दिन उस अविनाशी ईश्वर से मिलने की आपने सारी योग्यताएं ग्रहण कर ली थी। ईश्वर ने हर मनुष्य को जीवन रूपी एक हीरा दिया है, परंतु यदि आप इस हीरे को तरासना भूल गए तो फिर आप चमकेंगे कैसे ? फिर तो आप कांच ही रह गए। हम जो कुछ भी अपनी भौतिक आंखों से देखते हैं वह सब की सब नाशवान है, आज नहीं तो कल सभी का अंत सुनिश्चित है। अगर प्रेम नाशवान से ही लगा रहा तो प्राप्ति, अविनाशी की कैसे होगी ? इस बात की काफी संभावना है कि हमें सेकंड,

मिनट, घंटे, दिन, सप्ताह, महीने और वर्ष और भी मिले पर क्या यह जीवन भी फिर से मिलेगा ? क्या हर सांस के साथ अपनी परमात्मा में लीन होने का, उस परम आनंद में विभोर होने का सुंदर समय भी फिर से मिलेगा ? इसका उत्तर आप स्वयं को ही दो। इस जीवन का लक्ष्य यदि आनंद लेना ही है तो फिर उस ब्रहम आंनद उस परम आनंद से ज्यादा महत्वपूर्ण कौन सा आंनद है जिसे प्राप्त करने के लिए आप दिन रात इतने लालायित हैं ?

हमसे पहले भी बड़ी बड़ी सभ्यताएं आई, फली फूली और नष्ट हो गई। उसमें भी लोग थे, उनको भी तमाम तरह की समस्याएं थी, पर आज ना तो वह लोग ही रहे ना ही उनकी कोई समस्या रही। सुना हैं इतिहास बार बार दोहराया जाता है ऐसा हुआ तो इस बार किसकी बारी है ? क्या लोग इस सरल तथ्य को नहीं समझ सकते कि जिस दिन हमारे भीतर से यह सांस चली जाएगी उस दिन हमारे लिए हमसे जुड़ी सारी समस्याएं भी चली जाएगी और तब हमारा असली प्रमाण पत्र हमारे अपनों को दे दिया जाएगा। समस्याएं दो प्रकार से दूर होती हैं एक तरीका है उन्हें हल करना और दूसरा तरीका है उनसे दूर रहना। भाई शराब पियेंगे तो लीवर तो मरेगा ही इसमें समझाने वाली क्या बाते है ? कुछ समस्याएं अपने आप ही हमारे पास आती हैं पर ज्यादा समस्याएं हम स्वयं ही लेकर आते हैं। अगर घर में भैंस पालोगे तो वह गोबर भी तो करेगी, अगर कार खरीदोगे तो भाई उसमें गैस, पेट्रोल, चार्ज या मरम्मत की चिंता भी तो करनी पड़ेगी। अगर इस संसार में नाशवान से प्रीत करोगे तो थोड़ा निराश भी तो होना ही पड़ेगा। आप बताइए, इसमें ऐसी कौन सी ऐसी बात है जो तुम्हें पहले से नहीं पता है।

भाई जब हवाएं तेज चलती है तो जो वृक्ष हवा के साथ स्वयं को समायोजित करने, झुकने और लचीलेपन की क्षमता नहीं रखते वह टूट जाते हैं। किसी भी वृक्ष को यह बेफिक्री नहीं करनी चाहिए की आंधी नहीं आएगी, भाई वह तो आएगी, एक न एक दिन वह जरूर आएगी। यदि वृक्ष ने समय रहते अपनी जड़ों को मजबूत नहीं किया, परिस्थितियों के साथ समायोजन नहीं सीखा, तो हवा का एक ही तेज झोका वृक्ष के संपूर्ण अस्तित्व को समूल नष्ट कर देगा। समस्याएं आंधी की तरह आती है हम उस वृक्ष की तरह खड़े हैं, देखना सिर्फ इतना है कि हम कितने तैयार है ? बाहर के साथ साथ हमें भीतर की इस यात्रा में भी यह बेफिक्री नहीं रखनी चाहिए कि बाधाएं नहीं आएंगी, बाधाएं तो आएंगी और जरूर आएंगी और यदि आपने पहले से ही तैयारी रखी, सभी जरूरी चीजों का पहले से ही इंतजाम रखा तो हवाएं आएंगी बहुत तेज आएंगी पर आपके अस्तित्व को मिटा नहीं पाएंगी। घर को बहुमंजिला बनाने में कोई समस्या नहीं है, बस इतना ही ध्यान रखना है कि बुनियाद को भी मजबूत रखो। मनुष्य होने के नाते आपकी बुनियाद आपका पैसा, परिवार और पहचान नहीं है। आपकी बुनियाद आपके भीतर है। आपके संकल्पो की दृढ़ता है।

मानचित्र से कहीं पहुंचने के लिए हमें सबसे पहले क्या देखना है ? एक सरल बात कि उस मानचित्र में हम कहां हैं ? अपनी वर्तमान लोकेशन जानने के बाद हम कहीं भी जा सकते हैं पर बिना अपनी लोकेशन जाने उस मानचित्र से हम कहीं भी नहीं जा सकते हैं। यह जीवन

रूपी मानचित्र जो आपके हाथ में मिला, पूरे जीवन में आपको बहुत जगह जाना है, बहुत कुछ पाना है, बहुत कुछ करना है। इसमें भी कोई शक नहीं है की पाने और करने की आप शुरुआत कर चुके हैं पर सरल प्रश्न आज भी वही है की क्या आपने देखा कि इस मानचित्र में आप कहां हैं? कई विचारको ने इस संसार को एक जंगल बताया है। क्या आप जानते हैं जंगल में सबसे बड़ा भय क्या होता है? वह है, खो जाने का भय। यदि आप भटक गए तो सचमुच में आपको दुखी होना चाहिए, जीवन में एक बिछडना होता है जो अपनों से होता है और दूसरा बिछडना होता है जो अपने आप से होता है।

एक समय था जब आपके पास कुछ नहीं था फिर भी आप हस लिया करते थे, बिना खिलौने के भी आप खेल लिया करते थे, आपके भीतर के सुख को मुस्कान बनने के लिए किसी तराजू पर तौलना नहीं होता था, मित्र से बहुत नाराज होने पर भी आप उसे मनाने चले जाते थे, महंगी चीजो की जरूरत नहीं थी खुशी के लिए एक कागज की नाव ही काफी थी। तब उत्सव मनाने के लिए त्योहारों की जरूरत नहीं थी, हर दिन एक उत्सव था। ठीक है मैं मानता हूं कि जमाना बदल गया, तरीके बदल गए, तकनीक बदल गई। पर तकनीक के कारण क्या आप भी बदल गए? यह विचार का विषय है कि यह कैसी तकनीक जिसके कारण आज हमें हमारे ही बारे में सोचने तक का समय नहीं है। तकनीक जो हमें हमसे ही दूर करती जा रही है, तकनीक जो बनी तो थी हम सभी को आपस में जोड़ने के लिए पर परिणाम यह है कि वह हमें हमसे ही तोड़ती जा रही है। क्या सारी बातें बुरी ही है? ऐसी बात बिल्कुल भी नहीं है। हर चीज के कई सकारात्मक और नकारात्मक पहलू हुआ करते हैं। विचार का विषय यह है की कौन सा पहलू व्यवहार में ज्यादा हावी है।

विचार का विषय यह है कि यदि व्यवहार में तकनीक का परिणाम स्वयं से विभाजन ही हो गया तो दुनिया के लिए यह तकनीक एकता कैसे ला सकती है? एक नजरिया यह है कि दुनिया बहुत बड़ी है, जबकि दूसरा नजरिया यह भी है कि एक-एक हमसे मिलकर ही तो यह दुनिया बनी है। यहां युद्ध बहुत महंगे हैं, यहां शांति बहुत सस्ती है। आपकी थोड़ी सी चाहत, थोड़ा सा प्रयास और शांति की दिशा में उठाया गया एक छोटा सा कदम संसार में एक व्यापक परिवर्तन ला सकता है। जो असली दुनिया है जहां हमारे लिए शांति का प्रबंध है हम वहां पहुंच सकते हैं यह बिल्कुल संभव है। यह संभावना हर उस मनुष्य के लिए है, जो जीवित हैं। दुनिया के इस शोर शराबे और तनाव के माहौल से दूर एक मनुष्य अपने जीवन में उस शांत सरोवर में स्नान कर सकता है, आंनद में सराबोर रह सकता है, चाहे इस दुनिया में उसका नाम रोशन ना हो परंतु फिर भी वह अपना जीवन सफल कर सकता है। वह भ्रम से भी बच सकता है, वह स्पष्टता में भी रह सकता है। शोर ज्यादा शक्तिशाली है या शांति? इस प्रश्न का उत्तर आप स्वयं को दीजिए और बताइए स्वयं को कि अंधकार ज्यादा शक्तिशाली है या प्रकाश? समझाइए स्वयं को कि प्रकाश का एक छोटा सा पुंज बड़े से बड़े अंधेरे को भगा सकता है, परंतु अंधेरा कितना ही बड़ा क्यों ना हो, वह प्रकाश को नहीं हटा सकता है। जब शांति इतनी ही सरल है, सुगम है, तो वह सभी को क्यों नहीं मिल जाती? इस प्रश्न का उत्तर

भी आप स्वयं से पूछिए। पूछिए अपने आप से कि अगर किसी वस्तु को आप वहां ढूंढेंगे जहां वह है ही नहीं तो फिर वह आपको कैसे मिलेगी ? है ही नहीं से आपका क्या मतलब है ? मेरी कलम का बहुत सरल स्पष्टीकरण है कि आज तक इस संसार के लिए शांति का अर्थ है इस संसार की उपलब्धियां प्राप्त कर लेना। परंतु ध्यान रहे यह एक भ्रम की बात है कि संसार की उपलब्धियां आपके लिए आपके निजी व्यक्तिगत जीवन में शांति ला सकती है।

वास्तविकता यह है कि संसार की सभी उपलब्धियां क्षणिक होती हैं जबकि शांति शाश्वत है। संसार की उपलब्धियां आज हैं हो सकता है कल ना रहे परंतु शांति अटल है अविनाशी है अमर है। मनुष्य आज मित्रों, व्यवसायों, तथाकथित शांति स्थलों, पहाड़ीयों, समुद्रो, पठारों, नदियो, ऊंचाइयों, गहराइयों, इस पृथ्वी की सीमा से बाहर अंतरिक्ष, ना जाने कहां-कहां शांति के लिए जाता है पर सच कहता हूं सब जगह दौड़कर आने के बाद असली सुकून अपने घर पर ही तो आता है। आप मुझे एक सरल प्रश्न का उत्तर दीजिए वह वस्तु आपको कैसे मिल सकती है, जिसे आपने कभी खोया ही नहीं है ? मेरी कलम किताब की पहली पंक्तियों से ही आपसे निरंतर कहती रही है कि वह शांति आपसे दूर नहीं है, 'सत्य' आपसे दूर नहीं है। शांति हम सभी के भीतर हैं पर आइए इस संसार के सबसे महत्वपूर्ण विषय पर विचार करें कि शांति स्वरूप होते हुए भी आज मनुष्य इतना बेचैन क्यों है ? जीवन एक वरदान है परंतु बड़ी संख्या में फिर भी लोगों के लिए जिंदगी एक बोझ क्यों है ? शांति की तलाश में लोग इस कदर भटक गए हैं कि ड्रग्स तक का इस्तेमाल करने लगे हैं। हर भटका हुआ व्यक्ति पता नहीं क्यों नहीं पूछता अपने आप से की ड्रग्स के हर डोज के साथ शांत होने की जगह भीतर की यह बेचैनी बढ़ती क्यों है ?

पार्थ, आग को बुझाने के लिए पानी डाला जाता है किसने तुम्हारे दिमाग में यह कचरा भर दिया कि तुम पेट्रोल डाल रहे हो ? सात्विक चीजे हमारे अस्तित्व को पोषण प्रदान करती है पर मादक चीजे हमें भीतर से खोखला करती हैं। माया मादक है अपनी तरफ आकर्षित करती है। मार्गदर्शक समर्थ है वह माया का अंत करता है। मार्गदर्शक कोई नई दुनिया नहीं बनाता है वह सिर्फ हमारी उंगली को पकड़ता है और अंधकार से प्रकाश में हमें ले आता है। मार्गदर्शक के साथ संबंध की इस गहराई को समझिए क्योंकि इतिहास में मार्गदर्शक के द्वारा वह उंगली जबरदस्ती कभी पकड़ी नहीं गई है। जब भी छूटी है तो अपनी ग़लती से छूटी है मार्गदर्शक के द्वारा वह उंगली कभी छोड़ी भी नहीं गई है। माया सभी को आकर्षित करती है और मजा भी बहुत देती है समस्या यह है कि जब नुकसान का पता चलता है तब कई बार काफी देर हो चुकी होती है। जीवन के शेयर मार्केट में लिए गए कुछ फैसलो के नुकसान का किसी तरह लोग सामंजस्य बैठाते है मगर कई बार वह ऐसे फैसले ले चुके होते हैं जिनकी कभी भरपाई नहीं होती है।

मित्र मेरी कलम तो आपसे सिर्फ इतना ही कह सकती है कि भ्रम, अस्पष्टता और माया की गहरी नींद से सब नहीं उठ पाएंगे सब नहीं जग पाएंगे परंतु अगर आपको जगाने की यह आवाज आ रही है तो कम से कम आप तो जाग जाइए। यह जीवन नींद, सपनों, कल्पनाओं

और भ्रम में रहकर समय व्यर्थ करने के लिए नहीं मिला, यह जीवन इस समय का आनंद लेने के लिए मिला है, स्पष्टता और वास्तविकता में रहते हुए मनुष्य मोक्ष को प्राप्त कर सकता है। मोक्ष के लिए मरने की आवश्यकता नहीं है जीते जी उस असली मायापति से मिलन आपके अपने ही भीतर संभव है। जब तक आप जीवित हैं तब तक यह सारी संभावनाएं हैं, सुख के दिन और दुख की रातें है, अगर मगर की डगर है, घनघोर विपत्तियां की बारिश भी है और सुख का सुहावना वसंत भी है। अनमोल जीवन मिला है समय मिला है इस सत्य को समझो, देखो हो सकता है अभी तुम्हारी मुट्ठी में है और इसमें कोई आश्चर्य नहीं अगर ये अगले पल नहीं है, क्योंकि जीवन का कोई भरोसा नहीं है।

कार भी चलाइए, साथ में कोई बैठा है तो उससे बात भी कीजिए, सड़क पर भी नजर रखिए और अगर संगीत बज रहा है तो उसका भी आनंद लीजिए, कोई आपसे ऑनलाइन कनेक्ट है तो क्या बात है उसको भी प्रति उत्तर दीजिए, चाकलेट खाने को पडी है तो चलिए उसको भी चख लीजिए, सफर रोकने की जरूरत नहीं है। मेरी कलम तो सिर्फ इतना इशारा करती है की तरह- तरह की मशीनों से आप आकर्षित होते हैं कभी अपनी तरफ भी ध्यान दीजिए क्योंकि आपको भी बहुगुणी बनाया गया है इतना बहुगुणी कि आप इस संसार का आनंद भी ले सकते हैं और उस रचयिता को भी पा सकते हैं जो इस संसार की किसी और दूसरी जीवित योनि के लिए 'संभव' नहीं है।

18

जिज्ञासाजल !

यहां इस जीवन में हर व्यक्ति कुछ खोज रहा है स्पष्टतया वह दुख नहीं सुख खोज रहा है। पर इस खोज या तलाश का कारण क्या है ? स्पष्टतया वह खालीपन जो हर व्यक्ति भीतर से महसूस कर रहा है। पर इस अधूरेपन की जो 'पूर्णता' है उसकी प्राप्ति के मार्ग में बाधा क्या है ? उतर है : स्वयं हम। जी हां, हम सभी ने अपने अपने विचारों और धारणाओं के ऐसे पिंजरे बनाएं है जिसमें हम स्वयं ही कैद हो गए है। इस पिंजरे के अंधेरेपन, अकेलेपन, दुख और समस्याओ से हम भर गए है। हम निराश हैं, इस बात से अनजान की इसका समाधान भी हमारे ही भीतर है। यदि हम ही स्वतंत्रता की कोशिश नहीं करेंगे तो कैद ही हमारा भूतकाल था कैद ही हमारा वर्तमान है और कैद ही हमारा भविष्य है।

आज हम दूसरों को अपना दुश्मन बनाए बैठे है। यह भी ठीक है कि दूसरे हमें नुकसान पहुंचा सकते हैं। परंतु, यह तो तब होगा जब हम पहले स्वयं से ही बच जाएं। सबसे बड़ी छति सबसे बड़ा नुकसान हमने ही स्वयं को पहुंचाया है। अगर कहीं दूसरों ने हमें नुकसान पहुंचाया है तो उसका कारण भी यही है कि हमने उन्हें ऐसा करने का अवसर दिया है। वास्तव में हममें से ऐसा कोई नहीं है जो अपनी कमजोरियों को अच्छी तरह जानता नहीं है। हम सभी ने अपनी जीभ को विशेष प्रशिक्षण दिया है। हमारी जीभ इतना ज्यादा प्रशिक्षित हो गई है कि एक शब्द में किसी को भी भीतर की गहराई तक चीर सकती है। बड़े-बड़े अस्त्रों - शस्त्रों से लगे हुए जख्म कई बार समय के साथ भर जाते हैं परंतु जीभ से लगे जख्म कई बार जिंदगी भर ताजा रहते हैं और मृत्युशय्या पर भी दुखते है। आज 'हृदय' को समझने के लिए हमारे पास समय नहीं है और 'मन' जो हमें हानि पहुंचाता है हमें उसकी संगत इतनी ज्यादा पसंद है कि हम जागते हुए तो उसके साथ रहते ही हैं नींद में भी वही हमारी उंगली पकड़कर गलत दिशाओं में ले जाता है। जब हम जागते हैं तो मन हमें, बीता हुआ कल याद दिला के रुलाता है। मन हमें आने वाले कल से डराता है। मन हमें सच्चाइयों से दूर ले जाता है और कल्पनाओं में ही हमारी दुर्गति करवाता है। यहां सब माया का मेला है, कोई एक तरफ दस साल दिन रात एक करके एक परीक्षा की तैयारी करता है तो दूसरा दूसरी तरफ चंद रूपये लेकर उस परीक्षा

का परिणाम प्रभावित करता है।

एक तरफ कोई प्रेम करके प्रियतम पर प्राण न्यौछावर करता है तो दूसरी तरफ प्रियतम किसी और प्रियतमा पर अपना धन समय और आशा लगाता है बिना यह जाने कि उस प्रियतमा के और कितने प्रियतम है। न्याय क्या है ईमानदारी क्या है सत्य क्या है इसकी मनमत व्यक्ति को परवाह ही कहां है ? कानून मजाक है या लोगो ने बना रखा है समझ ही नहीं आता है। पर हां, आप इतना समझ लीजिए की नियम कायदा और कानून शब्द सिर्फ मनुष्यो के लिए होते हैं क्योंकि मनुष्य रूपी बंदरों का इनसे कोई लेना देना नहीं है। मन, हर व्यक्ति को भीतर से काटता जाता है और मुंह इतना दबाता है की हालात ऐसे होते है कि ना कहा जाता है ना सहा जाता है। जिनके अपने पैर कब्र में लटक रहे हैं 'मन' उनसे दूसरों की कब्रें खोदने की योजनाएं बनवाता है। जो अपनी जिंदगी को एक सही रूप दे नहीं बना पाए 'मन' उनसे दूसरों से बदला लेने की साजिशे रचवाता है। 'मन' थोड़े से मान सम्मान के नाम पर मासूमों की हत्याएं करवाता है। 'मन' स्वप्न में भी हमें अकेला नहीं छोड़ता कभी समस्याओं में फंसाता है कभी समस्याओं से डराता है।

मूल प्रश्न यही है कि आज मनुष्य ने अपने जीवन की दुर्गति ऐसी कर ली है कि प्रश्न उठ उठ कर खड़े होते हैं और पूछते हैं कि सपने में भी 'भोग' ही दिखते रहेंगे या कभी 'भगवान' के भी दर्शन होंगे ? अपने मन की इन सब धूर्तताओं को अच्छे से जानते समझते हम, यह जानते हुए की मन हमें कहीं का नहीं छोड़ेगा हम, यह जानते हुए कि मन हमें ऊंचाइयों पर सिर्फ गिराने के लिए ले जा रहा है हम, बस आज्ञाकारी बनकर किसी स्वामीभक्त कुत्ते की तरह इसके पीछे-पीछे दुम हिलाते हैं। मेरी कलम से मत पूछना इस बार इसका उत्तर स्वयं को देना, अगर हमारे जीवन की दिनचर्या यही है, परिस्थितियां यही है तो आजाद कौन है ? गुलाम कौन है ? मालिक कौन है ? नौकर कौन है ? 'सत्य' बताओ दूसरों को बात बात पर सलाह देने वाले हम, खुद कितने पानी में है ? शराब पीने, सिगरेट पीने, ड्रग्स लेने के बाद तेजी से हमारे शरीर में कुछ विशेष उत्तेजक रसायन निकलते हैं, जिनका प्रभाव बहुत ही क्षणिक होता है। पांच मिनट के लिए, दस मिनट के लिए हमें सुकून महसूस होता है, पर हम उस थोड़ी सी देर की खुशी के लिए रोज-रोज अपना धन खर्च कर करके अपने भीतर तेजाब डाल रहे हैं। मैंने तो ये भी देखा है कि शराब पीने के बाद शराबी सत्संग भी बहुत सुनाते हैं। कई सरकारे शराब का समर्थन करती है क्योंकि उससे उसे काफी टैक्स मिलता है। कई सरकारें लोक लाज के डर से सामने वाले दरवाजे से शराब बेचना बंद कर देती है पर जनाब सबको पता है पीछे वाले दरवाजे से ये अमृत कहां कहां बिकता है। इस मंडी में कई पढ़ें लिखे शराबी भी है उनका जायज तर्क तो सुनना ही पड़ेगा वो कहते हैं कि भाई हमें भी पता है शराब नुकसान करती है, हम पागल नहीं है हम सस्ती वाली नहीं पीते हैं हम जरा ब्रांडेड पीते हैं। अरे मेरे पढ़ें लिखे मित्र जहर तो जहर होता है सस्ता हो महंगा हो या किसी ब्रांड का ही क्यों ना हो, क्या फर्क पड़ता है ? वैसे भी अगर तुमने कसम खा ही ली है कि तुम्हें उस मदहोशी की दुनिया में जाना ही है तो तुम्हें कौन रोक सकता है ?

तुम्हारे सब तर्क सुन लिए मेरा भी एक तर्क सुन लो, मैं पूछता हूं अगर आपकी शराब इतनी ही पौष्टिक है और अपने तर्क पर आपको इतना ही विश्वास है तो अपने घर में दूध की जगह बच्चों को रोज शराब ही क्यों नहीं पिला देते हो ? ऐसा कोई नहीं करता क्यों ? क्योंकि सब जानते कि शराब का 'सत्य' क्या है ? बहुत देर हो गई अब जीवन रूपी इस हिमालय से 'सत्य' रूपी गंगा निकलनी चाहिए, कहां कहां कितना-कितना कब-कब कैसे-कैसे किसने 'असत्य' बोला है इसका भी हिसाब होना चाहिए। मेरे शराबी भाई आप बताइए कि क्या शराब किसी धार्मिक स्थल पर प्रसाद रूप में आपको मिली थी जिसे आप मना नहीं कर पाए, फेक नहीं पाए और मजबूरी में स्वीकार करना ही पड़ गया ? 'सत्य' को जानते हुए भी जो अपनी आंखें बंद कर लेते हैं और 'असत्य' की उंगली पकड़ लेते हैं उनसे बड़ा उनका दुश्मन कोई नही है।

जब हम छोटे थे तो खेल खिलौने के लिए हम पागल रहते थे, हमारे सारे के सारे प्रयास बस आनंद लेने के लिए थे। जैसे-जैसे हम बड़े होते हैं हमारे भीतर कुछ प्राकृतिक यौवन वाले परिवर्तन होते हैं कुछ नए हार्मोन हमारे भीतर सक्रिय होते हैं हम संभोग की दिशा में अग्रसर होते हैं और फिर उस 'वासना' को शांत करने के लिए दिन-रात प्रयत्नशील रहते हैं जिसकी प्रकृति में शांत होना लिखा ही नहीं है।

हे पार्थ, जो संभव ही नहीं है वह करते रहेंगे तो सफलता कैसे मिलेगी ? क्या आपको पता है कि पृथ्वी पर जितने 'बंदर' हैं वो सब के सब भी ऐसा ही करते हैं। कहीं हम भी तो उनमें से ही एक तो नहीं है ? पर वैज्ञानिकों ने तो बताया था कि हमारा आनुवंशिक विकास हो चुका है, जरूर यहां दाल में कुछ काला है या फिर शायद पूरी की पूरी दाल ही काली है। यह जानते हुए कि माया की प्रकृति में तृप्ति संभव नहीं है हम तृप्ति के लिए विभिन्न प्रकार के महंगे से महंगे प्रबंध करते हैं उसके लिए अपना बहुत सारा समय देते हैं उसके लिए हम हर नैतिकता का गला घोट देते हैं तो मैं आपसे पूछता की इस स्थिति में हमसे बड़ा हमारा दुश्मन कौन है ? लोग स्क्रीन पर एक चेहरा देखते हैं और उससे इतने प्रभावित होते हैं कि उसकी शैली उसके तरीके को अपनाना चाहते हैं परंतु क्या आप सचमुच में नहीं जानते कि परदे के भीतर कि वह एक नकली दुनिया है, जिसका वास्तविकता से कोई लेना-देना ही नहीं है।

जो स्पष्ट रूप से नकली है उसे भी आप असली समझ कर बैठे हो। पिक्चर की खुशी अपनी खुशी बन गई और पिक्चर का दुख अपना दुख बन गया, अगर आपने स्वयं को ऐसा प्रशिक्षण दे दिया है तो आप मुझे बताइए आपसे बड़ा आपका दुश्मन कौन है ? मेहनत करना और सब्र रखना सब लोग नहीं सीखते, लोग सट्टा लगाकर जुआ खेलकर अपनी किस्मत बदल लेना चाहते हैं पर मैं आपको बताता हूं कि इस माया के मेले में ऐसे ऐसे जादूगर बैठे हैं जो बिना आपको छुए आपकी आंखों से काजल तक चुरा सकते हैं। यहां कृत्रिम रंगों का इस्तेमाल करके शैतान वाले चेहरों को भी संतों जैसा प्रस्तुत किया जाता है। यहां असली और नकली में भेद करना सबसे ज्यादा जटिल हो जाता है और आपके शरीर का एक अंग आपका 'हृदय' जो असली और नकली में भेद करना जानता है उस उपकरण का आपको

इस्तेमाल करना ही नहीं आता है। सब जानते हुए भी अपनी मेहनत की गाढी कमाई को अगर आप अंधविश्वास में लगाते हैं तो चलो इस बार ही बता दो मेरी कलम को की आपसे बडा आपका दुश्मन कौन है ? चाहे हमारी आंखें कितनी ही कमजोर क्यों ना हो रही हो, हमारे चश्मे कितने ही मोटे क्यों ना हो रहे हो परंतु फिर भी अपनी आंखों को दांव पर लगाए हम, एक डिजिटल स्क्रीन पर एक आनलाइन गेम मे तमाम प्रकार के आधुनिक हथियारों से लैस हम, पूरी एकाग्रता पूरी क्षमता और पूरी शक्ति का इस्तेमाल करके इस फायर वाली गेम में किस जंग को जीत लेना चाहते हैं ? और उस वर्चुअल संसार के खेल को जीत लेने के बाद हमें मिलेगा क्या ? एक वर्चुअल मेडल या एक वर्चुअल शांति ?

जीवन भी एक खेल है एक जंग है। हम पहले नहीं है जो यह जंग लड़ रहे हैं हमसे पहले भी बहुतों ने इस जंग में अपना बहुत कुछ गवांया है कुछ अनुभवी योद्धा हमारे साथ भी हैं जो इस जंग में काफी धन और काफी मान-सम्मान तो जीत गए हैं परंतु अपना सारा समय अपना सारा मूल्यवान जीवन हार चुके हैं पर फिर भी जिनको विजय श्री में 'शांति' नहीं मिली है। आज हम भी समय के एक ऐसे दोराहे पर खड़े हैं जहां अपना धन अपना स्वास्थ्य अपना सब कुछ लगाकर हम भी बहुत कुछ जीत लेना चाहते हैं पर अगर हम उन अनुभवी लोगों से कुछ प्रेरणा नहीं लेते हैं तो फिर हमसे बड़ा हमारा दुश्मन कौन है ? कुछ वैज्ञानिकों ने बड़ी मेहनत की है, दिन-रात एक कर दिया है और अपने देश को तथाकथित सुरक्षित कर दिया है। ऐसे ऐसे भीषण आग्नेय प्रलयकारी अस्त्र शस्त्र बनाए हैं जिससे चुटकियों में महा विध्वंस हो सकता है और पूरी मानव जाति इस पृथ्वी से समाप्त हो सकती है। मेरी कलम सोच सोच कर असमंजस में है कि क्या करें, विकास, धन और देशभक्ति के नाम पर इतनी मेहनत करने के लिए उन सभी को पुरस्कृत करें या फिर मानव जाति को संकट में डालने के लिए उन सभी को कटघरे में खड़ा करें ? प्राण घातक बम बनाने के लिए उन सभी ने गणित और विज्ञान के बहुत बड़े-बड़े फार्मूले याद किए होगे मेरी कलम सोचती है उनसे एक छोटा सा ही प्रश्न इंसानियत का भी चलो पूछ ही लें। वैज्ञानिक साहब मेरी कलम गणित में जरा कमजोर है आप ही मुझे बता दीजिए, जिनकी हड्डियां जिनके शरीर से बाहर झांक रही है, जिनकी आंखें चूहो के बिलों में रोटी के टुकड़े तलाश रही है, जिनको पता ही नहीं है चप्पले क्या होती है, जिन्होंने पूरे बदन कपड़े कभी पहने ही नहीं है, जो जोर जोर से चीखते हैं पर जिनकी कोशिशे आस पास ही दम तोड देती है, जिनके आहें सुनकर मेरी कलम भी अपने आप पर शर्मिन्दा है। ज्यादा तो हम उनके लिए नहीं कर सकते पर वैज्ञानिक साहब क्या आपके बमो का इस्तेमाल उनके पेट भरने के लिए नही किया जा सकता है ?

वैज्ञानिक साहब आपकी मानसिक क्षमताएं अद्वितीय है अद्भुत हैं और निसंदेह मेहनत करके आपने क्षमता का और विकास भी किया है। इस पृथ्वी पर मनुष्यों की आठ बिलियन से अधिक श्रृंखला हो रही है परंतु मैं जानता हूं उन आठ बिलियन शरीरों में से किसी एक में भी आपने प्राण नहीं दिए है। जिस दिन उस ईश्वर द्वारा रचित एक भी जीवन आपके उस आविष्कार आपके उस बम की भेंट चढ़ेगा तो विनाश की इस उपलब्धि के लिए आपका

देश आपकी पीठ ठोकेगा परंतु विनाश की शुरुआत के लिए आपका अवार्ड आपकी ही नजरों के सामने प्रश्न बनकर खड़ा रहेगा ? जब लोगों को सांसें आपने दी नही है तो उनसे सांसे छिनने का अधिकार आपको किसने दिया है ? शांति प्राप्त करने के लिए किसी के साथ युद्ध करना जरूरी नहीं, शांति सभी को चाहिए पर शमशान वाली नहीं, युद्ध हमेशा विध्वंस देता है क्योंकि उसकी झोली में और कुछ नहीं।

हमारे समाज में शहर अलग हैं और शमशान अलग हैं पर युद्ध एक ऐसी त्रासदी है जो शहरो को ही शमशान बना रही है। शहर में होने वाले एक युद्ध से सौ साल का विकास नष्ट होता है। युद्ध की शुरुआत विभिन्न तरीकों से और विभिन्न कारणों से हो सकती है पर युद्ध का परिणाम तो एक ही होता है, विनाश। युद्ध में जीतता कोई नहीं है, देखा सिर्फ यह जाता है की हानि किस पक्ष की कम हुई है। युद्ध के निष्कर्ष भी प्रश्नचिह्न से भरे रहते हैं जिसमें मनुष्य को समझ नहीं आता की जीतने वालों के साथ जश्न में शामिल हो या हारने वालों के साथ मातम में जाएं ? क्योंकि नाचने वाले भी मनुष्य होने के नाते अपने ही है और मरने वाले भी मनुष्य होने के नाते अपने ही थे। किसी का लहू बहाकर, उसकी अस्थियों को तोड़कर, उसकी आंखों को नुकीले अस्त्रों से फोडकर, उसकी अतडियों को अपने ही हाथों से बाहर खींचकर युद्ध के मैदान में उसकी लाश को सड़ने के लिए अकेला छोड़कर, हम अपने घर लौट तो आए पर अपनी ही चेतना के प्रश्नों का क्या जवाब दें ? क्या अब हमारा क्रोध शांत हो गया ? क्या अब हमारा बदला पूरा हो गया ? लोगो के पास तर्क है कि दुश्मन ने बहुत बड़ी गलती की थी परिणाम तो उसे भुगतना ही था। यही माया का चक्रव्यूह है जिसमें उसने हमें चारों तरफ से फंसा लिया है। पर प्रश्न फिर भी वही है कि हम सभी ने मिलकर ये कैसा माहौल बना दिया है जहां हर व्यक्ति भीतर से कुंठित है, बस एक छोटा सा मौका और बस सबके भीतर का जानवर बाहर आ जाता है।

शत्रु के शरीर को क्षत विच्छत करके, लाशों के बीच में खड़े हम अगर जीत की खुशी में नाच रहे हैं, पार्टियां कर रहे हैं तो जरा रूकिए क्या हम सचमुच में मनुष्य हैं ? सभ्य हैं या जंगली हैं ? क्योंकि पहचान तो हम सभी की यही बताई गई है कि हम नागरिक हैं सभ्य हैं शहरों में रहते हैं। कोई कहेगा कि हम देश को बचाने के लिए लड़े, कोई कहेगा हम सम्मान को बचाने के लिए लड़े, कोई कहेगा हम धर्म की रक्षा के लिए लड़े, ठीक है आपको लगा आपके साथ अन्याय हुआ है और आप न्याय के लिए लड़े, परंतु क्या वर्तमान समय में विवादों का शांतिपूर्वक समाधान संभव ही नहीं है ? क्या जो मनुष्य चांद और मंगल पर झंडे लगा सकता है वह क्या कोई ऐसी व्यवस्था नहीं बना सकता जिसमें हम सभी इस धरती को सचमुच में स्वर्ग बना दे ?

पर रुकिए रुकिए स्वर्ग कह देना या लिख देना बहुत आसान है, मेरी कलम शब्दों के मायाजाल में आप को उलझाने के लिए नहीं लिख रही, वास्तविकता में लौटिए, इस भ्रम से निकलिए और इसके ठीक विपरीत एक अलग परिप्रेक्ष्य पर विचार करिए, जिससे आपको स्पष्टता और उत्तर दोनों मिल जाएंगे। यदि सीता को रावण चुराकर ले जाए तो राम को

क्या करना चाहिए ? शांति और विनम्रता का मार्ग अपनाकर रावण को कोई प्रार्थना पत्र देना चाहिए या युद्ध का नगाड़ा बजाकर उसको कुकर्म का दंड देना चाहिए ? अब सही उत्तर आपको मिल गया है और मेरी कलम भी आपके विचार से पूरी तरह सहमत है। फोड़े और फुंसियों को ठीक करने के लिए दवाई उचित है पर ट्यूमर और कैंसर के लिए सर्जरी भी अनुचित नहीं है। अगर अन्य कोई रास्ता ना बचा हो तो शांति की स्थापना करने के लिए अंतिम विकल्प के रूप में मेरी कलम युद्ध का पूरा पूरा समर्थन करती है।

सजा उसे ही मिलनी चाहिए जिसने गलती की है हमें पहले मासूमों को बचाना होगा। 'गाली' 'अपशब्द' कहने का काम तो जीभ करती है परंतु चाटा हर बार बेचारे गाल को ही पड़ा है। हो सकता है आप स्वयं न्यायाधीश हो। दुनिया भर के फैसले करते हो। पर बताइए आज तक एक बार भी आपने जीभ को सजा दी ? आप पर कानून की सारी जिम्मेदारियां हैं, आप इतना गैर कानूनी व्यवहार कैसे कर सकते हैं, इतनी नाइंसाफी कैसे कर सकते हैं ? जीभ ने अपशब्द बोले और बोलकर तुरंत भीतर चली गई और द्वार पर अपनी रक्षा के लिए तुरंत बत्तीस पहरेदार खड़े कर दिए और जब अपशब्द का प्रति उत्तर मिला तो हर बार बेचारा गाल या कपाल ही घायल हुआ। बाहर का युद्ध फिर भी सरल है, बाहर का न्याय फिर भी संभव है, समस्याएं तो सारी भीतर की है। मैं यहां जिस युद्ध की चर्चा करने जा रहा हूं वह सचमुच में महा विध्वंसक है, आज के विकसित युग में चंद्रमा पर जाना सरल है, नए ग्रहों पर नई मानव बस्ती बसा देना भी सरल है पर भीतर के इस युद्ध को जीतना सरल नहीं है। हजारों सालों में करोड़ों लोगों के अनगिनत प्रयास इस युद्ध में विफल हो चुके हैं, कबीर और नानक जैसे कुछ चंद गिने चुने योद्धा ही इस जीवन युद्ध में एक संतुलन बना सके हैं। भीतर का यह युद्ध निरंतर है, आप जाग रहे हैं तब तो यह हो ही रहा है पर जब आप सो जाते हैं तब भी यह युद्ध होता रहता है।

आपस में जूझने वाले दोनों प्रतिद्वंद्वियो में से घायल कोई भी हो पर लहू आपका ही बहता है क्योंकि दोनों प्रतिद्वंद्वी आपके ही अपने हिस्से हैं। जब तक आप जीवित हैं उन दोनों में से कोई एक भी पूरी तरह मर नहीं सकता और बिना किसी एक के मरे दूसरे की 'जीत' जटिल है। यहां लोग वैज्ञानिकों के भरोसे बैठे हैं, पर एक समय नैमिषारण्य तीर्थ में अठ्ठासी हजार ऋषियों ने श्री सूत जी से पूछा कि : हे प्रभु इस कलयुग में मनुष्यों को प्रभु भक्ति किस प्रकार मिलेगी उनका उद्धार कैसे होगा हमने तो सुना है कि एक 'कोरोना' नाम का छोटा सा वायरस आएगा, जो बेचारा जीवित भी नहीं होगा इतना छोटा इतना असहाय होगा की आंखों से नजर भी नहीं आएगा, पर भविष्य बता रहा है कि वह अच्छे-अच्छे वैज्ञानिकों के दांत खट्टे कर जाएगा। ऐसी स्थिति में मानव कल्याण कैसे होगा प्रभु ? तब श्री सूत जी ने प्रसन्न होकर उतर दिया की "जो खतरे सामने से नजर आते हैं उनका समाधान सरल है पर मनुष्य को हर कदम पर बचना उन खतरों से है जो उसके आस पास है उसके भीतर है पर छिपे हुए हैं।" मन आपको अपनी तरफ खींचेगा और आपका हृदय आपको अपनी तरफ खींचेगा। संतुलन में आप रहना चाहेंगे। इस असमंजस में मन और हृदय के बीच एक कस्मकस हमेशा

रहेगी। आपका मन हृदय को हराने के लिए काम, क्रोध, लोभ, मोह, द्वेष, घृणा, पक्षपात, अहंकार, व्यभिचार, छल और कपट के इतने तीर चलाएगा, इतने तीर चलाएगा की हृदय जख्मी और आहत हो जाएगा। परंतु क्या आपकी कहानी में यह आहत हृदय हार जाएगा ? मैं कहूंगा कि हारने की आवश्यकता नहीं है अपने भीतर की शक्ति को पहचानिए, आपका साहस आपके भीतर है, उठिए, अपने शस्त्र उठाइए, लड़िए और जीतिए।

हो सकता है अभी आप कल पर टाल दें जैसा और सभी लोग करते हैं पर मैं सच कहता हूं जिस दिन आप ठान लेंगे, कि हां मैं और लोगों की तरह भेड़ चाल में नहीं जाऊंगा उस दिन आपका हृदय उठेगा और मन पर प्रतिघात भी करेगा और जीतेगा भी ? मन आपको भ्रमित करेगा पर आप डरिए मत, आगे बढ़िए। सत्य की शक्ति को समझिए, याद रखें, आपके हृदय के पास मन से भी ज्यादा शक्तिशाली अस्त्र शस्त्र है। वह अस्त्र शस्त्र है ज्ञान, सेवा, धर्म, विनम्रता, सत्य, साहस, मर्यादा, विवेक, दया, परोपकार, धैर्य, शांति, सहजता, संयम, दृढ़ता, एकाग्रता और सदाचार। पर आप तो एक साधारण मानव है, आप अपने भीतर के इतने ताकतवर रावण को कैसे मारेंगे ? ध्यान दीजिए रावण को एक वरदान मिला था की कोई देवता, दानव, पिशाच, यक्ष, गंधर्व, यति, सुर या असुर उसे नहीं मार सकता। केवल एक साधारण मनुष्य के पास ही यह शक्ति थी कि वह रावण का वध कर सकता था। इसीलिए जब राम आए तो वह पूर्ण मनुष्य रूप में आए। रावण को मारना संभव है या नहीं ? जवाब राम ने अपनी कहानी में लिख दिया है। मेरी कलम आपको ये सलाह दे रही है कि इस बार मन रूपी रावण को हराकर शांति रूपी सीता को प्राप्त करने की आपकी कहानी लिखी जानी है, आप रामायण से भी अधिक अपनी कहानी पर ध्यान दीजिए। क्या मन ही आपको जीवन भर वासनाओं में लपेटे रह जाएगा या फिर आप भी राम की तरह उठेंगे और प्रतिघात करेंगे। रुकिए रुकिए यह कहां मैंने आपको युद्धो में उलझा दिया, अच्छा खासा आप नियमित अपने इंस्टाग्राम, यूट्यूब और अन्य सोशल मीडिया प्लेटफार्म पर टाइम पास कर तो रहे थे। जिंदगी अच्छी कट तो रही थी। आप यह क्यों ध्यान देने लग गए कि वह सब नकली दुनिया है और 'सत्य' आपके भीतर है ?

जो लोग उस नकली दुनिया में टाइम पास कर रहे है, उन सभी के लिए मेरी कलम के पास एक सरल सलाह है, लोग आपको शेयर मार्केट में लॉन्ग टर्म इन्वेस्टमेंट, तीस साल, चालीस साल की बातें समझाएंगे, मेरी कलम आपको वेरी शॉर्ट टर्म "इस पल" की कहानी समझाने के लिए कबीर की एक बात लिख रही है :

इत्ला अपनी मौत की, किसी बसर को नहीं ।

सामान सौ बरस का, पल की खबर नहीं ।। इससे पहले की यह मौका चूक जाए, इससे पहले की सारा समय आपके हाथों से फिसल जाए, जीवन का उपहार कितना ज्यादा कीमती है, इसे समय रहते समझ लेना। यही आपके लिए सबसे ज्यादा जरूरी है। जिस दिन आप समझने निकलेंगे उस दिन आपको पता चलेगा की आनंद रूपी धन इस जीवन में समेटने के लिए इतना है कि कहीं और टाइम पास करने के लिए आपके पास टाइम ही नहीं है। और हां, यदि

आपको असत्य और अस्पष्टता में ही जीना है तो बंद कीजिए और जला दीजिए इस किताब को भी, जाइए लौट जाइए अपनी उस कल्पना की और नकली दुनिया में, किसने आपको रोका है ?

मेरी कलम धन, सम्मान या फालोवर्स बढ़ाने लिए नहीं लिख रही है। थोडी लड़खड़ाती ही सही पर चल रही है। चल रही है उस 'एक' हृदय के लिए जो 'वास्तविकता' में जीना चाहता है। जिसकी प्यास असली है। जो जीते जी उस भीतर के परमात्मा से मिलना चाहता है। जो इस जीवन में भ्रम को छोड़कर असली आनंद को पाना चाहता है। वो व्यक्ति जो 'असत्य' को असत्य और 'सत्य' को सत्य कहना चाहता है। यहां लोग तो बहुत धनी हैं मेरी कलम की तो उनके आगे कोई तुलना ही नहीं है। लोगो ने 'सत्य' पाने के लिए इस पुस्तक को भी धन देकर खरीदा होगा, पर भाई ये 'सत्य' है कि 'सत्य' बेचने की वस्तु ही नहीं है, यह तो एक निस्वार्थ दान है।

कई लोग परम विद्वान हैं तरह तरह की विद्याओ में माहिर हैं, बहुत कुछ सीख चुके हैं बहुत कुछ जानते हैं पर मेरे पास कोई बड़ी सांसारिक विद्या भी नहीं है। मेरे पास बस मेरा हृदय है, कुछ व्यक्तिगत अनुभूतियां है, किसी पर धौंस जमाने के लिए या अपनी श्रेष्ठता साबित करने के लिए कुछ नहीं है। आप कहां मेरी कलम की बातों में इस हृदय की नगरी में चले आए ? मैंने कहां आपको युद्धों में उलझा दिया ? आप तो वैसे भी भीतर से कोई द्वंद महसूस ही नहीं करते हैं। आपने तो अपने जीवन में बड़ी-बड़ी उपलब्धियां प्राप्त की है, आप तो लगातार जीते जा रहे हैं, नए-नए कीर्तिमान स्थापित किए जा रहे हैं, और जब जीते जा रहे हैं तो अपने रास्ते को बदलकर कुछ और करने की जरूरत ही क्या है ? जो हो गया है, जो हो रहा है, जो होने वाला है, सब ठीक ही तो नजर आ रहा है। जो प्राप्त किया है वह सब पर्याप्त ही तो है। आप 'निन्यानबे' ठीक कह रहे हैं साहब, बस 'एक' कमी है। "कमाया आपने बहुत कुछ है पर उसमें से कुछ साथ ले जा सको, आपके पास ऐसा 'कुछ' नहीं है।" और यहां मेरी कलम कम या ज्यादा के लिए नही बस उसी 'कुछ' के लिए 'कुछ' लिख रही है।

अगर उस बनाने वाले ने भूख बनाई है तो भोजन भी बनाया है, प्यास बनाई है तो पानी भी बनाया है, धूप बनाई है तो छाया का भी प्रबंध किया है। सीधी सी बात है अगर आपके भीतर बनाने वाले ने हृदय बनाया है भीतर एक 'खोज' एक 'प्यास' बनाई है तो उसने उसकी तृप्ति हेतु अपरिमित 'आनंद' भी बनाया है। आनंद पाने के लिए आपको इस संसार की किसी भी चीज पर निर्भर होने की आवश्यकता नहीं है। यही वह परमआनंद है जो आपकी असली कमाई है, यह हमेशा आपके भीतर विद्यमान है और जिसे आप अपने साथ लेकर जा सकते हैं इसके अलावा साथ ले जाने के लिए कभी 'कुछ' नहीं था और कभी 'कुछ' नहीं है।

यदि प्यास आपको लगी है तो वह रोटी खाकर नहीं बुझेगी, सरल सी बात है आपको पानी पीना पड़ेगा। इसी प्रकार भीतर आपको जाना है आनंद आपको लेना है तो उसके लिए आपको 'सत्य' का मार्ग लेना पड़ेगा। एक दिन हम आए थे यह हम सभी जानते हैं पर किसी भी पल हमें चले जाना पड़ सकता है ये सच लोग ना तो सुनना चाहते हैं ना ही समझना चाहते है।

इसका सीधा सा अर्थ है कि लोग अपनी मर्जी से बहोश ही जीना चाहते हैं। आईए और काम की बात करते हैं : जागिए, उठिए, स्वयं से प्रश्न कीजिए : क्या जिस कार्य के लिए आप बनाये गए थे इस संसार में लाए गए थे वह लक्ष्य पूरा हो गया है ? या फिर आपका सत्य यह है कि आप इस संसार के कार्यो में इतना ज्यादा व्यस्त हो गए की जीवन की पूर्णता के उस लक्ष्य के बारे में आपने कभी सोचा तक नहीं है।

हे पार्थ, यहां करोडो ऐसे अर्जुन है जिन्होंने युद्ध से पहले ही शस्त्रों का त्याग कर दिया है और अगर कृष्ण उन्हें जिताने, कुछ समझाने के लिए आते भी हैं तो कभी वह अर्जुन धर्म के पीछे, कभी कार्यो के पीछे, कभी परिवार के पीछे, कभी राजनीति के पीछे, कभी मजबूरियों के पीछे, कभी जिम्मेदारियों के पीछे छिपकर बैठ जाते हैं। जीतना तो वह चाहते हैं पर युद्ध करने का साहस नहीं भरते हैं, डिजिटल इयर प्लग लगाते हैं और युद्ध के आह्वानन को अनसुना करने के पूरे प्रयास करते है। आप मुझे बताइए कि यदि हम भी ऐसा ही करते हैं तो फिर यह जीवन रूपी जंग जीती कैसे जाएगी ? परम शांति रूपी 'सीता' हमारे अपने व्यक्तिगत जीवन में घर वापस कैसे आएगी ?

लोग पूछते है हमारा कृष्णा कब आएगा ? मैं कहूंगा कि आता तो तब ना जब कभी छोड़कर गया होता। अपने भीतर तो देखिए वह अभी भी आपकी प्रतीक्षा में भीतर ही बैठा हुआ है। फिर लोग कहते हैं भीतर नहीं है हमने फिल्मों में देखा है कृष्णा बाहर से ही आते हैं। मैं पूछता हूं आपसे कि जब बैचेनी आपके भीतर मचती है युद्ध आपके भीतर हो रहा है तो कृष्णा बाहर क्यों बांसुरी बजाएंगे ? आपको सिर्फ उन्हे पहचानने की आवश्यकता है। लोग कहते हैं कोई तो पहचान बताइए कोई तो चिन्ह बताइए। इस विषय में मैं आपसे एक सरल बात कहता हूं कि जब नवजात बच्चा रोता है और कई बार गंभीरता से रोता है चिल्ला चिल्ला कर रोता है इतना रोता है की आस पास के लोग व्याकुल हो जाते हैं। डॉक्टर गोद में उठाते हैं, वह रोता है, नानी, दादी, मौसी, बुआ, कई बार पिता भी गोद में उठाते हैं पर वह रोता है, पर जैसे ही मां की गोद उसे महसूस होती है वह शांत हो जाता है। उस छोटे से बच्चे के पास तो कोई मापदंड नहीं है उसने अपनी 'मां' को, चेहरे वस्त्र आकार प्रकार माथे की बिंदी या गले के हार से तो नहीं पहचाना है। आप मुझे बताइए जब एक नवजात शिशु अपनी दुनिया अपने भगवान को पहचान सकता है तो आप और मैं तो बहुत बड़े हैं पढ़े लिखे है, अनुभवी हैं तो फिर हम अपने भगवान को क्यों नहीं पहचान सकते हैं ?

कुछ बच्चे हैं जिनके जन्म के बाद कई बार कई कारणो से मां से उन्हें अलग होना पड़ता है और जो नई गोद उन्हें मिलती है वहीं उनकी दुनिया बनती है, वह भावना वह प्रेम बच्चे के भीतर कभी नष्ट नहीं हुआ। फिर हमारे भीतर ईश्वर के प्रति वह जिज्ञासा क्यों धुंधली और लुप्त हो गई है ? पानी को गिलास की जरूरत नहीं है, बिना गिलास के भी वह संपूर्ण है परंतु गिलास को पानी की जरूरत है क्योंकि अगर वह नहीं मिला तो गिलास के बनने का उद्देश्य विफल हो जाएगा। कलम से आप बहुत सारे काम कर सकते हैं, अगर पीठ में खुजली हो तो कलम से आप अपनी खुजली मिटा सकते हैं, यदि कपड़े में नाडा डालना हो तो सहायता हेतु

आप वह कलम इस्तेमाल कर सकते हैं, यदि हवा बहुत तेज चल रही है तो कई बार खिड़की को खड़खड़ाने से रोकने के लिए वहां आप कलम लगा देते है। यहां विषय यह नहीं है कि कलम से हम क्या-क्या कर सकते हैं विषय यह है कि जिस कार्य के लिए कलम बनी अर्थात 'लिखना', क्या उसके लिए हम उसका इस्तेमाल कर रहे हैं अथवा नहीं ?

यदि लिखने के लिए हमने कलम का प्रयोग नहीं किया तो फिर कलम का जीवन निरर्थक कहा जाएगा बिना लिखे कलम अपने जीवन को एक सार्थकता प्रदान नहीं कर पाएगी। आपको भी यह मनुष्य जीवन रूपी कलम मिली इस अस्तित्व, इस संभावना, इस शरीर का प्रयोग हम विद्यालय जाने, ऑफिस जाने, धन कमाने, शादी करने और परिवार बढ़ाने इत्यादि ना जाने कितने-कितने कार्यो के लिए करते हैं। परंतु सरल प्रश्न यहां यही है कि शास्त्रों में तो इस मनुष्य योनि को 'मोक्ष का द्वार' बताया गया है। परम आनंद में रहना ही मनुष्य की सर्वोच्च गति कही गई है। आप मेरी कलम को छोड़िए और स्वयं से पूछिए कि क्या उस परम आनंद के लिए भी 'मैं' अपने इस अस्तित्व का प्रयोग कर रहा हूं अथवा नहीं ? क्योंकि यदि नहीं कर रहे है तो फिर चाहे हम कुछ भी कर लें जीवन को सार्थकता प्रदान नहीं कर पाएंगे और वह हृदय की 'प्यास' प्यास ही बनी रह जाएगी, कभी तृप्त नहीं हो पाएगी। इस अस्तित्व की पूर्णता का अहसास करने का वह साधन वह 'ज्ञान' वास्तव में एक महादान है जो समर्थ गुरु के द्वारा एक योग्य पात्र को दिया जाता है। अंहकार में लोग हर चीज की कीमत लगाते हैं पर ना तो ज्ञान बिक सकता है ना ही ज्ञान देने वाले को खरीदा जा सकता है।

यदि अज्ञानता विष है तो वह ज्ञान अमृत है, सौदा यहां धन का नहीं सिर्फ प्रेम का ही संभव है। निरंतर अभ्यास आत्मिक है, सेवा स्वाभाविक है, बिना 'भक्ति' के ज्ञान सिर्फ अविकसित बीज है। गुरु दक्षिणा में कंजूसी कुमति है, शीश की दक्षिणा भी ज्ञान की तुलना में तुच्छ ही है। इस पथ पर हम सभी मीरा है और याद रखे भक्ति के इस मार्ग में संसार की उलाहना सहना ही 'मीरा' की नियति है। ना सस्ता है ना महंगा है, घाटे मुनाफे की परवाह किए बिना ईश्वर से 'प्रेम का सौदा' कर लेना ही समर्पण है, सत्य है, शुद्धता है। उस प्रेम में निरंतर लीन रहना ही जीवन की पवित्र गीता है जागती कुरान है वहीं असली भक्ति है वहीं असली साधना है।

माया के अंगारों पर चलते हुए, मनमोहक आकर्षणों से विरक्त रहते हुए, पारब्रह्म परमेश्वर पर एकनिष्ठ नजरें टिकाए रहना, अपनी सारी आशाएं उससे जोड़ लेना, हमेशा उसकी याद में रहना और उससे कभी जुदा ना होना, दुख के पहाड़ों के नीचे खड़े भी उसके 'साथ' उसके 'सानिध्य' का महसूस होना ही जीते जी 'मोक्ष' है। जीवन रूपी इस असली उपहार को अनदेखा करने की भूल ना करना, परम आनंद रूपी इसी मोक्ष की आशा में युगो युगो से अनगिनत बिरले साधु अंगारों पर चलने, अग्नि में जलने और देश छोड़कर निकलने तक के लिए तैयार हो गए है। उनका इतिहास समझेंगे तो कभी हम उन पर गर्व करेंगे कभी भक्ति मार्ग पर ना चलने के लिए खुद पर शर्म करेंगे। रूकिए रूकिए कहां सतयुग की बड़ी

बड़ी बातों में फिर फंस गए, पार्थ। कलियुग में लौटिए, आज के शिष्य जब गुरू के पास ज्ञान लेने जाते है तो पात्र बनकर सीखने कम और पत्रकार बनकर कमियां ढूंढने ज्यादा जाते हैं।

तो क्या करें, अपने प्रश्नों का समाधान ना करें ? बस ऐसे ही आपकी कलम की बात मानकर अंधविश्वास में आगे बढ़ने लगे ? गुरु की जांच परख तो करनी ही पड़ेगी ना ? मित्र, कभी असली सूर्य की तरफ देखकर आपकी चेतना को यह सोचना नहीं पड़ता कि वह नक़ली हैं क्योंकि उस सूर्य के कारण होने वाली प्रत्यक्ष अनुभूतियां ही पर्याप्त है। असली गुरु भी सूर्य की भांति ही है जब किसी भी माध्यम से आप उनके सम्पर्क में आओगे तो उन्हे स्वयं ही पहचान जाओगे किसी प्रमाण की आवश्यकता नहीं है। पर हां वर्तमान सांसारिकता को देखते समझते हुए आप बिल्कुल सही सोच रहे है। अंधविश्वास का तो मैं भी बिल्कुल समर्थन नहीं करता, गुरु का ज्ञान ही उसकी असली कसौटी है आप चाहें तो इस कसौटी पर उसे परख सकते हैं।

माया की जांच परख के लिए हमें मन और बुद्धि की आवश्यकता है पर मायापति की जांच परख के लिए हमारे पास हमारा हृदय ही एकमात्र साधन हैं। वैसे भी मेरी कलम लोगों की प्यास और भक्ति को अच्छी तरह से जानती है। आग में जलना और कांटों पर चलने की हिम्मत और प्रेम की उस पराकाष्ठा को छोड़िए एक छोटा सा कांटा ही पर्याप्त है लोगों का प्रभु प्रेम का नशा उतारने के लिए। मोक्ष की बातें छोड़िए, लोगों को स्वर्ग तो सिर्फ इसलिए जाना है कि वहां काम ना करना पड़े, बैठे बैठे खाने को मिले और जरा अप्सराओं के नृत्य वाला मनोरंजन भी हो जाए तो क्या बुरा है। लोग गुरु के पास भी ज्ञान के लिए नही, ईश्वर भक्ति के लिए नही, हृदय की शान्ति के लिए नही अपितु अपने मन की इच्छाओ की पूर्ति, अपनी सांसारिक समस्याओं को हल करने के लिए जाते हैं। संसार के मेले में कमी किसी चीज की नहीं होती। यहां हर किस्म के व्यापारी मिलेंगे, कोई कोई शब्दों के जादूगर तो इस मेले में 'संभोग से भी समाधि' लगवा देंगे, और आपका मन बेशक वासना के कीचड में फसा महसूस करें, आप बेशक कहे कि मैं अभी भी भीतर से असंतुलित हूं अस्तव्यस्त हूं पर वह अपने तेज तर्रार तर्कों से आपको निशब्द कर देंगे और आपको इन बंधनों में ही ये मानने पर मजबूर कर दिया जाएगा की आप स्वतंत्र हो।

मित्र, इसलिए मैं कहता हूं आप शब्दों की नहीं अनुभवों की डगर पकडना, व्यावहारिक बनना। 'मानने' पर नहीं 'जानने' पर ध्यान देना, चाहे कुछ भी हो जाए पर 'शिष्यता' को अपने भीतर सदा जीवित रखना, यही वह चाबी है जो उस मोक्ष के ताले को खोल सकती है। संसार में रहोगे तो वर्षा तो होनी ही है, घबराने की बात नहीं है छाता ले लो। यदि जमीन की पगडंडियों पर चलना ही है तो कांटा ना चुभे, इसलिए पैरों में कुछ पहन लो। हर बार समस्या के पहाड़ को पार करने के लिए उसपर चढ़ने की जरूरत नहीं होती, पहाड़ों के किनारों से भी गुजरने के रास्ते होते हैं। चिंता की चिता से बचो और चिंता करनी ही है तो सतनाम की करो। जीवन में सबकुछ ठीक है समस्या तो उस समय है जब हम भीतर से टूटने लगते हैं, दुख के अंधेरे में हमारी आशाओं के तारे आसमां से गिरने लगते हैं, तब निराशाओ में रेत

की तरह हमारी सारी दुनिया बिखरने लगती है। दुख से यहां कोई नहीं बच सकता, जब सुख मिलता है तो दुख का मिलना भी स्वाभाविक ही है। चलिए ठीक है कि कुछ उम्मीदें टूट गई, पर आप निराश ना हों इस सत्य को समझें कि निराशाएं तो 'श्रीराम' को भी जीवन भर घेरे रही, समस्याएं उनकी भी कभी कम नहीं हुई। लोग कहते हैं कि उनकी बात अलग है। वह तो भगवान थे पर यह भी हमारे मन का एक कुतर्क ही है। वास्तविकता यह है कि वह हमेशा मनुष्यता की सीमाओं में ही रहे। वह रोए भी, टूटे भी, दुखी भी हुए, विलाप भी किया पर उन्होंने कभी स्वयं को 'ईश्वर' नहीं कहा।

हम भी मनुष्य है, जीवित हैं, देख सकते हैं, छू सकते हैं, सुन सकते हैं, सूंघ सकते हैं, चख सकते हैं, परम आनंद ले सकते हैं, भक्ति में विभोर रह सकते हैं, अपने भावों को अभिव्यक्त कर सकते हैं। परंतु सतयुग में फिर कहां फंस गए साहब ? आओ अपने वर्तमान कलियुग में। मानवता, भक्ति इत्यादि के लिए अभी हमारे पास समय ही नहीं है। चलो और बहुत जरूरी काम करे, आओ चर्चा करें कैसे ज्यादा से ज्यादा विनाशकारी बम बनाए जाएं, इस बार देश का रक्षा बजट का नया रिकॉर्ड लगाया जाएं, कैसे दुश्मन की सीमा में घुसकर ज्यादा से ज्यादा लाशें गिराई जाएं, हमने तो कुछ नहीं किया दूसरे लोगों ने इस पृथ्वी को बहुत गंदा कर दिया इसे गंदा ही छोड़ो, चलो गंदा करने के लिए किसी दूसरे ग्रह पर एक नई बस्ती बसाई जाए। हमने बहुत कुछ कचरा किया ये सूरज कैसे बच गया ? चलो उठाओ कैमरा उसका भी पता लगाया जाए। हवा पानी भोजन सब साफ़ मिलता रहेगा तो हमारा फिल्टर कैसे बिकेगा ? चलो यहां कोई नया प्रदूषण मचाया जाए। पब्लिक की चिंता मत करो वो तो सालों से बस नेताओं के वायदों पर भूखे पेट बूढी हो गई, पर कहीं कुछ लोग मुद्दे की बात ना करने लगे, जल्दी चलो जल्दी थोड़ा ध्यान भटकाया जाए, हिंदू को फिर मुसलमान से लड़ाया जाए।

न्यायाधीश क्या करेगा ? कानून तो हमारे इशारे पर ही बनते हैं। कहीं रामराज्य सही में ना आ जाए चलो कुछ कानूनों को और घुमाया जाए। भंडाफोड़ हुआ और पकड़े गए तो बड़ी बदनामी होगी, जल्दी चलो हमारे बडे बडे फोटो लगवाओ, लूट के पैसों से गरीबों को कुछ भंडारा ही कराया जाए। यमराज भी कन्फ्यूज होंगे मेरा हिसाब किताब करने में चलो इस चुनावों में उनको भी अपनी पार्टी के टिकट पर लड़ाया जाए। मित्र, मन और उसकी चालाकियां एक तरफ है ईश्वर और उसकी प्रकृति दूसरी तरफ है। प्रकृति ने इतनी सुंदर रचना की एक प्रकाशमान सूर्य, एक शीतल चंद्रमा एक जीवित दिन, एक सुनहरी रात, ऊंचे से ऊंचे पहाड़, सुंदर से सुंदर घाटियां, विविधताओं से भरे जंगल, मधुर गीतों का गायन करते पंछी, असीम गहराइयों को समेटे समुद्र, एक लय में निरंतर आते जाते यह मौसम, हरी भरी वादियां, महकते फूल, फैले विस्तृत मरुस्थल और उसमें सुशोभित मरूद्यान, सुंदर नील सरोवर, लहलहाती फसले, दूर-दूर की यात्रा करती नदियां, चेहरे पर गिरती बारिश की नन्ही से नन्ही बूंदे, यह झिलमिलाती वर्षा, यह फुहारों सी बरसती बर्फ, यह सतरंगी धूप और हमें छूकर भागती हवाएं, रूकिए रूकिए फिर आप ग़लत कल्पनाओं में चले गए पार्थ, अपनी असली जगह वापिस आते है अपना असली चित्र बनाते है।

प्रकृति से दूर किसी सीमेंट के कृत्रिम घर के किसी कोने में, बीपी शुगर और विभिन्न बीमारियों की गोलियां चबाते, मोतियाबिंद के कारण साफ ना देख पाते, डायलिसिस से खून छनवाते, ग्लूकोज की बोतलों से ताकत चढ़वाते, फेफड़ों को अधमरा करते सिगरेट की गश्त लगाते, अंदर से खोखले पर पहलवानी का शौक पालते चोरी चोरी स्टेराइड के इंजेक्शन लगाते, अवसरवादी मित्रों के साथ बनावटी मुस्कान की सेल्फी खिंचवाते, दुख, चिंताओं, तनावो, अपनी निराशाओं से घिरे, उम्र को छिपाए, चेहरे पर तमाम फिल्टर और लेप लगाएं, हाथ में एक डिजिटल आधुनिक उपकरण में उस असली सुंदरता को खोजते हम। आओ एक बार मिलकर बनाए तो सही एक असली आईना जिसमें असली असली झलकते हो हम। तो क्या करें ? सब आधुनिकता को छोड़कर पुरा पाषाण काल में लौट जाए या शहरी जीवन छोड़कर आदिवासी बन जाए ? तब प्रकृति के करीब हो जाएंगे ? और जो आदिवासी हैं क्या उनके जीवन में सचमुच में शांति है ? प्रश्न आपका जटिल है परंतु उत्तर इसका बहुत सरल है सहजोबाई जी ने कहा है-

रंक दुखी राजा दुखी, दुखी सकल संसार।

साध सुखी 'सहजो' कहै, पाया भेद अपार।। मैं फिर कहूंगा कि इससे पहले की अवसर चुके, इससे पहले की समय निकल जाए, इससे पहले की मिट्टी से बने हम फिर मिट्टी बन जाएं, आओ कुछ 'सतनाम' कमाएं।

19

बीजबलिदान !

जिस प्रकृति का वर्णन मैंने आपसे पिछले अध्याय में किया वह सिर्फ एक प्रति छाया है आपकी उस सुन्दरता की जो आपके भीतर है। जो सुंदरता बाहर दिख रही है उसकी अनुभूति करने के लिए भी आपको अपने भीतर से जुड़ना पड़ता है। जो कुछ भी आप महसूस करते हैं सुख या दुख, अच्छा या बुरा, वह सारी घटनाएं तो आपके भीतर ही होती है। मतलब वह बाहर है यह बात आपके किसी काम की नहीं है पर हां, वह आपके भीतर है यह बात आपकी बहुत काम की है क्योंकि अपने भीतर आप उसे पा सकते हैं।

जब आप दुख के अंधेरे में होते हैं तब भी सुख का एक सूर्य आपके भीतर है, जब आप विभिन्न प्रकार के तनावो से परेशान होते है तब भी शांति आपके भीतर है, जब आप पर संकटों के बादल गरजने लगते हैं तब भी साहस आपके भीतर है, जब इस दुनिया में प्राप्त किया सब कुछ आप एक झटके में खो देते हैं और निराशाओ के समुद्र में डूब जाते हैं तब भी आशा आपके भीतर है। बड़ी से बड़ी ईश्वर की प्रतिमाओं के आगे जाकर जब आप खड़े होते हैं तो भूलिएगा नही की आपका ईश्वर आपके भीतर है। फूल नाशवान है जल्दी ही नष्ट हो जाएगा परंतु उसकी खुशबू जो आपने ली, उसका आनंद हमेशा आपके साथ रहेगा। सूर्य को, चंद्रमा को, तारों को तो यह कैमरे भी देख सकते हैं और हमारी आंखों से कहीं ज्यादा अच्छी गुणवत्ता में देख सकते हैं परंतु इस देखने का वह कैमरे 'आनंद' नहीं ले सकते हैं। यह काम सिर्फ हम ही कर सकते हैं और इसलिए तकनीक चाहे कितनी भी विकसित क्यों ना हो जाए वह मनुष्य से ज्यादा महत्वपूर्ण कभी नहीं हो सकती है।

एक शक्ति है जिसने इस ब्रह्मांड को निर्मित किया है नियंत्रित किया है जो इससे पहले भी थी और जो इस ब्रह्मांड के समाप्ति के बाद भी रहेगी, जो फिर बार बार नए नए तरीको से एक नई सृष्टि का सृजन पालन और विनाश करेगी। ठीक इस समय वही शक्ति आपके भीतर भी बैठी हुई है, ये बात और है कि अपनी अनभिज्ञता में आप स्वयं को बहुत कमजोर समझे बैठे हैं। इस पृथ्वी पर असंख्य लोग आए हैं, जिए है, सुख और दुख की चक्की में पिसे है, फिर चले गए है। असंख्य लोग हैं जो इसी कतार में खड़े हैं आने वाले हैं। भूत में समय

अनन्त सा बीत चुका है और भविष्य में समय अनंत सा आने वाला है, पर मेरी कलम उसके लिए नहीं लिख रही है, मेरी कलम हजारों सालों के लिए नही लिख रही हैं, मेरी कलम उस एक पल के लिए लिख रही है जिस पल में आप 'इस क्षण' जिंदा है।

आपके भीतर वही सृष्टि रचयिता बैठा है। हां, हास्य जनक है स्थिति, क्योंकि ये सबकुछ होते हुए भी आप स्वयं को अकेला समझते है। जब तक आप जीवित हैं वह शक्ति आप में चेतना का संचार करती रहेगी। बाहर की दुनिया आपकी पहुंच से ज्यादा दूर है परंतु भीतर बैठा वह राम इस पल भी आपकी प्रतीक्षा में है।

मैंने लोगों की आंखों में देखा है वह आंनद की तलाश में हैं। लोगों के पास धीरज थोड़ा कम रहता है, जैसे ही पसंद की चीज़ दिखे वे उसे तुरंत प्राप्त कर लेना चाहते है, परंतु रुकिए भाई ! 'परमआनंद' इस जीवन की परम संतुष्टि का प्रतिफल है, कोई जलेबी नहीं है। इसे प्राप्त करने के लिए जानने की जिज्ञासा के साथ-साथ सीखने की प्यास भी होनी चाहिए और सीखने की प्रक्रिया में 'बीज' की तरह आपके भीतर 'धैर्य' भी होना चाहिए। अब आप सोचेंगे कि यह जरूर फसल और बीज की बात करेंगे पर मेरी कलम 'धैर्य' पर ध्यान केंद्रित करेगी। मैंने क्यों कहा बीज की तरह ? जी हां, बीज की तरह। हजारों लाखों करोड़ों बीज अभी भी इस धरती में जगह जगह दबे पडे हैं। कई बीज ऐसे भी हैं जो रेगिस्तान में हैं और रेगिस्तान में दबे उस एक-एक प्रत्येक बीज को इंतजार है। किसका ? मौसम का ! बादलों का ! उनकी अपनी बारी का !

जी हां अब अगर एक साल बारिश ना आए तो वह बीज यह नहीं कहता कि मैं नाराज हो जाऊंगा, इंतजार बंद कर दूंगा। कई बार बारिश नहीं होती और पांच-पांच साल बारिश नहीं होती। धरती के भीतर दबे उस बीज के पास कोई ऐसा साधन नहीं है जो उसे यह बता सके कि बादल कब तक आएंगे ? क्या वह आ भी रहे हैं या नही, बारिश कब होगी ? परंतु चाहे कितना भी समय लग रहा हो वह बीज 'धैर्य' नहीं छोड़ता, बिना किसी नाराजगी के इंतजार करता है और खुले हृदय से इंतजार करता है।

रेगिस्तान की रेत में दबे वह बहुत ज्यादा गर्म होता है फिर एक क्षण आता है जब आकाश से वर्षा की एक ठंडी बूंद उस बीज पर गिरती है। समय आता है, मौसम आता है बादल आते हैं वर्षा होती है उस बीज की प्रतीक्षा पूरी होती है। उसकी प्यास तृप्त होती है, संभावनाएं पनपती हैं, वह उपजता है, बढ़ता है, विकास करता है, फलता है, फूलता है, अपने जीवन को सफल करता है तब वह बीज अपने जीवन को सार्थक करता है। जीवन भर वह 'बीज' सभी को अपना सर्वस्व देता है, मानवता का प्रतीक बनता है, आदर्शों की स्थापना करता है, अपने जैसे और अनगिनत बीजों का निर्माण करता है और अंत समय में भी वह परोपकार के लिए ही हमारी ही कुल्हाडियों से अपनी अस्थियों का भी दान करता है।

किताबों में उस बीज की कोई कहानी नहीं लिखी गई, फिल्मों में उस बीज के बलिदान को कभी दर्शाया नही गया, बड़ी-बड़ी उपाधियों से उस बीज को कभी सम्मानित नहीं किया गया, परंतु हमारे कल्याण के लिए वह आने वाले अपने पूरे वंश को, नए उभरते पनपते बीजों को

यही खानदानी बलिदान और परोपकार सिखा गया। नए बीजों ने भी कभी कोई तर्क वितर्क नहीं किया, कोई प्रश्न नहीं किया, किसी स्कूल में नहीं गए कोई आनलाइन चैनल सब्सक्राइब नहीं किया करवाया, किसी सोशल मीडिया प्लेटफॉर्म पर फालोवर्स नहीं बनाए, कोई बड़ी-बड़ी डिग्रियां हासिल नहीं की, बस 'प्रेम' की शिक्षा ली और बस उस शिक्षा को अपनी अगली पीढ़ी में संप्रेषित किया।

सभी बीजों ने अपना सर्वस्व मानवता के लिए बलिदान किया, इनकी कहानी 'अमर' तब बन गई जब इस भुला दिए गए, ध्यान ना दिए गए, इस उपेक्षित 'सत्य' का इतिहास लिखा गया। तथ्य सामने यह आया की युगो युगो से मृत्यु से डरकर मानवता को छोड़कर कोई एक बीज भी पीठ दिखाकर वापस नहीं गया। इस ग्रह पर हमारी सांसे चलती रहे, इसका प्रबंध करके हर बीज स्वयं एक गुमनामी की दुनिया में सदा सर्वदा के लिए चला गया। धन्य धन्य है वह पहला बीज, और धन्य धन्य है वह सभी बीज, जिन्होंने कोई लालच नहीं किया, बस ममता रखी, प्रेम दिया और मानवता का पालन पोषण किया। उन बीजों ने जीवन भर हमारा पालन पोषण किया पर हमने बदले में उन्हें एक रूपया भी नहीं दिया। रूको पार्थ, 'ज्ञान' भी एक बीज है ये 'सत्य' बताना तो मैं भूल ही गया।

20

मृत्यु शय्या !

किसी भी धार्मिक किताब की कोई नई व्याख्या प्रस्तुत करना मेरी कलम का उद्देश्य नहीं है, इस कार्य में तो संसार में पहले ही बड़ी संख्या में विद्वान लगे पडे हैं। किताबे बिकती है मित्र, 'ज्ञान' नहीं बिकता। बहुत लोग ऐसे भी है जिन्होंने महंगे ब्रांडेड माइको का प्रबन्ध किया है और उनका प्रयोग करके बड़े बड़े मंचो से कोई गीता, कोई कुरान, कोई बाईबल तो कोई पुराण की एक नई व्याख्या नए तरीके से बेच रहे हैं। जी हां आपने सही पढ़ा तथाकथित महान आत्माएं 'ज्ञान' को बेच रही है। सीधे पैसा नहीं मांगते है, पैसा लेने के भी नए तरीके है।

उन धार्मिक ग्रंथो से वह आपको बहुत सारी कहानियां सुनाएंगे, पर मेरी कलम बता रही हैं कि एक कहानी है जिसकी कभी कोई किताब नहीं लिखी गई। वह जिंदा कहानी है वह कहानी हमारे लिए सबसे ज्यादा प्रमाणित थी, अभी है और हमेशा रहेगी। हम सभी के जीवन में वह कहानी हर सांस के साथ लिखी जा रही हैं। वह कहानी है हमारी अपनी कहानी।

रोज सवेरे जब हम उठते है, तो हमारे पास इसको लिखने के लिए एक नया अवसर आता है तब हम अपने 'ब्रह्मा' स्वयं बन जाते हैं। इस कहानी को अपने सही रूप में पूरा करने के लिए हम सारा दिन विभिन्न प्रबंध करते हैं ताकि हमारी कहानी भी सुंदर हो, सफल हो। तब हम अपने ही 'विष्णु' बन जाते है। फिर जब हम अपने साध्य को, उस आंनद को प्राप्त करने के लिए अपने मार्ग की सभी बाधाओं को, सारी अज्ञानता को, सारे भ्रम को नष्ट करने लगते हैं तब हम ही अपने 'शिव' बन जाते हैं। दूसरे सार्थक शब्दो मे लिखूं तो तब हम असली 'हिंदू' बन जाते हैं। पर आजकल तो शायद भगवा कपड़े पहनना, घंटी बजाना, बड़ा सा तिलक लगाना ही 'हिंदू' की पहचान हो गई, 'मीरा' पता नहीं क्यों दूसरे तरीके से चली और बिना वजह ही बदनाम हो गई। आज हम हृदय की आवाज़ को बेशक अनसुना कर दें और जानबूझकर स्वयं को दूसरे कार्यों में व्यस्त कर दें परंतु 'सत्य' यही है कि एक प्रेरणा एक आवाज हमारे भीतर से लगातार उठती है और कहती हैं कि छोड़ो इन कृत्रिम लक्ष्यो को और अपने प्रयास अपने प्राकृतिक लक्ष्य को पूरा करने में करो। मोह और अज्ञान के पर्दे को

हटाओ, चंचलता को छोड़ो और स्थिरता में स्वयं को प्रतिष्ठित करो। प्रत्येक दिन सच्चा आनंद अनुभव करो प्रत्येक दिन जीवित होने का उत्सव मनाओ।

लोग कहते हैं कि हमारे पास सब कुछ है किसी चीज की कमी नहीं है। यहां विचारने की सिर्फ एक बात है आपके उस 'सबकुछ' में से कौन सी एक ऐसी चीज हैं जिसे आप अंत समय में अपने साथ ले जा सकोगे ? संसार में जो कुछ भी हमने सीखा है समझा है प्राप्त किया है वह सभी कुछ यहीं रह जाएगा। फिर से पढ़ो "संसार का दिया सभी कुछ यही रह जाएगा।" जब मनुष्य अपने अंतिम क्षणों में होता है, शक्तिविहीन और मृत्युशय्या पर पडा, जब इस लोक से विदाई की बेला आती है तब आंखों की देखने की, कानो की सुनने की, जिभ्या के चखने की, त्वचा के महसूस करने की, मस्तिष्क के पहचान करने की क्षमता प्रकृति द्वारा धीरे-धीरे मनुष्य से छीनी जाने लगती है। उठना, बैठना, चलना, दौड़ना यहां तक की मलमूत्र पर नियंत्रण रखना भी हमारी सामर्थ्य से धीरे-धीरे दूर होने लगता है।

रूकिए पार्थ, अब तो किसी नौकरी पर नहीं जाना आपको। आज तो आपकी कोई अपोइंटमेंट नहीं है। आज आपके पास समय ही समय है चलिए अब तो दे दीजिए उन सभी सरल प्रश्नो के उत्तर जो लम्बे समय से आपकी प्रतीक्षा में है। कहां गया वो गाना जिसे आप गुनगुनाया करते थे ? कहां गया वो खाना जिसके चटकारे लगाया करते थे ? कहां गई हमारी वो सहज रूप से नाचने की क्षमता ? हमारे दोस्तों में से हम ही बचे हैं या सब पहले ही अलविदा कह चुके हैं ? अरे आज कुछ इंस्टाग्राम पर पोस्ट नहीं किया ? तुम्हें पता है सरकार बदलने वाली है ? आने वाले बीस साल बहुत सुनहरे रहने वाले हैं। इस साल कहीं हिल स्टेशन पर घूमने नहीं जा रहे क्या ? इस बार घर को किस नए तरीके से सजाएंगे, तुम्हारी राय क्या है ? अबकी बार मुन्नी के बर्थडे पर बहुत धूम मचाएंगे। अरे आंख खोलने की भी क्षमता नहीं है क्या मित्र ? आप मेरी बात सुन तो पा रहे हो ना मित्र ? हम शांत है, क्या सोच रहे हैं, हम यह दुनिया छोड़कर जा रहे हैं या यह दुनिया ही हमें छोड़ दे रही है, सही उत्तर क्या है ?

हां ! अब हमारे भीतर इन बाहरी बातो का आनंद लेने की क्षमता नहीं रही। पर मेरी कलम सच्चे आनंद की एक नई संभावना लिख रही है। जब हम बच्चे थे वह संभावना तब भी थी, जब हम युवा थे, जवान थे, प्रौढ़ थे वह संभावना तब भी थी। आज जब हम मृत्युशय्या पर अपने अंतिम क्षणो की प्रतीक्षा में है वह "आनंद लेने की" संभावना आज भी ठीक वैसी ही बनी हुई है जैसी तब थी तब हमारा जन्म हुआ था। बाहरी चीजों का आनंद मनुष्य शरीर के विभिन्न अंगों पर निर्भर है पर भीतर का यह शाश्वत आनंद हमारी सांसों पर निर्भर है। 'मृत्युशय्या' पर भी आपको निराश होने की जरूरत नहीं है। ध्यान दीजिए धीरे-धीरे अभी भी, अंत समय में भी, छोड़ने जरूर जा रही है पर आपकी 'सांस' अभी भी आपको छू रही है। जो अभ्यास आपने आनंद का, हर आती जाती सांस के साथ किया था वही आनंद आज भी अपने घट में भीतर स्थित आपको अपनी तरफ खींच रहा है, भीतर वहां भय नहीं है, चिंता नहीं है, भीतर वहां 'मोक्ष' है यमराज नहीं है।

यह बड़ी-बड़ी इमारतें, यह चौड़ी चौड़ी सड़के, यह विकास, यह नई-नई गाड़ियां, यह नई टेक्नोलॉजी, यह दुनिया भर के रिश्ते, आपका अपना शरीर तक, सबकुछ आपको छोड़ने लगा है पर वह आनंद कहीं नहीं गया, अभी भी यही है, जी हां ठीक वहां जहां आप हैं। दुनिया तो छोड़ देगी, जला देगी, दफन कर देगी, दो-चार दिन रोएगी और फिर पार्टी करेगी पर वह आनंद आपको अपने साथ अनन्त काल के लिए ले जाएगा। मित्र, जब तक आप जीवित थे उस आंनद का अभ्यास, उस आंनद का साथ, उसका हाथ ना पकड़ना ही आपकी सबसे बड़ी गलती थी। हर चीज के लिए आपके पास समय था बस उस घट के भीतर स्थित 'राम' के लिए नहीं था। बडे शर्म की बात है कि समय 'माया' के लिए था 'मोह' के लिए था बस उस 'सतनाम' के लिए नहीं था। आपके लिए मेरी कलम की एक अंतिम सलाह है की चिंता छोड़िए इस संसार के झंझटों की, यह झंझट वैसे भी कभी ना खत्म हुए हैं और ना ही कभी खत्म होंगे। छोड़िए इन्हें और पकड़िए अपने भीतर स्थित आनंद, आपके भगवान की उंगली, पकड़िए आपको बनाने वाले उस 'राम' की उंगली। शब्दों को छोड़िए और प्रत्यक्ष अनुभव कीजिए कि वह हमेशा आपके साथ ही था, अभी हैं और हमेशा रहेगा।

रुकिए पार्थ, संसार से जाते समय मेरे पाठकों के लिए एक सरल प्रश्न का उतर तो दे जाइए जिससे यह भी कुछ सीख ले सकें, बता दीजिए इन्हें इस संसार में क्या है कौन है इनका असली अपना ? जिसको यह खुश करने में लगे हैं, जिसे यह प्राप्त करने में लगे हैं ? जिसके पीछे यह अपना अमूल्य समय शक्ति और सामर्थ्य खर्च करने में लगे हैं ? जब आप बता दें तब बढ़िए बिना डर और संकोच के, संसार और समय की सीमाओं से दूर उस अकल्पनीय, अलिखित, अनंत, अविनाशी की दिशा में, मेरी कलम की शुभकामनाएं है आपकी यात्रा मंगलमय हो। जीवन में सबसे ज्यादा जरूरी काम क्या है ? चलिए आपके लिए प्रश्न को और सरल करते हैं यदि आपको यह निश्चित हो कि आज का दिन ही आपका अंतिम दिन है और कल आपको यह संसार छोड़कर जाना होगा तब आज के दिन में आप किस महत्वपूर्ण कार्य को करने वाले हैं ? इस जीवन में 'मोक्ष' पाने के लिए बाहरी कामों को छोड़ने या त्यागने की जरूरत नहीं है, प्रत्येक कार्य को अपने प्रयासों का सर्वश्रेष्ठ दीजिए और प्रत्येक कार्य की पूर्णता को सुनिश्चित कीजिए बस थोड़ा सा ध्यान उस 'अविनाशी' पर भी दीजिए।

कहानियों में अच्छा है परंतु वास्तविकता में हमारे जीवन में कोई अलादीन का चिराग नहीं होता, कोई ऐसी चीज नहीं होती कि हमारी इच्छाएं होती गई और वह साथ-साथ तुरंत बिना प्रयासों के भी पूरी होती गई। आनंद, तृप्ति और जिज्ञासा यह शब्द लोगों के लिए अलग-अलग अर्थ रखते हैं। ईश्वर भी उन्हें अपने सपनों के हिसाब से चाहिए और अगर असली ईश्वर किसी तरह उनके सामने आ भी गए तो क्योंकि वह उनकी कल्पना वाले ईश्वर से मैच नहीं होते है तो वह तुरंत उन्हें नकार भी देंगे। इस तथ्य से आप क्या समझे ? सरल निष्कर्ष है आज हम अपने इस कृत्रिम संसार में अपने-अपने नकाबों में सिर्फ मनोकामनाओं पर आधारित कभी खुशी कभी ग़म की चक्कियों में घूमते घूमते सत्य से इतना दूर आ गए

हैं, इतना दूर आ गए हैं उसे इस कदर भूल गए हैं कि चिल्ला चिल्ला कर याद दिलाने पर भी वह 'सत्य' याद नहीं आता है। यही तो मदहोशी की, भ्रम की, कलियुग की, अज्ञानता की वह निन्द्रा है। क्या अब भी आपको याद नहीं आता है ?

मैं अच्छी तरह से जानता हूं आप मेरी कलम की आवाज को भी अनसुनी कर देंगे और फिर इस माया की चक्की में घुस जाएंगे। अन्य कार्यों में स्वयं को व्यस्त कर लेंगे। सब नजरअंदाज करने की कोशिश करेंगे। परंतु ध्यान रहे आंखें बंद कर लेने से सूर्य नहीं छिप जाता है, ध्यान रहे आज जो आवाज सुनने के लिए आपके पास समय नहीं, वही 'समय' घूम कर आएगा और वह जरूर आएगा जब आपके कान बाहर के आपके ईश्वर को सुनने में असमर्थ हो जाएंगे और भीतर की आवाज सुनने का विकल्प मात्र ही शेष रह जाएगा। परंतु हां, जब समय रहते भीतर के 'राम' से आपने कोई मित्रता की ही नहीं, तो मृत्युशय्या पर भी आपके भीतर सिर्फ एक सन्नाटा, सिर्फ एक प्रश्नचिन्ह ही शेष रह जाएगा। 'आत्मज्ञान' परम स्वतंत्र है। किसी धर्म, संस्कृति, भाषा या स्थान से निरबंध है। क्योंकि वह स्वतंत्र है तभी सभी को स्वतंत्रता देता है।

मेरी कलम किताब बेचने की लालच में आपसे असत्य नहीं कहेगी और 'सत्य' यही है कि ज्ञान मेरे शब्दों से भी बंधा नहीं है। यदि ज्ञान किसी किताब से बंध जाए तो अनपढ़ व्यक्ति को कैसे मिलेगा ? यदि ज्ञान किसी धर्म से बंध जाए तो दूसरे धर्म के व्यक्ति को कैसे मिलेगा ? यदि ज्ञान आस्तिकों को मिल जाए तो क्या नास्तिकों के लिए ईश्वर के दरवाजे बंद हो जाएंगे ? यह कभी संभव नहीं है। ईश्वर सभी के लिए हैं चाहे कोई उनमें आस्था रखता है अथवा नहीं। यदि ज्ञान किसी तीर्थ स्थान से बंध जाए तो जो वहां तक नहीं जा सकेगा वह उसे नहीं पा सकेगा यह ईश्वर का कैसा अन्याय होगा ? मेरी कलम तो यह भी स्पष्ट लिखती है कि ईश्वर की दया को समझिए, आपको उन तक नहीं जाना पडे इसीलिए उन्होंने आपके भीतर ही अपना स्थान बना लिया है। स्वयं को आपके भीतर ही विराजित किया है। दुनिया की हर चीज आपसे छीनी जा सकती है पर 'ईश्वर' कभी नहीं।

स्त्री पुरुष छोटा बड़ा अमीर गरीब जाति पाति व्यवसाय किसी भी बंधन से वह 'ज्ञान' बंधा नहीं है वही हमें सभी बंधनों से मुक्त कर सकता है। इतिहास में जिज्ञासुओं को उस परम ज्ञान की दीक्षा बड़े ही सूक्ष्म रूप से दी गई है, और स्पष्ट कहा गया कि यह ज्ञान परम कल्याणकारी है। यह एक ऐसा ज्ञान है जिसे प्राप्त करने के बाद बहरा व्यक्ति भी सुन सकता है, गूंगा व्यक्ति भी बोल सकता है, अंधा व्यक्ति भी सब कुछ देख सकता है, जो व्यक्ति पंगु है वह भी पहाड़ों को लांघ सकता है। मैं जानता हूं कि शब्दों की अतिशयोक्ति हो गई पर अर्थ की अतिशयोक्ति नहीं हुई। भौतिक शरीर से यह सभी संभव हो अथवा नहीं परंतु हां, सूक्ष्म शरीर से यह सभी ज्ञान के माध्यम से संभव है। वह एक ऐसा ज्ञान है जिसे प्राप्त करने के बाद व्यक्ति की दरिद्रता मिट जाती है और वह इस सत्य को समझ पाता है कि उसे कितना संपन्न बनाया गया है। रंक व्यक्ति भी अपने सिर पर राजा की भांति छत्र लगा सकता है और स्वयं को प्रसन्न धन्य धन्य महसूस कर सकता है। जब मेरा इतिहास के इन तथ्यों से

सामना हुआ तो मुझे भी लगा कि यह व्यवहारिक बातें नहीं है और एक साधारण मानसिकता में मेरा सोचना बिल्कुल स्वाभाविक भी था कि क्या ज्ञान आंखें दे सकता है ? कान दे सकता है ? पैर दे सकता है ? परंतु शीघ्र ही मैं समझ सका की क्षमता और सामर्थ्य दो दिशाओं की होती है, एक बाहरी सामर्थ्य है और दूसरी भीतरी सामर्थ्य है।

भीतर की दुनिया में भी हमें आगे बढ़ने के लिए देखने की क्षमता यानी आंखों की, सुनने की क्षमता यानी कानों की, आगे बढ़ने की क्षमता यानी पैरों की जरूरत होती है। इन्हीं आंखों को गीता में अर्जुन के 'दिव्यचक्षु' कहकर संबोधित किया गया है जिन ज्ञान चक्षुओं के खुलने के बाद ही अर्जुन 'श्रीकृष्ण' के असली स्वरूप को पहचान सके। भीतर की ज्ञान इंद्रियां हमारे ध्यान को भीतर खींचती हैं और वही हमारी असली 'असलियत' है। वहीं अमरता है, वहीं मोक्ष है, वहीं स्वर्ग है, वहीं बैकुंठ है, वहीं मैं हूं और वहीं मेरा रचयिता भी है, भीतर ही आंनद भी है, भीतर ही शांति भी है। बाहर की दुनिया सचमुच में एक मकड़ी के जाले की तरह हमें उलझा लेती है, हम जितना इस उलझन को सुलझाने की कोशिश करते हैं उतना ही ज्यादा इसमें और उलझते चले जाते हैं। लगती स्वीमिंग पूल सी है पर हां, बाहरी दुनिया एक दलदल सी है। दुर्भाग्यपूर्ण है परंतु यही कटु सत्य है बाहर की दुनिया की प्रकृति और नियति दोनों दलदल की भांति ही है इससे बाहर निकलने के लिए हम जितना दबाव अपने पैरों पर डालते हैं उतना ही इसमें और धंसते चले जाते हैं। भ्रम, अस्पष्टता, दुविधाओं और कल्पनाओं की एक दुनिया में हम हर पल उलझे रहते हैं। कई बार हमारी ही आंखें हमें अंधा कर देती हैं, कई बार हमारे ही कान हमें बहरा कर देते हैं, कई बार हमारे ही पैर हमें विकलांग बना देते हैं।

आप बताइए, देखने की क्षमता है परंतु जब आंखें 'सत्य' को ना देख पाए तो अंधी ही तो हो गई ना ? जब कान सत्य को सुनकर भी अनसुना कर दें तो बहरे ही तो हो गए ना ? जब पैर उसे दिशा में ना जा पाए जहां हमारा हृदय हमें निरंतर जाने की प्रेरणा देता है तो हम पंगु ही तो हो गए ना ? कई लोगों ने अपने अनुभवों से सीखा है और जीवन की जटिलताओं को सरलताओं में बदला है। शांति के लिए हृदय में कृतज्ञता जरूरी है। जब हम अपना समय इस संसार की दुविधाओं को न देकर हृदय के लिए लगाते हैं, हृदय के गीत सुनते, हृदय की लय में गाते है तो हमारा हृदय हमारे लिए आभार व्यक्त करता है। जितने क्षण जितने दिन हृदय का प्याला आभार से भरता जाता है उतने दिन उतने क्षण धीरे धीरे यह जीवन सफल होता जाता है।

21

मनमानस !

जब जीवन मृत्यु से जटिल लगने लगे और मृत्यु जीवन से सरल लगने लगे तो वह क्षण मनुष्य के लिए सबसे बड़ा अशुभ है। जल को जीवन कहा जाता है और कुएं जल प्राप्ति का सदियों से एक सुंदर साधन रहे हैं, परंतु जो देख ही नहीं सकता अंधा है उसके लिए कुआं भी जानलेवा है। हम सभी के भीतर भी कुमति का एक कुआं है, हर बार जब हम इस माया में सुध बुध खोकर मदहोश हो जाते है तो बार-बार इस कुएं में गिर जाते हैं। कई बार एक ही दिन में अनेकों अनेक बार गिरते हैं और जैसे शराबी शराब पीकर मदहोशी में रहता है वैसे ही हम होश में भी बेहोश रहते हैं। यह एक ऐसा दलदल है कुचक्र है जिसमें व्यक्ति फंसता चला जाता है।

'माया' एक भेड़िया है जिसने भेड़ का मास्क लगाया हुआ है। माया निरंतर हमें आकर्षित करती है। माया में रमने का अनुभव प्रारंभ में आनंददायक ही होता है पर बाद में जब हम माया के शिकंजे में जकड़ लिए जाते हैं तो उस भेड़िए द्वारा हमारी हड्डियों तक को निचोड़ा जाता है। कितनी स्पष्ट बात है कि हम जानते हैं कि हमारा मन हमें बार-बार काट रहा है पर कितनी विचित्र बात है कि फिर भी हम अगली बार जल्दी ही फिर अपना होश खोकर मदहोश मन की कामनाओं को पूरा करने के लिए फिर से, अपने समय और जीवन को बर्बाद करने के लिए फिर से, उस गंदगी का आत्मसात करने के लिए फिर से, खुशी-खुशी स्वयं ही फांसी चढ़ जाते है।

जिस गंदे कर्म को हम अपने मन की मर्जी समझ रहे हैं 'सत्य' यह है कि धीरे-धीरे हमारे मन ने हमें उसकी लत डालकर उसे हमारी मजबूरी बना दिया है।

रुकिए पार्थ क्योंकि बात अभी पूरी नहीं हुई, क्योंकि एक अन्य विकल्प हम सभी के पास सदा से था और अभी भी है : क्योंकि 'हृदय' भी तो है। हृदय, जिसकी एकमात्र कामना उस परम आनंद को हमने कल पर डाल दिया है। एक ऐसा कल जो हमेशा 'कल' ही रहा हमने उसे कभी 'आज' बनने ही नहीं दिया है। यदि जीवन में कुछ पवित्रता चाहते हो, संसार की नजरों में नहीं खुद की नजरों में उठना चाहते हो, तो धीरे-धीरे ही सही पर हृदय की तरफ

बढ़ो। साहस तो करो, कोशिश तो करो, हिम्मत तो करो। एक ही कदम सही, पर स्पष्टता की दिशा में आगे तो बढ़ो। यहां लोगों ने अपने लिए कुछ निर्धारित मानदंड बना लिए है या शायद गलत लिखा मैंने, लोगों ने विचारों का एक सुंदर घर बनाया है और स्वयं को ही उसमें कैद कर लिया है। वे कहते हैं मैं ज्यादा गति से चलूंगा, ज्यादा मेहनत करूंगा, मेरे पास ट्रिक भी है मैं अपनी सारी योजनाओं को सारी मनोकामनाओं को जल्दी-जल्दी पूरा कर दूंगा और जब सब पूरा हो जाएगा, तब हृदय भक्ति और भीतरी आंनद पर ध्यान दूंगा।

मैं कहता हूं मित्र, पहले पता तो कर लीजिए, सारी मनोकामनाएं होती कितनी है ? क्योंकि असलियत में जब आप एक कामना पूरी करेंगे तो दो और पनप जाएंगी और जब आप दो कामनाएं पूरी करेंगे तो चार और उभर जाएंगी और अगर आप इस चक्र में पड़े तो इस जीवन में 'हृदय' की कहानी तो अधूरी ही रह जाएगी। इस तरह से तो आपके इस 'समय' में सबसे ज्यादा हानि आपके 'समय' की हो जाएगी। स्वयं से आंखें मिलाओ और स्वयं को 'सत्य' बताओ, जब आंखें देखने लायक ना रह जाएंगी तब किस ईश्वर के दर्शनो के लिए जाओगे ? जब कान सुनने लायक नही रह जाएंगे तब कौन सी धुन बजाओगे ? जब जिव्हा ही लड़खड़ाने लगेगी तब कौन से श्लोक गाओगे ? कल करते करते जब यमराज दरवाजे पर आ जाएंगे तब कहां तुम 'सत्य' की तलाश में जाओगे ?

चलिए सुन लिया आपका भी तर्क कि आप जिम्मेदारियां निभाने और परिवार की खुशियां खरीदने में व्यस्त हो ! पर बताते क्यों नही ? जब स्वयं ही भीतर से खाली रह गए, हृदय को आंनद और भक्ति से भर नहीं पाए तो परिवार के लिए इस माया के बाजार से कौन सी खुशी खरीद के लाओगे ? जिस खुशी की बुनियाद इस माया में है वो कितनी असली होगी और कितने दिन टिकेगी जो खुशी खुद 'माया' ही है। आप एक अच्छे बिजनेसमेन रहे, दो पैसा कमाने के लिए संसार से कपट किया तो किया, पर स्वयं से झूठ बोलना, सत्य को समझते हुए भी नजरअंदाज करना यह तो अपने आप से कपट करने वाली बात हो गई है। लोग कहते हैं भक्ति कैसे करें ? भूख, प्यास और नींद मुझे परेशान करती है। मैं मानता हूं कि शरीर है तो भौतिक आवश्यकताओं की भी पूर्ति करनी ही पड़ेगी, पर थोड़ा उस समय में भी चलो जब कुछ अदभुत होता है जब आपको किसी से सच्चा 'प्रेम' होता है और आप उससे अलग होते हैं तो भूख अपने आप ही मर जाती है, प्यास का अहसास ही नहीं होता है और नींद कब आई कब गई पता ही नहीं चलता है।

एकटक सिर्फ आपको अपना प्रेमी याद रहता है, और चीजें हो, ना हो आपको कोई फर्क नहीं पड़ता है। जब आप उसके साथ रहते हैं तो आपकी जिंदगी 'जिंदा' होती है बेस्वाद खाना भी स्वादिष्ट लगता है, गर्मी में भी ठंडक का एहसास होता है, दूसरों की बड़ी गलतियों पर भी गुस्सा नहीं आता है। एक जादू होता है जो तर्क से परे होता है, भक्ति में भी कुछ ऐसा ही होता है। जब बाहर का नहीं आपका भीतर का 'प्रेमी' वह परमात्मा भीतर से आपके सम्पर्क में होता है। बाहर से कुछ नहीं बदलता पर भीतर से सबकुछ वसंत वसंत होता है। उस परमात्मा को अपना सर्वस्व समर्पित करके जब आप चलने लगेंगे तो भूत भविष्य और वर्तमान में

कोई ऐसा भय नहीं है जो आपको भयभीत कर सकेगा। लोग मृत्यु से भयभीत रहते हैं पर मैं सच कहता हूं उस परमात्मा के प्रेम में डूबा व्यक्ति मृत्यु से भी 'निर्भय' रहता हैं। लाखों मोमबत्तियां और करोड़ों दीये मिलकर भी उतना प्रकाश नहीं कर सकते जितना एक अकेला सूर्य करता है। उस परमेश्वर की सामर्थ्य हमारी समझ की सामर्थ्य से परे है। लोग कहते हैं कि हमने बहुत खोजा पर ईश्वर नहीं मिला, इसके दो सटीक कारण है एक यह कि वह आपको मिलेगा कैसे जिसको आपने कभी खोया ही नहीं है और दूसरा यह कि जिस दर्पण में मैल भरी पड़ी हो उसमें किसी और का तो छोड़िए अपना ही चेहरा कैसे दिखेगा ?

गीता में स्पष्ट कहा गया है कि बालक का हृदय लेकर छल कपट को त्याग करके समय के महापुरुष के पास जाओ और विनम्र भाव से ज्ञान मांगो। उस ज्ञानदाता की नाव में बैठो और जीवन यात्रा का जीवन भर आंनद लो, पर लोग सब उल्टा करते हैं और फिर कहते हैं यहां सब गड़बड़ है। बालक का हृदय लोगों को समझ नहीं आता, छल कपट की लोगों के पास कोई कमी नहीं है और दूसरी तरफ माया का मेला ऐसा कि कई चेहरे समय के महापुरुष का साइन बोर्ड लगाए बैठे पड़े हैं। यहां इस कलियुग में ज्ञान और अज्ञान के बीच की रेखा बहुत धुंधली हो गई है, गुरु के विकल्प अनगिनत हो गए है, जिनका कोई बिजनेस नहीं चला वह भी कई मित्र 'गुरु' हो गए है। माया में निरंतर रहने के कारण इसका प्रभाव हमारी समझ में घर कर गया है। सत्य और असत्य की पहचान करने की हमारी क्षमता बहुत कमजोर हो गई है। सत्य और असत्य को अलग-अलग समझने का एक यंत्र है, हमारा हृदय। आज हमें सब की पहचान बिल्कुल साफ-साफ है बस हम अपने ही हृदय से अजनबी हो गए है। यही कारण है की मन क्या है, मनोकामना क्या है ये तुरंत हमें समझ में आता है पर भक्ति, हृदय और परमआनंद जैसे शब्द हमारे लिए बस किताबी हो गए है। आज लोगों के लिए 'आनंद' का मतलब शराब, सिगरेट, व्यभिचार और मौज मस्ती हो गया है। इस माया के मेले में मेरी कलम भी असमंजस में फंस गई है और ढूंढती है इन धार्मिक आडम्बरो की भीड़ में 'भक्ति' कहां खो गई है ? हे पार्थ, माया में मदहोश लोग मेरे शब्दों को नहीं समझ पाएंगे बस वही बिरले जिनकी भीतरी 'प्यास' जिंदा है कुछ अर्थ ग्रहण कर पाएंगे।

अगर तुम अर्थों की गहराइयों में उतर पाओ तो ध्यान रखना, इस जीवन रूपी यात्रा में उस मार्गदर्शक की नाव में स्वयं को हल्का और सहज रखना, तभी इस जीवन यात्रा का पूरा पूरा आंनद आएगा, अन्यथा चाहे कुछ भी कर लो ये जीवन अधूरा ही रह जाएगा। ये कार्य सभी के लिए सरल नहीं है। इस नाव में 'अभिमान' भी बड़ा बोझ है जितना कम रहे, यात्रा उतनी आंनदमय रहे। जब आप शिष्यता के प्राकृतिक नियमों के अनुसार इस यात्रा में आगे बढ़ेंगे तब रेगिस्तानों की चिंता मत करना, तब आपके भीतर एक बारिश होगी, तब सारी दिशाओं में घनघोर घटाएं होगी। तब ना पाप की चिंता होगी ना पुण्य की ही लालच होगी, तब कोई हिसाब किताब नहीं होगा, तब बस आनंद होगा और बस आनंद होगा। आपके भीतर हर आती जाती सांस के साथ एक एक बूंद से ये बरसात शुरू होगी और जितना आप इसमें भीगेंगे उतना ज्यादा आप विभोर होंगे। तब आपके भीतर घट में उस अनंत अविनाशी के

प्रेम का एक सैलाब उफान भरने लगेगा, प्रयासों के जो छोटे-छोटे बीज आपने बोए, उन्हें वृक्ष बनते, फलते फूलते, वर्षा में, हवाओं में अटखेलिया करते देखते आपका चित्त आनंद से फूला नहीं समाएगा। संसार में जिस कांच के पीछे हम पागल थे, उसको छोड़ो। जब आपके घट में कल्पना नहीं बल्कि प्रत्यक्ष साक्षात् वह कण-कण में व्याप्त परमात्मा एक मणि, एक हीरे की भांति जगमगाने लगेगा, तब उस प्रत्यक्ष अनुभूति में दुख, दर्द, चिंता, बाधा, शंका कहां भाग गए ? कब भाग गए ? आपको पता ही नहीं चलेगा।

जब आप अपने भीतर अपने घट की गहराईयों में हो, बाहरी दुनिया जो भोगो में लगी है उनकी चिंता छोड़ो आप भीतर प्रत्यक्ष प्रमाण देखो। भोगो को छोड़कर आप अपने भगवान में विभोर हो रहे है। मैं फिर कहूंगा, जैसे उस ईश्वर की कृपा मेरे लिए हुई वैसे ही ये परमगति मनुष्य योनि में आपके लिए भी संभव है। ध्यान रहे, मेरी कलम कोई कल्पना नहीं लिख रही है, कल्पना होती तो मेरी किताब को मैं ही जला देता मित्र आपकी जरूरत नहीं होती। आपसे लोग रोज दुनियादारी के सौ प्रश्न पूछते हैं पर मैं आपके लिए प्रश्न नहीं लाया हूं वह तो सबके पास पहले ही बहुत भरे पड़े हैं, शब्दों से ही सही पर मैं आपके लिए उत्तरों का एक समुंद्र लाया हूं। आप माने या ना माने पर जो कुछ भी आप करते हैं, सोचते हैं, देखते हैं, सूंघते हैं, चखते है, इन सभी का एकमात्र लक्ष्य 'आनंद' लेना ही है।

आपकी और मेरी रचना का मूल कारण मूल उद्देश्य उस आनंदरूप में परमात्मा स्वयं ही है। वही लक्ष्य है वहीं मार्ग भी है वहीं साधन भी है वहीं साध्य भी है। मेरी कलम भी कुछ अलग नहीं पर परम आनंद परम शांति ही लिख रही है। वही था, वही है और चाहे कितना ही समय क्यों ना बीत जाए बस एकमात्र वही है जो अटल अनश्वर अनंत रहेगा। कितना सुन्दर अवसर है जब इस क्षण आप भी हो और वो भी है। कितने दुख की बात है यदि परमात्मा के हाथो से परम आनन्द स्वरूप बनाए गए आप और हम परम दुखी है। मन कभी नहीं समझेगा, बिल्कुल स्वाभाविक है, क्योंकि 'परम आनंद' मन और बुद्धि का विषय ही नहीं है अपितु अनुभव का विषय है और अनुभव हेतु आपका हृदय उपयुक्त उपकरण है। वैसे लोगों को अपनी दुनियादारी से कभी समय मिलेगा नहीं पर अगर आपको मिल जाएं थोड़े भी पल, तो अपने हृदय की इस प्यास को भी इस जीवन में तृप्त कर जाना, क्योंकि यह जीवन आपको सिर्फ एक बार मिला है फिर कभी नहीं मिलेगा। बहुत लोगों ने अपने जीवन को पूर्णता दी है इस बार आपकी बारी है।

मेरी कलम की कोई लालच नहीं है किसी से इसकी कोई प्रतियोगिता नहीं है, इसे किसी से आगे जाना नहीं है, किसी से इसे पिछड़ने का भय भी नहीं है, राजनीति के बंधनों से भी मेरी कलम बंधी नहीं है। अवसर अनेकों मिले, प्रलोभनो ने भी घेरा पर मैने इसे दुनियादारी सिखाई ही नहीं है, ये सिर्फ अपने मार्गदर्शक और उस परमात्मा की ऋणी है, प्रेम के प्रति समर्पित है और बस प्रेम की भाषा समझती है, आभार ही इसकी स्याही है। ये अच्छी तरह जानती है कि ये किसके प्रति आसक्ति, किसकी भक्ति, किससे मुक्ति और किसकी अभिव्यक्ति लिख रही है। लोग कहते हैं कि ठीक है बाहर के भगवान से भी प्रेम कर लेते

हैं और आपकी कलम की बात मानकर भीतर के भगवान की भी सुन लेते हैं। तो मैं कहूंगा आपका तर्क स्वाभाविक है पर समझिए बाहर और भीतर 'परमात्मा' अलग अलग नहीं है 'एक' ही है। अंतर सिर्फ इतना है कि भीतर हम उसे पा सकते हैं अनुभव कर सकते हैं जो बाहर हमारे लिए संभव नही है।

दूसरी बात जो लोग धार्मिक मत मतांतरो से परमात्मा को अलग अलग समझते हैं अलग अलग पूजते हैं तो आप बताइए जब परमात्मा एक ही हैं तो उसे राम कहें या रहीम कहें, इससे उसे क्या फर्क पड़ता है ? सूर्य प्रकाश देता है आप चाहे तो उसे अंधकार का देवता कह लें, इससे सूर्य को क्या फर्क पड़ता है ? यीशु, पैगंबर या नानक सब के सब उसके अंश ही है, बाहर या भीतर कहां उसे ढूंढे जब सब जगह सब कालो में एक वही है। ऐसी कोई जगह ही नहीं है जहां वह नहीं है। तर्क इस तथ्य को कभी नहीं समझेगा पर 'सत्य' यही है कि वह परमात्मा नर्क में भी है। बिना उसके चर अचर किसी भी चीज की रचना संभव ही नहीं है।

अब आप इस माया का प्रभाव देखिए, वह परमात्मा जो सुख का सागर है कण कण में वह व्याप्त है परंतु फिर भी वह हमसे ओझल है, हमारे सामने भी है परंतु फिर भी हम उसे देख नहीं पाते, हमारे भीतर भी वही भरा पडा है परंतु फिर भी हम खाली है, हर पल उसके साथ होते हुए भी हम अकेले हैं, पीड़ित हैं, दुखी हैं। एक घर, एक कार, एक नौकरी, एक लड़का या एक लड़की छोड़ो, मेरी कलम का सुझाव है कि अगर आपको भगवान कहीं मिले तो सीधे-सीधे उनसे 'शांति' सीधे-सीधे उनसे 'भक्ति' मांग लो। क्या सचमुच में माया का प्रभाव इतना ज्यादा हम पर पड़ गया है कि हम इतना भी नहीं समझ सकते की सीमित बुद्धि से असीमित भगवान को कैसे समझेंगे ? गीता में भी यही स्पष्ट कहा है कि वह ईश्वर मन और बुद्धि का विषय ही नहीं है। समझने की बात है कि जो समझ से परे है उसे बार बार हम समझने बैठ जाते हैं।

कुछ लोग हैं जो यह कहते हैं कि हमने इतने पाप किए हैं, हम इतने कुकर्मी है, इतने अधर्मी है कि हमें लगता ही नहीं की ईश्वर हमें मिल सकते हैं। हे पार्थ, ईश्वर परम पवित्र है और भौतिकी का एक सरल नियम है, गंगा जब बहती है तो उसमें मिलने वाले गंदे नाले भी गंगा में मिलकर गंगा ही हो जाते हैं। लोग फिर यहां तर्क करने बैठे हैं कहते हैं कि यहां के नाले गंगा में मिल-मिल कर गंगा को नाला बना दे रहे हैं उसके बारे में भी तो आप जरा सोचो। मैं कहूंगा की मित्र जब आपकी बुद्धि सकारात्मक सोच ही नहीं पाती और नकारात्मक दिशा में ही तेजी से बहती है तो ऐसा करो तुम माया में ही बह जाओ नाले ही बन जाओ, तुम्हारे लिए वही सही है। प्रकृति का सरल सा नियम होता है कि बडे से बड़ा अंधकार मिलकर भी एक छोटे से दीये की रोशनी को नहीं भगा सकता है पर एक छोटा सा दीया बड़े से बड़े अंधेरे को मिटाने की क्षमता रखता है। मेरी कलम आपके काम की बात कहेगी अंधेरो से डरना और उनकी चिंता करना छोड़ो, बस दीया जलाने का प्रबंध करो। जब आपके भीतर प्रेम रूपी दिए जगमगाने लगेंगे तो घृणा, वासना, क्लेश और अंधकार कैसे टिकेंगे ?

यहां समुद्र के किनारे बैठे लोग एक लोटा पानी, एक बाल्टी पानी, छोटे-छोटे दुख, छोटी छोटी कहानी, छोटी-छोटी ग्लानि की चिंता करते हैं। पर भाई वह 'सत्य' एक समुद्र है एक बाल्टी की बात छोड़िए और बताइए कभी आपने समुद्र को उठते हुए देखा है, एक सैलाब आता है जो छोटी मोटी झोपड़ियों को ही नहीं बल्कि पूरे के पूरे देश को अपने भीतर समा जाता है। तथ्य यही है कि जब हम बड़ी चीज को समझने के लिए निकले हैं तो अपनी समझ को छोटा कैसे रख सकते हैं। लोग अपनी सांसारिक समस्याओं से बहुत ज्यादा परेशान हैं। मैं आपसे स्पष्ट कहता हूं कि अगर आग में अपना हाथ डालोगे तो जलन का अनुभव तो करोगे ही, यही प्रकृति है। सरल सी बात है अगर जलन से बचना चाहते हो तो आग से बच के रहो। गुलाब का फूल तोड़ने वाले लोगों को कई बार कांटें भी चुभ जाते है पर अगर आप कांटों से बचना चाहते हैं तो आपके लिए 'विधि' को सीखना महत्वपूर्ण है।

मैं आपको किसी प्रकार के तनाव में नहीं डालना चाहता परंतु सत्य छिपाना भी नहीं चाहता, अगर संसार में अपनी आशा लगाओगे तो निराशाओं के लिए भी तैयार रहो क्योंकि संसार ने जितने वादे किए हैं उनकी पूर्णता किसी को आज तक मिली नही है, जिन्हें अंशत: मिली भी है उन्होंने उसके लिए एक बड़ी कीमत अदा की है। उनकी समझ भी समझ नहीं पा रही है कि ये बाजी कितनी नफे में रही है और कितनी नुकसान में गई है ? यहां पहले लोग पेड़ों को काटते हैं, फिर उनसे कागज बनाते हैं और फिर उसी कागज पर लिखते हैं कि पेड़ काटना गलत बात है।

यहां लोग बहुत पढ़ें लिखे हैं इंजीनियर हैं जी, बड़ी-बड़ी इमारतें बनाते हैं और उनको अपनी उपलब्धि दर्शाते हैं पर क्या कभी यह भी बताते हैं कि इस इमारत को खड़ा करने के लिए उन्होंने कितना कचरा फैलाया है, प्रकृति को कितना नुक़सान पहुंचाया है ? लोग बड़े-बड़े बांध बनाते हैं और उनके अनगिनत फायदे बताते हैं पर क्या कभी ईमानदारी से कुछ नुकसान भी गिनवाते हैं, ताकि हम स्पष्ट रूप से समझ सके कि मनुष्य इससे कितना फायदे में हैं और कितना घाटे में है ? यहां लोग लोगों की भावनाओं से खेलते हैं। बड़े-बड़े वायदे करते हैं और उसी आधार पर शादियां तक रचवाते हैं पर अगर वह वायदे सच में पूरे होते तो आज तलाक के रिकॉर्ड इतने हाई क्यों है ? यहां कई मां बाप हैं जो बड़ी मेहनत करते हैं एक परिवार बसाते हैं एक घर बनाते हैं खून पसीना एक करते हैं पर बच्चे बड़े होते हैं और पता नहीं कैसे पर एक दिन मां-बाप बच्चों पर ही बोझ बन जाते हैं ? विश्वासघात शब्द सुना है कभी, पढा है कभी ? विश्वासघात तो वही कर सकता है जो कभी विश्वास पात्र रहा हो। यहां जिससे जितना बड़ा स्नेह होता है वह उतना ही बड़ा दर्द दे सकता है। यहां, खतरों के घेरो में, कचरो के ढेरो में, मासूम नन्हे नन्हे हाथ है। शर्म किसको आएगी मित्र ? यहां सब नेता पाक साफ है। जब अच्छे काम हुए वह सब हमने किए और जब हमारी चोरी रंगे हाथों पकड़ी गई तो हम विपक्षी दल की साजिश का शिकार हुए, लगता है जैसे राजनीति ही सबसे बड़ी बीमारी है।

हे पार्थ, मेरी कलम कोई मीडिया नहीं, मेरी कलम के कोई बहुत सारे सवाल नहीं, पर भ्रष्ट प्रजा पालकों से एक ही प्रश्न पूछती है कि पेट भरने के लिए रोटी चाहिए वह गेहूं की या किसी

और अनाज की चाहिए, यह बताओ इन मासूमों की हड्डियां नोच नोच के खाते हो तुम्हें रात को नींद कैसे आती हैं ?

जब हम तुम्हें वोट देते हैं तो पांच साल के लिए तुम ही हमारे माता पिता हो। अपने बच्चों को प्राइवेट स्कूलों में पढ़वाते हो, अच्छे से अच्छा खाना खिलाते हो, महंगे से महंगे कपड़े पहनाते हो, मंहगी महंगी गाड़ियों में बैठाते हो, मौसम का मजा ले रहे हो। जरा गाड़ी के शीशे नीचे करो और बाहर की तरफ देखो हमारी आंखों से आंखें मिलाओ, सड़कों पर नंगे बदन बदहाल बैठे हम भी तुम्हारे अपने ही बच्चे हैं। हम भी तुमसे ममता की आस में है, हमें भी बता दो हमारा भविष्य क्या है ? या फिर हम सब 'सत्य' स्वीकार लें कि सब वायदे यहां, सिर्फ वोट पाने के तरीके हैं। बाहर निकलिए इस राजनीति से क्योंकि सत्य तो यही है कि अपना भाग्य खुद संवारो, किसी और के भरोसे मत रहो, यहां सबको अपनी-अपनी पड़ी है किसी और की किसीको फिक्र नहीं है। मित्र सीधी सी बात है यह कलियुग है कोई राम राज्य नहीं है। उठो उन सड़कों से, खुद को कमजोर मत समझो, तुम्हारे भीतर सारी सामर्थ्य है किसी और के भरोसे मत रहो। बात रही सरकारो कि तो तुमने ही बनाई थी तो तुम गिरा भी सकते हो। जागो, बढो अपना भाग्य खुद गढो।

हमें यह जीवन मिला है पर यहां मिला सुख भी नकली है और दुख भी नकली है, असली सुख उस परम आनंद का है जो हमारे ही घट में स्थित है और उस असली सुख का ना होना ही दुख का मूल कारण है। किसी भी वस्तु का मिल जाना ही पर्याप्त नहीं होता यदि हम उसकी कीमत को नहीं समझते हैं। छाया की कीमत वही समझता है जो भीषण धूप में तप चुका है, धन की कीमत वही समझता है जो घनघोर गरीबी देख चुका है, बारिश की कीमत वही समझता है जो लंबा इंतजार कर चुका है, पानी की कीमत वही समझता है जो प्यास से व्याकुल है। हृदय, ज्ञान, सत्य, परम संतुष्टि कौन सी चीज है जिसके लिए आप आतुर हैं ? जिसको पाए बिना आपको अपना अस्तित्व व्यर्थ लगता है ? जब प्यास लगती है तो आप पानी को खोजते है, क्या उस परम आनंद के लिए भी आपने कभी प्यास का अहसास किया है, क्योंकि यदि नहीं किया तो फिर आपको वह परमानंद मिल भी जाए तो क्या वह आपके जीवन में कोई महत्व रख पाएगा ? क्या आपको अपने पर इतना भरोसा है कि जब उस आंनद का आंगन आपको मिलेगा तो इस माया के प्रलोभनो की तुलना में आप चंचलता से हटकर कुछ क्षणो के लिए ही सही पर भीतर स्थित हो सकेंगे ?
क्या उस ईश्वर के लिए आपके पास थोड़ा समय भी है या नहीं ? क्या उस ईश्वर के लिए आपके पास थोड़ा 'प्रेम' भी है या नहीं ? या ये सब मूल तथ्य आपके लिए बस एक 'प्रश्नचिन्ह' है ?

22

चकोरचंद्र !

'प्रेम' जी हां प्रेम ! क्या होता है प्रेम ? कैसा प्रेम ? प्रेम, जैसा सूरजमुखी फूल का सूरज से होता है। एक ऐसा प्रेम जिसमें अपने जीवन की शुरुआत से अपने अंत तक वह फूल किसी और को नहीं निहारता है। सारा दिन एकटक सिर्फ सूर्य को निहारता है और जब वह अस्त हो जाता है तो रात भर वह फूल उसकी प्रतीक्षा करता है। उस दिशा में मुंह करके खड़ा रहता है जहां से सूर्य अगले दिन निकलेगा। आज तक कभी ऐसा नहीं हुआ जब सूरजमुखी फूल है, पर उसने सूर्योदय का स्वागत नहीं किया। वह फूल इतना ज्यादा मंत्र मुग्ध है व्यस्त हैं इस प्रेम में, कि सूर्य उसे जानता भी है या नहीं इस तरफ उसने कभी ध्यान ही नहीं दिया।

प्रेम, जी हां प्रेम ! एक ऐसा प्रेम जैसा चकोर पक्षी को चांद के साथ होता है, उसे चांद इतना ज्यादा पसंद होता है कि वह चांद की तरफ उड़ कर उसे पा लेना चाहता है। अपने नन्हें नन्हें पंखों से जो भी उसकी सामर्थ्य है वह लगातार उड़ता है, थक जाता है थोड़ा सा विश्राम करता है और फिर उड़ता है। समय बीत गया, साल बदल गए, पीढ़ियां बदल गई, सदियां गुज़र गई, पर आज तक चंद्रमा उस चकोर को मिला नहीं। पर प्रेम की पराकाष्ठा देखिए उस नन्हे से जीव ने हार अभी तक मानी नहीं। ना कम हुआ ना खत्म हुआ, उसके भीतर चांद से प्यार बस बना रहा।

प्रेम, जी हां प्रेम ! एक ऐसा प्रेम जैसा पतंगे को रोशनी से होता है और अगर वह रोशनी बल्ब से आ रही है तो उसे पाने के लिए वह घंटो घंटो प्रयास करता है, लगातार करता है, बार बार करता है। बाहर दुनिया में क्या घट रहा है क्या बढ़ रहा है उसे कोई परवाह नहीं है उसे बस प्रकाश से प्रेम है, उसे बस रोशनी चाहिए। उसे पाने के लिए पतंगा हर कीमत अदा करने के लिए तैयार है। फिर एक बड़ी कीमत इस प्रेम में वह अदा करता है। एक ऐसी कीमत जिसके सामने स्वयं प्रेम ही नतमस्तक होता है। वह नन्हा जीव उस रोशनी की चाहत में आग की तरफ बढ़ता है, डरता नहीं है, रूकता नहीं है और उस आग में जिंदा जलकर भी वह अपने प्रेम को पूर्ण करता है, साक्षात करता है।

प्रेम, जी हां प्रेम ! वही प्रेम जिसके वश में आकर द्रौपदी की लाज बचाने श्री कृष्ण खींचे चले आए थे, वही प्रेम जिसके वश में आकर भीलनी के झूठे बेर राम ने बड़े चाव से खाए थे। वही प्रेम जिसके वश में आकर मीरा ने महलों का त्याग कर दिया था और विष का प्याला पिया था। वही प्रेम जिसके वश में आकर मोरध्वज राजा ने अपने एकमात्र पुत्र का अपने ही हाथों बलिदान कर दिया था।

प्रेम, जी हां प्रेम ! वही प्रेम जिसके वश में आकर हरिश्चंद्र राजा ने पुत्र, पत्नी समेत स्वयं को काशी के चौराहे पर बेच दिया था।

प्रेम की यह गाथा अथाह है बहुत पवित्र है, बहुत महान है पर हां, ये 'प्रेम' किसी भी स्कूल के स्लेबस का हिस्सा नहीं है, क्यों ? क्योंकि आज संसार के लिए कई दूसरी बातें कुछ ज्यादा ही महत्वपूर्ण है।

मान, सम्मान, प्रशंसा और अभिमान, मन को इनकी बड़ी चिंता रहती है परंतु हृदय के लिए यदि गरीबी में भी ईश्वर भक्ति का अवसर मिलता है तो वह इसके लिए भी कृतज्ञ रहता है। बात सिर्फ प्रेम की है, जिसके साथ प्रेम होता है वह कभी दूर हो ही नहीं सकता है।

प्रेम, जी हां एक जिंदा जीवित प्रेम ! फिर वह प्रेमी लाखों मील दूर ही क्यों ना हो बैठा हो, उसकी याद मात्र से हृदय विभोर होता है। लोगों को अपने प्रेमी से मिलने की बड़ी चिंता रहती है पर एक ऐसा प्रेमी भी है जो आपके भीतर है जो कभी आपको छोड़कर गया ही नहीं है, गलती से भी नहीं है। अच्छे समय में भी वह आपके साथ था और बुरे समय में भी वह आपके भीतर ही था, उसने आपके साथ गरीबी अमीरी सुख दुख हर काल हर परिस्थिति काटी है।

जब मीरा की लगन उस प्रेमी से लग जाती है तो उसे लोक लाज की भी कोई चिंता नहीं रहती है। सुध बुध खोकर हर क्षण, हर पल बस उसके लिए उसकी संगत में ही सारे सुख हैं। कितना समय हुआ ? कितना बीत गया ? क्या तिथि है ? दिन या वार क्या है ? यह सब अब विचार का विषय ही नहीं है। प्रेम की जो बंसी मीरा के लिए बजी, क्या आप जानते हैं वहीं बंसी आपके भीतर से भी आपके लिए बज रही है। आजकल के प्रेमियो को शक होता है, कहीं यह प्रेम छूट न जाए, कहीं मैं कुछ भूल ना जाऊं, कहीं कुछ ऐसा ना हो जाए कि इस प्रेम से बिछड़ना पड़े, पर यदि आपका प्रेम हृदय से आता है तो फिर निर्भीक रहिए, सबकुछ ठीक है किसी बात की कोई चिंता नहीं है।

प्रेम, जी हां प्रेम ! किसी का भगवान से था, किसी का गुरू से था, किसी का परिवार से था तो कई क्षत्रियों का देश की माटी से था। इतिहास में झांकें तो प्रेम के लिए लोगों ने क्या क्या नहीं किया, शक्तिशाली से शक्तिशाली शत्रु से भी सामना किया। प्रेम के इस युद्ध में क्षत्रिय मर गया, कट गया, छलनी छलनी हो गया पर कभी उसने घुटने नहीं टेके, कभी उसने पीठ नहीं दिखाई। वो लड़ता रहा, उसके शरीर से रक्त टपकता रहा, पर वो जुझारू जुझता रहा। प्रेम उस पर इतना हावी रहा कि शत्रु का दिया हर ज़ख्म उसके चेहरे पर मुस्कान बना। आज बड़े बड़े लोग उसकी प्रतिमा के आगे सेल्फी लेने में व्यस्त हैं, वो क्या समझेंगे उस प्रेम को ? जो उसने किया। उसने प्रजा से वोट नहीं मांगे, देश का टैक्स नहीं चुराया, विदेशो में खाते

नहीं खुलवाए, बताओ मेरी कलम पूछती है तुमसे, तुम कैसे चुकाओगे उसका कर्ज जिसने तुम्हारी रक्षा के लिए तुम्हारी आजादी के लिए स्वयं मृत्यु का आलिंगन किया ?

दर्द से ज्यादा जब साहस हावी होता है, तो हार कर भी व्यक्ति जीत जाता है। माया शक्तिशाली है, भक्ति के इस मार्ग में हमें भी कमर कसने की जरूरत है। जब आप हिम्मत करेंगे, निरंतर अभ्यास करेंगे, तो हारकर क्रोध लोभ लालच और मोह को आपको रास्ता देना ही पड़ेगा और फिर प्रेम, जी हां प्रेम के वशीभूत होकर आपके बनाने वाले को आपके भीतर आपके लिए साक्षात होना ही होगा। मन का स्वभाव चंचल है, उसका वेग और उसका प्रहार घातक है, विनाशकारी है। हां, यदि हमने प्रयास किया, अभ्यास किया और ईश्वर की तरफ मन को मोड कर उसे एक ठहराव दिया तो जीवन में सकारात्मकता अवश्य आएगी। जी हां, जब हम इस संसार के सहारे को छोड़कर उस सतनाम के आसरे हो जाते है तब वो शक्ति जो सारे ब्रह्माण्ड को संचालित करती है हमारी मदद के लिए आती है। हृदय और भक्ति हमें सोना बना देते है, पर मन की आसक्ति मिट्टी बनाकर छोड़ेगी। लोग पूछते है भक्ति क्या है ? भाई, जैसे मन के मोह में भूख ना लगे, प्यास ना लगे, दिन में चैन ना आए, रात में नींद ना आएं, जो मनपसंद है मन बस हर पहर उसी पर टिका रहे, उसी की मांग करता रहे, मनोकामना पूरी ना होने पर आप बहुत दुखी रहे, ना कहा जाए ना सहा जाए वाली स्थिति रहे। ठीक यही स्थिति जब संसार के साथ होती है तो इस 'मोह' कहा जाता है और जब भीतर स्थित भगवान के साथ होती है तो इसे 'भक्ति' कहा जाता है। एक समय में आप किसी एक स्थान पर ही तो हो सकते है विकल्प आपके पास है 'मोह' की तरफ बढ़े या 'भक्ति' को प्रत्यक्ष करें। मोह एक बंधन है, पर भक्ति एक मुक्ति है। मोह का परिणाम दुख है पर भक्ति का प्रतिफल आनंद है। मोह में व्याकुलता बढ़ती है पर भक्ति में संतुष्टि बढ़ती है। मोह में दर्द भी है, चिंता भी है, ग्लानि भी है पर भक्ति में आंनद भी है, प्यास भी है, पानी भी है।

हे पार्थ, तेजी से बदलती, दौड़ती भागती इस दुनिया में मन के बहकावे में मत आओ क्योंकि 'सत्य' यह है कि आपको इच्छाओ की पूर्ति की नहीं हृदय की संतुष्टि की तलाश है। आपका हृदय भी आपका एक जरूरी हिस्सा है और उस हिस्से की भी अपनी कुछ जरूरतें है। मन और उसकी कामनाएं कभी पूरी नहीं होती, बहुत लोग इस प्रयास में मिट्टी बन चुके हैं, पर अगर आप मेरे शब्दो की गंभीरता को समझ सके तो समझ लेना कि ना जाने कितनी योनियों में भटकने के बाद, करोड़ों करोडो सालों के बाद एक अद्भुत अद्वितीय अवसर मनुष्य बनने का आपको मिला है जो फिर कभी नहीं मिलेगा। अगर फिर से मिलता तो चलिए और समय बर्बाद कर लेते पर क्योंकि नहीं मिलेगा, इस बार इस जीवन को एक सार्थकता जरूर दें जाना।

आप मानो या ना मानो पर यही सबसे ज्यादा जरूरी है। दुनिया अभी भी लगी होगी अपनी मन की कामनाओं को पूरा करने में, उनके पास समय नहीं, सब नहीं सुन सकेंगे, ना सुने ! कोई बात नहीं, पर मित्र अगर आप मेरी कलम की आवाज सुन सके, समझ सके तो समझ लेना 'भक्ति' सबसे ज्यादा जरूरी है 'मुक्ति' सबसे ज्यादा जरूरी है। आज आपका

जन्मदिन है, केक लगाया गया है, मोमबत्तियां सजाई गई है और आप बस मोमबत्तियो पर फूक मारने ही वाले हैं। रुकिए, विचार कीजिए इस बात पर कि आपके भीतर क्या है ? जो नया समय आने वाला है उसकी खुशी है या जो समय बीत गया और बचा नहीं उसका दुख है ? अगर बीता हुआ समय सचमुच में 'आनंद' नहीं समेट पाया और आने वाले समय के लिए भी आपकी कोई योजना नहीं है तो आपसे ज्यादा विद्वान कौन है ? आप संसार के सबसे ज्यादा समझदार व्यक्ति हैं बढ़िए आगे और मार दीजिए फूंक, क्या फर्क पड़ता है अगर एक और नया साल आपके हाथों में बर्बादी की ओर उन्मुख है ? जिसका जन्म हुआ है उसकी मृत्यु भी अटल है, महान वैज्ञानिक आईन्सटाईन ने भी कहा है जो चीज बनी है उसका अंत भी निश्चित है।

परीक्षा तो एक दिन सभी को देनी है, पर डर-डर कर आगे बढ़ने से अच्छा है तैयारी करके आगे बढ़ना। जन्मदिन वर्ष में एक दिन मनाया जाता है पर इस जीवन का उत्सव हम प्रतिदिन मना सकते हैं। बीते हुए या आने वाले समय की चिंता में अगर यह समय निकलता रहा तो सचमुच में हम गरीब रह जाएंगे चाहे हमारा बैंक बैलेंस कितना ही क्यों ना हो। चिंता और चिता में ज्यादा अंतर नहीं है, चिता मुर्दा को जलाती है, चिंता जिन्दो को जलाती है, चिता एक बार जलाती है चिंता हर रोज जलाती है, चिता इस संसार से विदा कर देती है चिंता इस संसार में जकड़ लेती है, चिता मृत्यु से जुड़ी है चिंता जीवन से जुड़ी है, चिता अंतिम सत्य है चिंता प्रथम सत्य है। चिन्ता से हम बच नहीं सकते, तो क्यों ना सतनाम की, की जाए। जब तक हम जीवित हैं इस शरीर रूपी पिंजरे में वह अविनाशी बैठा है, पर हां एक दिन उस पंछी का इस पिंजरे से उड़ना निश्चित है। चाहे हम कितनी भी कसरत कर ले कितनी भी तैयारी कर ले कितनी भी आरती कर लें, कितनी भी योजनाएं बना ले, मृत्यु को टाल नहीं सकते है। कुछ लोगो को पौराणिक कथाओं में अमर बताया गया है पर मैं आपसे कहासुनी की बात नहीं करूंगा सीधे पूछूंगा मिला आपको कोई जो सनातन काल से जीवित हैं ? अगर आपका उत्तर है नहीं, तो बस यह सत्य स्वयं को समझा दें।

बड़ी संख्या है उन लोगों की जिन्होंने विश्वास के दलदल में अपना सब कुछ खो दिया है पर मैं आपको एक सरल सलाह देता हूं दूसरो के बिना सिर पैर वाली बातों के बहकावे में मत आइए, अपने अनुभवों से आगे बढ़िए और अपने अनुभवों को स्वीकार कीजिए। अगर समय एक नदी है तो हमारा शरीर बस एक कागज की नाव है, इस सत्य को समझिए हम इस संसार में रहते नहीं हैं, बस यहां से गुजर रहे हैं, यह हमारा स्थायी घर नहीं है, यहां तो मेरे मित्र किसी का घर नहीं है। जानते हैं आप कागज की नाव की क्या प्रकृति होती है ? वह पानी की धार में ज्यादा देर टिकती नहीं है। पानी उसे गला देता है, नष्ट कर देता है कुछ ऐसा ही समय हमारे साथ भी करेगा, हम सिर्फ एक काम कर सकते हैं कि जब तक नाव चल रही है तब तक इस यात्रा का आनंद ले सकते हैं। समय ने किसी को छोड़ा नहीं है, लोगों की तबीयत खराब होती है तो तुरंत डॉक्टर के पास जाते है पर एक समय आएगा जब डॉक्टर को भी डॉक्टर की जरूरत पड़ जाएगी। एक समय आएगा जब कमांडर को भी कोई बचा नहीं पाएगा। एक

समय आएगा जो पृथ्वी चंद्रमा और सूर्य को भी अपने साथ ले जाएगा। क्या रहेगा और क्या बचेगा ? वही अविनाशी, जो हम सभी के भीतर भी स्थित है।

आप आप पूछेंगे कि भाई, वो क्यो बचेगा ? अब करने लगे ना आप भी बिना सिर पैर वाली बात ! भाई, सबकुछ नष्ट हो जाएगा क्योंकि यह सब समय से बंधा है और वह अविनाशी बचेगा क्योंकि उसे 'कालातीत' कहा गया है। कालातीत का अर्थ होता है वह जो समय से परे है। भविष्य की चिंता छोड़िए भाई पहले आओ अपने वर्तमान को तो बचा लें, वर्तमान को तो जी लें। मेरी कलम ऐसा कुछ नहीं लिखना चाहती जिससे यह स्वयं ही सहमत ना हो। सांस सभी लोगों की चल रही है ये सही बात है पर जिंदा सब नहीं है। लकीर के फकीर को जीवित नहीं कहा जाता वह सिर्फ रोबोट है जिन्हें प्रोग्राम किया गया है क्योंकि उनका अपना कोई मस्तिष्क ही नहीं है।

लकीरो के फकीरों का कुछ नहीं हो सकता, कालाबाजारी करने वाले लोग इनके नेता हैं। तीन-तीन तलाक ले चुके और चौथी शादी के इंतजार में आगे बढ़ने वाले लोग उनके हीरो है, महात्मा गांधी और नेल्सन मंडेला को छोड़िए वह तो संत थे उनकी बातों को ये नहीं सुनते, इन लकीर के फकीरों ने कई पोर्न स्टार को अपना आदर्श बना लिया है और उनके आदर्शो पर यह चलते हैं। फेफड़े इनके जवाब दे रहे हैं पर यह धुएं उड़ा रहे हैं, सोशल मीडिया पर रात-रात को जगकर यह सिर्फ बकवास करते हैं, जीवन में इनका कोई लक्ष्य ही नहीं है, रुकिए रुकिए पार्थ, अब आपकी बारी आप कमेंट में 'सत्य' बताइए क्या सचमुच में यह जिंदा भी है ?

जीवित तो वह एक 'बिरला' है जिसने अपनी गलतियों से सीखा है, जिसे अपना एक सार्थक लक्ष्य बनाया है और उसे पाने के लिए वह प्रयासरत हैं। जंगल में शेरो की कमी हुआ करती है साहब, खरगोशो की नहीं। खरगोशो को बच्चे पैदा करने का बड़ा शौक होता है पर जनसंख्या को बढ़ा लेने मात्र से वह जंगल का राजा नहीं बनता है। असली राजा, असली राजा होता है उसे महल की, मुकुट की, सेना की, परचे छापने या भाषण देने की जरूरत नहीं होती, वो तो किताब भी नहीं लिखता है। उसकी पहचान ही यह है कि वह जहां जाता है बिना कहे ही सबके सिर उसके आगे अदब से उसके सामर्थ्य के आगे नतमस्तक होते हैं। शेर कोई शोर नहीं मचाता है, शोर मचाकर कुत्ते वार करते हैं, शेर बस चुपचाप घात लगाकर सही समय की प्रतीक्षा करता है।

यह जीवन आपका है, मन आपका है, हृदय आपका है किसको जिताना है यह निर्णय भी आपका है। मेरी कलम तो सिर्फ इतना कहेगी कि अगर आप भी किसी मौके के इंतजार में थे तो वह मौका आ चुका है यदि आप शेर है और घात लगाए बैठे थे तो प्रहार का समय आ चुका है। एक तरफ आपका मन है जो अपना साम्राज्य स्थापित करना चाहता है दूसरी तरफ आपका हृदय है जो बस स्वतंत्र रहना चाहता है। प्रेम की गाथा छोड़िए यहां कलियुग में लोगो के लिए ईश्वर भी एक व्यवसाय हो गया है। बेरोजगारी बहुत बढ़ रही है इसलिए कई बेरोजगार महान धार्मिक ग्रंथो, पुराण, बाईबल, गीता, वेद, शास्त्र, भागवत समझाने वाले बनकर नए तरीकों से जीविका भी कमा रहे हैं।

मैं आपसे एक सरल प्रश्न पूछता हूं कि अगर आपको प्यास लगी है तो प्यास को मिटाने के लिए आपको किस धार्मिक ग्रंथ को पढ़ने की जरूरत है? आप भी जानते हैं, मैं भी जानता हूं की आपको किताब की नहीं पानी की जरूरत हैं। गीता में गंगा लिखा है, परंतु असली गंगा तो बाहर बह रही है ठीक इसी प्रकार ईश्वर किताबों का विषय नहीं है, चर्चाओं का विषय नहीं है, तर्क वितर्क या कुतर्क का विषय नहीं है, वह प्रत्यक्ष अनुभूति का विषय है और आपको बस इस 'सत्य' को स्वीकारने की जरूरत है। ईश्वर की प्राप्ति बहुत सरल है इसके लिए आपको कोई टीम बनाने की, जगह-जगह जाने की, लोगों से संपर्क करने की, पर्चे छपवाने की या विज्ञापन करवाने की जरूरत नहीं है। आप अच्छी तरह से जानते हैं कि पानी पीते ही आपकी प्यास बुझ जाएगी और संतुष्टि आप में आ जाएगी। मंदिर, मस्जिद, गुरुद्वारे, मठ, चर्च, स्तूप, विहार, धार्मिक स्थल यह सब धार्मिक किताबें, यह मंदिरों में स्थापित प्रतिमाएं यह धार्मिक सभाओं की सुंदर-सुंदर व्याख्याएं, यह सुंदर सुंदर गीत ये भजन कीर्तन, यह उच्च गुणवत्ता वाली फोटोस, यदि मनुष्यता को बढ़ाते है, प्रेम को व्यक्त करते है, उस परमात्मा की याद दिलाते है तो मेरी कलम इन सभी के आगे भी नतमस्तक है।

परंतु यदि यह अनेकता को बढ़ाए, स्पष्टता को रोके और भ्रम को बढ़ाएं, 8 करोड़ वसु, 11 करोड़ रूद्र, 12 करोड़ आदित्य, 2 करोड़ इंद्र, और प्रजापति मिलाकर कुल 33 कोटि देवी देवताओं की सूची मेरे हाथों में रख दें तो मैं पूछूंगा कि हे मित्र मैं किस एक की पूजा करूं? क्योंकि मेरे छोटे से जीवन में अगर मैं 100 साल भी जिया तो 36500 दिन ही जी सकूंगा 33 करोड़ तो दिन भी नहीं है।

धर्म अगर विभाजन वाले बीज बोते हैं तो हमें भी और आने वाली पीढियो को भी, इन कांटों से उलझना तो पड़ेगा ही। कांटों से बचना होता है तभी तो घर के आगे तुलसी का पौधा होता है बबूल का नहीं। संविधानों में बेशक समानता लिख दी गई हो परंतु आरक्षण के नाम पर, कभी धर्म के नाम पर, कभी समुदाय के नाम पर हमारे नेता समाज को तो बाटते ही है। स्त्री और पुरुष समाज में एक बराबर समानता का दर्जा आज तक नहीं पा पाए हैं। कमजोर वर्ग को आज भी दबाया जाता है। जाति पाति के आधार पर समाज आज भी बटा हुआ है। कई जगह धार्मिक स्थलों को ही गोला बारूद रखने के केंद्र बनाया जाता हैं, युवा वर्ग जिनके हाथों में भविष्य की बागडोर है वही सबसे ज्यादा पथभ्रष्ट है, असंतुलित हैं, कई होनहार तो फिल्म की तरह उड़ता पंजाब बन चुके हैं।

समाज के कुछ ठेकेदार सिर्फ दूसरों के हिजाब का हिसाब लगाने बैठे हैं। कुछ लोगों का व्यवसाय ही बस गलत कार्यो के लिए बलि का बकरा ढूंढना है। कुछ लोग बस दूसरों को लूटने में लगे हैं, कुछ लोग बस दूसरों को नोचने में लगे हैं, कुछ लोग बस दूसरों को ठगने में लगे हैं, सोच रहा हूं मैं किसी शहर में हूं या जानवरों की ये भीड़ देखकर लगता है जैसे ये कोई जंगल है। देखो जो भी है 'सत्य' यही है कि हम मनुष्य है एक तरफ मन है पर एक तरफ हृदय भी है। यहां एक अवसर है, यह समय है, यह सीखना है, यह संतुष्टि है यह सफलता है और सबसे बड़ी बात यहां इस समय आपके भीतर वह 'ईश्वर' भी है, जो सबकुछ देख सुन समझ रहा है

पर जैसा मैं कहता हूं लोगों के पास अपने ही ईश्वर के लिए समय नही है। यहां किसके लिए लोगों के पास समय है वह भी मैंने देखा।

मैंने देखा एक बहुत बड़े स्टेडियम में लाखों लोग बैठे, और ठीक उसी समय करोड़ों लोग ऑनलाइन नजरे गडाए बिल्कुल स्थिर, बिल्कुल सचेत, बहुत ही गंभीर मुद्रा में, एक रबड़ की गेंद को बहुत ही उत्सुकता से देख रहे हैं। जब मैंने और ध्यान से देखा तो मैंने पाया की कई बार जैसे ही वह गेंद उछलती है इन सबके चेहरे पर एक प्रसन्नता एक साथ आती है और कई बार वही गेंद दूसरी दिशा में उछलती है तो यह सब लोग एक साथ निराश होते हैं। गेंद एक बार उछलती हैं और लोग खुशी के सातवें आसमान पर पहुंचते है और फिर जल्दी ही सभी के चेहरे मातम में पीले पड़ जाते हैं। मैं बडा असमंजस में पड़ा और सोचने लग गया कि यह कैसे संभव है कि एक मनुष्य की खुशी एक रबर की गेंद से जुड़ी है। पर हां, कलियुग के मनुष्य का सत्य यही है कि जुड़ी है। शायद वह गेंद बहुत ज्यादा महत्वपूर्ण हैं। थोड़ी देर बाद यह शोर शांत हो जाता है और स्टेडियम में उपस्थित हर दर्शक बिना उस गेंद को लिए ही अपने-अपने घर वापस लौट जाता है। पूछने पर पता चला कि वह पहले भी यहां आए थे और जल्दी ही यहां फिर आने वाले हैं और यहां आने के लिए पता चला बहुत पैसा भी खर्च करते हैं। मैं फिर असमंजस में था कि पैसा खर्च करके ये करोड़ों लोग मातम खरीदते हैं या खुशियां खरीदते हैं ? पूछने पर पता चला कुछ लोगों को गेंद के कारण बड़े-बड़े ईनाम दिए जाते हैं और कुछ लोग इस गेंद के कारण बहुत बदनाम किए जाते हैं। मैं फिर असमंजस में था कि मनुष्य के लिए रबड़ की गेंद इतनी महत्वपूर्ण है कि वह सम्मान बन गई है ?

मेरी जिज्ञासा और बढी, मैंने और जांच की तो पता चला कि गेंद के कारण बड़ी संख्या में सट्टे भी लगते हैं, जो सही अनुमान लगाता है वह अरबपति बन जाता है और जो गलत अनुमान लगाता है वह सडक पर आ जाता है, कई लोग इस गेंद के कारण आत्महत्याएं भी करते हैं। मैं फिर असमंजस में था और सोचा, की क्या यह रबड़ की गेंद कोई 'ईश्वर' है ? क्योंकि पड़ताल करके तो पता चला की बहुत सारे लोगों के लिए यह गेंद ही भाग्य विधाता है। मेरी जिज्ञासा और बढी और टिकट खरीद कर मैं भी उस स्टेडियम में जाने लगा। मैंने सब चीजों पर ध्यान दिया और पाया कि जैसे-जैसे समय बीता, साल बीते, वैसे-वैसे दर्शक भी बदलते गए और खिलाड़ी भी बदलते गए। फिर एक दिन आया जब मैंने पाया कि पुराने करोड़ों दर्शकों में से कोई एक भी दर्शक वहां नहीं टिका सब बदल गए, अचरज की बात थी कि मैदान में सब खिलाड़ी भी नए थे।

मैं फिर असमंजस में पड़ा और सोचने लगा कि करोड़ों लोग सैकड़ो बार यहां पर आए पर क्या उन्होंने कुछ बचाया भी या फिर सारा समय मनोरंजन के नाम पर बर्बाद ही किया ? सब लोग सारा समय बस दूसरी चर्चाओं में व्यस्त रहे या फिर किसी ने अपने अनमोल समय के इस नफा नुकसान का कुछ हिसाब किताब भी किया ? ना वो खुशियां ही बची ना वो पल ही बचे ना वो 'आनंद' ही बचा, इतना समय और धन लगाने के बाद भी हर व्यक्ति यहां से खाली हाथ ही गया।

23

ईशाविनाशी !

मित्र, गीता में स्पष्ट कहा गया है कि "सृष्टि को उत्पन्न करने वाला भी मैं हूं, सभी जीवित प्राणियों में सांसों का संचार करने वाला भी मैं हूं। मैं ही सभी के हृदय में विराजमान हूं। मैं ही सभी प्राणियों का आदि, मध्य और अंत भी हूं। रचने वाला, पालन करने वाला और विनाश करने वाला भी मैं ही हूं। मैं ही सूर्य, मैं ही चंद्रमा, मै ही सामवेद, मैं ही इंद्र भी हूं। मैं ही कण हूं, मैं ही क्षण हूं, मैं ही चेतन हूं, मैं ही मन भी हूं। मैं ही शंकर, कुबेर, मेरू, सुमेरु, अग्नि, बृहस्पति, कार्तिकेय हूं। मैं ही समुंद्र, मैं ही वृक्ष, कामधेनु, कामदेव, वरुण, यमराज, और हिमालय भी हूं। मैं ही भृगु ऋषि, ओमकार, पवन भी हूं। सब मैं ही हूं और मैं सबमें हूं। मैं ही राम, मैं ही कृष्ण, मैं ही गंगा, महेश, विष्णु और ब्रह्मा भी हूं।"

सरल प्रश्न यह है कि जब गीता में विश्वास भी रखते हैं और गीता में स्पष्टता कह दिया गया है कि मैं 'सभी' में हूं तो उस पुस्तक के आगे नतमस्तक होकर फिर उसकी ही बातों के विरुद्ध उस सर्व शक्तिमान ईश्वर को ढूंढने के लिए हम बाहर की दूर दराज दिशाओं में भटकते ही क्यों हैं ? ठीक है कि वह ईश्वर सर्वव्यापी है। वह मूर्ति में भी है, वृक्ष में भी है, हवा में भी है, जल में भी है, आकाश में भी है, अग्नि में भी है, कण-कण में है। ईश्वर सर्वव्यापी है इसमें कोई शक नहीं है पर आप उसे केवल अपने भीतर ही अनुभव कर सकते हैं कहीं और नहीं, यह बात भी स्पष्ट है। आंखें सुन नहीं सकती, कान देख नहीं सकते, नाक चख नहीं सकती, इसका अर्थ क्या है ? अर्थ बड़ा ही स्पष्ट है कि जो उपकरण जिस चीज के लिए बना है उसका इस्तेमाल उसी कार्य के लिए किया जा सकता है। आपके पास भी उस ईश्वर को देखने के लिए एक उपकरण है और वह उपकरण आपका 'मन' नहीं है वह आपका 'हृदय' है।

जैसे आंखों से सुनना कभी संभव नहीं हो पाएगा वैसे ही हृदय के बिना, 'आत्मज्ञान' के बिना, उस ईश्वर से मिलना कभी संभव नहीं हो पाएगा। आप चाहे तो प्रयास कर सकते हैं, आप चाहें तो समय बर्बाद कर सकते हैं। नीचे से आकाश नीला दिखता है पर जब हम उसके पास जाते हैं तो उसका रंग बदल जाता है। लहरें समुद्र में करोडो हैं पर जब हम उन्हें हाथों से पकडते हैं तो एक भी पकड़ में नहीं आती है। जब हम ऐसे कार्य करने की कोशिश करेंगे

जो संभव ही नहीं है तो हमें निराश होना पड़ेगा। हां, हर व्यक्ति को अपने तरीके से प्रयास करने की आजादी है इसमें भी कोई शक नहीं है। इतिहास में बहुत कम 'बिरले' लोग ही जीते जी ईश्वर प्राप्ति के इस प्रयास में सफल हुए हैं। ज्यादातर को निराशा ही हाथ लगी है, ईश्वर उनको कभी मिला नहीं है। जीवन आपका है आपको मिला है तो इस बार प्रयास करने की बारी भी आपकी है। कुछ लोग तो पूरे विश्वास के साथ बोलते हैं कि ईश्वर हमारे भीतर नहीं है। मैं पूछता हूं जब बाहर तुमने सब जगह ढूंढ लिया है और वह नही मिला तो भाई अब अपने ही भीतर ढूंढने से तुम्हें संकोच क्यों है ? चलो ठीक है मान ली आपकी बात, हो सकता है भीतर नहीं मिलेगा पर एक बार जाने से यह पता तो चल जाएगा, प्रमाणित तो हो जाएगा कि वह भीतर नहीं है। पर जब कभी गए ही नहीं तो फिर तो आपकी सब बातें सिर्फ बाते ही रही, वैसे भी कौन सा आपका धन दांव पर लगा है, अपने ही भीतर प्रयासो से नुकसान ही क्या है ?

परीक्षाओं में बैठने से कई लोग हिचकते हैं, क्योंकि वह फेल होने से डरते हैं, शायद निराशा का सामना करने से डरते हैं। लोगों को लगता है कि भीतर की खोज में भी हमें निराशा का सामना करना पड़ेगा, परंतु क्या यह सत्य नहीं है कि आशा को हम अवसर नही देना चाहते और भीतर की संभावित निराशा से हम डर रहे हैं ? बाहर से भी आज तक हमें सिर्फ निराशा ही मिली है, साक्षात वह ईश्वर, वह परम संतुष्टि कभी नहीं मिली है। ऊंचे ऊंचे पहाड़ो और दुर्गम स्थानों पर लोग उस ईश्वर की तलाश में जाते हैं पर हमारे लिए वह सबसे सरल जगह विराजित हैं। कई लोग कहते हैं हमारी तो काफी उम्र बीत गई, अब तो चला भी नहीं जाता अब क्या ईश्वर की खोज करेंगें, छोडो अब कुछ नहीं हो पाएगा।

हजारो सालों से यदि कोई पत्थर किसी नदी समुद्र के पानी में पड़ा हो और उसे वहां से निकाल कर सूर्य की धूप में थोड़ी सी देर के लिए रख दिया जाए तो ज्यादा समय नहीं लगेगा और वह पत्थर ऐसा सूखेगा की बड़े से बड़ा पंडित भी यह नहीं बता सकेगा कि यह हजारों सालों से पानी में था। तथ्य यही है कि जब तक आप जीवित है देर कभी नही हुई है। आप मनुष्य हैं, परम पवित्र हैं, उस ईश्वर के अंश हैं। बगुलापना छोड़िए स्वयं को पहचानिए आप हंस है। अंधकारों और निराशाओं में भटकते हुए चाहे कितना ही समय क्यों ना बीत गया हो, चिंता मत करिए जैसे ही भीतर के उस सूर्य के समक्ष आप खड़े होंगे, अंधकार का, दुख का, निराशा का, लोभ लालच और अज्ञानता का यह सारा गंदा पानी आपको छोड़कर उड़ने लगेगा और तब आप अपने असली स्वरूप को देख पाएंगे। अपने हृदय के आंगन में आप पाएंगे कि वह आंगन ईश्वरीय है परम संतोष देने वाला है वहां बहती ठंडी हवाएं हैं, निर्मल प्रकाश है, मनोहरी मौसम है। निराशा, दुख, क्लेश, सब आपसे दूर हो चुके हैं आप आनंद में है आप परम आनंद में है आप ब्रह्म आंनद में है। लोगों को आनंद और संतुष्टि की यह बाते समझ में नहीं आती, वे कूदकर बैठते हैं अपने खेवट की नाव में, ले जाते हैं नाव को बीच मझधार में और तुरंत उसमें एक शंका रूपी छेद कर देते है, फिर खेवट से कहते हैं कि अब नदी पार कराकर दिखाओ। अब वह पार करा सकता है या नहीं इस प्रश्न के लिए काफी देर हो गई है अब प्रश्न यह है कि वह खेवट है उसे तैरना आता है पर क्या तुम्हें भी 'तैरना' आता है, या

नही ? नदी पार करने के लिए जब उसने आपको अपनी नाव में बैठाया तो शांति से बैठना भी तो आपका दायित्व था। अब आपकी चंचलता आपको ले डूबेगी। फिर से पढ़ो और ध्यान से समझो "आपकी चंचलता आपको ले डूबेगी।" मीराबाई जी की लिखी बहुत सुंदर पंक्तियां है :

बाजी लागी राम से, पलटू दो विधि राम ।

जो हारूं तो राम की, जो जीतू तो राम।।

अगर हमारी बाजी भगवान के साथ लगी हो तो अगर हम जीत गए तो भगवान हमारे होंगे और अगर हम हार गए तो हम भगवान के हो जाएंगे। मतलब दोनों ही तरीकों से हमारी जीत निश्चित है। मैं जानता हूं कि दुनिया तर्कों से चलती है, दिमाग से चलती है प्रश्नों से चलती है पर भीतर की यह दुनिया उत्तरों के समुद्र से भरी है। यहां सिर्फ और सिर्फ उत्तर है, कोई प्रश्न ही नहीं है।

हे पार्थ, मिट्टी चंचल नहीं है, जिस मिट्टी को घड़ा बनना होता है वह स्वयं को कुम्हार के हाथों में पूरी तरह समर्पित करती है। जरूरत के अनुसार कुम्हार उस मिट्टी में पानी मिलाता है, उसे रोंधता भी है, गूथता भी है और जब उसे चाक पर रखता है तो अंदर तो हाथ लगा देता है पर बाहर से पीटता भी है। फिर जब वह घड़ा एक संतुलित आकार लेता है तब उसे वह भट्टी में जलाता भी है पकाता भी है। आज इस कलियुग में लोगों को भी संतुलन चाहिए पर जलना और पकना तो दूर की बात है वह तो सुनने तक की क्षमता खो बैठे हैं। दुनिया अपने तर्कों से चलती है पर हृदय की दुनिया में सत्य यही है कि शिष्य भी एक मिट्टी है और ध्यान रखें जो मिट्टी प्रेम के इम्तिहान में इन थपेड़ों को सह नही पाएगी, माफ कीजिएगा पर सत्य यही है कि वह कुछ बन नहीं पाएगी।

परमात्मा सूक्ष्म है, छिपा है परंतु ज्ञान की नजरों से नहीं। ज्ञान की नजरों से देखने पर आप देख सकते हैं की एक बीज के बीच में एक वृक्ष छिपा हुआ है और एक वृक्ष के बीच में छाया। सूर्य के बीच में ही किरण छिपी हुई है और किरण के बीच में ही प्रकाश। जीव के भीतर ही सांस है, सांस के भीतर ही शब्द है और शब्द के भीतर ही अर्थ है। माया भी उसी परमात्मा ने ही रची है, माया के बीच में ही आत्मा छिपी हुई है और इस आत्मा के बीच में ही वह परमात्मा स्थित है। जितने यह उदाहरण स्पष्ट है परमात्मा उससे भी कहीं अधिक प्रत्यक्ष है। लोग उसे छिपा हुआ कहते हैं, परंतु वह छिपा नहीं है, वह साक्षात है। अगर हम उसे नहीं देख पाते तो इसका कारण सिर्फ इतना है कि उसे पाने की हमारी अपनी ही प्यास नकली है। वह परमात्मा हमें कैसे दिखेगा जब हमारी अपनी ही नजरे माया की दिशा में है। मधुमक्खी को शहद से प्रेम है, छोटी सी ही तो होती है पर दिन रात मेहनत करती है, ढूंढती है ढूंढती है और बस ढूंढती रहती है। उसके पास सोशल मीडिया पर किसी को 'हैलो' कहने का समय ही नहीं है। वह सिर्फ और सिर्फ अपने प्रेम में ही 'बिजी' है। वह एक-एक बूंद शहद इकट्ठा करती है और अपने छत्ते को पूरा भरती है। आपने कभी सोचा है जब वह एक फूल के भीतर जाती है तो उसे वहां से शहद मिलता कितना है ? बहुत सूक्ष्म, बहुत कम। इतना कम कि जिसे हम एक बूंद कहते हैं उसे मिलने वाला शहद उसका भी शायद सौवां हिस्सा है। अनगिनत फूल

तो ऐसे भी होते हैं जिनसे उसे खाली हाथ ही लौटना पडता है। पर वह मधुमक्खी कभी निराश नहीं होती, कभी हताश नहीं होती, कभी अपनी खोज को बंद नहीं करती। शहद ही उसकी लग्न है और वह हमेशा बस उसकी तलाश में लगी रहती है। उसकी यही 'लगन' उसके जीवन को एक सार्थक अर्थ प्रदान करती है।

गिलास भर के या बाल्टी भर के शहद मिलने की उसे आशा नहीं है पर वह उन मिलने वाली छोटी-छोटी बूंदों से भी संतुष्ट रहती है। मधुमक्खी के पास जितना भी कम मिले उसके लिए उतना ही बहुत है पर हमारे पास जितना भी ज्यादा मिले उतना ही कम है। अपने इसी नजरिए को ही तो हमें बदलने की जरूरत है। लोग हैं जो मेरी कलम की बात समझना नहीं चाहते, अपनी अपनी बातें करते हैं, तर्क करते हैं, वितर्क करते हैं, मैं उनसे हाथ जोड़कर कहता हूं की भाई मैं तो पहले ही हारा हुआ हूं, मुझमें तुमसे तर्क करने की शक्ति नहीं है, मैं इतना विद्वान भी नहीं हूं, मैं तो प्रभु के दासो का भी दास हूं।

तुम कह रहे हो तो कुछ सोच कर ही कह रहे होंगे ऐसा करो जाओ इस माया के अंदर जहां भी व्यस्त थे उसमें फिर से लग जाओ। मना मैं कर नहीं सकता, निर्णय तुम्हारे अपने हैं, आज तक तुमने लिए हैं आगे भी तुम ही लेने वाले हो। माया और मायापति के बीच संतुलन बैठाने की तुम्हारी कोई विशेष इच्छा भी शायद नहीं है। माया बांझी गाय हैं, उसके थनो को तुम कितना भी बिलों लो, कितने भी साल प्रयास कर लो, मन करे तो यह पूरा जीवन बिता दो और सिर्फ बिलोते ही रहो पर 'दूध' तुमको कभी मिलेगा नहीं। एक तरफ दूध तुमको मिल नहीं रहा पर दूसरी तरफ इच्छा तुम्हारी माखन खाने की है। योजनाएं लोगों की बड़ी-बड़ी है, जब दूध मिल जाएगा तो दही बनाएंगे जी, पनीर बनाएंगे जी, घी बनाएंगे जी और फिर उस घी में पकोड़े तलेंगे जी, स्वादिष्ट स्वादिष्ट पकवान बनाएंगे जी, मेरे मुंह में तो अभी से पानी आ रहा है जी।

देखो भाई, तर्क कितने ही कर लो वितर्क कितने ही कर लो सत्य यह है कि तुम्हारा यह पानी, पानी ही रहेगा जी। क्योंकि, बता तो दिया "गाय तो माया की बाझिन है जी, दूध उससे तुमको कभी मिलेगा नहीं जी।" चलो बाझिन गाय को छोड़ो, अपनी मधुमक्खी पर आते हैं जी, अगर आप भी एक सच्चे जिज्ञासु हो, सच्ची वाली मधुमक्खी हो और उस सच्चे वाले अमृत को ढूंढ रहे हो, कहीं से उड़ते उड़ते मेरी किताब के इन शब्दों के भीतर आ गए हो तो खुले हृदय से मेरी कलम आपका स्वागत सत्कार करती है। आपकी सेवा में अपनी खुशी से अपने हृदय से, जो भी मेरे अनुभव के ये पुष्प है वह सबके सब आपको समर्पित करती है। पर मेरे देने मात्र से क्या होगा ? किसके पास कितने शब्द टिकेंगे, कौन कितने अर्थ ग्रहण कर सकेगा वह तो उसकी अपनी समझ, प्रकृति और झोली पर ही निर्भर करेगा। चाय की छलनी अच्छी चीजों को छोड़ देती है और बुरी चीजों को अपने में समेट लेती है, परंतु दूसरी तरफ बांस से बने सूपे की दूसरी प्रकृति होती है, सूपा बुरी चीजों को बाहर फेंक देता है और अच्छी चीजों को अपने भीतर रख लेता है। प्रेरणाएं, संभावनाएं और उदाहरण तो प्रकृति के कण-कण में हमारे लिए भरे पड़े हैं, देखना सिर्फ इतना होता है कि हम कितनी प्रेरणा ग्रहण

करते हैं। संसार में हम रहते हैं, हमारी सारी आशाएं निराशाएं संसार से जुड़ी है। अपना सारा समय भी हम संसार को देते हैं, संसार भी बदले में हमसे बड़े बड़े वायदे करता है पर मैंने उन वायदों को पूरा होते कभी देखा नहीं है। संसार में रिश्तों का व्यापार सा हो गया है, जितना जिससे मतलब उतना उससे प्यार सा हो गया है।

तो हम क्या कर सकते हैं ? क्या इस संसार को छोड़ दें ? रुको भाई रूको। इतनी जल्दी क्यों मरने लगते हो, जब देखो क़ब्र में पैर लटकाए ही बैठे रहते हो। समझो थोड़ा, उत्तर लिखता हूं, गुलाब के नीचे कांटे होते हैं तो क्या उन कांटों से डर कर लोग गुलाब छोड़ देते हैं ? सीधी सी और स्पष्ट सी बात है की जो जैसा है उसे वैसा ही देखो। जो नाशवान है, उसे नाशवान ही समझो और जो अविनाशी है उसकी संगत करो। हां कई बार यात्रा थोडी लंबी होती हैं पर मधुमक्खी की हो या एक छोटी सी बूंद की, क्योंकि वह निरंतर प्रयास करते हैं, पीछे नहीं हटते इसलिए यात्रा पूरी जरूर होती है। नंही सी बूंद की यात्रा अचरज भरी है। सागर से वह अदृश्य वाष्प बनकर आकाश की तरफ उड़ती है। किसी को नजर तो नहीं आती पर वह चलती है। बूंद बहुत सूक्ष्म है, छोटी है, आकाश बहुत विशाल है विस्तृत है। बूंद अकेले चली, फिर अपने ही जैसे कुछ और बूंदों से मिली, मिलती गई और संघनित हुई, बादल बनी, यात्रा रूकी नही चलती गई। पवन के वेग से, धाराओं की लय में उसने दूर-दूर की यात्राएं की और फिर कहीं घनघोर गर्जना हुई, लगता है जैसे बिजली टकरा गई, वह नाची, गायी फिर अमृत सी बरस पडी। खेत, खलिहान, जंगल या रेगिस्तान, वह कहां बरसी ये बूंद की अपनी नियति थी। कभी-कभी यही बूंद ग्लेशियरो की बर्फ बनती है और सदियों की मौन तपस्या करती है, फिर किसी एक पल अचानक हाहाकार करती है, कोई नहीं जानता ये बूंद कहां से आयी थी और कहां चली गई। इसकी कहानी तो हमारी तरह ही हो गई, हमें भी नहीं पता कि हम कहां से आए थे और फिर हमें कहां चले जाना है। बूंद की कहानी तो तब सार्थक हुई जब जाकर वह फिर समुंद्र में मिल गई।

एक बूंद जिसके पास आंख, कान, नाक, ध्यान कुछ भी नहीं था, मस्तिष्क भी नहीं था, उसने अपनी पूर्णता को पा लिया है। हमारे पास ईश्वरीय प्रदत ये सभी शक्तियां है, परंतु फिर भी हमें नहीं पता कि पूर्णता के लिए हमें किस समुद्र में मिलना है ? बूंद समुंद्र में समा गई यह बूंद की कहानी है, पर समुद्र बूंद में समा गया है यह आपकी कहानी है। बूंद को पूर्णता में मिलना था तो उसे बाहर की दिशाओं में दौड़ना पड़ा आपको अपनी पूर्णता को पाना है तो आपको अपने भीतर की यात्रा शुरू करनी पड़ेगी। आप जीवित है तो स्पष्ट है की आपकी यात्रा चल रही है। आप चाहे या ना चाहे क्योंकि समय निकल रहा है रोज-रोज एक पन्ना अपनी कहानी का आप लिख रहे हैं। उस पूर्णता के नजदीक बढ़ रहे हैं या फिर उस पूर्णता से दूर हट रहे हैं ? मेरी कलम तो सिर्फ लिख रही है इस प्रश्न का उत्तर आप स्वयं को ही दे दीजिएगा। मरने के बाद तो एक दिन सभी को उस परमात्मा में मिल ही जाना हैं, पर जीते जी मिलने को ही तो 'मोक्ष' कहते हैं।

संसार में आपको सबसे बड़ी चोट कौन पहुंचा सकता है ? वही जो आपके सबसे ज्यादा नजदीक है। वही जिसे आप सबसे ज्यादा प्रेम करते हैं। हमारे अपनों के द्वारा दिए गए कई घाव हैं जो बाहर से नजर तक नहीं आते पर व्यक्ति जानता है कि भीतर से उन घावो ने हमें खोखला कर दिया है। हम वो नहीं रहे जो हम उस चोट से पहले थे। शरीर के घावो का इलाज तो डॉक्टर कर देंगे पर भीतर के जख्मों की क्या दवा देंगे ? कभी शुगर, कभी थायराइड, कभी मानसिक तनाव, कभी कफ, कभी गर्मी, कभी कुछ कभी कुछ वो बोलते जरूर है पर 'मोह' रोगियों की उनके पास कोई सही दवा नहीं है। आप बताइए, अगर बीमारी भीतर है तो चिकित्सा बाहर की कैसे हो सकती है ? क्या इस बीमारी के लिए संसार जिम्मेदार है, रुकिए रुकिए ऐसा सोचना गलत हो सकता है, क्योंकि सत्य यह है कि मोह धीरे-धीरे बढ़ाया तो हम ही ने है। ठीक है कि दूसरे लोगों ने हमें घायल किया पर उन्हें ऐसा करने का अवसर भी तो हम ही ने दिया। सब नहीं समझ सकेंगे कि यही माया का चक्रव्यूह है। काम, क्रोध, मोह और लोभ के यही वह फंदे हैं जो हम सभी के गले में पड़े हैं। संसार के इन विषयों में, सुखों दुखों, आशाओं निराशाओं में, घूमते घूमते हमारा सब समय निकला जा रहा है। क्या यह 'समय' दोबारा मिलेगा ? क्या यह जीवन दोबारा मिलेगा, रुकिए सरल तरीके से पूछता हूं वृक्ष से अगर कोई पत्ता गिर गया तो क्या वह वृक्ष में दोबारा लगेगा ?

आज तो लोग 'सत्य' ढूंढने निकलते है पर जब यह समय पूरी तरह हमारे हाथों से निकल जाएगा और वह अंत समय आ जाएगा, जो बहुत जल्दी आता है तब जिस शीश महल में हम रहते हैं वहां से हमें जल्दी से जल्दी निकालने के लिए पूरा समाज आतुर हो जाएगा। सारा मेकअप उतारा जाएगा, नाक में रूई डाली जाएगा और हमारा असली वस्त्र हमें पहनाया जाएगा। हम जिन्हें अपना साथी समझते थे उनमें से कोई एक भी साथ नजर नहीं आएगा। तब ना कोई किताब होगी ना कोई लिखने वाला होगा ना कोई पढ़ने वाला होगा, तब बिना प्रयासों के ही इस माया का सारा 'सत्य' स्वयं ही सामने आ जाएगा। हमारी मजबूरी रहेगी कि हम समझ तो सब जाएंगे पर किसी को कुछ समझा नहीं पाएंगे। हम जिस भी धर्म के हो उसकी रीति से हमें जला या दफना दिया जाएगा, मिट्टी में मिला दिया जाएगा। कुछ लोग हैं जो कुछ दिन रोयेंगे पर फिर जल्दी ही उनके लिए सब कुछ सामान्य हो जाएगा। लोग चाहे कितना भी कोशिश कर ले इस अटल सत्य को कोई पलट नहीं पाएगा।

तो क्या करें मृत्यु के भय में डर-डर कर रहे ? नहीं, बिल्कुल नहीं। जीवित होने अवसर मिला है सरल सी बात है इससे पहले कि 'भय' तुम पर हावी हो भीतर के परमात्मा की संगत करके तुम 'निर्भय' हो। यमराज तो सेवक है उनको भी उसने ही बनाया है जिसने तुम्हें बनाया है और जब तुम्हारी पहुंच असली मालिक तक हो जाएगी तो तुम्हें नौकरों से डरने की जरूरत नहीं रह जाएगी। निराशाओं से बचो और समय रहते समझदारी से अपने भीतर आशाओं के बीज बो दो। हर पल आनंद में रहो, हर पल को पूरा-पूरा जियो। यमराज से बड़े सौभाग्यशाली हो आप क्योंकि मनुष्य योनि में संभव 'परमानंद' देवताओं को भी दुर्लभ है। लोग बड़े जिज्ञासु रहते हैं, जगह-जगह दुर्गम स्थान पर जाते हैं बड़े-बड़े महात्माओं से मिलते

हैं, जटाधारी, नागा साधुओं, तपस्वियों, भिक्षुओं और तथाकथित प्रकांड पंडितो, विद्वानों से पूछते हैं कि बताओ हम क्या हैं ? हम कौन है ? और हमारे जीवन का लक्ष्य क्या है ?

हे मित्र, सरल सी बात है तुम मनुष्य हो और उस परम शांति के भंडार हो और तुम्हारे जीवन का लक्ष्य उस आनंद को लेकर इस जीवन को पूर्णता प्रदान करना है। आनंद ही तुम्हारा आदि है, आनंद ही तुम्हारा मध्य है, आनंद ही तुम्हारा अंत भी है। तुम चलते फिरते स्वयं आनंद के भंडार हो। तुम बिना आनंद के एक पल भी रह नहीं सकते हो, आनंद ही तुम्हारी असली प्रकृति है। हे पार्थ, तुम्हारे चलने में आनंद है, बोलने में आनंद है, सुनने में आनंद है, सोने में आनंद है, जगने में आंनद है, देखने में आंनद है, सूंघने में आंनद है, चखने में आनंद है, तुम्हारी रचना ही आनंद है, तुम एक जीती जागती चलती फिरती आनंद लेने की मशीन हो।

माया के प्रभाव के कारण एक बड़ी विडंबना आ गई है कि इस चलती फिरती आंनद की मशीन में 'क्लेश' भर गया है। अब विकल्प आपके पास है या तो अपनी असली प्रकृति को पहचानो और आंनद में रहो, या फिर क्लेश तो कहीं से लाने की जरूरत नहीं है वह तो स्वयं ही आपको ढूंढ लेता है। प्रबंध रोशनी का करना पड़ता है अंधेरा तो बिन बुलाया मेहमान होता है। चलो ठीक है, इतनी सरल बात है तो फिर समस्या क्या है ? समस्या भी बड़ी सरल है की मछली रहती तो पानी में है पर फिर भी भटक प्यासी ही रही है। मन मनोरंजन के लिए बोलता गया और हम पीछे-पीछे दौड़ते गए। इस संसार में रहते हुए सभी जिम्मेदारियां को निभाते हुए भी तुम 'भक्ति' कर सकते हो। पूछो अपने आप से कि अब तक तुमने यह विकल्प क्यों नहीं चुना है ? आपकी असली मदद सिर्फ आप ही कर सकते हो और कोई नहीं, अपना असली इलाज सिर्फ आप ही कर सकते हो और कोई नहीं क्योंकि अपनी सारी कमियों को अच्छी तरह सिर्फ आप ही जानते हो और कोई नहीं। आज रात जब सोने के लिए लेटो तो पूछना अपने आप से कि आज की अपनी कहानी में परम आनंद लिखा या आज भी क्लेश ही लिख दिया है। जब वह अंत समय आएगा तो जो-जो दिन बिना उस आनंद और भक्ति के बीते हैं वह हमें सबसे ज्यादा निराश करेंगे। इससे पहले कि वह निराशा आए, क्यों ना इस बाहरी विषयों से स्वयं को बचाने का एक छोटा सा प्रयास कर लिया जाए ? क्यों ना अपने रोम रोम से उस 'सत्यनाम' का सुमिरन कर लिया जाए ? क्यों ना अपनी इस मैली चादर को थोड़ा सा धो लिया जाए ? इस संसार से जाना तो अनिवार्य है पर क्यों न जाने से पहले अपने इस अस्तित्व को उस आनंद से उसे मोक्ष से पूरी-पूरी तरह लबालब भर दिया जाए ? क्यों ना इस जीवन को एक सार्थकता प्रदान कर दी जाए ? इस संसार की गंदगी के सारे मादक रस हमने चख लिए हैं क्यों ना उस परमात्मा की भक्ति का 'आनंदरस' भी एक बार ही सही पर चख लिया जाए ?

माया मेरी कलम को भी कई बार आमंत्रित करती है पर मैं उसे कैसे समझाऊं जिन आंखों में अपने प्रियतम की छवि बस जाती है उनमें काजल लगाने की ना जरूरत होती है ना जगह ही होती है। जो पहले ही उस सत्य नाम के नशे में धुत हैं उसको इस माया की मदिरा की

जरूरत ही नहीं है। यात्रा पर जाने से पहले सभी चीजों का सही से प्रबंध कर लेना बहुत ज्यादा जरूरी है नहीं तो यात्रा में दिक्कतें होती है। सुनीता विलियम अंतरिक्ष से वापस लौट आई, पर जिस अनंतलोक में हमें जाना है वहां से कोई वापिसी नहीं है। थोड़े ही समय की बात है जब तक हम इस धरती पर हैं उसके बाद अनंत काल के लिए आपकी और मेरी यात्रा तो अनंत की ही है। शरीर तो यहां ही रह जाएगा तो भोजन की या कपड़ों की तो कोई जरूरत ही नहीं है। इस अनंत यात्रा में कहीं बोर ना हो तो इसलिए क्या अपने भीतर आनंद भर लिया है ? गठरी को खोलो और देखो ध्यान से कहीं आपने अपनी गठरी में गलती से क्लेश, दुख, दर्द या चिंताएं तो नहीं भर ली, आंनद ही रखा है ना ? आपने अपनी गठरी सही से बांध तो ली है ना ?

गीली लकड़ियों में आग लगने पर धुआं निकलता है पर सूखी लकड़ियां तेजी से जलती हैं, पूरी तरह जलती हैं, राख में बिना किसी बाधा के पूरी तरह मिलती हैं। संसार का दिया जो कुछ भी है यह भी हमें गीला करके रखता है, परमात्मा से मिलने में बाधा पैदा करता है। इस उदाहरण का अर्थ यह कदाचित नहीं है कि हम संसार में सब कुछ त्याग दें और संन्यास लें लें, बल्कि इसका एक सकारात्मक व्यवहारिक तरीका है हमें मन की आसक्ति और विरक्ति के संतुलन पर ध्यान देना है, क्योंकि हमारे भीतर केवल 'मन' ही है जिसके माध्यम से यह संसार हमसे चिपकता है। लोग कहते हैं हृदय भी तो है ? मैं कहता हूं क्यों हृदय को बेवजह बदनाम करते हो वह तो सिर्फ और सिर्फ भक्ति के लिए तरसता है। मन का रंग स्थायी नहीं है, केवल कुछ समय के लिए चढ़ता है और फिर उतर जाता है, ये असली नशा नहीं है। मन की पसंद निरंतर बदलती रहती है मन कभी एक जगह टिकता नहीं है या 'सत्य' कहूं तो एक जगह टिकना मन की प्रकृति ही नहीं है। परमात्मा पर ध्यान दो वह स्थिर है, शाश्वत है, अमर है, अटल है, अविनाशी है। आप बताइए कि अगर एक वस्तु स्थिर हो तो दूसरी चंचल वस्तु से आप उसे कैसे पकड़ सकते हैं ? इसीलिए गीता में कहा गया है कि ईश्वर मन और बुद्धि का विषय ही नहीं है। क्योंकि ईश्वर स्थिर है इसलिए उसे समझने वाले यंत्र में भी स्थिरता होनी चाहिए, मन हमारा चंचल है पर जिस दिन आप अपने हृदय के भीतर घट में झांकेंगे, आप पाएंगे वहां सब कुछ स्थिर है। आपके भीतर एक ऐसा स्थान है जहां न छल है ना कपट है जो परम पवित्र है, वहां परमशान्ति है, वहां परमआनंद है।

जो उस परम आनंद के नशे में मग्न है उसका नशा कभी उतरता नहीं है, दिन दिन वह नशा बढ़ता जाता है, उसे इस संसार के छल कपट स्वार्थ वाले गंदे जल को पीने की जरूरत नहीं है क्योंकि उसे उसके घट में एक अमृत का कुआं मिल गया है। वह जानता है कि उसके भीतर एक पवित्र अमृत की धार निरंतर बह रही है। एक आशा, एक सुकून, एक छाया, एक ठंडक, एक ठहराव उसके लिए हमेशा उपलब्ध है, जहां वह जब चाहे तब जा सकता है। जब वह इस संसार से बहुत ज्यादा निराश होता है तब भी अपने भीतर वह उस आशा को पा सकता है। वहां देने वाले और लेने वाले के बीच प्रेम का एक ऐसा सौदा हो जाता है जिसमें देने वाला प्रेम से विवश होकर बस दिए ही जा रहा है और लेने वाला आभार से विभोर होकर बस लिए ही जा रहा है। यह प्रेम का बंधन समय से परे है। विचारों, तर्कों, विश्वासों से, और झूठ

नहीं बोलूंगा पर मेरी किताब के इन शब्दों से भी परे है। वह अद्भुत है, विलक्षण है, अलिखित है। उस प्रेम का केवल एक सच्चे हृदय से अनुभव किया जा सकता है, उस आनंद में विभोर यह जीवन जीते जी ही 'मोक्ष' हो जाता है।

मेरी कलम ने 'अद्भुत' शब्द इसलिए चुना है क्योंकि प्रेम को देने वाला जितना दे रहा है उसका खजाना उतना ही बढ़ रहा है और लेने वाला जितना ले रहा है उसकी झोली भी उतनी ही बढ़ रही है, वहां भीतर आंनद का एक भंडार लगा पड़ा है, ना पानी ही घट रहा है ना प्यास ही घट रही है। रुको रुको पार्थ, मेरी कलम के पीछे तुम कहां यहां घट के भीतर आ गए, तुम तो बड़े व्यस्त रहते हो ? तुम्हें तो दुनिया में और जरूरी काम है ? तुम्हारी तो और बड़ी-बड़ी मीटिंग्स है ? तुम्हारी तो भविष्य की और बड़ी-बड़ी योजनाएं हैं ? निकलो भीतर से बाहर, जाओ जहां कोई अच्छे कपड़े पहने सज-धज कर मेकअप चभोड़े, तुम्हें ठगने के लिए बैठा है।

जाओ उनके साथ अपना प्रेम लगाओ। यह जगह तो किसी सच्चे, प्यासे, छल कपट रहित हृदय लिए बालक के लिए है। यहां वो लोग शांति को पाना चाहते हैं जिनके पास शांति के लिए समय ही नहीं है ? वो लोग आंनद का पानी पीना चाहते हैं जिनकी प्यास ही नकली है ? वो लोग माया से उभरना चाहते हैं जो भोग विलास और विषयों में डूबे पड़े हैं ? वो लोग स्थिरता को पाना चाहते हैं जिनकी जेब का एक एक रूपया चंचलता खरीदने में खत्म होता है ? वो लोग अपने भीतर मोक्ष को साक्षात कर लेना चाहते हैं जो आंखों से, नाक से, कानो से और मुंह से अश्लीलता अपने भीतर भरे जा रहे हैं ? वाह जी वाह वो लोग आंनद की नगरी में प्रभु से प्रेम का सौदा करने आए है जो चालाकियो और आधारहीन तर्कों से भरे पड़े हैं। एक चीज करने में हम सब माहिर है, और वह है नकल करना। अगर कोई व्यक्ति पानी पी रहा है और उसके चेहरे पर आप पानी पीने की संतुष्टि देखते है तो क्या आप उसकी प्यास की भी नकल करेंगे या वह प्यास आपकी अपनी होनी चाहिए ? ईश्वर प्राप्ति देखा देखी का विषय नहीं है, ये प्यास आपकी अपनी है, ये प्यास बनावटी नहीं है, असली है। भोजन कहीं मुफ्त बट रहा था, देखा देखी हम भी खड़े हो गए तो पेट तो भर जाएगा पर ज्ञान कहीं बट रहा था और देखा देखी हम भी खड़े हो गए तो ज्ञान का रंग थोड़े ही चढ़ जाएगा। हमारा जन्म हुआ और नियति ने हमारे भाग्य में जो कुछ भी लिख दिया। सम लिखा या विषम लिखा, अच्छा लिखा या बुरा लिखा, अमीर लिखा या फकीर लिखा, विद्वान लिखा या अनपढ़ लिखा, महल लिखा या जंगल लिखा, क्या लिखा वह महत्वपूर्ण नहीं है महत्वपूर्ण यह है कि 'लिखा'।

जी हां, यदि आप जीवित ही नहीं होते तो कोई समस्या भी नहीं होती पर हां समस्या नहीं होती तो कोई संभावना भी नहीं होती, और संभावना यही है की नियति ने कितना भी बुरा क्यों ना लिख दिया हो तुम्हारे अंदर सारी सामर्थ्य दी है उस सामर्थ्य का इस्तेमाल करो और अपनी नियति को बुरे से अच्छे में बदल दो। आप पहले नहीं हो आपसे पहले भी बहुत हुए हैं जिन्होंने अपनी मेंहनत से अपनी हिम्मत से अपनी नियति बदल दी है। लोग सीधे पूछते हैं भगवान कैसे मिलेगा ? मैं भी सीधे कहता हूं, कभी ये भी तो सोचो कि वह तुम्हे मिलेगा कैसे जो तुम्हें कभी छोड़कर गया ही नही है ? और चलिए मान लीजिए कि वह तुम्हे मिलना है तो

कभी ये भी तो सोचो कि हर बार तुम ही क्यों खोजों ? तुम्हारी भक्ति में इतनी शक्ति होनी चाहिए की तुम्हारे प्रेम में वह भगवान तुम्हें खोजते हुए स्वयं ही आ जाए। बजाए तुम उनसे अलग होकर परेशान रहो, क्यों ना इस बार ऐसा प्रेम किया जाए कि तुम्हारे वियोग में, तुमसे बिछड़कर वह ईश्वर ही 'व्याकुल' हो जाए।

24

ब्रह्मज्ञान !

एक समय आएगा जब धरती, सूर्य, चंद्रमा, आकाश पर्वत, चर अचर, जीव जगत सभी समाप्त हो जाएंगे। काल की फांस में अकेले आप और मैं ही नहीं फंसे है बल्कि संसार में कोई भी कुछ भी ऐसा नहीं है जिसे काल खा नहीं रहा है। कितना लोहा भरें, कौन सा सीमेंट लगाएं, कितने पिलर उठाएं ? जब धरती ही नहीं टिकेगी तो उस पर बने हमारे घर कितने टिकाऊ रहेंगे ? वैज्ञानिकों की बात माने तो अभी धरती का अंत होने में करोड़ों साल लगेंगे, हमें आज ही किसी प्रलय को सोच कर परेशान होने की जरूरत नहीं है, तथ्य सिर्फ इतना है कि हमें नश्वर चीजों की नश्वरता को समझना है।धरती के नष्ट होने में तो बेशक करोड़ों साल लगेंगे, पर हमारे शरीर के पास इस धरती पर बने रहने के लिए करोड़ों साल का समय नहीं है।

समय कम है इसीलिए गंभीरता से समय रहते हमें किसी स्थायी आश्रय का निर्माण कर लेना चाहिए। पर, जब सूर्य चंद्रमा आकाश पृथ्वी एक तारा जो हम देखते हैं कुछ भी स्थायी नहीं है तो किस स्थायी आश्रय का हम निर्माण करें ? यह सारा संसार समय से बंधा है पर आपके भीतर एक चीज है जो समय के बंधनों से मुक्त है, जहां काल की फांस नहीं है। वह जगह समय से अछूती है। जब हम छोटे थे तो भीतर कि उस जगह से हमारा अच्छा संपर्क था फिर जैसे-जैसे हम बड़े हुए बाहर की दुनिया में हमारा आकर्षण खिंचता चला गया। धीरे-धीरे हमारा शरीर, हमारी इच्छाएं, हमारे मित्र, हमारा चेहरा, बाहर की यह सारी दुनिया बदलती चली गई। नहीं बदली तो वह 'प्यास' जो आज भी तृप्ति चाहती है संतुष्टि चाहती है ये सारी भागदौड़ से अलग हटकर शांति चाहती है। बहुत कुछ कमा लिया है आपने, पर आपकी कहानी का अंत क्या होगा ? दिन रात सारी सेवा हम इस दुनिया की ही करते जाएंगे या कभी समय निकालकर एक लोटा भक्ति का जल भीतर भी चढ़ाएंगे। जब विपत्ति का समय आता है, तो सांप अपनी ही खाल छोड़कर भाग जाता है, यह संसार भी एक सांप है और हम इससे लिपटे पड़े हैं। शायद यह सोचकर की हम इसके हिस्से हैं या फिर यह सोचकर की यह हमारा ही हिस्सा है।

यहां एक तरफ शहर है दूसरी तरफ जंगल है। संभावना है कि जिसे हम शहर समझ रहे हैं वो भी एक जंगल है। कई जंगलों में पेड़ इतने घने और इतने बड़े होते हैं कि सूर्य का प्रकाश धरती पर ही नहीं आता है। जब हमारे जीवन में अज्ञानता आती है तब भी अंधेरा कुछ ऐसा ही घना होता है। भ्रम का जीवन भी क्या जीवन है ? समय निकल चुका है, सूर्य डूब चुका है, अंधेरा घना है, आसपास हमेशा खतरा है, हमारी आंखें खुली हैं पर हम देख नहीं पा रहे है, हमारे हाथ पैर सुन्न है, हम कुछ कर नहीं पा रहे हैं, जलाएं क्या ? इस जंगल में ना माचिस लाएं हैं ना ही साथ कोई 'दीया' है। यह आवाज़ कैसी हैं ? शायद आस पास किसी हिंसक जंगली जानवर की उपस्थिति है। उसकी दहाड़ से लगता है जैसे उसे भूख लगी है। जब ध्यान से सुना तो पाया ये आवाज़ तो हमारी तरफ ही बढ़ रही है। अरे हमें डरने वाली क्या बात है वो जानवर हमें नुकसान क्यों पहुंचाएगा ? क्या उसे नहीं पता कि हमने कभी किसी का बुरा नहीं किया है ? मुझे धुंधला धुंधला कुछ याद है किसी 'कलम' ने कहा था कि ये दिन का खुशनुमा समय हमेशा नहीं चलता रहेगा, मौसम जरूर बदलेगा अंधेरा जरूर आएगा, उसने समय रहते किसी तैयारी की बात भी की थी, पर वो तैयारी मैंने नहीं की है क्योंकि आजतक अबतक बाकी की दुनियादारी मेरे लिए बड़ी ज़रूरी थी। माया की डगर पर ना मुक्ति मिलेगी ना असली आंनद मिलेगा। जीवन तुम्हारा है निर्णय भी तुम्हारा रहेगा। आराम से समय बर्बाद करो, जल्दी ही तुम्हें जीवन का अंत मिलेगा।

लोग यहां अंहकार में बिना सिर पैर की बातें करते हैं उन्होंने इतिहास सिर्फ पढ़ा है मैंने आंखों से बनते देखा है, मेरी कलम ने कितने ही शूरमाओं को गरजते देखा है। मरने के बाद किसी बर्फ के डिब्बे में बंद कितनों की लाशें सालों साल तक अपने दाह संस्कार अपने तर्पण को तरसती है। काफी गल चुकी है काफी सड चुकी है, शीशे के ताबूतो में बंद हैं बस नुमाइशी करती है। कराहती है, बुलाती है, अपने वंश के, अपने लहू के किसी एक अंतिम अंश को जो उन्हें इस संसार से अंतिम आहुति दे दे। समय उन्हे देख रहा था, जिंदा थे तो बहुत रोशनी की बातें करते थे। तब ताकतवर थे अब चारदीवारी में बंद हैं। उन्हें ये भी पता नहीं है कि बाहर सूरज निकला है या डूब चुका है। मरने के बाद एक अरसे से ना उन्हें रात ही मिली है ना दिन ही मिला है। दूसरो का इतिहास लिखने वाले आज खुद कहीं इतिहास में खो गए हैं। देखो समय आ गया, चलिए मित्र, अब तर्क वितर्क करने और बड़ी बड़ी शेखी बघारने की आपकी और मेरी बारी है। इस बार समय हमे देख रहा है। जीवन को सफल करना नहीं है जीवन को सफल पाना है क्योंकि यह पहले से ही सफल है। यह कोई कोर्स नहीं है जहां आपकी योग्यताओं को देखा जाएगा, सत्यापित किया जाएगा, फीस जमा करवाई जाएगी, कोई नियमित कक्षाएं चलेंगी, फिर एक दिन कोई प्रमाण पत्र दिया जाएगा, ऐसा कुछ भी नहीं है।

परंतु हां, यदि सांस ले रहे हो तो सीख सकते हो आगे बढ़ सकते हो यही आपकी योग्यता है। यदि शिष्य की तरह सीखने का जज्बा है, कृतज्ञता है तो यही आपका असली सत्यापन है। 'प्रेम' ही गुरु दक्षिणा है 'जीवन' ही पाठ्यक्रम है सिलेबस है, 'नम्रता' ही तैयारी है, 'सेवा'

ही सौभाग्य है और आपके घट में उस दिव्य आनंद का बने रहना ही आपका जीता जागता प्रमाण पत्र है। परंतु हां, बिना प्रयासों के प्रवीणता नहीं मिलती। आप तैयारी करें या ना करें एक समय जरूर आएगा जब आपको इस परीक्षा में बैठना पड़ेगा ही।

जब तक आप 'आभार' में है तब तक आपके भीतर यह प्रकाश है और जैसे ही आपका आभार गया, आप पाएंगे सन्नाटा और देखेंगे कि भीतर कुछ नहीं है। पर प्रेमी को डरने की जरूरत नहीं होती, आओ प्रेम की साधना करें। जब असली प्रेम होता है तो प्रेमी अपने प्रियतम को अपनी पलकों में छिपा कर आंखें बंद कर लेता है। वह नही चाहता कि मिलन के इन अनमोल क्षणो में कोई भी बाधा आए। आंखें बंद करना प्रेम का एक बंधन है जिसमें प्रेमी पलके नहीं खोलता है। ना तो वह स्वयं किसी और को देखता है ना ही वह अपने प्रियतम को किसी और को देखने देता है। प्रियतम से मिलन की यह एक ऐसी स्थिति हो जाती है जहां दो आत्माएं 'एक' हो जाती है। जहां दोनों के लिए 'दो' शब्द गलत हो जाते हैं वहीं नाशवान नाशवान मिलकर अविनाशी हो जाते हैं। जहां दोनों के लिए दो शरीर होते हैं पर उनमें प्राण 'एक' हो जाते हैं। जहां बिना कहे ही भाव समझे जाते हैं। जहां बिना शब्दों के ही श्लोक गाए जाते हैं। जहां प्रियतम से दूर होते ही सांसे भारी हो जाती हैं। जहां सब कुछ खोकर भी प्रेमी सिर्फ अपने प्रियतम को पा लेना चाहता है। जहां जीते यही सदगति रहती है मरते समय भी आंखों में प्रियतम की ही छवि रहती है। उस अविनाशी के साथ अपनी कहानी में हर प्रेमी इस माया को छोड़कर उस परमआनंद के मोक्ष में सदा सर्वदा के लिए विश्राम पाता है। अंदर भी बाहर भी प्रेमी दो जीवन एक साथ जीता है। एक तरफ बाहर इस संसार में इस माया की चक्की चलती जाती है दूसरी तरफ भीतर इस अमर प्रेम की अविरल गाथा लिखी जाती है।

जब ध्यान में प्रतिपल आनन्द होता है तब जीवन प्रकाशमान होता है। तब शरीर एक दीया बनता है। तब लहू उसमें तेल सा जलता है। तब आने जाने वाली हर सांस उसकी बाती बनती है। तब जब ये दीया जलता है तब अंधेरों से परेशान प्रकाश की चाहत रखने वाला कोई बिरला इसके पास बैठता है। तब कोई इसकी बात सुनता है। तब कोई इसकी बात पढता है। तब संपर्क में आने वाले हर दीये को यह दीया प्रकाशमान करता है। माया में फंसने के लिए व्यक्ति का जिंदा होना जरूरी है पर जिंदा होने के लिए व्यक्ति का माया में फंसना जरूरी नहीं है। लोग पा लेना चाहते हैं उन चीज़ों को जिसके वो पहले ही भंडार है। आंनद संतुष्टि या खुशी कोई उपलब्धि नहीं है यह मनुष्य की स्वाभाविक प्रकृति है।

अगर हम खुश नहीं है तो यह एक कमी है। एक खुशी बाहर की है एक भीतर की है। एक खुशी क्षणिक है, नकली है एक स्थायी है असली है। बाहर और भीतर की संतुष्टि और खुशी के दो अर्थ दो विपरीत दिशाओं में दौड़ रहे हैं। पहले आपको समझना चाहिए कि आपको तलाश किसकी है ? मात्र आंखें बंद कर लेना नींद नहीं है सपनों में खो जाना नींद है। कहीं एकान्त में बैठ जाना और आंखें बंद कर लेना मात्र 'योग' नहीं है पर भीतर शांति को पा लेना ही असली साधना है। सबसे बड़ा भ्रम पथिक के लिए यह है कि शांति को सब पाना चाहते हैं परंतु शांति तो पहले से ही भरी पड़ी है, परेशान लोग सिर्फ इसलिए है क्योंकि सबके मन

विभिन्न दिशाओं में दौड़ रहे हैं। वास्तविक संतुष्टि और शांति अद्वितीय है, शांति चेतना व परम आनंद की परम अवस्था है। शब्दों की अपनी सीमा है परंतु असली अटल शांति का अनुभव असीमित ज्ञान समेटता है। गुड का स्वाद कैसा होता है ? इसके लिए आप शब्दों के माध्यम से अच्छा वर्णन कर सकते हैं परंतु उस वर्णन को पढ़कर कोई गुड के वास्तविक स्वाद को समझ नहीं सकता है। हां यदि कोई गुड को चखे, स्वाद ले, अर्थात अनुभव करें तो बिना शब्दों के भी वह सब कुछ समझ सकता है। इसका अर्थ है कि अनुभव बड़ा है और शब्दों की सीमा काफी छोटी है। अनुभव वह दे सकता है जो शब्दों से कभी संभव नहीं है। हां, स्वीकारता हूं इस सत्य को की 'सत्य' का ही सही पर मेरी कलम भी आपको यहां सिर्फ शब्द ही तो दे रही है। यहां लोग गुरु की, उस असली संत की तलाश में लगे हैं पर ढूंढ उसे माया में रहे हैं, तो भाई वह मिलेगा कैसे ? क्योंकि वह वहां नहीं है। वैसे भी जो गुरु माया में मिलेगा वो माया का ही रहेगा, यही उसके असली गुरू ना होने का प्रमाण भी है।

जब आप स्वप्न में चले जाते हैं तो आपका शरीर तो बिस्तर पर होता है पर तब आप यहां नहीं होते हैं। क्योंकि तब ना तो आप कुछ देख रहे हैं ना कुछ बोल रहे हैं ना कुछ सुन रहे हैं। शरीर यहां होते हुए भी आप यहां नहीं है। आप स्वप्न लोक में है। उसी प्रकार जब कोई साधक अपने भीतर चेतना की उस परम स्थिति में होता है तो वह इस संसार में होते हुए भी इस संसार में नहीं होता है। गुरु भी गुरु बनने से पहले एक शिष्य ही होता है। जिसकी शिष्यता हमेशा जिन्दा रहती है वह देवताओं का भी देवता होता है।

जब हम अपने भीतर उस परम स्थिति में होते है तब हम असली दुनिया में होते है और जब हम उस परम आनंद की स्थिति से बाहर होते हैं तब हम स्वप्न लोक में विचरण कर रहे हैं। सरल वाक्य यही है कि यदि इस समय आपके भीतर वह परम आनंद नहीं है तो जो कुछ भी आप कर रहे हैं अच्छा कर रहे हैं या बुरा कर रहे हैं, इस संसार में जो कुछ भी हो रहा है उन्नति हो रही है या अवनति हो रही है वह सब का सब एक सपना है। नींद बहुत ज्यादा जरूरी है ताकि हम अपनी शारीरिक और मानसिक थकान को मिटा सके और अपनी दिनचर्या सही से कर सकें, सच्चे आनंद का अभ्यास भी बहुत ज्यादा जरूरी है ताकि हम अपनी ऊर्जा को पुर्नगठित कर सके, ताकि हम केवल हाड मास के पुतले ना रहे पर मनुष्य रूप में स्वयं को जिंदा महसूस कर सके। एक नींद ऐसी होती है जिसमें हम आंखें बंद करते हैं और इस बाहरी संसार को नहीं देख पाते हैं पर एक नींद ऐसी है जिसमें हमारी भौतिक आंखें तो खुली हैं पर हम सत्य को नहीं देख पाते हैं, सरल अर्थ यही है कि जब हम सत्य को ना देख पाएं तो जिंदा होते हुए भी हम जिंदा नहीं है।

विचारों, शंकाओं, अस्पष्टता और अज्ञानता की भी एक जेल होती है जिसमें इस संसार के कई बड़े से बड़े ताकतवर लोग बंद है। कई परिंदे माइक लगाकर 'स्वतंत्रता' पर व्याख्यान देने लग जाते हैं और कई परिंदे बड़ी भीड़ लगाकर बड़े ध्यान से उन व्याख्यानो पर तर्क वितर्क करने लग जाते हैं, वो परिंदे सब कुछ सुनना चाहते है बस वे इस बात पर ध्यान नहीं देना चाहते कि वह स्वयं विचारो और धारणाओं के एक बड़े पिंजरे में 'कैद' हैं। एक बार मेरा

सामना एक महान विद्वान से हुआ और जब मैंने उनसे कहा कि आप कैदी है तो उनका तर्क था कि कैदी है तो क्या हुआ, पिंजरा तो सोने का है। ऐसी महान विभूतियो, महान विचारको को मेरा दूर से ही नमस्कार है। सोने के पिंजरे में बैठे उन पंछियों को मैं अपने शब्दों से कैसे समझाऊं की पंखों को खोलकर आकाश की ऊंचाइयों पर स्वतंत्र, स्वछंद उड़ने का अर्थ क्या है ?

लोग कहते हैं सोने का पिंजरा है, इतनी साफ सफाई है, सुरक्षा भी है, खाने पीने का अच्छा प्रबंध है बाहर जाने की जरूरत ही क्या है ? जब तर्क आधारहीन हो गए तो समझ के लिए जगह कहां है ? चलिए मैं ही झुकता हूं। मैं उन पंछियों से कहता हूं कि आप बिल्कुल सही कह रहे हैं। आप पिंजरे में ही रहिए, शौक से रहिए, पिंजरे में बहुत जगह होती है, अगर आप मेरे साथ आकाश की तरफ उड़ लिए तो बिना कारण परेशान होंगे क्योंकि आकाश पिंजरे से बहुत छोटा है। लोग कहते हैं सतयुग को छोड़ो, हम कलयुग में हैं हमारे साथ इस समय की व्यवहारिक बात करो, तो मैं कहता हूं कि ठीक है आओ इसी युग के सब पाप पुण्य भी समझ लो। इस युग की व्यवहारिक बात यही है कि अगर कोई ‘मूर्ख’ तेज धारा में बह रहा हो तो उसे बचाने के लिए हाथ बढ़ा देना ‘महापाप’ है। यह कहना कि संभल कर चलो और साथ ही बह जाने के दुष्परिणाम समझाने के बाद भी अगर ‘मूर्ख’ को समझ नहीं आए तो उसे बहती धारा में धक्का दे देना ही ‘महापुण्य’ है। बच्चे इस बारे में एक बार भी नहीं सोचते, युवा कभी कभी सोचते हैं पर बुजुर्गो को स्वर्ग और नरक की बड़ी चिंता है, शायद इसलिए वे मंदिर मस्जिद और गिरजाघरो की लाइनों में खडे है। उनकी बातों से स्पष्ट संकेत मिलता है कि समय ने उन्हें सही से स्पष्ट कर दिया है कि अब उनके पास ज्यादा समय नहीं बचा है।

जब हम अज्ञानी है तो हमें बुजुर्ग होने की जरूरत नहीं है युवा होते हुए भी हम नरक में ही है, हमारे बनाने वाले ने हमारे लिए दिन रात बारह मास स्वर्ग का प्रबंध कर दिया है और अगर हम स्वर्ग में जीते जी ही नहीं है तो यही हमारी सबसे बडी दुर्गति है। स्वर्ग और नरक किसी अन्य स्थान पर नहीं बना दिया गया है जहां हमारे कर्मो के अनुसार दंड या पुरूस्कार बांटे जाएंगे, यह सब बातें किताबी कल्पना है, वास्तविकता यह है कि स्वर्ग और नर्क जीते जी ही हमारी चेतना की स्थितियां हैं।

जब हम कृतज्ञ हैं, संतुष्ट हैं, प्रसन्न है, आनंद में है तो हम स्वर्ग में हैं और जब हम आनंद में नहीं है तो उस संतुष्टि का अभाव ही जीते जी नरक है। हर चीज की अपनी-अपनी प्रकृति होती है, मछली को पानी से इतना ज्यादा प्रेम है कि उससे अलग होते ही वह अपने शरीर का त्याग कर देती है। पानी उसके लिए सिर्फ रहने का स्थान नहीं है, पानी ही उसकी सांस है पानी ही उसके जीवन का आधार है। उसने पानी से प्रेम करना किसी किताब में पढ़कर सीखा नहीं है यह स्वाभाविक है। कोई वस्तु आग में गलने के बाद कांच ही रह जाती है जबकि कोई वस्तु कंचन बन जाती है, कांच बनेगी या कंचन यह आग पर निर्भर नहीं है यह तो वस्तु की अपनी ही प्रकृति है। किताबों को पढ़ना भी आग में गलना ही है कोई कितना सीखेगा ये कलम पर नहीं, पढ़ने वाले की समझ पर निर्भर है। हमें भी अपनी प्रकृति को समझने की

जरूरत है, संसार की इस भट्टी में समय के ताप से हम सभी जल रहे हैं गल रहे हैं पर कंचन वही बनेगा जिसके भीतर 'असत्य' नहीं अपितु 'सत्य' है।

लोग कहते हैं यह 'सत्य' और 'असत्य' पर ध्यान देने की अभी से जरूरत क्या है ? मैं कहता हूं बहुत समय पड़ा है यही वहम लोगों को सबसे बड़ा है। जिसने समय को नष्ट किया है, समय ने भी उसे नहीं बक्शा हैं। इतिहास में बहुत विद्वानों ने 'सत्य' को समझने में अपनी पूरी जिंदगी लगाई है, 'सत्य' एक ऐसा ज्ञान है जो देवताओं के लिए भी दुर्लभ है। यह एक ऐसा 'सत्य' है जिसको जाने बिना तपस्वी और निष्क्रिय जीवन व्यतीत करने वाले ब्रह्मचारी प्रवृति के योगी भी मोह के बंधन काटने में असफल रहे हैं।

धन्य धान्य में वृद्धि कर लेना, दुर्लभ वस्तुओ पर विजय प्राप्त कर लेना, दुर्गम स्थानों पर फतेह कर लेना, सांसारिक ऊंची से ऊंची उपलब्धि प्राप्त कर लेना सरल है पर इस जीवन मृत्यु के रहस्य को समझना जटिल है। वेद वेदांत शास्त्र पुराण सबकुछ रट लेना सरल है पर अपने ही 'सत्य' को समझना जटिल है। चंद्रमा पर चले जाना सरल है पर अपने भीतर प्रवेश कर पाना कठिन है। मन के ऐसे बैरागी जिन्होंने श्रैयता का विकल्प चुना है, जो यह समझते हैं कि वास्तव में जीवन अस्थिर है, क्षणिक है, सुख-दुख भी आते जाते रहते है, माया में लिप्त वासना इंद्रियों के तेज को कम कर रही है, धन की लालसा कभी कम होने वाली नहीं है। ऐसे जिज्ञासु जो उस परम सत्य को जानने के लिए गुरु चरणो में शीश दक्षिणा का भी दम रखते हैं, जो 'सत्य' के लिए मृत्युवरण तक करते हैं। ऐसे महावीरों को, ऐसे महापुरुषों को, ऐसे महात्माओं को मेरी कलम का शत शत नमन है।

25

श्वांसकुंड !

श्रेयता व प्रियता जीवन के दो मार्ग कहे गए हैं। प्रियता हमें सांसारिकता की तरफ ले जाती है, जबकि श्रेयता का मार्ग परमआनंद का है। भिन्न-भिन्न रूपों में निशदिन यह दोनों विकल्प मनुष्य के समक्ष आते हैं। जो व्यक्ति ज्ञानवान है विवेकशील है, वह श्रेयता का मार्ग चुन लेते हैं पर जिस मनुष्य में कामना क्रोध और इंद्रिय सुख की भौतिकता हावी है वह प्रियता की तरफ बढ़ जाते है। विकल्प के निर्णय सबके अपने है पर प्रियता से अधोगति और श्रेयता से सदगति ही नियति है।

प्रियता का मार्ग भोग, भ्रम और अज्ञान की अंधकार पूर्ण दिशाओं में ले जाता है परंतु श्रेयता का मार्ग भक्ति, ज्ञान और आनंद की तरफ जाता है। प्रियता के मार्ग में क्षणिक सांसारिक सुख ही सत्य प्रतीत होने लगता है परंतु श्रेयता का मार्ग माया की सब पोल को खोल देता है और व्यक्ति का स्वयं के 'सत्य' से मिलन करवा देता है। प्रियता के मार्ग में क्षणिक इंद्रिय सुख मिलता है परंतु श्रेयता के मार्ग में व्यक्ति स्वयं को स्थायी सुख सागर में पाता है। शरीर रथ है, आत्मा उसमें विराजित है, बुद्धि इस रथ की सारथी है और मन एक लगाम है, इंद्रियां इस रथ के घोड़े है, विषयरस ही विभिन्न दिशाएं हैं। इंद्रियों को वश में करने के लिए मन को स्थिर करना जरूरी है परन्तु स्थिर हो जाना तो मन की प्रकृति ही नहीं है। यही कस्मकस है यही असमंजस है पर यही सबसे मूल तत्व है। हृदय एक विकल्प है जो शांत है जहां से होकर अमृत की एक धारा बहती है।

केवल वही मनुष्य जो हृदय को मन से एक कदम आगे रखता है इस यात्रा में अपने गंतव्य तक पहुंचता है। बात यह समझनी है कि इंद्रियों से इंद्रियों के विषय श्रेष्ठ हैं, विषयों से उन्हें चाहने वाला मन श्रेष्ठ है, मन से उस पर लगाम लगाने वाली बुद्धि श्रेष्ठ है, बुद्धि से उसे ऊर्जा देने वाली सांस श्रेष्ठ है, अभ्यास के द्वारा इस सांस पर सवार होकर उस परम शांति तक पहुंचा जा सकता है, उसे प्रत्यक्ष किया जा सकता है, उसका अनुभव किया जा सकता है। परंतु कैसा अभ्यास ? किसका अभ्यास ? इसका उत्तर है इस आती जाती सांस में उस आंनद का व्यवहारिक अभ्यास। तब व्यक्ति यह अनुभव करता है कि यह आने जाने

वाली हर सांस ही उसके ऊपर उसके बनाने वाले की सबसे बड़ी कृपा है। हमारी सांस ही हमारी चेतना तक हमारे पहुंचने का एकमात्र मार्ग है। गुरु के बिना ज्ञान नहीं मिलता और ज्ञान के बिना मोक्ष नहीं मिलता। अर्थ स्पष्ट है कि इस अभ्यास की मनुष्य को युक्ति चाहिए और वह किसी समर्थ मार्गदर्शक से ही मिल सकती है।

ऐसा कबीर ने कहा है कि हरि तक पहुंचने के लिए गुरु चाहिए इसीलिए गुरु को हरि से भी श्रेष्ठ बताया गया है, बिना गुरु के हरि की प्राप्ति संभव नहीं है। गुरु ही ज्ञान देकर और निरंतर मार्गदर्शन देकर मनुष्य के लिए मोक्ष के दरवाजे खोल सकता है। यह क्षमता उनके अलावा किसी और में नहीं है। शास्त्रों में गुरु की महिमा बहुत बढ़-चढ़कर बताई गई है जानते हो क्यों ? क्योंकि गुरु ही एक ऐसे हैं जो मनुष्य रूप में रहकर भी हरि से मिलन करवाते हैं, मनुष्य के लिए जीते जी मोक्ष को संभव बनाते है। गीता में वर्णित वही 'मोक्ष' जिसे पाने के बाद मनुष्य को मृत्यु से भी भय नहीं है। इस संसार में हर व्यक्ति किसी ना किसी बात से डरा हुआ है परंतु जो निर्भय है वही इस संसार में सबसे बड़ा है। लोग पूछते हैं कि यह हमारा मनुष्य शरीर क्या है ? मनुष्य शरीर, दुख झेलने के लिए नहीं मिला, नरक भोगने के लिए नहीं मिला, परिवार और संसार की चिंता करने के लिए नहीं मिला। यह मनुष्य शरीर हमें आनंद लेने के लिए मिला है। कम से कम जिसके लिए यह मिला है उसके लिए तो इसका इस्तेमाल करे, ज्यादा नहीं तो थोड़ा थोड़ा ही करें। यह उस जीते जागते परमकल्याणकारी 'अमरत्व' को प्राप्त करने की जीती जागती मशीन है। उस मोक्ष को प्राप्त करने के बाद मनुष्य को मृत्यु से भयभीत होने की आवश्यकता भी नहीं है। जीवन की इस प्रयोगशाला में यह 'सत्य' तो सदा से रहा हैं हमारे पहले भी था और हमारे बाद भी बना रहेगा, परंतु यदि सत्य से अनभिज्ञ रहकर हम जीवन जीते रहे तो सारी संभावनाएं होते हुए भी हम इस नाशवान शरीर से अमरत्व को कभी प्राप्त नहीं कर पाएंगे।

जिसे एक बार उस सच्चे आनंद की सच्ची लगन लग जाती है उसके लिए इस संसार के आकर्षण फिर नीरस हो जाते है और संसार की इस माया से विरक्त होना ही तो असली वैराग्य होता है। एक तरफ तो यति सती संन्यासी घोर तपस्या करके भी इससे वंचित रहते हैं दूसरी तरफ छल कपट रहित बालक का हृदय लिए शिष्य ईश्वर भक्ति में लिप्त अनचाहे ही इस 'वैराग्य' को पा लेता है। ईश्वर भक्ति में रमा वह हृदय फिर संसार में नहीं रमता है। सब की सब आलोचनाएं सुनने के बावजूद भी सांसारिक दीन हीन अवस्था में भी उस परम सुख के लिए हर पल लालायित रहता है। उसे पाने के लिए तत्पर रहता है, उसका भोग करता है और भीतर से आनंदित रहता है। वह हर परिस्थिति में एक सम रहता है वह जिस दिशा में देखता है वहीं उसे ब्रह्म के दर्शन होने लगते हैं।

यह प्रेम नित प्रतिदिन बढ़ता रहता है। जीवन आगे चलता रहता है। इस यात्रा में भीतर का यह प्रेम कभी मुस्कान तो कभी अश्रुओ के रूप में छलकता रहता है।

शाम सवेरे दिन रात हर पल हर पहर व्यक्ति बस उसी लय में रहना चाहता है। वह व्यक्ति एक ऐसा दीपक बनता है जो ऊंच नीच अमीर गरीब किसी का भी भेद नहीं करता

है जहां भी जाता है मात्र प्रकाश फैलाता है। बाहरी सुखों का, वस्त्रो का, धन का, वैभव का, परिवार का त्याग कर देना सरल है परंतु मोह का त्याग करना जटिल है क्रोध का त्याग करना दुष्कर है मन को बांध के रखना लगभग असंभव सा है। परन्तु परेशान मत होइए, इस आनंद मार्ग पर चलने के लिए किसी को भी बाहरी कुछ त्याग करने की जरूरत नहीं है। हां उन बातो को अपने भीतर से त्यागना है जो भक्ति के इस मार्ग में बाधा हैं। यह पूरी यात्रा सिर्फ आपके भीतर की है और बाहरी किसी भी वस्तु का इससे कोई लेना-देना नहीं है। भक्ति अनुपम है एक उपहार है भावों की एक गंगा है जिसकी गंगौत्री मनुष्य का अपना हृदय है। भावनाओं का लेना देना हमारे मन से होता है परंतु भक्ति का लेना-देना हमारे प्राणों से होता है। हमारे भीतर निरंतर आने जाने वाली सांस ही एकमात्र ऐसी है जो हमारे इस भौतिक शरीर को भी संचालित करती है और हमारे प्राणों से भी जुड़ी हुई है इसीलिए भीतर की इस यात्रा में अपनी ही सांसों के अनुसरण का मार्ग जरूरी है।

यह जीवन एक अधूरी यात्रा नहीं है यह एक सम्पूर्ण प्रेम की गाथा हैं। किसी भी विषय में आप निरंतर प्रयासों और एक समर्थ शिक्षक की निगरानी में ही पारंगत हो पाएंगे। 'सन्यासी' जिन्होंने जीवन में भक्ति चुनी है उन्होंने कृतज्ञता का मार्ग चुन लिया है पर जिन्होंने सिर्फ भेष चुन लिया है जाने अनजाने उन्होंने सिर्फ 'भटकाव' चुन लिया है। भटकाव से स्थिरता नहीं मिलती और बिना स्थिरता के भक्ति नहीं मिलती। प्रेम और भक्ति ही क्यों चुननी है ? सरल सा उत्तर है 'मरना' बहुत हो गया है हमे 'मुक्ति' चुननी है। अगर कोई प्रार्थना करनी है कोई याचना करनी है तो सिर्फ मुक्ति की ही करनी है और मरने के बाद नहीं यह प्रार्थना भी हमें जीते जी ही करनी है। प्रेम करना है, कोई दिखावा नहीं करना, प्रयासों को कभी समाप्त नहीं करना क्योंकि मनुष्य होने का यह अवसर हमें बार-बार नहीं मिलना। आज सोशल मीडिया का जमाना है जैसा सब लोग करते हैं वैसा ही हम भी करने लगते हैं, हमें पता ही नहीं चलता कब हम अपना असली रंग छोड़ चुके हैं और कब हम दूसरों के रंग में रंग गए हैं।

जब सब लोग पूजा पाठ करने लगते हैं भक्ति करने लगते हैं तब हमें भी जोश चढ़ता है और हम भी भक्ति करने लगते हैं। जैसे जब भाद्रपद आता है मौसम आता है मानसून आता है तो सारी ही नदियों में बाढ़ आने लगती है। सब नदियां बढ़ चढ़कर बहने लगती है परंतु जब मौसम बदलेगा जेठ का महीना आएगा तब जो नदी जल को रोक पाएगी बस वही असली नदी है। इसी प्रकार जीवन में विपरीत विषम परिस्थितियां, जो आज नही तो कल जरूर आएंगी तब जो हृदय में प्रेम रख पाएगा, भक्ति के दीये को प्रकाशित रख पाएगा, तब जो भीतर के उस राम नाम से विमुख नहीं होंगे बस वही आनंद की इस परीक्षा में बने रह सकेंगे और अंततः सफल होंगे। विषम परिस्थितियों का अर्थ है आंधियां। पता है आपको कि जब आंधी चलती है तो ऐसे सभी वृक्ष जिनकी जड़े मजबूत नहीं है वे उस आंधी के प्रभाव को झेल नहीं पाते है और जड़ समेत उखड़ जाते हैं। आप बताओ जो उखड़ गए तो वह अब कब बढ़ेंगे ? अब कब फल देंगे कब फूल देंगे ? उनके लिए वसंत का क्या मतलब रहेगा ? सीधा सा मतलब है जो नहीं टिक सकेगा वह नहीं टिक सकेगा। क्या अभी तक कभी कोई

टिका है ? हे पार्थ, इतिहास टिकने वालों की गाथाओं से भरा पड़ा है, आप पढ़ने वाले बनो। इतिहास में मीरा सूर कबीर तुलसी रसखान नानक और अनगिनत ऐसे लोग हुए हैं, जिन्होंने माया को पटका है और जीते जी ही राम नाम का अमृत गटका है। जहां असली संदेश है, जहां असली प्रेम है, वहां असली प्रभु हैं, वहीं असली भक्ति है। माया के दलदल में फंसे लोगों की मुस्कुराहट सिर्फ चेहरे की होती है। वह क्यों सुनेंगे और मानेंगे इस 'सत्य' को, क्योंकि उनके ही मन ने उन्हें यह रटवा दिया है कि यह माया ही 'असली' है।

जो व्यक्ति लंबे समय के बाद किसी अपने के चेहरे को देखता है उससे मिलता है, तो उसे असीम खुशी होती है। कई बार यह हंसी तो कई बार यह खुशी आंसुओं के रूप में निकलती है। कभी आपने सोचा है कि हमारी चेतना युगो युगो से उस परमात्मा की तलाश में है और जब उसकी यह तलाश पूरी हो जाएगी तो उसकी खुशी के कितने आसमान है ? या फिर आप सिर्फ इतना ही सोचते हैं की कमाना है, गंवाना है, खाना है, पीना है, घूमना है, घूमाना है, रोज थकना है और रोज सो जाना है, किसी को पटाना है, परिवार बढ़ाना है, थोड़ा मेहनत करेंगे चलो नाम भी कमाना है, और बस इसी तरह से यह जीवन बिताना है। जिसके जीवन में 'हृदय' के लिए कोई योजना ही नहीं उसके जीवन में शांति कभी संभव ही नहीं। लोगों को अहंकार सिर्फ इसलिए है क्योंकि उनके पास बहुत संसाधन है, उनकी इंद्रियां अभी बहुत शक्तिशाली है। पर जैसे-जैसे उनकी इंद्रियों की क्षमता क्षीण होने लगती है उन्हें कोई किताब पढ़ने की जरूरत नहीं उन्हें सब सत्य स्वयं ही नजर आने लगता है। हम सभी सचमुच में आज्ञाकारी बालक है क्योंकि बचपन से ही हमारा मन हमें जो जो आदेश देता गया है हम सब बिना परिणाम विचारे उसका पालन करते चले गए हैं।

मुख्य बात पर तो हमने कभी ध्यान ही नहीं दिया, मन ने हमसे काफी चालाकी की, उसने हमारे हृदय की भावनाओं को दबा दिया और सबसे बड़ी बात मन ने सुख के नाम पर हमारे भीतर केवल एक भय दिया। धीरे-धीरे करके इस संसार में कोई बचा नहीं जिसे इस मन ने घुन बनकर खोखला नहीं किया। जब बेटे का जन्म हुआ और पहली बार पिता ने उसे संभालकर गोद में लिया उसके चेहरे को देखा तो पिता की आंखों में जो प्रेम था उसको वर्णित नहीं किया जा सका। फिर वह बच्चा बड़ा हुआ, सरकार हमारे द्वारा दिए टैक्स से काफी पैसा खर्च करके एक वैश्विक दर्जे का स्कूल बनाती है जहां बच्चों को संस्कार सिखाए जाते हैं शिक्षा दी जाती है। पर क्या संस्कार सिखाए इस माया ने उस बच्चे को ? सुनो नई कहानी : जब अपना ही पिता वृद्ध हो गया तो उसी बेटे पर वह स्वयं ही बोझ हो गया। लोग कहते हैं कि भाई हम तो अपने पिता से प्रेम करते हैं, मैं कहता हूं अगर पिता अपनी संपत्ति किसी और के नाम वसीयत कर दे तब देखते है असली आंकड़े कि प्रेम के मैदान में कितने प्रेमी टिकते हैं।

कहते हैं करते नहीं, मुंह के बड़े लबार।
तिन के मुंह काले होय, साई के दरबार।।
उपद्रवी है, ताकतवर है, चंचल है पर यह भी सत्य है कि जैसा भी है मन हमारा ही हिस्सा है।

ना मन के साथ चलने में फायदा है ना मन को पूरी तरह छोड़ा जा सकता है। एक असमंजस की सी स्थिति है जिसमें चाहते या ना चाहते हर व्यक्ति फंसा हुआ है। चाहे मन की पकड़ ज्यादा है मगर फिर भी शांति के मार्ग पर हृदय ही महत्वपूर्ण है। जो पतिव्रता स्त्री होती है अगर वह मटमैले वस्त्रो में भी खड़ी होती है तो भी भाई वही घर की लक्ष्मी होती है, पर जो कुल्टा स्वभाव की होती है अगर वह सज धज के भी खड़ी रहे तो भी कुलक्षिनी ही होती है। सत्य अविनाशी है अटल है अमर है। सत्य को दबाया जा सकता है, छिपाया जा सकता है, भुलाया भी जा सकता है पर मिटाया नहीं जा सकता है। वह था, वह है और वह रहेगा, यही बात सबसे ज्यादा प्रासंगिक है यही बात सबसे ज्यादा मौलिक है।

अगर जीवन एक खेत है तो उसमें 'सत्य' का बीज बो दो, मन रूपी बैल को भटकने मत दो इसे अपनी आती जाती हर सांस रूपी खूंटे से कसकर बांध दो। किसान बनो, मेहनत करो, तैयारी करो, मौसम का इंतजार करो और जब समय आए तो अपनी फसल को काटो, आंनद लो और निश्चिंत हो जाओ। खेत वाले बीज कई बार विविध कारणों से नष्ट भी हो जाते है पर जीवन रूपी खेत में ज्ञान रूपी बीज का नाश नहीं होता है। दिशाएं अनेक होती हैं परंतु चुननी तो एक ही होती है, अगर रास्ते दो हो तो भी आपको किसी एक रास्ते को ही चुनना होता है। एक साथ दो रास्तों पर चलना, ना तो आपके शरीर की प्रकृति है और ना ही आपके लिए संभव है। अपनी समझ और चेतना के आधार पर अपनी विवेक का इस्तेमाल करते हुए सर्वोत्तम विकल्प का चुनाव कर लेना ही आपके लिए समझदारी है। मेरी कलम फिर वह बुनियादी बात याद दिलाएगी। एक मन का रास्ता है और एक हृदय का रास्ता है, एक भोग का रास्ता है एक भक्ति का रास्ता है, एक भ्रम का रास्ता है, एक सत्य का रास्ता है। आपके पास यह जीवन रूपी समय सीमित है इसलिए चुनना आपको ही है क्योंकि अवसर आपके हाथ में है और चुनाव आपका ही है। जो भी आप चुने सब आपकी मर्जी है। भोगों की प्रवृत्ति जीवन को मलिन कर देती है पर भक्ति की प्रवृत्ति मोक्ष देती है। जब आप अपने भीतर सच्चे प्रेम की अनुभूति करेंगे तब आप समझ पाएंगे कि वह प्रेम केवल आपके शरीर को ही नहीं परंतु आपके भीतर आत्मा तक को विभोर, संतुष्ट और द्रवित कर देता है। भीतर के सत्य को अनसुना करके जो बाहर सत्य की तलाश में निकलते हैं उनके भाग्य में सिर्फ भटकना ही लिखा है।

बहुत विद्वान समझते हो अपने आप को, पता भी है आपको ? जैसे ही आप भीतर के सत्य को छोड़कर संसार के सत्य की दिशा में दौड़े थे तुरंत आपके पीछे पीछे काल भी दौड़ गया था। अब आपको सत्य मिले या ना मिले पर काल को आप जरूर मिल जाएंगे। अगर कहीं काल से बचकर छिपने की जगह होती तो रावण भी छिप गया होता। अब आप कुछ नहीं कर सकते क्योंकि आज नहीं तो कल काल आपको अपने फंदे में जरूर जकड़ लेगा और आपकी वह दुर्गति करेगा जिसकी आज आप कल्पना भी नहीं कर सकते है। पर क्या आपको डरने की जरूरत है ? मैं कहूंगा बिल्कुल भी नहीं, क्योंकि आपके पास भीतर के 'राम' का भी एक विकल्प है। जब आप भीतर के सत्य की तरफ दौड़े तो काल आपका पीछा नहीं कर

सकता क्योंकि वहां भीतर वह अविनाशी है वह जो सभी बंधनों से मुक्त करता है वह जो परम स्वतंत्र है उसके आंगन में काल की फांस नहीं है, इसलिए कहा गया है कि वहां पहुंचने पर व्यक्ति अजर भी है और अमर भी है। संसार में कोई जगह नहीं है पर भीतर वह जगह समय से परे परम स्वतंत्र है।

बाहर के संसार में उल्टी गंगा बहती है, यहां लोग मन को शांत करने के चक्कर में ऐसे लोगो को फॉलो करके बैठे पड़े हैं जिनका काम ही वासना को बढ़ाना है। नहीं नहीं आप नहीं समझे, दूसरे शब्दों में समझाता हूं जिनका काम ही आग में घी डालना है। अरे भाई होश में आओ। 'संगत' ऐसे प्रेमियों की ढूंढो जिनकी लग्न सचमुच में 'सतनाम' की है। दुनिया में तुम्हें बहुत सारे नकाब पहने लोग मिलेंगे परंतु यदि तुम्हारी लग्न सच्ची है, प्यास सच्ची है, भक्ति सच्ची है तो फिर तुम्हें ईश्वर भी जरूर मिलेंगे। 'सतनाम' इस जीवन का सबसे बड़ा आधार है उसके बिना राजा हो, रानी हो या चाहे कितना ही बड़ा छत्रपति हो सब निराधार है। समय गतिमान है, सबकुछ माया के प्रचंड आवेगो में बह रहा है, समय की लहरें ना आज तक रूकी है ना भविष्य में रूकेंगी। इस भवसागर में केवल 'सतनाम' अडिग है, भक्ति शाश्वत है, बाकी सब का सब स्थूल है। सत्य की संगत में क्लेश और कल्पनाओं का नाश स्वाभाविक रूप से होता है, एक संतोष सा बना रहता है, एक सुख में हमेशा व्यक्ति पूरी तरह समाहित है। व्यक्ति के अपने भीतर का सुख आसपास के लोगों में विनम्रता और प्रेम के रूप में चंदन की तरह महकता है।

चंदन का पेड़ अगर जंगल में भी खड़ा है तो भी वह अपनी खुशबू पूरे वातावरण में फैलाता है। हम सभी के भीतर भी एक चंदन है पर फिर भी हम में से अगर बदबू आ रही है और खुशबू का कुछ अता पता नहीं है तो अंग्रेजी में समझिए हमारा मामला अरजेन्ट अमरजन्सी का है। भक्ति के इतिहास में कुछ वाक्य महत्वपूर्ण रहे है और गंभीर अर्थ लेते है। कहा गया है कि "जीवित ही जो मर जाएगा वह इस भवसागर से तर जाएगा।" इसका अर्थ शारीरिक अथवा भौतिक मरना नहीं है परंतु उन विकारों को दूर करने की बात कही गई है जो हमारे भीतर पड़े हैं, जो भक्ति के मार्ग में बाधा है। वैसे भी जो व्यक्ति अपने जीवन में सत्य के सार को समझ लेता है वह बिना पंखों के भी उड़ने लगता है। यहां हर चीज में संतुलन अपेक्षित है, भोजन इतना ही तो होना चाहिए ताकि पेट भर जाए, पानी भी इतना ही पीना चाहिए ताकि प्यास मिट जाए, धूप हमारे लिए जरूरी है परंतु उसकी अधिकता नहीं, जीवन में भी यदि संतुलन पर हमने ध्यान नहीं दिया तो समस्या तो आनी ही है। क्या पहले कदम से ही सफलता हमें मिल जाएगी ? बिल्कुल भी नहीं। पर समझ यह कहती है कि जिस दिन असफलता हाथ लगी फेल आप उस दिन नहीं हुए बल्कि फेल आप उस दिन हो गए जिस दिन आपने सफल होने की कोशिशें बंद कर दी। जब तक यह जीवन चक्र चल रहा है, आपको सफलता और असफलता दोनों ही के लिए तैयार रहना होगा, सफल होने पर अहंकार ना करना और असफल होने पर निराशा से बचना बस यही संतुलन हमें कायम करना होगा। जो कुछ भी हम करते हैं उसका एकमात्र लक्ष्य तो सुख ही है। पहले की तुलना में आज हम सभी के पास

काफी ज्यादा संसाधन है, सुविधाएं हैं परंतु फिर भी आज मनुष्य अपने आप को ज्यादा दुखी बताता है। देखिए अगर आप भी ऐसा सोचते हैं तो यह बहुत ही स्वाभाविक बात है क्योंकि माया की तो यही प्रकृति है। अगर आप सचमुच में असली सुखी होना चाहते हैं तो आपको संसार को नहीं बल्कि मन को जीतने की जरूरत है। जब तक आप इस सत्य को स्वीकार नहीं करेंगे आप चाहे कुछ भी कर ले आप स्थायी सुख को प्राप्त नहीं करेंगे, हमेशा भीतर से खाली और दुखी ही रहेंगे।

आप बताइए, अगर आप चोरो की नगरी में रहते हैं तो संतुष्टि की नींद कैसे सो सकते हैं ? क्या यह स्पष्ट बात नहीं है कि आपको हमेशा डर लगा रहेगा कि जब आपकी आंख लग जाएगी तब चोर आपकी मेहनत की कमाई लेकर रफू चक्कर हो जाएंगे ? कैसा लगेगा आपको जब आपको यह सत्य पता चलेगा की आपको लूटने वाले गैर नहीं है, आपके अपने ही है। जिनको हम अपने बंधु बांधव कहते हैं, अपना समझते हैं, इतिहास भरा पड़ा है इन सबूतों से कि अपनों ने ही अपनों को सबसे ज्यादा लूटा है। अब अगर हम यह 'सत्य' स्वीकार कर ले कि हमारे अपने ही हमारे लिए घातक हैं तो इससे तो समाज में एक विद्रोह पनप उठेगा, परस्पर वैमनस्य बढ़ेगा, कोई किसी पर विश्वास नहीं करेगा, तब मानवता शब्द ही निरर्थक हो जाएगा। इस समस्या के समाधान के लिए एक सरल तथ्य है कि हमारे लिए 'संतुलन' सबसे जरूरी है। जब हम सीख जाएंगे तब हम गुलाब भी पकड़ लेंगे और कांटों से भी बच जाएंगे। इस बात को और अधिक स्पष्ट करते हुए कबीरदास जी ने सुंदरता से लिखा है-

कबीरा खड़ा बाजार में, मांगे सबकी खैर ।

ना काहू से दोस्ती, ना काहू से बैर ।।

हमें भी उनके इस आचरण को स्वीकार करने की आवश्यकता है। हमारी मुट्ठी में थोड़ी सी ही तो जगह है अगर उसमें संसार के कंकड़ ही पकड़े रहेंगे तो परमआनंद के हीरे कहां पकड़ेंगे ? अगर ऊपर से नीचे तक स्वयं को इस माया के शहद में ही चभोडे रहेंगे तो काम, क्रोध, मोह, लोभ और अज्ञानता की मक्खियां तो आएंगी ही, उनसे अपनी रक्षा कैसे करेंगे ? अगर मक्खियां भगाने में ही सारा समय लगाते रहे तो भक्ति कब करेंगे ? जितनी बार भी, जब भी ज्ञान की बारिश होती है तो लोग अपने प्रश्नों का छाता खोल लेते हैं, तर्क वितर्क करते हैं। करना स्वाभाविक भी है। पर मूल बात यह है कि अगर हम प्रश्न हीं करते रहेंगे, छाता ही खोले रहेंगे तो इस ज्ञान की वर्षा का आनंद कब लेंगे ? देखिए, जितना समय और सामर्थ्य आपके पास है उसको लेकर अगर आप मथुरा, द्वारिका, काशी, काबा, कैलाश, जगन्नाथ और केदारनाथ या अन्य बाहरी तीर्थ ही दौड़ते रहेंगे तो आप बताइए अपने भीतर के बैकुंठ की यात्रा कब करेंगे ? समय आपके पास सीमित है पर इस समय में संभावनाएं असीमित है। लोग कहते हैं चलो हर जगह ढूंढते हैं 'सत्य' कहीं तो मिलेगा। भाई इस समय संसार की जनसंख्या लगभग 8 बिलियन से ज्यादा है और अगर आप हर व्यक्ति से सिर्फ एक सेकंड के लिए मिले तब भी आपको सबसे मिलने में लगभग 244 साल लग जाएंगे। इतना तो आपके पास समय ही नहीं है। तथ्य स्पष्ट है कि समय सीमित है और बर्बाद करने के लिए

तो हमारे पास बिल्कुल भी नहीं है। हारकर लोग कहते हैं कि मरने के बाद स्वर्ग मिलेगा। मित्र यह कायरों के शब्द हैं क्योंकि वास्तविकता यह है कि जो जीते जी अपने भाग्य को नहीं बदल सके, जो जीते जी स्वर्ग प्राप्त नहीं कर सके वह मरने के बाद क्या करेगे ? वह कहानी तो आपने सुनी ही होगी जब लोमड़ी अंगूर प्राप्त नहीं कर सकी तो उसने स्वयं से कहा कि अंगूर ही खट्टे हैं। परीक्षा विद्यालय वाले लेते हैं भगवान नहीं, हार मत मानो, कोशिश तो करो प्रयास तो करो। छल और कपट का त्याग करके सच्चे हृदय से जैसे ही आप बढ़ेंगे पहले ही कदम पर अपने परमात्मा का साथ गहेंगे।

संसार के अंदर हम चाहे कितना ही धन क्यो न कमा ले, कितना ही नाम रोशन क्यो न कर लें पर यदि भीतर की शांति धन नहीं कमा पाए तो हम गरीबों के गरीब रहेंगे। आज लोग भक्ति भाव नहीं समझते पर अपबल, तपबल और बाहुबल के पीछे पागलो की तरह दिन रात पड़े हुए हैं। आप समझिए कि शक्तिशाली तो बैल भी बहुत होता है पर ऐसी शक्ति का क्या फायदा यदि उसे गुलाम की तरह बंधकर ही कोल्हू चलाना पड़ता है। यदि गधे की तरह बोझ ही ढोना है तो ऐसी शक्ति पर अभिमान का क्या फायदा ? भाई जिम जाते हो बहुत अच्छी बात है पर समझो तो सही, शारीरिक ताकत तो डायनासोरो में भी बहुत थी, पर काल की फांस से वो भी बचे नहीं। बुद्धि का बल वहां फेल हो जाता है जहां माया व्यक्ति को भ्रमित कर देती है। धन का बल अगर काम करता, तो बहुत सारे लोग हैं जो दूसरों से सांसे खरीद लेते और कभी नहीं मरते। यह जो अपबल तपबल का अनुसंधान हम कर रहे हैं ठीक है कि हमने बहुत तकनीकी प्रगति बहुत कर ली है, परंतु इस सत्य को क्या नकार दें कि हमनें कृत्रिम बुद्धिमत्ता के नाम पर कम्प्यूटर को तो बहुत कुछ सिखा दिया है पर छुपा लो इस असफलता को कि हम मनुष्यों को मानवता नहीं सिखा सके हैं। साथ बैठकर रोते तो थे साथ बैठकर हंसते तो थे इस तकनीक से पहले अरे हम भूखे थे, नंगे थे, फूहड़ थे, अनपढ़ थे, अशिक्षित थे, आदिवासी ही सही थे कम से कम एक दूसरे के 'साथ' तो थे। तकनीक ने तो जोडने के नाम पर हमें तोड दिया है, किताबों ने धर्म के नाम पर हमें अलग किया है, अरे ये कैसा धर्म जिसने रिवाजों के नाम पर हमें बांट दिया है ?

पिंजरे में है पर हां, कहते स्वयं को सब आजाद ही हैं। अपने-अपने संकीर्ण विचारों में सभी कैद हो गए हैं। आदिमानव थे जंगलों में रहते थे उनके पास एक गुफा थी कोई बुर्ज खलीफा नहीं थी। समय बदला विकास हुआ, शहर आने से पहले ही हमारी 'स्वतंत्रता' मेरे विचार से दूर कहीं काफी पहले छूट गई है। हम सभी ने स्वार्थी नकाब पहन लिए है, एक अरसा बीत गया है जब से हमने अपने ही असली 'मनुष्य' चेहरे को देखा नहीं है। इस नुकसान की भरपाई युगों युगों तक नहीं हो पाएगी और मुझे शक है क्या कभी हो भी पाएगी या नहीं। मेरी किताब को बगल में पटक कर लोग फिर से धन की दिशा में दौड़ेंगे पर रूको, सुनो, जागो, ध्यान दो, विचार करो, सभी जरूरतो की पूर्ति के लिए तो कमाना ही पड़ेगा पर हां, सभी इच्छाओ की पूर्ति कभी हो नहीं पाएगी, यह संतुलन तो बनाना ही पड़ेगा। धन से आप महंगे पलंग, अच्छे गद्दे और मखमल वाले तकिये तो खरीद लेंगे पर क्या सुकून भरी नींद भी खरीद पाएंगे ?

ईश्वर किसी दुकान पर बिकते नहीं है उनको खरीदा नहीं जा सकता, मंदिर मस्जिद गुरुद्वारे और चर्च का मेरे पास कोई पता नहीं पर वो हम सबके भीतर जरूर है। एक तरफ छल कपट और चतुराई अपने भीतर रखने वाले लोग उसे कभी पा नहीं सके तो दूसरी तरफ सबकुछ उसपर छोड़कर बालक का हृदय लेकर निस्वार्थ प्रेम करने वाले लोग उससे कभी जुदा नहीं। काम करना तो काम करना होता है परंतु इसके भी अलग-अलग अर्थ होते हैं, नौकरी करना आधीनता कहलाता है पर सेवा करना सौभाग्य होता है।

हम सभी के भीतर एक जिंदा गीता है जिंदा कुरान है जिंदा रामायण है। ईष्ट है वह राम, आनंद है वह सीता, रावण है यह माया, हनुमान है वह साहस। जीवन आपके पास है मतलब कलम आपके हाथ है। इस पूरी रामायण के रचयिता हैं आप, दीजिए अपनी रामायण को वो अंत जो आप देना चाहते हैं, इस बार आपकी बारी है। जब आप अपने भगवान से मिलें तो कैसे भी चले जाना पर मेरा सुझाव है कि खाली हाथ मत जाना अपने भाव ले जाना। बिना भावों के आप अपना सर्वस्व भी देंगे तो भगवान कभी स्वीकार नहीं करेंगे और भाव से आप एक फूल भी समर्पित करेंगे तो वह कभी इनकार नहीं करेंगे। रूकिए रूकिए यहां कोई गारंटी नही है कि आप फूल लाएंगे तो खुशबू आएगी ही, पर बात को समझिए और कहना मानिए 'जीवन रूपी घर में कृतज्ञता रूपी फूल लाइये, खुशबू आएगी ही।' जो प्रेम करना पड़ता है वह कभी असली नहीं होता और जो प्रेम असली होता है उसमें कुछ करने का भाव नहीं होता है। भाव बहुत ज्यादा महत्वपूर्ण है, भाव की धूप में आपका पकना जरूरी है क्योंकि ध्यान रखें जो सरसो कच्ची होती है उसे पेरने पर ना तो तेल मिलता है ना ही खरी ही होती है।

भाव से कोई अछूता नहीं है जानवर भी इस भाषा को समझते हैं, सकारात्मकता प्रकृति के कण-कण में भरी है। सही व्यक्ति सही तथ्य को निकाल ही लेता है। किसी ने कभी एक भाव यह भी रखा था कि है परमात्मा अगर मुझे कुत्ता भी बनाना तो किसी साधु के घर पर रखना क्योंकि अगर मैं किसी संसारी के घर में रहा तो जीवन भर निंदा और चुगली ही सुन पाऊंगा पर यदि किसी साधु सज्जन के घर रहा तो निशदिन हरि के गुणगान का आनंद ले पाऊंगा। तथ्य यही है कि हमारी अपनी सोच ही नर्क को स्वर्ग बना देती है और ठीक इसके विपरीत हमारी अपनी सोच ही स्वर्ग को नर्क बना देती है। इस माया में पहले व्यसन के पीछे हम पडते हैं बाद में वह व्यसन हमारे पीछे पड़ जाता है। इस तथ्य को वही अच्छी तरह समझता है जो किसी व्यसन में जकड चुका है। अब समझिए कि अगर आपकी प्रकृति व्यसन में लग जाने की है तो क्यों ना आप भक्ति में उस आंनद स्वरूप राम नाम का व्यसन लगा लें ताकि जीते जी तो आप आनंद में विभोर रहे ही, साथ ही साथ जब मन की मृत्यु होने लग जाए और शरीर साथ छोड़ने लग जाए तो यह आनंद का व्यसन आपके पीछे पड़ जाए और आपके प्राण उस भक्ति में विभोर होकर ही छूटें। उस राम का नाम बहुत शक्तिशाली है, रावण ने बहुत पाप किए पर मरते समय उसकी गति को इन पंक्तियों से समझे-

अंत समय एक बार हृदय से, जो 'श्रीराम' पुकारा हो।

राम विमुख ने राम सुमिर के निज परलोक सुधारा हो ।।

रामायण वाले राम तो कब के चले गए पर आपके काम की बात यह है कि आपका बनाने वाला राम आपके घट में अब भी, इस समय भी बैठा है। अगर आपने अपने भीतर स्थित उस राम की संगत कर ली तो हर दिन हर क्षण तो आनंद में बीतेगा ही साथ ही साथ अनंत काल के लिए आपका बैकुंठ भी संवर जाएगा। विज्ञान की पहुंच कम से कम अभी तो ब्रह्मांड के किसी छोर तक नहीं है पर हां यमराज की है और उसने हमें भी पकड़ रखा है बीतने वाले हर क्षण के साथ वह हमें दबोच रहा है।

लोग हैं जो कहते हैं कि हमें तो कोई दबाव महसूस नहीं हो रहा है। मैं कहता हूं थोड़ा सब्र रखो, महसूस भी होगा, सुनाई भी देगा, दिखाई भी देने लगेगा। मृत्यु से कोई बच नहीं सकता पर भय से जरूर बच सकता है। मृत्यु छोटी है भय बड़ा है, मृत्यु एक ही बार मारती है भय रोज-रोज मारता है। मृत्यु को तुम जीत नहीं पाओगे पर उस परमात्मा की संगत करके तुम निर्भय जरूर हो जाओगे। मित्र, यह कहां फसा दिया मैंने तुम्हें मृत्यु और भय की बड़ी-बड़ी बातों में, आओ अपनी संकीर्ण मानसिकता वाली गली में वापस चले, क्योंकि यहां लोग भरे पड़े हैं भोग ही जिनकी दिनचर्या है, मेहनत जिनसे होती नहीं, प्रयास जिनको करने नहीं, तितेक जिनमें है नहीं, पर समझना जिन्हे अविनाशी को है। देखो शायद एक यहां भी है जो ये किताब पढ़ रहा है। यह बात तो कुछ ऐसी ही है कि हमें किसी पर्वत के शिखर तक पहुंचना है और यह जानते हुए कि रास्ते में फिसलन भरी काई है और चढाई पर चींटी का पैर भी नहीं टिकता, चींटी भी फिसल फिसल कर गिरती है, पर उसी रास्ते पर आगे बढ़ने के लिए हम हट्टे-कट्टे बैल पर सवार होकर तैयार बैठे हैं और हमारा अभिमान ऐसा है कि बस फतेह हमसे दूर नहीं है। विकल्प हर क्षण हमारे पास होते हैं एक तरफ ऐसा जीवन है जो जागती आंखों से भी विषय और भोगों में डूबा पडा है तो दूसरी तरफ ऐसा जीवन भी है जो उस भक्ति और प्रेम के अश्रुओ से विभोर रहता है। मन तो कभी शांत नहीं होता है यह बार-बार परेशान करता है और आगे भी करता ही रहेगा इसको छोड़ो और अपने हृदय के प्याले को भरो। लोग पूछेंगे क्या मन को पूरा शांत कर देना संभव नहीं है तो मैं पूछूंगा कि भूख को अगर पूरा शांत कर दोगे तो क्या वह फिर नहीं लगेगी, अगर आपने ऐसा कोई प्रबंध कर दिया की भूख ही ना लगे तो फिर मन को छोड़ो भूख को भी छोड़ो पहले अपनी जान बचाओ क्योंकि आप तो गए।

पानी जब तक हमने पीया नहीं तब तक उसके चित्र और व्याख्या सब महत्वपूर्ण होते हैं पर जब हमने पानी पी लिया और तृप्त हो गए तो चाहे व्याख्या हो अथवा ना हो हमें कोई फर्क नहीं। ईश्वर भी वह पानी है जो हमें तृप्ति दे सकते हैं मेरी कलम बेशक लिखकर इशारा कर रही है पर यह भी सत्य है कि उस 'सत्य' को शब्दों से लिखना संभव नहीं है। किताबें भी लिखकर लेखको को प्रत्यक्ष अप्रत्यक्ष कुछ तो फायदे होते ही है ना, मेरी कलम को भी हो सकता है हो जाए, पर इससे आपको क्या मिलेगा ? आपके मन को तो मैं कभी उतर नहीं दे पाउंगा पर आपके हृदय के लिए कुछ शब्द लिख रहा हूं 'भाई, कलम बिकती है पर भक्ति कभी बिकती नहीं है।' यक्ष-गंधर्व-मुनि-योगी-सती-संन्यासी और बड़े-बड़े देवी देवता भी जिस परम कल्याणकारी आनंद 'मोक्ष' के लिए तरसते हैं, क्योंकि आप मनुष्य हैं आपके

भीतर की यह पवित्र भाव भक्ति आपको उसी परम चेतना की स्थिति में पहुंचा सकती है।

संसार की माला का जाप करने के लिए माला का प्रबंध करने की जरूरत है और फिर ध्यान भी आपको ही लगाना पड़ेगा। पर रुकिए, एक क्षण स्थिर होइए और देखिए इस सत्य को कि हर सांस के साथ आपका बनाने वाला निरंतर आपको स्पर्श कर रहा है आपका ध्यान कर रहा है तभी तो निरंतर आपके भीतर सांसो का संचार कर रहा है। जीवन में बहुत सारे दिन ऐसे भी आए जब आपने इस सांस पर ध्यान नहीं दिया पर मैं सच कहता हूं जब आपने ध्यान नहीं दिया तब भी वह ईश्वर आपसे प्रेम करता रहा आपका ध्यान करता रहा आपके भीतर यह सांस बनकर आता जाता रहा, चेतना का संचार करता रहा। अरे जो विषम परिस्थितियों में भी आपका साथ ना छोड़े वही तो आपका सच्चा प्रेमी है क्या अब भी आप उसे अपनाएंगे नहीं या उससे अंतिम सांस तक विमुख रहकर ही यह जीवन गुजार देंगे ? बनाने वाले ने आपके लिए भीतर और बाहर की दो दिशाएं बनाई पर हर बार आप सिर्फ बाहर की दिशा में दौड़े और शायद इसलिए आपके लिए आपकी पूरी दुनिया केवल बाहर स्थित हो गई। आप भीतर की दुनिया से पूरी तरह अनभिज्ञ अनजान रह गए। इस जीवन में कई लोगो से मिले कुछ साल बीते फिर याद्दाश्त में कई चेहरे भी धुंधले हो गए, फिर परमात्मा से मिले तो एक जमाना बीत गया वह याद कैसे रहेगा ? उस परमात्मा से बिछड़ कर उसको भूलकर हम अपने इन सांसारिक कार्यो में लगे रहते हैं, पर मैं आपसे असत्य नहीं कहना चाहता 'सत्य' यही है कि उस परम आनंद में विभोर होने के सिवा जो कुछ भी हम कर रहे हैं उसके लिए समुचित एक ही शब्द है - जंजाल।

मेरी कलम को, मेरी पुस्तक को लोगों की भीड़ नहीं चाहिए बस एक सरल हृदय चाहिए। प्रेमी को भी सिर्फ अपना प्रेमी चाहिए उसे जंजाल नहीं चाहिए। काल एक ऐसा शत्रु है जो आंखों से नहीं दिखता, हाथों से पकड़ा नहीं जा सकता पर काल हम सभी के सिर पर निरंतर नाच रहा है, अगर कोई चीज हमें काल से हर पल बचाए हुए हैं तो वह हमारा धन नहीं है वह हमारा वैभव या बुद्धि नहीं है वह हमारी सांस है। लोग पूछते हैं क्या वह ईश्वर साकार है, निराकार है, मूर्त है या अमूर्त है, स्त्री है या पुरुष है ? देखिए पानी, पानी होता है उससे आपकी प्यास समाप्त होती है और बस बात खत्म। पानी की परिभाषा, चित्र या रासायनिक संगठन हाइड्रोजन या आक्सीजन को हम समझे या नहीं समझे उससे कोई फर्क नहीं पड़ता, हमारी प्यास बुझ गई हमारे लिए इतना ही पर्याप्त है।

ईश्वर के लिए भी हमें शब्दों के इन प्रपंचों से ऊपर उठना होगा क्योंकि वह हमारे भीतर है और सत्य यह है कि वह जैसा है वैसा है उसकी समानता इस संसार के किसी भी व्यक्ति या वस्तु से करना मूर्खता मात्र है। पर मेरी कलम जानती है कि लोग इस मूर्खता से पीछे नहीं हटेंगे। कभी केसरिया वस्त्र पहन के, कभी सफेद वस्त्र पहन के, कभी हरे वस्त्र पहन कर, कभी गीता के भीतर, कभी बाईबल के भीतर, कभी कुरान के भीतर और कभी पुराण के भीतर, आपको वह 'सत्य' ढूंढवाते रहेंगे। तर्क वितर्क कुतर्क से भी पीछे नहीं हटेंगे, मेरी कलम भी आपको वह ईश्वर ढूंढवाती पर इसका तर्क यह है कि उसे ढूंढा कैसे जाएं जिसको

हमने कभी खोया ही नहीं है ? अरे जो कभी जुदा ही नहीं हुआ उसको मिलवाया कैसे जाएं ? वह इस क्षण भी आपके भीतर है तभी तो आपके भीतर सत्य है तभी तो आपके भीतर चेतना है तभी तो आपके भीतर जिज्ञासा है तभी तो आपके भीतर आंनद है।

बाईबल गीता कुरान मंदिर मस्जिद या पुराण स्वयं मेरी किताब भी उस ईश्वर की तरफ इशारा कर सकते हैं पर उसका साक्षात अनुभव तो आप केवल और केवल अपने घट में ही कर सकते हैं। बाहर उससे मिलना 'प्रकृति' ही नहीं है। आप ही बताइए जो सर्व व्यापक है, निराकार है, जिसका कोई आकार प्रकार ही नहीं है उसका कोई चेहरा उसकी कोई मूरत हम कैसे बना सकते हैं ?

चित्रकार भी केवल उसी व्यक्ति का चित्र बना सकता है जिसे उसने कभी देखा है या जिसकी उसने कल्पना की है। परंतु वह ईश्वर तो कल्पना से परे है ऐसा तो गीता में भी लिखा है कि वह कल्पनातीत है। श्रीराम ने हनुमान को यह क्यों नहीं कहा कि द्वापर में मैं श्रीकृष्ण बनकर आऊंगा गीता का सृजन करूंगा और तुम उसे पढ़ लेना उससे तुम्हारा कल्याण हो जाएगा। अगर गीता ही सर्वश्रेष्ठ है तो श्रीराम ने बिना गीता के ही त्रेता में हनुमान को भक्ति का दान कैसे दे दिया और बिना गीता पढ़े हनुमान जी का कल्याण कैसे हो गया ? मेरी कलम किसी भी धार्मिक किताब के पक्ष या विपक्ष में नहीं है मेरी कलम का संदेश स्पष्ट है कि वह असली गीता भी आप में ही है कहीं बाहर नहीं है। वह तब भी थी जब राम थे वह तब भी थी जब कृष्ण थे वह तब भी थी जब बुद्ध थे वह तब भी थी जब कबीर थे और वह आज भी है और अचरज की बात यह है कि हम सभी के भीतर अपनी अपनी है, निशुल्क है खरीदनी भी नहीं है। गीता हमारे भीतर जिंदा है, हम दुनिया भर की बातें करते हैं पर भीतर कि उस गीता को नहीं पढ़ते बस यही सोचकर मेरी कलम शर्मिंदा है। जो ईश्वर हर जगह है सर्व व्यापक है उसे हम एक जगह कैसे बैठा सकते हैं ? लिखने के लिए वर्ण चाहिए और वर्णों को समझने के लिए बुद्धि चाहिए पर गीता में स्पष्ट कहा तो गया है कि वह ईश्वर बुद्धि से भी परे है, तथ्य स्पष्ट है कि हमें शब्दों में नहीं उलझना हमें अनुभव की दिशाओं में बढ़ना है। सांसारिक मोह माया में ही फंसे रहना और जीवन में आने वाले उतार-चढ़ाव पर ही पूरा पूरा ध्यान रखना अलग बात है पर जिस दिन आप उस अनुभव के साथ जीना शुरु कर देंगे उस दिन आप सचमुच में 'जीना' शुरु कर देंगे। बिना उस अनुभव के हम सिर्फ हाड मांस के पुतले हैं जिनका नाम मनुष्य है।

अगर ज्वालामुखी का केंद्र ठीक वहां है जहां आप है और आपके क्षेत्र में सौ किलोमीटर की परिधि वाला विशालकाय ज्वालामुखी फटने वाला है और आप अपने छोटे से कमरे की कुंडी अंदर से बंद करके स्वयं को सुरक्षित समझ रहे हैं तो आप बताइए आप कितने सुरक्षित हैं और खतरे से निपटने के लिए आपका प्रबंध कितना अच्छा है ? सपनों से निकलिए वास्तविकता में आईए, हम सभी लोग यही करते हैं हम सोचते हैं कि जब काल आएगा जब मृत्यु आएगी तो हमारा धन, हमारी प्रतिष्ठा, हमारा परिवार, हमारे रिश्ते, हमारे मित्र और वह संसार वाला हमारा भगवान हमें बचा लेंगे और इसीलिए हम निरंतर इन सभी का सृजन

करते हैं, इन सभी की मन्नतें करते है इन सभी की पूजा करते हैं इन सभी को खुश करने में लगे रहते हैं परंतु सत्य तो कुछ और ही है। अपनी अपनी सुरक्षा का हर व्यक्ति को प्रबंध करना चाहिए एक आश्रय हर व्यक्ति को जरूर बनाना चाहिए जहां विपत्ति आने पर वह निर्भय रह सके परंतु जब यह सारा का सारा संसार ही काल की गर्त में समा जाएगा तो संसार में ही बनी हमारी वह बुनियाद हमारा आश्रय कैसे बन सकती है ? धन हो या धर्म हो इन सभी की बुनियाद इस बाहरी संसार में ही तो है पर आपके भीतर का संसार इस बाहरी संसार से अलग है। भय में रहने के लिए बाहर आना पड़ता है पर निर्भय रहने के लिए व्यक्ति को स्वयं के भीतर जाना पड़ता है। वहां भीतर भी एक बस्ती है, वहां भीतर भी एक राह है, वहां भीतर भी एक प्रकाशमान मंदिर है, वहां भीतर भी एक गंगा बहती है। प्यासे के लिए वहां पानी भी है और पिलाने वाला भी है। हां उसका रूप आकृति प्रकृति इस संसार वाली नहीं है और शायद इसलिए वह भीतरी दुनिया अचरज से भरी है।

कितनी ही तीर्थों में चले जाओ, कितने ही व्रत उपवास कर लो कितनी ही ठंडे-ठंडे पानी में डूबो, अरे कितने ही महाकुंभ नहा लो, कितना ही गंगा जल छिड़क लो, कितने ही मंत्रों का उच्चारण कर लो, कितनी ही आयते रट लो आदरणीय पंडित मुल्ला पादरी बिशप जी, बिना उस 'सत्य' नाम के

जब यमदूत लेन को आवै नैकू धरे नहीं धीर।

मार मार के प्राण निकाले बहे नैन से नीर।।

इस संसार में जिसके पास कुछ है वह मेरा मेरा कहता है और जिसके पास कुछ नहीं है वह तेरा तेरा कहता है पर जिसने उस सत्य को जान लिया है उसके लिए ना तेरा है ना मेरा है बस चिड़िया रैन बसेरा है, कुछ अलग अलग नहीं है सबकुछ 'एक' ही है। इस 'एक' में समाहित होने का तरीका बहुत सरल है अपने तन को, मन को, वचन को और ध्यान को भीतर के उस सत्य पर स्थिर करके आप एक-एक पल में एक-एक जिंदगी जी सकते हैं।

26

दर्पणदोष !

मनुष्य के घट भीतर का ईश्वरीय आंनद नूतन है पुरातन है सनातन है। उसे व्यक्त करने के लिए शब्दों की सामर्थ्य सीमित है। क्योंकि लिखा नहीं जा सकता इसीलिए अलिखित है, क्योंकि कल्पना से परे है इसलिए अकल्पनीय है, क्योंकि सीमाओं से नहीं बंधता इसीलिए असीमित है, क्योंकि मापा नहीं जा सकता इसीलिए अपरिमित है। क्योंकि हर पल नया है इसीलिए नूतन है, क्योंकि मनुष्य की प्राचीनतम अवस्थाओं में भी वह विद्यमान था इसीलिए पुरातन है। क्योंकि वह शाश्वत या 'सदा बना रहने वाला' है, यानी जिसका न आदि है न अन्त है इसीलिए सनातन है। वही सभी कालों में विद्यमान है। वही सर्वज्ञ है, शाश्वत है, सरल है, परस्पर अस्तित्व के लिए अनिवार्य है, एक है, अपरिवर्तनीय है, प्रेम है, पूर्ण है, वही सर्वशक्तिमान है।

पूर्ण जी हां पूर्ण। पूर्णता वह स्थिति नहीं है जब कुछ जोड़ा ना जा सके बल्कि पूर्णता वह स्थिति है जब कुछ हटाया ना जा सके। वस्त्र गंदे हो जाने पर हमें स्वच्छता बाहर से लाकर जोड़ने की जरूरत नहीं होती है, स्वच्छता तो वस्त्र में पहले से ही है हमें केवल वस्त्र में लगे मैल को वहां से हटाने की जरूरत होती है। जब हम मैल हटाने की प्रक्रिया करते हैं तो वस्त्र की चमक स्वत: ही प्रकट होती है। ईश्वर भी हर पल हमारे समक्ष हैं पर हमें दिख क्यों नहीं रहा ? इसका स्पष्ट सा कारण है क्योंकि मैल है। इस मैल को हटाने की प्रक्रिया का नाम ही 'तत्वज्ञान' है। लोग पूछते हैं कि मैल लगा कहां है ? इसका सीधा स्पष्ट उत्तर है हमारी बुद्धि में। याद है आपको कलियुग के आगमन की वह कहानी, इतिहास का वह धर्मयुद्ध जिसमें सबसे ज्यादा अधर्म किए गए थे, उस 'महाभारत' को पांडवों ने जीत लिया था। फिर पांडवो ने सत्ता को भी संभाला राजमहल का सुख भोगा लेकिन जल्दी ही उन्हें आभास हो गया कि इस संसार में कुछ नहीं रखा हैं। यही कारण था कि सभी पांडव अपनी पत्नी द्रौपदी के साथ निर्वाण हेतु स्वर्ग के लिए चल पड़े। ऐसा माना जाता है कि जब श्री कृष्ण का देहांत हुआ तब कलयुग का प्रारंभ हुआ, द्वापर युग समाप्ति की ओर था और कलियुग प्रवेश कर रहा था। जन्मेजय राजा परीक्षित का पुत्र था, परीक्षित स्वयं अभिमन्यु का पुत्र था और अभिमन्यु

अर्जुन का। उस समय राजा परीक्षित थे, इसलिए कलियुग का पहला राजा 'परीक्षित' को ही कहा जाता है। महाभारत कथा में स्पष्ट भविष्य कलियुग के संदर्भ में यही है कि जैसे जैसे वर्ष बीतते जाएंगे पृथ्वी नारकीय ग्रहों की तरह हो जाएगी, लोगों की आध्यात्मिक विषयों में रुचि खत्म हो जाएगी। भगवान के भक्त, संत और महात्मा प्रताड़ित किए जाएंगे, लोग उनका उपहास उड़ाएंगे और जानवरों की तरह उनका शिकार किया जाएगा।

कलयुग का आगमन तो परीक्षित के शासन काल में ही हो गया था लेकिन तब उसे सिर्फ गलत जगहों में रहने की अनुमति थी कलयुग ने राजा परीक्षित से विनती की कि "मुझे आपने गलत जगहों पर स्थान दिया कोई बात नही लेकिन कोई एक ही सही पर उत्तम स्थान भी तो दे दीजिये" तो राजा ने उसे स्वर्ण में स्थान दे दिया। जिसके कारण ही कलयुग स्वर्ण के बने राजमुकुट मे बैठ कर परीक्षित की बुद्धि में प्रवेश कर गया। कहानी कितनी मौलिक है कितनी सत्य है ? मेरी कलम के पास इसके कोई साक्ष्य नहीं है पर आज उसी कलियुगी बुद्धि के कृत्य अपनी चरम अवस्थाओं में हम सभी के सामने जरूर है। मन इतना हावी है कि उसने चारों तरफ विनाशलीला पापलीला रच दी है, पर वही फिल्मी कहानियों की तरह लोग हमेशा अवतार के भरोसे रहते है। लोग सोचते हैं की कोई अवतार होगा और वह कलियुग का नाश करेगा फिर हमारा भला होगा, हम उसके लिए ताली बजाएंगे और घर लौट जाएंगे। ऐसी सोच वाले लोग जो खुद मेहनत नहीं करना चाहते जो दूसरों के भरोसे अपने भाग्य को लेकर बैठे हैं वहीं इस धरती पर बोझ है। वह जो असत्य से न्याय के लिए युद्ध नहीं कर सकते हैं, कायर है वह लोग जो सत्य के पक्ष में स्वयं तलवार उठाने से डरते हैं। तुम हार मत मानो, कोशिश तो करो, उठो - युद्ध तो करो और अगर मरना भी है तो इस माया के लिए नहीं उस 'सत्य' के लिए मरो।

स्वयं को समझने की कोशिशें हो या ना हो पर लोग ब्रह्मांड को समझना चाहते हैं। देखिए, ब्रह्मांड दो ही तथ्यो से मिलकर बना है एक है होना और दूसरा है ना होना। प्रकाश का ना होना ही अंधेरा है। सत्य का ना होना ही असत्य है। स्पष्टता का ना होना ही भ्रम है। स्वर्ग का ना होना ही नरक है। शुभ का ना होना ही अशुभ है। कृतज्ञता का ना होना ही अहंकार है। ज्ञान का ना होना ही अज्ञान है। आनंद का ना होना ही दुख है। साहस का ना होना ही भय है। शांति का ना होना ही युद्ध है। जीवन का ना होना ही मृत्यु है। उस बनाने वाले ने सब चीजे बड़ी ही स्पष्ट बनाई है परंतु भ्रम तो तब आता है जब समझाने वाले अलग-अलग तरीकों से समझाने लगते हैं और लोग और ज्यादा भ्रमित हो जाते हैं।

जिस दिन अपनी नकारात्मकता को छोड़ हम सकारात्मक को समझना शुरू करेंगे, जिस दिन मन को छोड़ हम हृदय से आगे आएंगे, जिस दिन अंधकार की कमियां निकालने से ज्यादा महत्वपूर्ण हमारे लिए प्रकाश का गुणगान करना हो जाएगा। जिस दिन उपलब्धियों का अहंकार नहीं समर्पण का भाव हमारी झोली में होगा, उस दिन हम सच्चे शिष्य बनेंगे, उस दिन हम समझना शुरू करेंगे, उस दिन हम इस तत्व ज्ञान के योग्य 'पात्र' बनेंगे। कक्षा में अध्यापक ने कहा, "जो बच्चे यहां उपस्थित हैं वह अपने हाथ उठाये", दो बच्चों ने हाथ नहीं

उठाए क्योंकि उन्होंने प्रश्न ही नहीं सुना। स्पष्ट अर्थ है कि कक्षा में उपस्थित होते हुए भी वे दोनों वहां नहीं थे। केवल यह किताब पढ़ लेने से आपको कुछ लाभ नहीं होने वाला, अगर अर्थों पर आपका ध्यान ही नहीं है, आपके भीतर उस ईश्वर को पाने कि निष्कपट ललक ही नहीं है, उस आनंद में विभोर होने की आपकी लालसा ही नहीं है, बैठे तो यही हो पर ध्यान यहां नहीं है, अरे प्रत्यक्ष पूछ रहा हूं : हे पार्थ, पानी का क्या करोगे जब आपको प्यास ही नहीं है ? जब चेतना ही नहीं है तो केवल पढ़ लेने, सुन लेने, देख लेने मात्र से हम सीख नहीं जाते, सीखने के लिए हमारा ध्यान भी हमारी लगन भी हमारे साथ होना जरूरी है।

हमारे पास अवसर क्या है ? वह भी बहुत स्पष्ट है। घृणा, दुख, भ्रम, अंधेरा और युद्ध हमारे भीतर ही हैं पर हम उसे प्रेम, आनंद, स्पष्टता, प्रकाश और शांति से बदल सकते हैं। कई लोग मरने की कोशिश करते हैं पर फिर भी मरते नहीं है स्पष्टतः हम यह नहीं चुन सकते है कि कब हमारा जन्म होगा और कब हमारी मृत्यु होगी पर यदि जीवन मिला है तो हम उसे स्पष्टता और आंनद से जी अवश्य सकते हैं। किसी भी कार्य में सफल होने के लिए स्पष्टता जरूरी है। स्पष्टता में होने के लिए ध्यान का एक जगह स्थिर होना जरूरी है। दूसरी तरफ अगर मैंने अपने जीवन में किसी को अत्यंत चंचल, अत्यंत अस्थिर, अत्यंत भ्रमित पाया है तो वह स्वयं 'ध्यान' ही है। ध्यान एक जगह आसानी से टिकता ही नहीं है, इसलिए परेशान होकर अर्जुन ने श्रीकृष्ण से पूछा था कि "हे प्रभु ध्यान एक जगह टिकेगा कैसे ?" तब श्रीकृष्ण ने प्रतिउत्तर में कहा था "निरंतर अभ्यास से।" ध्यान को एक जगह स्थिर कर देना काफी दुष्कर है, तो क्या करें ? ईश्वर की लालसा का त्याग कर दें और माया के गुलाम बनकर यह जीवन काट दें ? बिल्कुल भी नहीं। मैं कहूंगा हर चीज 'अभ्यास' के माध्यम से संभव है, आप जिस चीज का निरंतर अभ्यास करेंगे आप उस चीज में निपुण हो जाएंगे। निरंतर अभ्यास करने से 'ध्यान' को भी एक जगह स्थिर करना संभव है। जितनी तेजी से ध्यान दौड़ता है उतनी तेजी से समय भी नहीं दौड़ता, अभी हमारा ध्यान यहां है और पलक झपकते ही सात समुद्र पार पहुंच चुका है। इतने चंचल घोड़े पर लगाम लगाना 'ज्ञान' के माध्यम से संभव है।

चारों युगों और चारों श्रुतियों में 'ज्ञान' की महिमा का बखान किया गया है और कलियुग में इसका विशेष प्रभाव भी बताया गया है, परन्तु यह भी ध्यान रहे की ज्ञान के लिए 'पात्र' बनने की आवश्यकता है, तैयारी करने की आवश्यकता है, धीरज रखने की आवश्यकता है। क्योंकि 'ज्ञान' कोई बनी बनाई खिचड़ी नहीं है यह बीज से फल बनने की क्रमिक प्रक्रिया है। आगे समझिए, यदि मैं अपनी भोजन पर ध्यान देना बंद कर दूं तो क्या मेरी भूख चली जाएगी ? इसका स्पष्ट उत्तर है नहीं। यदि जीवन मिला है तो हमें इसकी अनिवार्य ज़रूरतें भोजन पानी वस्त्र आवास हवा इत्यादि का तो प्रबंध अवश्य ही करना होगा। हां, यदि आप चाहें तो गपशप, पार्टी, पिज़्ज़ा, टेलीविजन और सोशल मीडिया जैसी बहुत चीजे छोड़ सकते हैं क्योंकि बिना इनके भी आप जीवित हैं। आज ये सब चीजें हमारे रोजमर्रा के जीवन में बहुत ज्यादा जरूरी बन चुकी है पर ध्यान से 'सत्य' को समझो कि यह सब जरूरी नहीं है अनिवार्य नहीं है बिना इनके भी हम 'हम' हैं और जीवित है।

इन सभी की हमारे 'समय' में कितनी और किस सीमा तक हिस्सेदारी होनी चाहिए इसे प्रबंधित करना इसे संतुलित करना हमारी प्राथमिकता होनी चाहिए। यह कार्य हमारे लिए बहुत ज्यादा जरूरी है।

जो दिन कभी नही आएगा क्या हमें उस दिन की प्रतीक्षा करनी चाहिए और यदि हम करते हैं तो कहीं हम पागल तो नहीं है ? क्योंकि हम एक ऐसी अपेक्षा कर रहे हैं जो संभव ही नहीं है। आप बताइए हममें से कितने लोग हैं जो उस दिन की प्रतीक्षा कर रहे हैं तैयारी कर रहे हैं जब कोई समस्या ही नहीं है। देखिए सत्य यही है की समस्या और समाधान की गली का नाम ही जीवन है। इस ब्रह्मांड में कोई ऐसी गली कोई ऐसी जगह नहीं है जहां हम चले जाएं और दुख हमारे पीछे ना आ सके, परंतु हां इसे ऐसे समझे कि इस ब्रह्मांड में कोई ऐसी गली कोई ऐसी जगह नहीं है जहां हम चले जाएं और सुख हमे छोड़कर चला जाए।

जैसे दुख हमारा पीछा नहीं छोड़ते वैसे ही सुख भी हमें कभी छोड़कर जाता नहीं है। जितना समय हम परमआनंद के उस सुख में रहेंगे जो हमारे भीतर है उतना समय दुख के अंधकार से हम बचे रहेंगे। ध्यान दीजिए प्रकृति की मजबूरी है कि जहां प्रकाश होगा वहां अंधेरा नहीं टिकेगा। लोग दुख को अपने जीवन से परमानेंट डिलीट कर देना चाहते हैं पर भाई समझो, दुख कोई पोलियो की बीमारी नहीं है कि अगर आपने पहले से ही दवा की दो बूंदें पी ली है तो आप सुरक्षित हैं। लोग अपने-अपने तरीकों से अपने-अपने मन की बात करते हैं पर मेरी कलम सीधी बात लिखती है कि आप सुख में इतना ज्यादा व्यस्त हो जाओ की दुख को समय ही ना दे पाओ। दुख फिर भी आएगा पर कम से कम उसका प्रभाव कम हो जाएगा। भाई अगर घर का दरवाजा खुला छोड़कर गायब रहोगे तो हो सकता है कि दरवाजा संत महात्मा खटकाएं और घर पर किसी को ना पाकर वापिस चले जाएं। पर यह भी तो समझो कि खुला दरवाजा देख कर चोर भी तो आएंगे ? आप मायापति की माया देखो और लोगों का तर्क समझो वो कहते हैं हमारे घर पर चोरी क्यों होगी क्योंकि हम तो अपने घर को खुला छोड़कर किसी और के घर को सुरक्षित करने गए हुए हैं ?

आप बताओ सत्य क्या है और घर पर चोरी होने की संभावनाएं क्या है ? क्या चोर बिना कुछ लिए ही वापस चले जाएंगे ? जिंदगी भी ऐसी ही है। हमने अपने जीवन के सभी दरवाजे गैरों के लिए खुला छोड़ रखे हैं, इसीलिए कोई भी ऐरा गैरा आता है और हमारी भावनाओं से, हमारी जिंदगी से खेल कर चला जाता है। कोई भी चोर आता है और हमें लूट के चला जाता है। कई बार कुछ सुंदर, हैंडसम दिखने और कुछ मीठा बोलने वाले चोरों को हम ही अपनी जिंदगी में आमंत्रित करके आते हैं।

चोरों को मौका मिलता है वो हमें मनमाना लूटते हैं भीतर तक जख्मी कर जाते हैं। हम अपने दर्द से कराहते हैं पर अपनी जिंदगी में अपना सब कुछ लुटा बैठे हम दूसरे लोगो को "घर सुरक्षित कैसे रखें ?" इसके सुझाव बाटने जाते हैं। लोग कहते हैं कि सच बात है यह सब मोह माया है यह सब छोड़ो, चलो भगवान की तरफ बढे ताकि सुरक्षा की गारंटी हो जाए, रुको रुको पार्थ। पहले यह तो बताइए कि अगर भगवान से सुरक्षा की गारंटी आपको अपने धन,

यश, नौकरी, तरक्की और अपने परिवार के लिए ही चाहिए तो मित्र आपने माया और मोह को छोड़ा कहां है ?

हे पार्थ, जगह जगह डंका पीट देने से, किसी गुरूकूल में प्रवेश ले लेने से, स्कूल की वर्दी पहन लेने से, कोई शिष्य नहीं बन जाता। शिष्यता दिखावा करने का विषय नहीं है, यह एक कृतज्ञता है जो गुरु के प्रति समर्पण भाव से जुड़ी है प्रेम से जुड़ी है। छाता गुरु के द्वारा दिया गया 'ज्ञान' है। छाते का यह अर्थ नहीं होता की बारिश नहीं होगी परंतु हां वर्षा होने पर छाता खोलने से आप भीगने से जरूर बच जाएंगे। ध्यान रखें हमारी कार, हमारे बंगले, हमारा बैंक बैलेंस, हमारी उपाधियां, हमारा बाहुबल बादलों को नहीं रोक पाएंगे आप चाहे कितना भी नकार ले पर दुख की बारिश जरूर होगी और जब होगी तब आपको छाते की जरूरत पड़ेगी। अहंकार में लोग पूछते हैं कितने का मिलेगा छाता ? हम भी खरीद लेंगे। अहंकार लेकर आए हो तो भी 'सत्य' को समझो आपकी जमीन पथरीली है मित्र इसमें कुछ नहीं उगेगा। अहंकार से ठोस रहने से कुछ नहीं होता। जो मिट्टी गीली होती है, ढीली होती है उसी का तो मटका बनता है, उसी जमीन पर तो फसले लहराती हैं। ठोस, बंजर जमीन पर तो तिनका भी नहीं उगता है। इतिहास में कई संत महात्मा ऐसे हुए हैं जो भिक्षा मांगते थे। महात्मा बुद्ध जैसे भी संत हुए जिन्होंने राज पाठ धन संपदा को छोड़कर भी भिक्षुक बनना, ज्ञान मार्ग पर चलना स्वेच्छा से स्वीकार किया और जब उनसे पूछा गया की भिक्षा मांगना तो कामचोरी है तो उन्होंने प्रति उत्तर में कहा कि "भिक्षा मांगते समय मनुष्य में अहंकार नहीं रहता और अहंकार का ना होना ही तो कृतज्ञता है।" सबका अपना अपना तरीका है। हम सभी को ज्ञान प्राप्त करने के लिए बुद्ध की भांति सब कुछ त्याग कर भिक्षुक बनना जरूरी नहीं है परंतु हां अहंकार का त्याग किए बिना ज्ञान का फलना फूलना संभव नही है।

ज्ञान के तरीके मस्तिष्क समझता है। होने वाली अनुभव का आनंद हृदय लेता है और आनंद की स्थिरता ईश्वरीय अनुभूति कराने लगती है। इस ईश्वरीय स्थिति में शब्द और समय कहीं पीछे छूट जाते है और बस एक शांति हमारे भीतर विराजित हो जाती है। वहां ना धरती का गुरुत्वाकर्षण है ना मन का आकर्षण है सभी दिशाओं में भटकती हमारी सारी इंद्रियां बस उस अमरता में एकाग्रचित हो जाती है। शब्दों और चित्रों से समुद्र की गहराई और विशालता का पता नहीं चलता, आपके भीतर उस अमरता में मात्र आनंद की बूंदे नहीं है पर एक महासागर है जिसकी वास्तविक गहराई और विशालता का अनुमान लगाने के लिए आपको तैरना सीखना होगा, स्वयं उसमें उतरना होगा। आजतक आप अपने शरीर से बेशक मलिन से मलिन कार्य करते रहे हो, चाहे सांसारिक वासना की आग में जलते रहे है, सारा शरीर खोखला हो चुका हो परंतु ध्यान रहे बेशक उस पर आपका ध्यान नहीं है पर वह परम पवित्र अविनाशी आपको छोड़कर अभी गया नहीं है, वहां कोई जल्दी नहीं है वहां कोई देरी नहीं है।

हम किसी गिरते हुए को तभी सहारा दे सकते हैं यदि हम स्वयं संतुलन में हो, यदि हमारा अपना ही पैर फिसल रहा है तो हम किसी और को कैसे सहारा दे सकते हैं ? इसीलिए सबसे

पहले स्वयं का संतुलित होना जरूरी है। आज इस संसार में घृणा भरी पडी है। देशो के बीच में, परिवारों के बीच में, लोगों के बीच में, रिश्तो के बीच में, धर्मो के बीच में नफरत के बीज बो दिए गए हैं।

एक व्यक्ति जो छल कपट करता है जो असत्य बोलता है जिसके भीतर हजार कमियां हो शायद आप उससे प्रेम न करें और उसे कोई मौका भी ना दें, पर क्या करेंगे अगर वह व्यक्ति आप ही हो ? जब तक हम स्वयं से ही सत्य नहीं बोलेंगे तब तक स्वयं से प्रेम कैसे करेंगे ? अगर स्वयं से ही प्रेम नहीं करेंगे तो दूसरों को प्रेम कैसे देंगे ? आपके अपने निजी संसार में शांति की शुरुआत जैसे भी होगी जब कभी भी होगी आपके अपने भीतर से ही होगी। हमारा मस्तिष्क हर चीज को समझना चाहता है इसीलिए कब ? कौन ? क्या ? कैसे ? किसका ? कहां ? कितना ? क्यों ? के साथ हमेशा तैयार रहता है। पर आप समझाइए मुझे जो था, जो है और जो हमेशा रहेगा, जो समय से नहीं बंधा जो समय से परे है उसके लिए कब का क्या उत्तर दूं ? जो किसी काल या भाषा से नहीं बना, युवा वृद्ध पुरुष महिला या किसी लिंग से नहीं बंधा, जो न अमेरिकन है ना भारतीय है ना चाईनीज है जो किसी देश से बंधा नहीं है उसके लिए कौन का क्या उत्तर लिखूं ?

जो हमें छोड़कर कभी गया ही नहीं जिसे हमने कभी खोया ही नहीं उसे पाने के लिए कैसे का क्या मार्ग बताऊं ? जो ऊपर नीचे दाएं बाएं सभी दिशाओं में सब जगह हर क्षण है उसको आपको कहां ढूंढवाने ले चलूं ? जो कल्पनाओं से परे है, अपरिमित असीमित है उसके लिए कितना का क्या उत्तर बताऊं ? जिसने सबको बांध रखा है पर जो स्वयं स्वतंत्र है उसके लिए कौन सी परिभाषाएं बनाऊं ? इसीलिए मैंने आपसे पुस्तक के प्रारंभ में ही कहा था कि लोगों के मन के प्रश्नों का उत्तर मेरे पास नहीं है मैं तो बस हृदय की सरल दिशा जानता हूं। वैसे भी मन ने जो माया रच दी है उसमें हमारे पास सब कार्यों के लिए समय है बस अपने लिए नहीं है। जब पैर में कांटा चुभा तो शरीर ने हमें बताया और हमने कांटे को हटा दिया, जब हमको कुछ कड़वा लगा तो हमने शरीर को कुछ मीठा दिया, जब शरीर को धूप का एहसास हुआ तो हमने उसे छांव में खड़ा किया, जब शरीर में पानी की कमी हुई तो हमने उसे तृप्त किया, मन जहां-जहां जो जो कहता रहा हम आज्ञाकारी बनकर उसे मानते रहे। नफा और नुकसान का हर कदम पर हमने बड़ा ध्यान रखा। मन का कहना मानते मानते वासनाओं का पीछा करते-करते जब शरीर खोखला हो गया हम तब भी नहीं रुके। हम बाजार गए और खोखलेपन को भरने के सभी संसाधन खरीद लाए। कई जिम्मेदारियां भी हम पूरी निष्ठा से निभाते रहे, माता-पिता पुत्र-पुत्री पति-पत्नी मित्र रिश्ते जिसको जो समय देना था हमने दिया। कुछ लोगों ने संसार में धन भी काफी कमा लिया, कुछ लोगों ने नाम भी काफी रोशन किया कुछ लोगों ने देश के लिए सर्वस्व भी बलिदान किया। क्या अच्छा किया क्या बुरा किया वह प्रश्न ही नहीं है प्रश्न सिर्फ इतना है कि आपके भीतर स्वयं के सत्य को समझने के लिए जो जिज्ञासा थी उसका आपने क्या किया ? या कहीं इस माया के भ्रम में मदहोश आपने उस प्यास को मिटा दिया ? या कहीं सबके पते ढूंढने और सबको खोज निकालने के

इस प्रयास में हमने खुद को भुला दिया ?

अगर बाल्टी में छेद हो तो उसमें कितना भी पानी डालो वह कभी भरने वाली नहीं है पर अगर किसी के पास वह युक्ति हो कि वह उस छेद को बंद कर दे तो एक बूंद भी डालने पर भीतर वह बूंद टिकी है सुरक्षित हैं। अहंकार और छल कपट रूपी छेद वाले शिष्यों में ज्ञान भी नहीं टिकता है। इसलिए ये बहुत जरूरी है कि इससे पहले कि हम भरना शुरू करें आओ पहले अपने अपने कुबुद्धि के छेद को बंद करें। कई लोग एक तरफ से छेद को भरते है पर दूसरी तरफ से छेद को और बड़ा करते हैं। पर मैं आपसे पूछता हूं कि अगर हमारे जीवन में यह संघर्ष ही बना रहा तो हमारी बाल्टी कब भरेगी ?

सूर्य तब भी चमकता था जब मैं नहीं था, सूर्य तब भी चमकता रहेगा जब मैं नहीं रहूंगा। मेरे लिए सारी संभावनाएं तभी तक है जब तक मैं जीवित हूं। तुम्हारी कहानी भी मेरी कहानी से अलग नहीं है। आइसक्रीम टेबल पर गिरे तो टेबल आइसक्रीम का स्वाद नहीं ले सकती, आइसक्रीम हमारे सिर पर गिरे तो हम भी उसका स्वाद नहीं ले सकते पर आइसक्रीम हमारी जीभ पर आए तो जीभ के पास वह क्षमता है स्वाद लेने की। ठीक इसी प्रकार वह सर्वश्रेष्ठ सर्वव्यापक ईश्वर प्रकृति के कण कण में हमारे चारों तरफ विराजमान है परंतु इन सभी कणो के पास उसका अनुभव करने की वह क्षमता नहीं है, यह बेशकीमती क्षमता सिर्फ जीवित मनुष्य के पास है और इसीलिए शास्त्रों में मनुष्य जीवन को दुर्लभ कहा गया है। लोग मनुष्य जीवन का लक्ष्य समझना चाहते हैं अरे भाई क्या तुम्हारी इतनी तेज बुद्धि में इतनी सरल बात नहीं समा सकती की जीभ का लक्ष्य स्वाद लेना ही है, ठीक इसी प्रकार मनुष्य जीवन का लक्ष्य भी उस ईश्वर के आनंद में विभोर रहना ही है। आइसक्रीम महत्वपूर्ण इसलिए है क्योंकि वह अपने भीतर उस सारे स्वाद और ठंडक को समेटे है और हम महत्वपूर्ण इसलिए हैं क्योंकि हम अपने भीतर उसके लिए स्वाद और अनुभव की सामर्थ्य को समेटे हैं। लक्ष्य की पूर्णता के लिए साध्य भी जरूरी है पर साधन भी जरूरी है।

तब जब दोनों पक्ष मिलते हैं तभी आनंद आता है तब जब साध्य और साधन दोनों मिलते हैं तो पूर्णता प्राप्त होती है। नाशवान जो हमारा शरीर है और अविनाशी जो वह परमात्मा है जो हमारे ही भीतर बैठा है जब यह दोनों मिलते हैं तब हमारी चेतना को अमरता प्राप्त होती है। अगर आप एक ऐसी जगह पर है जहां सुंदर प्रकृति है, फूल है, हरियाली है, इंद्रधनुष है, हल्के बादल हैं, सूरज की रोशनी से चमचमाती ओस की नन्ही बूंदे है, छमछमाते झरने हैं, नदियां है, सुंदर सारस पक्षी है, पंख फैलाए नाचते गाते कलरव करते मोर हैं, इस दृश्य में हरा पीला लाल बैंगनी प्रकृति के सारे रंग है, वातावरण में मीठी-मीठी भीनी-भीनी सुगंध है, शुद्धता है पूर्णता है सौंदर्यता है, पुष्पों पर मंडराते सुंदर भौंरे और तितलियां हैं, तैरती सुंदर रंग बिरंगी मछलियां हैं, खेलती दाना लेकर भागती नन्ही गिलहरियां हैं, और इस जगह पर इस क्षण आप खड़े हैं आपको कैसा महसूस होगा ? रुकिए उत्तर देने की जल्दबाजी न करें क्योंकि मैं यह बताना तो भूल ही गया कि यहां आप अंधे हैं, आप देख नहीं सकते हैं।

ठीक यही स्थिति इस पृथ्वी पर इस क्षण हम सभी की है। बनाने वाले ने भी हमारे लिए आनंद के सभी साधन उपलब्ध कराए हैं परंतु हम तो राजनीति में व्यस्त हैं, हम तो चुगली में व्यस्त हैं, हम तो धर्म की लड़ाईयो में व्यस्त हैं, हम तो टीका टिप्पणी में व्यस्त हैं, हम तो आरोप प्रत्यारोप में व्यस्त हैं, हम तो अपनी रोज-रोज की समस्याओं में व्यस्त हैं, हम तो शादी में व्यस्त हैं, हम तो तलाक में व्यस्त है, हम तो इंस्टाग्राम में व्यस्त हैं, हम तो घूमने फिरने में व्यस्त हैं। इस भागती दौड़ती जिंदगी में कहां किसके पास समय है कि बैठकर कुछ पल अपने भीतर आती जाती एक एक श्वास का स्वागत कर सके ? कहां कौन इच्छुक है जो इस जटिल जीवन को छोड़कर सरल रह सके ? कहां किसके पास समझ है कि वह ईश्वर को मनोकामनाओं और शिकायतों को छोड़कर इस जीवन के लिए धन्यवाद दे सके ? भविष्य की खुशियां प्राप्त करने में हम इतना ज्यादा व्यस्त हैं कि हमारे पास जो वर्तमान की खुशियां है उनका आनंद लेने का समय नहीं है। जिंदा हम वर्तमान में हैं पर जी हम भविष्य के लिए रहे हैं, दो नावो में पैर रख रखा है पर पार भवसागर को करना चाहते हैं, सबको नाव बनाना सिखाते हैं बस अपनी नाव में छेद है। जिस दिन हमारी समझ विकलांग हो गई उस दिन ईश्वर द्वारा दिए गए प्रकृति के सभी उपहार भी हमारे लिए व्यर्थ हो गए। कहानी तो बड़ी दुखदाई हो गई, बनाने वाले ने तो हमें आनंद स्वरूप बनाया था पर हम सिर्फ सपने देखने की मशीन ही बने रह गए।

27

जोगबैराग !

बाहरी आडंबर सिर्फ आडम्बर ही है। यज्ञ और आहुतियां देने से मोक्ष नहीं मिल जाता। सिर मुडवाकर 'सन्यास' ले लेने से क्रोध पर नियंत्रण नही होता, मन शांत नहीं हो जाता। ईश्वर का एक नाम 'प्रकृति' भी है, और यदि हम प्रकृति को समझना चाहते हैं तो प्रकृति से दूर जाकर कैसे समझ सकते हैं ? मनुष्य के लिए प्रकृति में रहने का अर्थ है गृहस्थ जीवन में रहना। समझने वाला तथ्य यह है कि नर और मादा प्रजाति को ना आपने बनाया है ना मैंने बनाया है, इसे प्रकृति ने बनाया है। प्रकृति को आगे संचालित करने के लिए नर और मादा के बीच में होने वाला आकर्षण भी पूर्णतया प्रकृतिकृत है। परस्पर होने वाले इसी आकर्षण का परिणाम नई उत्पत्ति है। आंखें बंद करके हम इस भौतिक सूर्य को कैसे देख सकते हैं अर्थात प्रकृति के दूर रहकर हम प्रकृति को कैसे समझ सकते है ?

आप और मैं प्यास की व्याख्या कर सकते हैं क्योंकि प्यास लगना हमारी प्रकृति है परंतु एक पत्थर प्यास की व्याख्या कैसे कर सकता है जिसे उसने कभी महसूस ही नहीं किया है ? गृहस्थ जीवन छोड़कर जंगलों में चले जाने से शांति जरूर होती है परंतु वह श्मशान जैसी होती है। जंगल में शांति केवल इसलिए है क्योंकि वहां शहरी शोर शराबा रुक गया है, परन्तु उसे ही घट भीतर की शान्ति समझ लेना शुद्ध मूर्खता है। शांति के लिए हमें शोर से बचना जरूर है परंतु सबसे बड़ा शोर हमारे कानों के बाहर नहीं बल्कि हमारे दोनों कानों के बीच में हो रहा है। सबसे बड़ा शोर हमारे भीतर हमारे मन ने मचा रखा है। क्या साधु तपस्वी ऋषि मुनि सन्यासी इन सभी के पास 'सत्य' नहीं है ? यह जो पूरे संसार का त्याग करके जंगलों में रह रहे हैं क्या इन्हें वह ईश्वर जंगलों में कभी मिला नहीं है ? मेरी कलम के पास इसका एक सरल उत्तर है कि त्याग और वैराग्य तो जरूर होना चाहिए परंतु वह वैराग्य अपने छोटे अनाथ बच्चों को या अपने बूढ़े माता-पिता को असहाय अकेला छोड़कर अपनी जिम्मेदारियों से पीछे हटकर संन्यास ले लेने से नहीं मिल जाता।बच्चों को पैदा करने में यह तथाकथित संन्यासी बाबा अपने जीवनसाथी के साथ योगदान दे रहे थे पर उन्हीं बच्चों का पालन पोषण 'पालनहार' के भरोसे छोड़ गए है। असली तपस्या तो गृहस्थ जीवन में ही है

जहां सभी विपत्तियों के बावजूद भी माता और पिता अपने संतान को पालते है, जहां अपने मन की इच्छाओ का त्याग करके अपने बच्चों की इच्छाओ की वे पूर्ति करते हैं। वस्त्रो का त्याग आसान है बड़ी सरलता से आप भी छोड़ सकते हैं और मैं भी छोड़ सकता हूं कोई भी छोड़ सकता है परंतु भक्ति मार्ग में चुनौती अगर कुछ है तो वस्त्र को छोड़ना नहीं 'वासना' को छोड़ना है। अगर सचमुच में शूरमा हो तो क्रोध का त्याग करके दिखाओ। लोग कहते हैं यह बाल ब्रह्मचारी है वासना से दूर है स्त्री के तरफ तो देखते तक नहीं है। पर हे मुनीश्वर, स्त्री से दूर रहने वाले बाल ब्रह्मचारी यह तो बताइए आपका जन्म किसी पुरुष की कोख से हुआ था अथवा आप भी किसी स्त्री की कोख से ही आए थे ?

अगर सत्य यह है कि आप भी माता की कोख से ही आए थे तो स्वयं को उत्तर दीजिए की नौ महीने तक जिस स्त्री ने अपने रक्त से तुममें जीवन का संचार किया उसका मुख न देखकर या उसका त्याग करके तुमने कौन सा बड़ा धार्मिक कार्य किया ? आप माता के ऋणी थे, क्या माता का वह ऋण चुका दिया ? और आप बताइए कि यदि संसार की सभी स्त्रियां भी यह प्रण ले लें कि वह पुरुष की तरफ नहीं देखेंगी पुरुष के साथ समर्पण या समागम नहीं करेंगी तो क्या एक भी महान बाल ब्रह्मचारी कभी पैदा होता या हो सकेगा ? यह कृत्य प्रकृति के विरुद्ध नहीं होगा ? क्या प्रकृति के विरुद्ध जाकर तुम प्रकृति को पा लेना चाहते हो ? यह कितना तर्कसंगत है ? आप यहां अचरज देखो, यहां शहरों के समझदार शिष्य जंगलों में जाकर किसी ऐसे ही बाल ब्रह्मचारी गुरु की तलाश में हैं।

मैंने यहां अपने विचार रखे हैं परंतु किसी की भावनाओं या ईश्वर के प्रति उसकी भक्ति को ठेस पहुंचाना मेरा उद्देश्य नहीं है। क्योंकि इतिहास में ऐसे भी भक्त रहे हैं जिन्होंने ईश्वर भक्ति में सांसारिक सब कुछ त्याग दिया है। किसी को ऊंचा नीचा दिखाना किसी के तरीके को सही या ग़लत साबित करना मेरी कलम का लक्ष्य नहीं है। किसी के हृदय में ईश्वर के प्रति उसके त्याग का अपमान करना किसी के पवित्र आस्था से खिलवाड़ करना मेरी कलम का उद्देश्य नहीं है, परंतु यदि ईश्वर तक पहुंचने का कोई माध्यम है तो वह सभी के लिए सभी परिस्थितियों में संभव जरूर होना चाहिए। केवल बालब्रह्मचारी बाबा के पास ऐसा कोई ठेका नहीं है। मेरी बात बड़ी सरल है कि जब हम गृहस्थ जीवन में हैं तो हमें सिद्धांतों और व्यावहारिकता के बीच में स्पष्टता की आवश्यकता है। हमें आडंबरो और अंधविश्वासों से बचने की आवश्यकता है। नज़रिया हम सभी का अलग अलग है पर ईश्वर की नजरों में तो हम सब एक ही हैं। यदि एक तरफ से हम कहें कि हां "ईश्वर एक है" और दूसरी तरफ हम कहें कि "हमारे धर्म वाला ज्यादा अच्छा है" तो आप बताइए जब ईश्वर एक है तो हमारा तुम्हारा का मतलब क्या हुआ ? इसका सीधा सा अर्थ है कि हमें किसी मानसिक रोग विशेषज्ञ की आवश्यकता है। ईश्वर के नाम पर कोई हरा पहनता है, कोई सफेद पहनता है तो कोई भगवा पहनता है, परंतु अगर तथाकथित भक्त के भीतर अंहकार और दूसरे धर्म के लिए घृणा ही भरी है तो कृपया बताएं भक्त के लिए कौन से रंग का कपड़ा सबसे अच्छा है ? मंदिर मस्जिद गुरुद्वारे गिरजाघरो और न जाने किन-किन दुर्गम स्थानो पर हम ईश्वर को ढूंढते हैं पर

उस भक्त का क्या होगा जिसका भीतर का ईश्वर ही लापता है ? अगर भक्ति के लिए माला जपना ही जरूरी था और माला में रुद्राक्ष ही जरूरी था तो हमारे जन्म के साथ ही ईश्वर ने हमें भी एक एक रूद्राक्ष क्यों नहीं दे दिया ? या फिर ईश्वर से कोई गलती हो गई और उसने जल्दबाजी में हमें आधा अधूरा ही भेज दिया ?

ईश्वर दयालु है वह जानते थे कि अगर उन्होंने स्वयं को हमारे भरोसे छोड़ दिया तो हम तो उन्हें कहीं रखकर भूल जाएंगे इसीलिए उसने स्वयं को हमारे भीतर ही विराजित कर लिया ताकि हम कभी भी एक पल के लिए भी उनसे जुदा ना हो सके और जब भी हमें उनकी जरूरत पड़े वह हमारे साथ ही हो। आजकल के भक्त हैं कानों को फाड़ कर उसमें ढेर सारी बालियां पहन लेते हैं, कई तो लंबी लंबी जटा बढ़ा लेते हैं, कई बिल्कुल सिर मुडवा ही लेते हैं, कई बड़े-बड़े चंदन के लंबे-लंबे तिलक लगा लेते हैं, इन तथाकथित सज्जनों को अपने फैशन को नियमित रखने के लिए बड़ी मेहनत करनी पड़ती है। इस बारे में मुझे याद आता है जब तुलसी दास अपनी पत्नी के मायके चले जाने पर उसका वियोग सहन नहीं कर सके। वासना की आतुरता में शीघ्रता में तुलसीदास उफान लेती नदी को शव पर बैठकर पार कर गए। सर्प को रस्सी समझ उसके सहारे चढ़ गए, एकदम से पत्नी के सामने पहुंचकर उसे अचंभित कर दिया। इस पर पत्नी रत्ना के व्यंग्य ने ही उनको सन्यासी बना दिया। वह व्यंग्य था -

अस्थि चर्म मय देह यह, तासौं ऐसी प्रीति।

नेकु जो होती राम से, तो काहे भव-भीति।।

पत्नी की इन उलाहना भरी बातों से तुलसीदास में ज्ञान और वैराग्य जागा और फिर राम चरितमानस की रचना हुई। आजकल के संन्यासियों को भी तुलसीदास से कुछ सीख लेने की जरूरत है कि हमें अपनी देह की वेशभूषा जटाओं और तिलक पर ध्यान देने की नहीं भक्ति और प्रेम पर ध्यान देने की जरूरत है। लाखों लाखों की भीड़ में इन सज्जनो के पंडालो में भक्तों की भी कमी नहीं है, पर इनके बारे में भी मुझे कबीरदास जी का एक दोहा याद आता है-

जनोता बूझा नहीं, बुझि किया नहीं गौन।

अंधे को अंधा मिला, राह बतावै कौन।।

अर्थात जो सद्गुरू की शरण में पहुँच कर भी सतमार्ग पर नहीं चला। कल्याण का मार्ग सन्मुख होते हुए भी आगे नहीं बढा। या फिर जान बूझकर जिसने ऐसे व्यक्ति की संगत की जो स्वयं अज्ञानी था, तो फिर अब मार्ग कौन बताये, क्योंकि दोनों ही अंधकार रुपी अंधेपन के कारण भटक रहे है।

मैं सोचता हूं कि क्या वह चंदन का तिलक सचमुच में ईश्वर की प्राप्ति का प्रमाण पत्र हो गया है, क्या धार्मिक ग्रंथो को रट लेने और दूसरों को रटवा देने से ईश्वर की प्राप्ति हो जाती है ? या फिर इसका अर्थ यह है कि जो पढ़ या लिख नहीं सकते ईश्वर उनके लिए नहीं है ? अगर सत्संग में पंडाल की भीड़ से प्रभावित होकर ही ईश्वर खींचे आते हैं तो राम कौन थे जो जंगल में अकेले जीवन यापन कर रही शबरी की कुटिया में खींचे चले आए थे ?

क्या बड़े-बड़े सत्संगों में आप सिर्फ भंडारे की लालच में जाते हो या भक्ति का कोई भाव भी आपके भीतर होता है ? क्या पंडालों में इत्र छिड़ककर या सुगंधित अगरबत्तियां जलाने से सचमुच में ईश्वर इतने आकर्षित होते हैं कि उस स्थान पर खींचे चले आते हैं ? या फिर हमें ऐसा लगता है कि ईश्वर इतने गरीब हैं कि वह अगरबत्ती नहीं खरीद सकते हैं ? हम उन्हें एक दो केला चढ़ाते हैं, पर क्या हम नहीं जानते कि उस बनाने वाले ने इस पृथ्वी पर जंगलों के जंगल बो दिए हैं, और उन जंगलों में हजारों लाखों करोड़ों केले हैं। हम धार्मिक स्थलों पर बड़ा ध्यान रखते हैं कि हमसे कोई गलती ना हो पर आप बताइए क्या आपके घर के बंद कमरे में वह प्रभु आपके कर्मो नहीं देख रहे हैं ? लोग कहते है वह पर्ची वाले बाबा सब जानते हैं वह बजरंग बली के अवतार हैं। भाई वह बजरंग बली के अवतार हैं तो हवाई जहाज से सफर क्यों करते हैं, सीधे उड़कर ही क्यों नहीं चले जाते हैं ? या फिर 'सत्य' ये है कि हमने स्वयं को ये समझा दिया है कि हम अंधविश्वास में ही खुश है हमें 'सत्य' देखना ही नहीं है। कहना क्या चाहते हैं ? करना क्या चाहते हैं ? तथ्य क्या है ? प्रमाण क्या है ? आज के इस वैज्ञानिक युग में यह सभी बातें व्यर्थ हैं लोगों के लिए सिर्फ अंधविश्वास ही महत्वपूर्ण है। हैं तो हम सभी मनुष्य, पर मुझे नहीं पता क्यों सब भेड़ चाल में चलने लगे हैं ? आप जिस धर्म का पालन करते हैं करते रहें, आप जिन नियमों पर चलते हैं चलते रहें, अगर आपको आपके प्रभु मिल गए हैं तो पकड़ कर रखिए कहीं बिछड़ ना जाएं और अगर ढूंढ ढूंढ कर आप थक चुके हैं तो मेरी सलाह मानिए एक बार भीतर भी झांक लें, हो सकता है आपके बजरंग बली भीतर ही बैठे हो।

लोग कहते हैं कि अगर तुम्हारा भगवान इतना असली है तो हमें दिखाओ प्रमाण दो, संत विवेकानंद जी से भी लोगों ने यही पूछा की "क्या आपने भगवान को देखा है ?" तो उन्होंने कहा कि "हां देखा है। जितने नजदीक तुम बैठे हो इससे भी नजदीक देखा है।" पास में बैठे व्यक्ति से भी नजदीक तो हमारे भीतर ही है, संत का इशारा बिल्कुल सही था। पर मित्र तथ्य को समझिए भगवान साबित करने का विषय नहीं है भगवान अनुभव करने का विषय है। भगवान आडंबरों से प्रभावित नहीं होते वह भक्ति से आकर्षित होते हैं। भगवान फल फूल बेलपत्र धन यह सब चढ़ावा नहीं चाहते वह सिर्फ समर्पण चाहते हैं। भगवान हर क्षण हमारे समक्ष ही हैं पर हमारी आंखों में मोतियाबिंद है। तुलसीदास जी ने भी कहा है-

घट में है सूझे नहीं, लानत ऐसी जिंद।

तुलसी या संसार को भयो मोतियाबिंद।।

तथ्य यही है कि भगवान तो वैसे भी हर क्षण हमारे समक्ष साक्षात हैं परंतु क्या हमारी आंखों में उन्हें देखने की क्षमता भी है ? इसी संदर्भ में गीता में श्री कृष्ण ने अर्जुन को कहा की तुम इन आंखों से मुझे नहीं देख पाओगे और उन्होंने दिव्य चक्षु यानी ज्ञान नेत्र देने की बात कही है। ईश्वर प्राप्ति के लिए लोग देश-विदेश भटकते हैं परंतु जिसको अपनी प्रियतम मिल जाता है उसे कहीं जाने की जरूरत नहीं है, उसके लिए घर ही विदेश हो जाता है। जहां मैं हूं, मेरा प्रियतम है, मेरे लिए वही मेरा पूरा संसार है। आंखें बूढी हो गई है पर कामनाएं बूढी नहीं होती,

इस तथ्य को बूढ़ी अनुभवी बुद्धि सबसे सही ढंग से समझ सकती है। कामनाएं पैदा कौन करता है ? हमारा मन। शरीर बूढ़ा हुआ है पर मन कमजोर नहीं हुआ है। इस मन ने जीवन भर हमें व्याकुल रखा है हमारा सुख चैन और समय लिया है और अब अंत समय में भी यह हमें दीमक की भांति खाए जा रहा है।

जब तक आपके पास सांस है समय है आप उस ईश्वर के अंश हैं और आपके पास संभावना है उस ईश्वर का साक्षात्कार करने की। लोग पूछते हैं क्या हम उस ईश्वर को पूरी तरह पा लेंगे ? तो मैं कहूंगा की पूरी तरह और अधूरी तरह पा लेने के तर्क छोड़िए इस बात को समझिए, स्वीकार कीजिए कि वह आपको छोड़कर कभी गया ही नहीं है। आप सभी आम का स्वाद जानते हैं आप बताइए की यह तथ्य कितना सार्थक है यदि मैं आपसे पूछूं की क्या आप दुनिया भर के आम खा लेंगे ? जरूरत के अनुसार अपने नदी में से थोड़ा सा पानी लिया है और पीया है पर क्या आप पूरी नदी पी लेंगे ? लिख मैं रहा हूं बता मैं रहा हूं पर क्या आपका हृदय नहीं जानता की सभी प्रश्नों के उत्तर पहले से ही आपके पास ही हैं। आप कहेंगे कि भाई थोड़ा ही खा पाएंगे, थोड़ा ही पी पाएंगे तो पूर्णता कैसे प्राप्त करेंगे ? तो मैं आपसे कहूंगा कि तत्व को समझो तत्व को समझो की जब तक आप अलग हैं तब तक आप केवल एक बूंद ही हैं पर जैसे ही आप समुद्र में मिलेंगे आप बूंद नहीं रहेंगे, ये बूंद समुद्र ही हो जाएगी, आप पूर्ण हो जाएंगे। माया का काम यही है कि जो वास्तविकता है वह हमें देखने नहीं देती, आप अपने को सिर्फ बूंद समझते हैं पर सच यही है कि आप चलते फिरते पूरे 'समुंद्र' हैं।

ना तो आप कभी उस ईश्वर से दूर हुए, ना ही वह ईश्वर कभी आपको छोड़कर कहीं गया है। जिस दिन वह आपको छोड़कर चला जाएगा उस दिन आपके लिए यह सारा खेल समाप्त हो जाएगा। आपसे ईश्वर अलग नहीं किया जा सकता ठीक वैसे ही जैसे फूल से सुगंध को अलग नहीं किया जा सकता। आप भी वह असली फूल है जिसके रोम रोम में सुगंध है पर फिर भी नकली कागज के फूलों की तरह स्वयं को महकाने के लिए कृत्रिम बनावटी इत्र स्वयं पर छिड़क रहे हैं। रोज हमे समय मिलता है रोज समय हमारी तलाशी लेता हैं और जिसके जिसके भीतर वह कृत्रिम बनावटी इत्र मिलता है उसे उसे समय रोज इस माया को देता हैं। कामनाओं को पूरा करने की दौड़ में लगे लोग हो या वासनाओं की जंजीरों में जकड़े लोग हो, घाट घाट का पानी सब लोग पीते हैं पर अपने ही घट का पानी बिरला ही कोई पीता है। भेड़, बकरियों और खरगोश की तरह सब लोग भटकते हैं पर इस माया को पटकी देकर शेर की तरह कोई सूरमा ही गरजता है। यह काल, यह समय पूरी दुनिया को निगले जा रहा है, घर-घर में यह बैठा हुआ है। हर पदार्थ, हर प्राणी को इसने जकड़ा हुआ है हम चाहे कितना भी इसे अनदेखा करें पर 'सत्य' यह है कि हर क्षण यह किसी न किसी को खा रहा है। किसी संत ने किसी साधु ने जब अपने मन से 'मैं' को ही मार दिया तब काल को खाने के लिए कुछ नहीं मिला। तब भय से निर्भय होकर ब्रह्म आनंद की उस परम स्थिति में, भक्ति में उसने पूरा जीवन जिया।

भीतर वहां एक अलग संसार है वह आनंद का संसार है, वहां बिना दवा स्याही कलम और

शब्दों के पुस्तक लिखी जाती है, वहां बिना हाथों के तालियां बजाई जाती हैं, वहां हर पल एक लय में आता है, वहां बिना पैरों के नाचा जाता है, वहां उस परमात्मा से आनंद का रास रचाया जाता है, वहां बिना दीपकों के प्रकाश हर समय रहता है, वहां बिना आधार के महल बनाया जाता है, वहां भीतर सबको 'स्वयं' से मिलाया जाता है। अगर किसी को उच्च रक्तचाप है तो आप उसे चम्मच भरकर नमक नहीं खिलाएंगे क्योंकि आप जानते हैं कि इससे रक्तचाप और बढ़ जाएगा, स्थिति और खराब हो जाएगी। डॉक्टर भी परामर्श उन पदार्थों का देंते है जिससे रक्तचाप कम होता है।

मधुमेह के मरीजों को मीठे से परहेज़ बताया जाता है, तथ्य यही है कि हमें बीमारी को पलटने के लिए विपरीत दिशा में चलना पड़ता है और यही बीमारी का इलाज होता है। हमारे मन को वासना की बीमारी है पर हम उसका ईलाज वासना से ही करते रहते हैं, जिससे वह और चंचल होता है और अशांत होता है। मन का इलाज वासना नहीं 'भक्ति' है। इस विषय में गोस्वामी तुलसीदास कृत कुछ शब्द मेरा मार्गदर्शन करते है -

अब नाथहिं अनुरागु जागु जड़, त्यागु दुरासा जीते।

बुझै न काम-अगिनि तुलसी कहुँ, बिषयभोग बहु घी ते॥ उन्होंने बहुत ही सुन्दर शब्दों में कुछ तथ्य रखें है और स्पष्ट कहा है कि हे मन, अवसर बीता जा रहा है और बाद में जब यह मानव देह छिन जाएगी, तब तू बहुत पछतायेगा। मानव देह जो देव-दुर्लभ है भगवद-कृपा के बाद ही प्राप्त होती है। इस दुर्लभ देह को पा कर तुझे भगवन के चरणों का भजन, ध्यान करना चाहिए। कर्म, वचन और हृदय भी भगवान के निमित्त ही लगाने चाहियें। सहस्त्रबाहु और रावण आदि भी काल से नहीं बच सके। जो सारा जीवन अपने लिए धन बटोरते रहे और धाम सजाते रहे, वो मरते समय खाली हाथ ही गए। पुत्र, पत्नी, आदि सब परिवार जनों का सम्बद्ध तुझसे स्वार्थ का है और इसीलिए उनसे मोह न कर। वो सब तुझे अंत समय छोड़ देंगे, तू उनको अभी से क्यों नहीं त्याग देता है। यहां त्यागने का संदर्भ भौतिक नहीं आध्यात्मिक है, विरक्त है।

अब तू नींद से जाग और भगवान से अनुराग कर। कामनाओं की अग्नि ऐसे नहीं बुझेगी बल्कि विषयभोग से घी की तरह और बढ़ती जाएगी। यह केवल प्रभु भक्ति के जल से ही कम होगी। ज्ञान महत्वपूर्ण है, भक्ति महत्वपूर्ण है, मन कभी शांत नहीं होना है उसका पीछा छोड़ो और अपने जीवन को सफल करने पर ध्यान दो। मन का एक कुचक्र है क्योंकि हर गलती को करने के बाद वह एक मांग करता है "सिर्फ एक बार और" उसका यह एक बार और कभी शांत होता नहीं है। उसे शांत करने के चक्कर में हम पूरे जीवन भर अशांत बने रहते हैं। हमें लगता है कि हम आजाद हैं पर वास्तविकता में ऐसा नहीं है। मन को यह बीमारी है पर केवल बीमारी बता कर भाग जाना मेरी कलम का काम नहीं है। अगर आप अपने मन का इलाज करना चाहते हैं तो इसका एक इलाज है बाहर की वासना को छोड़कर अपने घट के भीतर की साधना में स्वयं को लगा दीजिए।

बीज के भीतर अनंत संभावनाएं होती है। बीज में शाखाएं पत्ते फल फूल छाया सभी कुछ है। एक बड़े से वृक्ष को उसी छोटे से बीज के रूप में आप बड़ी सरलता से अपनी जेब में रख सकते हैं। पर क्या केवल जेब में रखने से ही वह बीज पेड़ बनने लगेगा ? स्पष्टया नहीं। जब उस बीज को सभी आवश्यक परिस्थितियां मिलेगी तभी वह वृक्ष बन सकेगा। इस प्रक्रिया में आपका श्रम, धैर्य और मौसम इत्यादि बहुत कुछ लगेगा। वृक्ष जल्दबाजी का परिणाम नहीं होगा, ठीक इसी प्रकार से हम सभी जीवित प्राणियों के भीतर भी परमपिता परमेश्वर बीज रूप में समाहित है, परंतु उसका साक्षात्कार जल्दबाजी का विषय नहीं है। समझिए क्योंकि आप मनुष्य हैं और समझ सकते हैं की परमात्मा से मिलना कोई जलेबी खाना नहीं है। वृक्ष बनने की इस प्रक्रिया में बीज बोना अर्थात छल कपट अंहकार को त्यागकर आत्मज्ञान प्राप्त करना, घास पतवार को हटाना अर्थात शंकाओं का निवारण करना, जिज्ञासा का जल डालना और मार्गदर्शक की प्रेरणा यानी सूर्य की धूप से ऊर्जा प्राप्त करना, स्वयं को विकसित होने के सभी प्रयास करना अर्थात पनपना और इस प्रक्रिया को निरंतर होने देने के लिए सहायता करना महत्वपूर्ण है। यदि आप बीज से वृक्ष बनने की गारंटी मांगेंगे तो वह बीज कभी नहीं दे सकेगा। समझ से काम लीजिए और समझिए की श्रम तो करना ही पड़ेगा और धीरज तो धरना ही पड़ेगा। प्रकृति भी यही है, इसका और कोई शॉर्टकट नहीं है। जब तक उस वृक्ष की जड़े मजबूत ना हो जाए तब तक आपको उस वृक्ष का ध्यान भी रखना पड़ेगा, फिर एक समय आएगा जब वह वृक्ष आपका ध्यान रखने लगेगा। लंबे समय तक किताबों में यह लिखा हुआ था कि पृथ्वी चपटी है और सभी लोग बिना कोई प्रश्न किए इस बात से सहमत भी थे। बडे बडे महापंडित ऐसा ही रटते भी थे, दूसरो को रटवाते भी थे ऐसा करते करते एक असत्य को सत्य माने सदियां बीत गई और फिर वो सब मर भी गए।

फिर समय ने उन लिखे हुए तथ्यो को गलत साबित कर दिया। आज हम सभी वैज्ञानिक प्रमाणिकता के साथ अच्छी तरह से जानते हैं कि पृथ्वी कितनी चपटी है और कितनी गोल है, क्योंकि असत्य की लाख कोशिशों के बावजूद भी 'सत्य' आज हम सभी के सामने है। इसीलिए मेरी कलम अंधविश्वासों से बचने की सलाह देती है क्योंकि तथ्य यही है कि लिखे हुए वह सभी सत्य जो प्रामाणिकता पर नहीं है बल्कि मान्यता पर आधारित होते है, समय के साथ बदल भी सकते हैं। हमारे पास समय सीमित है, ये जीवन का अवसर हमे एक ही बार मिला है, हमें सत्य को समझना है, हमें स्वयं को समझना है, हमें अपने अस्तित्व को समझना है, हमें पूरा-पूरा ध्यान देना है, अपना सर्वश्रेष्ठ प्रयास करना है। गलतियां होगी जरूर पर यह भी ध्यान रखना है कि गलतियां करने का हमारे पास समय नहीं है क्योंकि यह कोई प्रयोगशाला नहीं है। हमें दिया गया 'जीवन' रूपी यह अवसर बस एक बार है मित्र बार-बार नहीं है।

आप बेशक इस सत्य से अनभिज्ञ हो पर वह असली सुख आपके इतना करीब है जितना करीब आपका अपना चेहरा भी नहीं है। यहां हर व्यक्ति अपने अपने विचारों से बंधा है, कई बार अपने विचार ही हमें लंबे समय तक कैद रख सकते हैं, कुछ मान्यताओं में हम काफी

समय के लिए अटक सकते हैं और सत्य और प्रमाणिकता से दूर हो सकते हैं। अंधविश्वास और मान्यताएं हमें भय में रखती है, प्रामाणिकता और अनुभव हमें निर्भय रखते हैं। जब सर्कस में कोई नट रस्सी पर चलता है तो अपना ध्यान सूक्ष्मता से संतुलन पर रखता है, रस्सी पर बना वह संतुलन ही उसका केंद्र है। बाहर आप जो कुछ भी करते हैं आपके भीतर ही उसका केंद्र है यदि आप बाहरी दुनिया में अच्छे से प्रदर्शन करना चाहते हैं तो इसके लिए भीतर के केंद्र का संतुलन सबसे ज्यादा जरूरी है।

त्रेता युग में भगवान धनुष बाण लेकर आए थे, सब लोगो ने उन्हें पहचाना नहीं, हनुमान जैसे कुछ भक्त ही उनके असली स्वरूप को पहचान सके। जब वह थे तब बड़ी संख्या में लोग तो सिर्फ शंका में ही रह गए, भक्ति नहीं कर पाए और अवसर से चूक गए। फिर द्वापर में लोग धनुष बाण वाले भगवान को ढूंढते रहे पर उन्हें भगवान कभी मिले नहीं क्योंकि तब तक तो धनुष बाण वाले भगवान सारी लीला करके जा चुके थे। पर भक्त हैं सच्ची भक्ति है इतनी जल्दी आस कैसे छोड़ते, लगे रहे खोजने में, युग बीत गए पर ना इंतजार खत्म हुआ ना आस खत्म हुई ना कभी मिलन ही हुआ।

द्वापर में भी भगवान मनुष्य रूप में आए उन्होंने लीलाएं भी की, सुदामा जैसे कुछ भक्तो ने उन्हें पहचान भी लिया और जीते जी भक्ति का आंनद भी लिया पर बड़ी संख्या में भक्तों के साथ फिर बड़ा धोखा हुआ, उन्हें भक्ति का लाभ नहीं मिला क्योंकि वह तो धनुष बाण वाले भगवान को ढूंढ रहे थे और इस बार तो प्रभु बांसुरी लेकर आ गए थे। भक्त असमंजस में पड़ गए और भक्ति का अवसर फिर हाथ से निकल गया। फिर आया कलियुग इस बार भक्तो ने ठान लिया की भक्ति करके ही रहेंगे इसीलिए राम और कृष्ण दोनों की आराधना शुरू कर दी, बड़े बड़े तीर्थ बनवा दिए बडे बडे मंदिर बनवा लिए भजन कीर्तन भंडारा और मंडली भी शुरू कर दी। पर मेरा एक सरल प्रश्न है कि क्या होगा अगर इस बार भगवान धनुष बाण या बांसुरी की जगह आई फोन लेकर आ गए तो ? पीताम्बर वस्त्र की जगह कोट पेन्ट में ही पधार गए तो ? रथ की जगह किसी बुलेट ट्रेन या हवाई जहाज से आ गए तो ? भक्त क्या करेंगे ? ये देखने और सोचने वाली बात है क्या इस बार भी भक्त भ्रमित हो जाएंगे, क्या इस बार भी अवसर हाथ से निकल जाएगा ? तथ्य यही है कि अगर 'सत्य' को समझना चाहते हो तो सबसे पहले अपनी मान्यता को छोड़ दो, क्योंकि 'सत्य' किसी मान्यता से बंधा हुआ नहीं है।

मेरी कलम किसी की भी आस्था को ठेस नहीं पहुंचाना चाहती, जीवन आपका है इसलिए अधिकार भी पूरा-पूरा आपका है। आप किस रूप में उस ईश्वर की आराधना करना चाहते हैं ये निर्णय भी आपका है। कलम के पास लेखन का और लोगो के पास आस्था का अधिकार होता हैं। हमारा मन उस ईश्वर को किसी रूप रंग आकार प्रकार में बांधकर ढूंढता है पर हृदय जानता है कि वह ईश्वर परम स्वतंत्र है संसार के परिवेश से बंधा नहीं है। आप दूसरों से केवल उतना ही अपनी झोली में भर सकते हैं जितना आप खाली रहते हैं, अगर आप पहले से ही भरे हुए हैं तो आप नया कुछ नहीं ले सकते हैं, कुछ लेने से पहले पात्र का खाली होना जरूरी

है। जब हम आए थे तो कोरे कागज की तरह थे बिल्कुल खाली थे, फिर संसार ने किसी के कागज पर हिंदू लिख दिया किसी के कागज पर मुस्लिम लिख दिया और किसी के कागज पर कुछ और। रोज एक नया पन्ना खुलता गया और एक समय तक संसार लिखता गया, फिर समय आया जब हम बड़े होने लगे हमने इस पन्ने पर स्वयं लिखना शुरू कर दिया। पर क्या लिखा हमने ? क्या हमने अपने पेज में आनंद लिखा, शांति लिखी, प्रेम लिखा या फिर हमने इस संसार की ही नकल करना शुरू कर दिया और वह सब जो लिख रहे थे हमने भी वही लिख दिया। लोग कहते हैं की किताबों में लिखना सरल है वास्तविकता में आकर देखो जिंदगी कितनी कठिन है। मैं कहता हूं मैं एलियन नहीं हूं मैं भी आपकी ही तरह सांसारिक प्राणी हूं। मेरे पास विकल्प आपसे अलग नहीं है मैं भी सुख और दुख के बीच से ही गुजरता हूं। आप स्वयं को कमजोर ना समझो, अपनी सामर्थ्य को पहचानो, क्योंकि जहां साहस खड़ा हो जाता है वहां पर्वत भी सिर झुकाता है। संतुलन पर ध्यान दो, जीवन में आने वाली लहरों के उतार चढ़ाव से घबराओ मत, आप समुद्र में लहरों के बीच अपनी सेल पताकाओ को सही से समायोजित करके विपरीत बहती हुई हवा के वेग का लाभ उठाकर अपनी मंजिल तक शीघ्र पहुंच सकते हैं।

तुम्हारी विजय निश्चित है, यदि कामना ही उस ईश्वर प्राप्ति की हो जाए, यदि क्रोध ही अपने अहंकार पर आए, यदि मोह ही परम आनंद से हो जाए, यदि भक्ति ही हमारा स्वारथ बन जाए, तो मैं सच कहता हूं ऐसा होने पर वह परमात्मा भी अभी साक्षात हो जाए। सूर्य गरम है वह जला सकता है पर वह खाना भी पका सकता है, चाकू तेज है घायल कर सकता है पर वह सब्जियां भी काट सकता है, बिजली खतरनाक है मार सकती है पर वह हवा प्रकाश गर्मी ठंडक और भी बहुत कुछ दे सकती है। काम क्रोध मोह लोभ भी ऐसे ही है हमें उनसे डरने या बचने की जरूरत नहीं बल्कि सही तरीके से सही जगह पर इस्तेमाल करने की है। धर्म के तर्क तो कभी समाप्त नहीं हुए, एक तर्क आता है कि पत्थरों को भूख प्यास नहीं लगती तो शिवलिंग को दूध क्यों चढ़ाते हो ? तो कोई दूसरा प्रति तर्क में पूछता है कि मुर्दा को ठंड नहीं लगती तो मजारों पर चादर क्यों चढ़ाते हो ? तर्क करना सभी का अधिकार है एक तर्क मेरी कलम का भी है धर्म का आधार अंधविश्वासों की जगह प्रमाणिकता क्यों नहीं होना चाहिए ? मनुष्य हो धर्म के नाम पर बटते कब तक रहोगे ? लड़ते कब तक रहोगे ? बताओ उतर देते समय सबको सांप क्यों सूंघ जाता है ?

क्योंकि सत्य तो यही है कि ऐसे सभी धार्मिक लोग जो धर्म की आड़ में राजनीति कर रहे हैं उन्माद और घृणा फैला रहे हैं, लोगों को आपस में लड़ा रहे हैं, धर्म के नाम पर लोगों को अलग-अलग बता रहे हैं, एकता जिनकी मानसिकता से परे है और विभाजन के जो बीज बो रहे हैं जिनकी विद्वानता ही दूसरे धर्म को नीचा दिखाकर साबित होती है, जो जैसे स्वयं हैं वैसे दूसरों को नहीं देख पा रहे हैं उनसे बड़ा अधार्मिक कोई नहीं है। जब आप इस चर्चा में हैं तो कोई आपकी आलोचना भी करेगा कोई आपकी प्रशंसा भी करेगा पर जो व्यक्ति आलोचना में छिपे हुए सत्य और प्रशंसा में छिपे हुए झूठ को पहचान लेता है वह जल्दी ही

हर चर्चा की वास्तविकता को जान लेता है। लोग दूसरों को गिराने के लिए एक गड्ढा करते हैं और उसे गहरा करते चले जाते हैं, गड्ढे को और गहरा करने के लिए वह स्वयं उसे गड्ढे में उतरते जाते हैं और धीरे-धीरे खुद ही उसमें फंस जाते हैं। किसी और व्यक्ति या धर्म को नीचा दिखाकर आप महानता को कभी प्राप्त नहीं कर सकते और ऊंचाइयों को तो वास्तव में वह व्यक्ति छूता है जो अपने गड्ढे की गहराई को समझता है और धीरे-धीरे उसे भरना शुरू करता है।

भीतर धर्म का मार्ग सुगम है, मन को पूर्णतया स्थिर करके श्वासो के सहारे से हम उसमें प्रवेश करते हैं अपने तन मन और धन के मोह को जब हम छोड़ देते हैं तब उस अलौकिक देश में पहुंचते हैं। लोग कहते हैं कि उस देश में जाना क्यों है ? जहां है वहां ठीक ही तो है। जरा गौर से देखिए अपने चारों तरफ क्योंकि यहां ऐसा कोई नहीं है जो किसी न किसी आग में जला नहीं है, काल की फांस में फसा नहीं है। आपके लिए बहुत सारी दूसरी बाते बहुत ज्यादा जरूरी हो सकती हैं परंतु सबसे ज्यादा और सबसे जरूरी चीज क्या है ? जिसके होने से आप हैं और जिसके न होने से आप कुछ नहीं है। वह है एक सांस जो आपके भीतर बिना कुछ किए लगातार आ रही है और जा रही है। लोग कहेंगे इसमें क्या बड़ी बात है यह तो जानवरों में भी आ रही है और जा रही है तो मैं कहूंगा की बड़ी बात यह है कि जब भी यह भीतर आती है तो अपने साथ उस परम शांति उस मोक्ष की एक संभावना लाती है जो केवल मनुष्य योनि में ही संभव है। आप अपनी ज्ञान इंद्रियों के माध्यम से उस शांति उस आनंद उस ईश्वर पर ध्यान एकाग्र कर सकते हैं जानवरों के लिए ये संभव नहीं है।

आप इस सांस के माध्यम से उस परमेश्वर की अनुभूति कर सकते हैं, उसे छू सकते हैं, उसे सुन सकते हैं, उसे देख सकते हैं। इस तरीके से अपने जीवन में आनंद लेकर अपने अस्तित्व को सफल कर सकते हैं। शायद इसीलिए सभी ज्ञान शास्त्रों में मनुष्य योनि को सभी योनियों में 'सर्वश्रेष्ठ' बताया गया है। जी हां, आपके भीतर आती-जाती श्वास बहुत ज्यादा महत्वपूर्ण है यही आपके पास आपके बनाने वाले का सबसे बड़ा उपहार है। 'पूछ' मनुष्य के लिए ज्यादा काम की नहीं रही, इसलिए समय के साथ धीरे-धीरे लुप्त हो गई। होमो इरेक्टर, होमो हैबिलस जैसे कितने ही आदि स्वरूपो से गुजरते मनुष्य हम आज होमो सेपियंस यानि विचारवान और चिंतनशील मनुष्य की श्रेणी तक विकसित हो चुके हैं। हमारी आंख, हमारी नाक, हमारे कान, हमारा पूरा शरीर, समय और परिस्थितियों के अनुसार बदल चुका है पर अगर नहीं बदली तो सिर्फ एक चीज और वह चीज है यह आती जाती सांस, वह एक इच्छा, वह एक प्यास जो हमारे भीतर है उस परमात्मा को जानने की उस परमात्मा से मिलने की। हमारे शरीर में कोई भी ऐसा अंग नही है जो काम का नहीं है। अगर कोई ऐसा अंग है जो काम का नहीं है तो प्रकृति उसे धीरे-धीरे बदल रही है या लुप्त कर रही है। मछली अलग तरीके से सांस लेती है उसके पास गलफडे है क्योंकि पानी में सांस लेने के लिए उसे उसकी जरूरत है।

ऊंट को रेगिस्तान में दौड़ने के लिए गद्दीदार पैरो की और भोजन पानी के बिना लंबे समय तक टिके रहने के लिए कूबड की जरूरत है, इसलिए प्रकृति ने उसे ये चीजें दी है। इसी तरह ध्रुवीय भालू को प्रचंड सर्दी बर्दाश्त करने के लिए मोटी खाल की, चीते शेर और बाघ को शिकार पकड़ने के लिए तेज चाल की, सांप और बिच्छू को अपनी रक्षा करने के लिए जहर की, मधुमक्खी को फूल में से शहद निकालने के लिए अतिसूक्ष्म चूसक अंग की, प्रकृति में इस तरह के उदाहरण भरे पड़े हैं। तथ्य यही है कि जिसे जिसकी जरूरत है प्रकृति ने उसमें उसका प्रबंध किया है। पर हमारे काम की बात क्या है ? हमारे काम की बात यह है कि हम मनुष्य हैं और देखने सुनने समझने सूंघने महसूस करने की जरूरत है हमारी, पर सबसे बड़ी जरूरत है आंनद लेने की। शांति में रहने की। प्रकृति ने हमारे भीतर उसका भी प्रबंध किया है। गलती क्या है हमारी ? गलती यही है कि जिस चीज का प्रबंध प्रकृति ने हमारे भीतर कर दिया है उसकी पूर्ति के लिए हमारी सारी खोज बाहर की दिशाओं में दौड़ रही है। आंखें चीजों को देख सकती हैं पर सुन नहीं सकती, कान आवाजों को सुन सकते हैं पर देख नहीं सकते, त्वचा ना देख सकती है ना सुन सकती है ना ही नाक की तरह सूंघ सकती है पर हां वह स्पर्श से महसूस कर सकती है जो कोई और अंग नहीं कर सकता। हर अंग की अपनी अपनी विशेषता है, उस विशेषता को बखूबी इस्तेमाल करना जरूरी है।

ईंट को उठाने के लिए हाथ काफी है पर घर को उठाने के लिए क्रेन लानी होती है, सुई से आप कुंआ खोदने नहीं जाएंगे, पेन से आप छाते का काम नहीं ले पाएंगे। कार्य की जैसे प्रकृति है उसे करने के लिए वैसे ही यंत्रों की आवश्यकता होती है। हमारी हर आती जाती सांस भी एक यंत्र है जिससे हम परमात्मा को अपने भीतर देख सकते हैं सुन सकते हैं छू सकते हैं और महसूस भी कर सकते हैं। पर हमने कभी यंत्र का इस्तेमाल नहीं किया, इसका मतलब है कि पेन बना पर उससे कभी लिखा नहीं गया, छाता बना पर बारिश में कभी खोला नहीं गया, पंछी को पंख मिले पर वह कभी उड़ा नहीं, पौधे में फूल लगा पर वह कभी खिला नहीं, बीज बोया गया पर वह कभी फला नहीं। मेरी कलम के पास उदाहरणो का भंडार है पर क्या फायदा अगर पाठक ने पढ़ा तो पर कभी समझा नहीं ? हम जीवन बीमा करते हैं, सुरक्षा कर्मी रखते हैं, घरों को भी किले सा मजबूत बनवाते हैं, वाहनों में भी सुरक्षा मानको का ध्यान रखते हैं, हमें सुरक्षा पसंद है हम उसका प्रबंध करते हैं। इस प्रबंध से हम सुरक्षा की गारंटी की भी आशा करते हैं, उस गारंटी से हम एक सकारात्मक सुकून अपने भीतर महसूस करते हैं। फिर चाहे वह गारंटी घर से आती है, कार से आती है, व्यवसाय से आती है, परिवार, मित्र या रिश्तेदार से आती है, बीमा पॉलिसी से आती है, चल या अचल संपत्ति से आती है, कंपनी शेयरो से आती है, या फिर इंस्टाग्राम के फालोवर्स या यूट्यूब के सब्सक्राइबर्स की संख्या से आती है। इतनी सारी सुरक्षा के बीच में बैठे हम काफी सुरक्षित महसूस करते हैं। पर प्रश्न यह है कि क्या इतनी सुरक्षा में बैठे हम सचमुच में सुरक्षित हैं ? एक संत ने सुरक्षा के संबंध में कभी कहा था कि :

इतला अपनी मौत की किसी बसर को नहीं ।

सामान सौ बरस का, पल की खबर नहीं ।।

प्रश्न सरल उठता है, जब हमारे अपने शरीर की ही एक पल की गारंटी नहीं है तो इन बाहरी तत्वों पर हमारी निर्भरता कहां तक सही है ? हमारी सबसे असली सुरक्षा सिर्फ एक कर सकता है वह जो हमारे भीतर बैठा है। हमारे शरीर रूपी किले में दस द्वारे है और सभी खुले पड़े हैं और इस किले में बैठा चेतना रूपी पक्षी किस द्वार से कब उड़ जाएगा किसी को पता नहीं है।

किसके पास कितना समय है ? यह सचमुच में निश्चित नहीं है, इससे पहले की वह पंछी उड़ जाए सबसे पहले वह काम कर लीजिए जो सबसे ज्यादा जरूरी है। हमारे भीतर भी एक देश है, शब्दों से परे अचरज से भरे उस देश की प्रकृति ही अद्भुत है। वहां बिना सूर्य के दिन है रोशनी है उजियारा है, बिना तारों और चंद्रमा के आकाश सुशोभित है, निर्मल श्वासो का झरना है, अंनत आंनद बह रहा है। संसार की धूप से तप चुके व्यक्ति के लिए वहां सुकून भरी छांव है, समय से परे वह शांत जगह है, वहां एक अटल स्थिरता एक अटल शांति है। कोई इमीग्रेशन नहीं है किसी आधार कार्ड किसी पहचान पत्र की जरूरत नहीं है, बिना बीजा बिना पासपोर्ट के वहां प्रवेश है। रंग धर्म लिंग जाति सम्प्रदाय भाषा सब बाहर छूट जाते हैं, भीतर वहां, हर व्यक्ति बस एक मनुष्य हैं।

असत्य बाहर ही पकड़ा जाता है केवल सत्य ही भीतर प्रवेश पाता है, हृदय में आभार भरकर जो उस मंदिर में खड़ा हो जाता है बस वही उस आंनद से विभोर हो पाता है, जो और तृप्ति चाहता है वो भीतर की जिज्ञासा को और बढ़ाता है, हृदय जीने लगता है, सांसारिक मन मरता चला जाता है।

हम डाक्टर इंजीनियर वैज्ञानिक वकील पायलट बेशक बनें बड़ी से बड़ी ऊंचाईयां हासिल करें, पर कितना अच्छा हो अगर इस धरती पर हम सब पहले मनुष्य बने, घृणा छोड़े प्रेम करें। लोग तर्क में फंसते हैं कहते है आसपास और तो कोई नहीं चल रहा, केवल हम ही चल रहे हैं ? मैं कहता हूं समझिए जो अंधेरे से उजाले में आना चाहता है वहीं तो अपना दीपक जलाता है। जिसका वह भीतरी दीपक जल गया, उसके जलने के बाद वह जो बोलेगा वही वेद हो जाएगा, जो सुनेगा वही भजन हो जाएगा, जो जपेगा वही मंत्र हो जाएगा, जो करेगा वही धर्म हो जाएगा। जिसे दुनिया नर्क रहती है, उसके लिए वही स्वर्ग हो जाएगा, वह जहां जाएगा वही तीर्थ हो जाएगा, वह जहां बसेगा वही बैकुंठ हो जाएगा, जो उसे देखेगा वह मंत्रमुग्ध हो जाएगा, जो उसे समझेगा वह स्वयं को पहचान पाएगा, जब तक वह शरीर में रहेगा इस ज्ञान और प्रेम को फैलाएगा और जब वह शरीर छोड़ेगा तो मिट्टी में मिलकर भी उसका अस्तित्व इस जगत के लिए एक मिसाल हो जाएगा। धार्मिक प्रवृत्ति के लोग, धार्मिक किताबों को पढ़ते हैं और फिर उससे प्रभावित अपने मत का अपने तर्क का निर्माण करते है। पर जब तथाकथित बड़ी-बड़ी धार्मिक किताबे लिखी गई थी तब परिस्थितियां अलग थी, देश काल और समय के अनुसार वह लिखी गई थी। उस जमाने में रीति रिवाज सामाजिक बंधन और मान्यताएं भी अलग थे। इंटरनेट, आर्टिफिशियल इंटेलिजेंस, डेटिंग साइट्स जैसी कोई चीज नहीं थी जो आज हमारे जीवन का एक अभिन्न हिस्सा बन चुकी है। समय बदल गया,

परिस्थितियां भी बदल गई, बस कई विकसित आदिमानवों की संकीर्ण सोच नहीं बदली है। जितनी ज्यादा सोच संकीर्ण है, रूढ़िवादी है, उतने ज्यादा खोखले तर्क वो देते हैं। उन आधार विहीन तर्को को पूरी दुनिया एक डिजिटल स्क्रीन पर टकटकी लगाकर पूरे ध्यान से देखती है और फिर इस बहुत ही गंभीर विषय पर होने वाली बहुत ही जरूरी चर्चा के बीच में एक बहुत ही जरूरी नहाने के साबुन का विज्ञापन आता है। समय के अनुसार हम स्वयं को ढाल नहीं पाए या मन जैसा जैसा कहता गया हम वैसा वैसा ढलते चले गए? अगर आज हम इंजीनियर बनना चाहते हैं तो पचास साल पहले वाली किताबें हमारे कितने काम की है? वह हमें शायद आधारभूत प्रारंभिक ज्ञान दे सकें परंतु वह किताबे हर दिन तेजी से बदलती इस दुनिया में हमें इंजीनियरिंग के क्षेत्र में पूर्णता कभी नहीं दे सकती है।

समय बदल गया, शिक्षा बदल गई, सूत्र बदल गए है बस हम नहीं बदलें। हम शहरों में आ गए, मुबारक हो हमारी पूछ गायब हो गई। हमारे चेहरे पर बाल नहीं रहे, हम चार पैरों की जगह दो पैरों पर खड़े हो गए, पर हम नहीं बदलें। जैसे जंगलों में कोई भी किसी के साथ जबरदस्ती समागम कर लेता है मतलब रेप कर देता है क्योंकि हम पढ़े लिखे हैं शहरी है इसलिए करते हम भी रेप ही है पर हां, कई बार सामूहिक कई बार डिजिटल करते हैं। जैसे जंगलों में हिंसक जानवर मारते हैं हम उनसे एक कदम आगे है हम दूसरों को मारकर काटते हैं और फिर ठिकाने लगाने से पहले कूकरो में पकाते हैं, अभी एक घटना सुनी जहां एक युवा पढ़ें लिखे जानवर के द्वारा एक असहाय युवती को चालीस बार चाकुओं से गोदा गया, एक दूसरी घटना में एक जिंदा युवती को कार के नीचे बांधकर घसीटा गया, वह कब मरी पता नहीं चला, सड़क की घसीटन से उसकी लाश घिस गई। एक युवक को हाथ पैर बांधकर उसकी महिला मित्र द्वारा सिगरेट से जला जलाकर मार दिया गया। एक पिता के द्वारा उसकी पांच साल की नवजात बेटी का बलात्कार किया गया। एक माता के द्वारा उसके सात साल के मासूम को सर पटक कर सिर्फ इसलिए मार दिया गया क्योंकि उसने मां को चाचा के साथ आपत्तिजनक हालत में देख लिया था। एक पत्नी ने अपने पति के टुकड़े टुकड़े करके ड्रम में डालकर ऊपर से सीमेंट डाल दिया, पति का गुनाह सिर्फ इतना था कि वह पत्नी की अय्याशियों के लिए अलग से पैसे नहीं देता था। एक जगह तो कब्रो से खोदकर लाशों को निकाला गया और फिर अनगिनत लाशों को दो भाईयों द्वारा मिलकर बोटी बोटी चबाया गया। एक जानवर के द्वारा तो कई मासूम बच्चो को चाकलेट के नाम पर बहलाकर फुसलाकर कई बार जिंदा तो कई बार मारकर हवस का शिकार बनाकर खेतो में गाडा गया और जब उसे पकड़कर पूछा गया कुल कितनी हत्याएं की तो वह बोला पचास थे या साठ साहब गिनती भूल गया। एक व्यक्ति को कम दिमाग कहकर सब चिढ़ाते थे इसलिए वह लोगों को मारकर उनका दिमाग खाने लगा।

एक दूसरी जगह पत्नी ने पति की पीठ पीछे घर पर खुद अपने दोस्त के साथ नाजायज़ संबंध बनाए, बात ये नहीं थी बात ये थी कि उसी दोस्त से अपनी तीन साल की बच्ची का रेप करवाया और खुद बड़े शौक से उसकी वीडियो बनाई। क्या करूं क्या लिखूं कैसे बयां करूं

? शर्म से डूब मरती है कभी कभी इस समाज के सच पर जब मेरी कलम चलती है। कितना लिखूं कितना कहूं ये हिंसक जानवर कभी मरेगा नहीं इसलिए तो मेरी कलम हाथ जोड़कर मानवता की दुहाई देते हुए सबसे ये विनती करती है कि उठो जागो देखो पहचानो अपने आप को क्योंकि तुम एक मनुष्य है कोई जानवर नहीं हो। हमें मनुष्यता के भावों को अपनाना है, एक दूसरे की मदद करनी है, जानवरों को बांधने, कैद में रखने और मारने पीटने से वो और ज्यादा हिंसक हो जाते हैं हमें एक सरल काम करना है, हमें उन्हें एक आईना दिखाना है और समझाना है कि वह कोई जानवर नहीं बल्कि एक मनुष्य है। हमें उन्हें पूर्णता की ओर लेकर जाना है, हमें उन्हें इस अशांति से शांति की ओर लेकर जाना है। पूर्णता के लिए हमें हर संभव प्रयास करने है। आज जीवन शैली बदल गई है बड़ी संख्या में बच्चे पार्कों को छोड़कर कुछ डिजिटल उपकरणों में लगे पड़े हैं, बाजार फास्ट फूड से भरे पड़े है, आधुनिकता के नाम पर लोग अश्लीलता को अपनाते जा रहे हैं, बड़ों से आशीर्वाद और छोटों को प्यार वाला संस्कार पुराने लेटर बॉक्स में शायद कहीं गल गया है।

लोग इतनी जल्दी में हैं कि उनके पास अपने लिए ही समय नहीं है, वो जा रहे हैं और बस जा रहे हैं पर कहां ? इसका भी उन्हें पता नहीं है। प्रतिकूल भोजन का प्रभाव अनुकूल नहीं होता है। आप देखते क्या हैं ? सोचते क्या है ? सुनते क्या है ? करते क्या है ? जाते कहां हैं ? खाते क्या है ? पीते क्या है ? अपना यह कीमती समय बिताते कहां हैं ? अगर इनके उत्तर प्रतिकूल है तो फिर परिणामो के अनुकूल होने की आशा ही क्यों करते हैं ?

समय हम सभी को बराबर ही मिला है पर सज्जन सत्कार्य में लगाता है और दुर्जन दुष्कर्म में। लोग कहते हैं दुष्कर्म में ज्यादा मजा आता है। मैं पूछता हूं आपको कैसे पता की कौन सी वस्तु ज्यादा स्वादिष्ट है यदि अभी तक आपने सिर्फ दुष्कर्मो का गोबर ही चखा है। पहले सत्कर्म कर लेते, कुछ सेवा कर लेते कुछ भक्ति कर लेते तब उससे मिलने वाले आनंद की इस सांसारिक आनंद से कोई तुलना करते। यह कैसे जज बन गए आप साहब जब आपने सिर्फ एक ही पक्ष को सुना और बस अपना फैसला सुना दिया है।

धान में दो चीज़ें होती है, एक है चावल और एक है छिलका। जो कुछ भी हमें अपनी इन भौतिक आंखों से दिखाई देता है वह सब है छिलका और इस छिलके में हमारा अपना शरीर भी शामिल है। अच्छा है सुंदर है स्वस्थ है मोटा है बलशाली है और इसमें भी कोई शंका नहीं है कि चावल के पनपने और सुरक्षा के लिए वह छिलका जरूरी भी है। पर इस सत्य को भी समझो कि जो भी है जैसा भी है वह सिर्फ छिलका है मतलब सिर्फ भूसा है। क्योंकि किसी किसान की आमदनी वह भूसा निर्धारित नहीं करेगा केवल वह चावल ही है जो मूल तत्व है जो बाजार में बिकेगा। बाहर से आप अच्छे बुरे कैसे भी दिखते हैं वह महत्वपूर्ण नहीं है ध्यान दीजिए जो आपकी असली दौलत है वह आपके भीतर ही है। आपके भीतर का वह 'सत्य' ही आपकी असली कीमत लगा सकता है, यह दुनिया कभी नहीं। लोग किए गए पापो के परिणाम से बचने के लिए पवित्र होने के लिए न जाने क्या-क्या करते हैं, कोई गंगा नहाते हैं कोई चार धाम जाते हैं, कई व्रत तप और कठोर साधना करते हैं कई तो पैसा देकर कीर्तन भी

करवाते हैं। पर भाई समझो 'पवित्रता' कहीं बाहर से उठाकर लाने की जरूरत नहीं है वह हर क्षण आपके भीतर ही है।

'सत्य' सस्ता या महंगा नहीं है, सत्य बिकता ही नहीं है। सत्य स्पष्ट है, कमजोर नहीं है, सत्य कभी भी तुमसे दूर नहीं है। अगर दुनिया भर के पाप कोयले का पुलिंदा है तो सत्य एक छोटी सी चिंगारी है जो असत्य को राख कर सकती है। सभी प्राणियों के भीतर उस सत्य मंदिर में आठ सिद्धियां और नव निधियां हाथ जोड़े खड़ी है। इस सत्य को अनदेखा कर सभी प्राणी बाहर के असत्य में ही लिप्त है यही माया का प्रभाव है। लोग अमर होना चाहते हैं पर सभी धर्मों में एक समस्या है कि अमर होने के लिए पहले 'मरना' पड़ता है अब बताओ आप में से कौन पहले स्वर्ग जाना चाहता है ? स्वर्ग अगर मरकर मिलेगा तो किसी को भी नहीं जाना है।

पर वास्तविकता क्या है उसे समझिए, अमर होने के लिए मरना जरूरी नहीं है बल्कि मन का भौतिकता से मरना जरूरी है। जी हां जब तक काम क्रोध मोह और लोभ की वासनाओं में हम फंसे रहेंगे हम नरक की दलदल में ही पड़े रहेंगे और जब हम इनसे ऊपर उठेंगे तो हम जीते जी ही स्वर्ग गमन करेंगे। भौतिकता गें वैसे भी हर वस्तु के पीछे मृत्यु पड़ी है पर भीतर की वह शांति मृत्यु विहीन है।

आपके काम की बात क्या है ? समय का प्रभाव भीतर वहां नहीं है अतः आप उस लोक में कभी बूढ़े नहीं होंगे, निश्चिन्त रहे आप वहां अजर हो गए। जिस क्षण वह साधन आपको मिल गया जिसके माध्यम से आप वहां भीतर प्रवेश कर गए आप उसी क्षण अमर हो गए। ज्ञान प्रकाश है, अज्ञान अंधकार है, चुनाव आपका है। जो जो बाते हमें उस भीतर की दुनिया के सम्पर्क में लाती हैं उसके नजदीक करती हैं वह है 'ज्ञान' और इसके अलावा बाकी सबका सब है अज्ञान। यदि ये आधुनिक उपकरण हमें हमसे दूर कर रहे हैं, अश्लील कर रहे हैं, हमारे मन को और ज्यादा चंचल कर रहे हैं, हमें संस्कार विहीन कर रहे हैं, हमारी मानवता को खा रहे हैं, नैतिकता का पतन कर रहे हैं तो फिर ये तो ऐसी स्थिति हो गई कि ना इन्हें छोड़ सकते हैं ना इनकी तरफ दौड़ सकते हैं। तकनीक में काफी कुछ कूड़ा हो गया जिसकी छंटनी और सफाई निरंतर बहुत जरूरी है। समझदार लोग रोज अपने घर में झाड़ू लगाते हैं और कूड़ा दूर फेंक आते हैं ताकि उस कूड़े का दुष्प्रभाव अपने पर ना पड़े, ये हमारी कैसी समझदारी यदि हम कूड़ा घर में खरीद खरीद कर लाते हैं। तकनीक और आधुनिकता बुरी नहीं है पर यदि इससे मनुष्यता ही मरी जा रही है, अश्लीलता ही फैली जा रही है, तो फिर कोई बात इससे बुरी भी नहीं है। जिस नक्शे को हम रास्ता खोजने के लिए लाए थे अगर वही भ्रमित करने लगे तो उस नक्शे का क्या करें ? अगर हृदय को हम भूल गए है और मन के पीछे-पीछे दौड़ रहे हैं तो नैतिकता की अवनति तो लाजमी है। असत्य की हमें लत है और सत्य हमने कल पर टाल रखा है तो इस भ्रम के दलदल में डूबना ही हमारी नियति है। ईश्वर द्वारा 'जीवन' हमें उपहार स्वरूप मिला था पर हमारी संकीर्ण सोच के आधीन हमारे कर्म ही इस जीवन की सबसे बड़ी दुर्गति है। अपना धन आप सोच समझकर सही जगह निवेश करते हैं परंतु अपना

समय ? अपना समय सही जगह निवेश न करना बड़ी मूर्खता है।

सत्य सुंदर है आशाओं से भरा है उसकी तरफ चलेंगे, दीपक की तरह जलेंगे और आस पास प्रकाश देंगे तो किसी काम के बनेंगे, वरना जनसंख्या चाहे कितनी ही ज्यादा हो, बाते चाहे कितनी ही बड़ी हो, घूम फिरकर सब के सब मिट्टी ही है। जब तक ये चेतना है और उस परम आनंद से सम्पर्क है तब तक हमारे लिए सब कुछ है, सब मंगल ही मंगल है, सब शुभ ही शुभ है पर जब ये आंनद नहीं रहा तो बस निराशाओं के अंधकार रूपी कुंए में ये जीवन एक बोझ है एक भटकता संन्नाटा है। मनुष्य के ध्यान का सम्पर्क जब उस बनाने वाले से छूट जाता है तो उसका शरीर जिंदा रहता है पर वह मर जाता है।

चारों वेद पढ़कर इतना ज्ञान नही मिलता जितना मानवता की सेवा करके आनंद मिलता है। सबकुछ अच्छा करने के लिए किसी का इंतजार मत करो, इस धरती को जो स्वर्ग बनाने की क्षमता रखता है आप खुद वह फरिश्ते हो। सब ढूंढते हैं आप भी पहले ढूंढ लीजिए, असली अटल शाश्वत शांति पहले ढूंढ लीजिए। मंदिर मस्जिद काबै कैलाश क्रिया कर्म योग वैराग में सब जगह खोज लीजिए और जब ना मिलें तब एक जगह बैठिए अपने भीतर झांकिए, क्योंकि भीतर वह अटल शांति आपकी प्रतीक्षा में है। आप सालों से अलग अलग रूपों में उसे ढूंढ रहे हैं पर वह युगों युगों से एकटक आपको निहार रही है। आप बताइए अगर दान का भाव ना हो तो देने का क्या अर्थ है ? अगर लेकर भीतर कृतज्ञता महसूस ना हो तो लेने का क्या अर्थ है ? भाई, इस देने और इस लेने में अगर 'प्रेम' ना हो तो ये सौदा व्यर्थ है। अगर उस राम को अपने भीतर की कुटिया में स्थान नहीं दिया तो सारे तीर्थ व्यर्थ है। अगर गृहस्थी छोड़कर भी क्रोध नहीं छोड़ पाए तो सन्यास व्यर्थ है। उपजेगा कैसे ? फलेगा कैसे ? फूलेगा कैसे ? क्या फायदा अगर ज्ञान ले भी लिया पर छल और कपट वाला ही पात्र है ? ईश्वर पूजनीय है, सभी के लिए आदर्श स्वरूप है। सुना है द्वापर में भी अवतरित हुए थे, वह बांसुरी बजाते थे, बालपने में माता व मित्रों के साथ प्रेम की लीलाएं करते थे, कई स्थानों पर उन्हें प्रेम से माखनचोर की संज्ञा भी दी गई है। चरवाहे थे गाय चराते थे, बड़े हुए तो गोपियों के साथ रास रचाते थे और निधिवन वह स्थान बताया जाता है जहां यह रास रचाया जाता था यह पवित्र प्रेम समागम वहीं चलता था। सुना है कुछ सोलह हजार गोपियों से उनके कुछ प्रेम प्रसंग भी थे।

पर आज अगर कोई संत एक गोपी के साथ भी नजर आ जाता है तो वो पाखंडी हो जाता है और लोग तुरंत उसकी रामायण का लंका कांड कर देते है। मुझे नहीं पता इन दोहरे सामाजिक मापदण्डो के क्या अर्थ है। मुझे लगता है की द्वापर की कहानी में उन्हें भक्तो द्वारा ईश्वर का अवतार मान लिया गया है शायद इसीलिए उनके लिए सामाजिक संदर्भ ईश्वरीय लीला कहकर संबोधित किए जाते हैं। ये भी संभव है की वर्तमान समाज ने यह मान लिया है की कलियुग में ईश्वर का अवतार संभव ही नहीं है, इसलिए अब किसी को कोई छूट नहीं है। शायद ऐसा सोचकर ही वर्तमान समय की रासलीलाएं टीवी चैनलों पर टेस्टोस्टेरोन और गड़बड़ घोटाला की महान वैज्ञानिक बहस में बदल जाती है पर समय बीत जाने के कारण

उसी क्रिया, उसी गतिविधि को अब 'लीला' कोई नहीं कहता, सब लोग उसे धंधा और गड़बड़ घोटाला ही कहते नजर आते हैं। हम सभी की अपनी अपनी जिंदगी है, क्या सही है और क्या गलत है अपनी अपनी आस्था के अनुसार सभी को स्वीकार या अस्वीकार करने का पूरा पूरा हक है।

"सबका मालिक एक है, हम सब ईश्वर के है और ईश्वर हम सबके है" नारा तो सब यही लगाते हैं पर थोड़ी ही देर में हमारा वाला और तुम्हारा वाला ईश्वर करते हैं और फिर लड़ने लग जाते है। एक कहकर फिर धर्म के नाम पर तुरंत बट जाते हैं। भगवान गड़बड़ हो गए वो अलग बात है पर भक्तो की बुद्धि में कलियुग घुस जाए वो अलग बात है। आप बताइए की अगर ईश्वर 'एक' ही है तो मेरा वाला और तेरा वाला का क्या मतलब है ? आप बताइए किसी व्यक्ति विशेष या संस्था का किसी भी ईश्वर पर निजी अधिकार या कापीराइट होना कितना संवैधानिक है। क्योंकि अगर मैं ग़लत नहीं हूं तो सबका मालिक एक है, हम सब ईश्वर के है और ईश्वर हम सबके है यही सबसे बड़ा 'विधान' है। मेरी कलम किसी के हृदय को किसी भी ईश्वर में रखी आस्था को ठेस नहीं पहुंचाना चाहती, मैंने हर जगह सिर्फ अपना मत रखा है, मेरे सत्य से किसी को ठेस पहुंचती है तो मैं उससे पहले ही क्षमा प्रार्शी हूं।

मैं सिर्फ विचारवान विवेकशील मनुष्यो के लिए लिख रहा हूं, लकीर के फकीरो को मैं कुछ नहीं कहना चाहता हूं। कबीरदास जी ने भी शायद कुछ इसी संदर्भ को अनुभव करके लिखा होगा कि

ज्ञानी का मैं गुरु हूं, अज्ञानी का मैं दास।

उसने उठाई लाठी और मैने जोड़े हाथ ।।

जो ज्ञानी है वह तथ्य को समझता है और जो अज्ञानी है वह बिना आधार के बहस करता है। पूर्वाग्रह एक रोग है और इस रोग से ग्रस्त लोग स्वयं को 'सत्य' से दूर करते रहते है। जो मन में आता है उसे स्वीकार कर लेते हैं और जो मन में नहीं आता उसे स्वीकार नहीं करते। तर्क अनुभव या प्रमाणिकता से इनका कुछ लेना देना नहीं है।

इन विचारों के द्वंद में सार्थक तथ्य यह है कि समय के साथ भक्त तो अलग नजरों से देख सकते हैं अलग अपेक्षाएं रख सकते हैं पर भगवान का प्रेम हमारे लिए कभी बदला नहीं है। सतयुग हो, त्रैता हो या कलियुग, उनकी दया उनकी कृपा उनका आशीर्वाद हमेशा से हम सभी पर बना रहा है। हमने उन्हें बेशक बिसरा दिया है पर उन्होंने हमें कभी छोड़ा नहीं है।

लोग कहते हैं कि चलिए श्रीकृष्ण को छोड़ते हैं और श्रीराम की भक्ति करते हैं क्योंकि उनकी तो कोई गोपियां नहीं थी राम तो एक पत्नी वाले थे। वह तो हर व्यक्ति के लिए एक आदर्श रूप है और उनके जैसा महान चरित्र शायद ही किसी का हुआ हो। इस तथ्य से मैं सहमत हूं कि वह आदिपुरुष थे युगपुरुष थे। पर माया भी कम नहीं थी उसने उन्हें भी छोड़ा नहीं था। नियति से वह भी बंधे रहे, स्वयं को ईश्वर प्रदर्शित करके प्रकृति के नियमों का उन्होंने कभी उल्लंघन नहीं किया था। शायद मेरी कम समझ के कारण कुछ तथ्य उनके भी संदर्भ में मुझे आज तक समझ नहीं आए। श्रीराम हिंदू धर्म से संबंधित थे और हिंदू धर्म में

विवाह के समय वर वधू को सात फेरों और सात वचनों से बांधा जाता है। वही सात वचन श्रीराम ने भी सीता को दिए थे। यह सात वचन विवाह के पवित्र बंधन का आधार होते हैं। इन वचनों के माध्यम से वर-वधू एक दूसरे के प्रति अपना समर्पण, प्रेम, विश्वास और जीवन भर साथ रहने का वादा करते हैं। रामायण में राम द्वारा सीता के साथ विश्वासघात के रूप में कई घटनाओं को देखा जा सकता है, कैकयी का षड्यंत्र देखिए, कुछ लोगों का मानना है कि राम ने सीता को वनवास स्वीकार करके विश्वासघात किया, क्योंकि यह कैकयी के षड्यंत्र का परिणाम था। सीता हरण का संदर्भ देखिए, रावण द्वारा सीता का हरण राम की रक्षा करने में विफलता के रूप में देखा जा सकता है। सीता की अग्नि परीक्षा का संदर्भ देखिए, सीता को अग्नि परीक्षा से गुजरने के लिए मजबूर करना कुछ लोगों को अपमानजनक लगता है। सीता का परित्याग देखिए, वाल्मीकि रामायण में, राम सीता को वनवास भेज देते हैं, कथित तौर पर मात्र लोकनिंदा के डर से। उत्तर रामायण में देखिए, कुछ संस्करणों में, राम सीता को लव और कुश से मिलने से पहले तक वनवास में रहने के लिए कहते हैं। कौन अपनी गर्भवती पत्नी को वन में जाने का आदेश देता है ? यह कितना न्याय संगत है ?

इन सभी घटनाओं की व्याख्या विभिन्न संस्करणों और दृष्टिकोणों में भिन्न होती है। कुछ विद्वान विश्वासघात के दावों का खंडन करते हैं और राम के समर्थक तर्क देते हैं कि उन्होंने अपने पिता के वचन का पालन करने और राज्य के हित में कार्य करने के लिए वनवास स्वीकार किया था। सीता की पवित्रता के संदर्भ में उनका तर्क है कि अग्नि परीक्षा सीता की पवित्रता का प्रमाण थी। और उत्तर रामायण में सीता का परित्याग राम के चरित्र को निर्दोष रखने और राज्य में अस्थिरता से बचने के लिए किया गया था। यह कहना मुश्किल है कि राम ने सीता के साथ विश्वासघात किया था या नहीं। यह व्यक्तिगत व्याख्या और रामायण के किस संस्करण को मानते हैं, इस पर निर्भर करता है। हमारे लिए यह महत्वपूर्ण है कि हम सभी दृष्टिकोणों का सम्मान करें और रामायण की कहानी को उसके संपूर्ण संदर्भ में समझने का प्रयास करें।

मेरी कलम का तो एक ही अनसुलझा प्रश्न है कि पिता के दिए एक वचन के लिए "रघुकुल रीत सदा चली आई प्राण जाए पर वचन न जाए।" के गीत बजा दिए गए पर राम के द्वारा सीता को दिए सात वचनों के संदर्भ में सब रामभक्त अलग अलग संदर्भों के संगीत क्यों बजाने लगते है ? सीता को राम ने वचन तो रक्षा का दिया था फिर सीता का अपहरण ही कैसे हो गया ? वचन तो सात जन्मो तक साथ निभाने के दिए थे पर केवल लोक निंदा के कारण सीता का त्याग कर दिया वहां "रघुकुल रीत सदा चली आई प्राण जाए पर वचन न जाए।" वाली चौपाई कैसे फुस्स हो गई ? नियम के इतने ही पक्के थे तो सीता से विवाह के समय ही राम द्वारा यह डिस्क्लेमर क्यों नहीं दिया गया कि वचन तो मैं दे रहा हूं पर यदि समाज में कोई भी कहा सुनी हो गई तो तुम्हारे बारे में राज धर्म को श्रेष्ठ मानकर, मैं पति धर्म का त्याग करके वचन तोड़ दूंगा और फिर यदि सीता को स्वीकार्य होता तो वह कर लेती विवाह अन्यथा उनकी भी अपनी मर्जी थी। वर्तमान समय में जो न्यायालय है वह लोकनिंदा

अर्थात कहा सुनी को आधार मानकर किसी को छोटी सी सजा भी नहीं देते हैं पर राम तो महान चरित्र है उन्होंने इसी आधार पर सीता को गर्भावस्था में जीवनपर्यन्त का वनवास कैसे दे दिया था ? हर बार अग्नि परीक्षा सीता को ही क्यों देनी है ? राम से भी तो कहा जा सकता था कि पत्नी के ना रहने पर तुमने कहां कहां क्या क्या किया ? बताओ जरा। आओ तुम भी अपनी पवित्रता का प्रमाण दो। इसीलिए मैंने कहा कि माया बड़ी शक्तिशाली है इसमें सामान्य मनुष्य फंसते हैं तो फंसते हैं पर यह समझो कि भगवान ने भी स्वयं को बांध लिया है।

एक राम दशरथ का बेटा, एक राम घट घट में बैठा।

एक राम का जगत पसारा, एक राम जगत से न्यारा।।

दशरथ के बेटे राम तो कब के चले गए, पर क्या भगवान भी चले गए ? नहीं बिल्कुल भी नहीं। स्पष्ट कहा है वह घट घट में हमारे भीतर ही अभी भी बैठा है। राम और कृष्ण विष्णु के ही अवतार माने जाते हैं। कुछ लोग शिव की आराधना करते हैं तो कुछ लोग विधि यानी सृष्टि रचयिता ब्रह्मा को पूजते हैं। इसके विषय में एक दोहा कबीर दास कृत है और वह कुछ इस प्रकार से है उसे भी समझे वह आपको ईश्वर के और नजदीक कर सकता है –

विधि हरि हर, जाको ध्यान धरत है, मुनीजन सहस्र अठ्ठासी ।

सोई हंस तेरे घट माही, अलख पुरुष अविनाशी ।।

इस पंक्ति का सरल अर्थ है कि ब्रह्मा विष्णु और महेश, अठ्ठासी हजार मुनि भी जिसका ध्यान भी धरते हैं, वही हंस, वही अलख पुरुष अविनाशी, वही 'सत्य' जो ज्ञान और मोक्ष का प्रतीक है, आपके हृदय में रहता है।

28

हरि विमुख !

अंधकार व्यापक है दूर दूर तक फैला होता है पर फिर भी प्रकाश की एक नन्ही किरण से हार जाता है। हम सभी के भीतर प्रकाश की एक किरण है जो निराशाओं के इस घोर अन्धकार को चीर सकती है। सही समय पर सही सुझाव महत्वपूर्ण है, जीवन चल रहा है समय आपके पास है समझ आपके पास है आशा आपके पास है उठाओ इन शस्त्रो को और जीत लो इस युद्ध को।

सबकुछ सुनने समझने के बाद लोग फिर अनजान बन जाते हैं। फिर माया की चक्की में घुस जाते हैं। ये दुख की बात है कि हम 'सत्य' के साथ खड़े ही नहीं रह पाते हैं। ये एक ऐसा कलियुग है जिसमें हम आंखें होते हुए भी अंधे हो जाते हैं। कबीर के कुछ शब्द है :

चलती चक्की देख के दिया कबीरा रो।

दो पाटन के बीच में साबुत बचा ना कोय ।।

पर इससे विपरीत एक 'सत्य' और उन्होंने कहा :

चक्की चक्की सब कहे, किल्ली कहे आ कोय ।

जो किल्ली के साथ में, बाल ना बांका होय ।।

किल्ली क्या है ? वही 'सत्य' जिसकी मेरी कलम भी महिमा लिख रही हैं जो किल्ली हम सभी के भीतर स्थित है :

हम सभी के भीतर भी वह किल्ली है ठीक वहीं, जहां वह परमपिता परमात्मा विराजमान है। एक समय था जब मेरे विचार ज्यादा से ज्यादा पढ़कर किताबी ज्ञान हासिल कर लेने के थे परंतु जब पहली बार स्नातक में प्रवेश लेकर कॉलेज की लाइब्रेरी में गए और वहां चार मंजिला इमारत तक हजारों किताबों को लदे पाया तब एक विचार आया कि यदि मैं सारी जिंदगी भी इस लाइब्रेरी में बैठकर पढ़ूं तो भी मेरे पास इतना समय नहीं है कि उपलब्ध सब किताबें पढ़ सकूं। तब एक तथ्य समझ में आया कि जिंदगी में सब कुछ समझना जरूरी नहीं है केवल वही समझ लेना जरूरी है जो हमारे लिए सबसे ज्यादा जरूरी है। मेरी तरह आपके पास भी समय सीमित है हमारे पास करोड़ों सालो का समय नहीं है जो समय मिला है उसमें

से भी बहुत कुछ निकल चुका है और बाकी थोड़ा ही शेष बचा है। इसलिए हमें भी प्राथमिकता के आधार पर वह समझना होगा जो हमारे लिए ज्यादा जरूरी है। मैं आपके समक्ष केवल दो ही विकल्प रखता हूं आपके लिए क्या जरूरी है आप किसे समझना चाहेंगे ? माया को या मायापति को ?

जाति, व्यापार, कर्म और धर्म सब माया से जुड़े है पर प्रेम और भक्ति मायापति से जुड़ी है। वह मायापति सुख-दुख, शोर-मौन, पाप-पुण्य किसी से भी बंधा नहीं है वह तो समय से भी बंधा नहीं है वह परम स्वतंत्र है। माया के इस सारे बाजार में सबसे ज्यादा कीमती और सबसे ज्यादा महत्वपूर्ण क्या है ? उत्तर है 'आप'। क्यों ? क्योंकि आप मनुष्य हैं और केवल मनुष्य के पास यह सामर्थ्य है कि वह उस परमात्मा का आत्मसात कर सकता है शेष कोई नहीं। बेशक सुंदर हो, बेशक अच्छे हो पर 'शब्द' भी उस 'सत्य' की तरफ इशारा मात्र कर सकते हैं पर मनुष्य उसका नजारा कर सकता है।

मेरे शब्द मिट सकते हैं मिटाएं जा सकते है पर मनुष्य से उस 'सत्य' उस अविनाशी को अलग नहीं किया जा सकता। अलग होना मरने के बाद भी संभव नही है। मरने के बाद व्यक्ति पंच तत्वों में विलीन हो जाता है पर सभी तत्व तो पहले ही उस परमात्मा के ही अंश है। स्पष्ट है कि व्यक्ति जीते जी भी उससे जुड़ा है और मरने के बाद भी उसमें ही मिला रहता है। एक 'नाशवान' है एक 'अविनाशी' है और दोनों का अनुभव कराती हुई तीसरी चीज हमारी 'चेतना' है। मरने के बाद अगर हमसे कुछ छिन जाएगा तो एक हमारा नाशवान शरीर और दूसरी हमारी चेतना परन्तु 'अविनाशी' फिर भी अमर रहेगा।

हे पार्थ, अब अगर इस 'सत्य' को हम स्वीकार कर लें कि परमात्मा हमारे भीतर है तो इसका अर्थ है कि हम स्वयं जीवित चलते फिरते मंदिर है। मिट्टी में पड़े हुए बीज एक समय के बाद हवा पानी या सम स्थिति ना मिलने पर नष्ट हो सकते हैं पर मनुष्य के भीतर इस अविनाशी बीज का कभी नाश नहीं होता है। जब भी उस बीज को ज्ञान रूपी अवसर मिलेगा, मौसम मिलेगा, परिस्थितियां मिलेगी, वह बीज फलेगा फूलेगा बढ़ेगा और एक सफल वृक्ष बनेगा। मन ने माया रच दी है सबकुछ बिकने लगा है, बहुत चीजें ऐसी है जिनके पास धन है उन्हें केवल वही खरीद सकते हैं। स्वयं को संत कहते हैं पर कई व्यापारी भगवान को आनलाइन और आफलाइन बेचने मे भी लगे हैं। कभी कोर्स बेचते हैं कभी सामान बेचते हैं कभी भजन बेचते हैं कभी भगवान बेचते हैं। एक किशोरी उम्र की साध्वी जी है, टीवी पर आतीं है, यूट्यूब पर वायरल है। पहले केवल गली मोहल्लों में होने वाले माता के जागरणों में निशुल्क माता-माता गाया करती थी पर धीरे धीरे किसी ने 'माया' समझा दी। आज वही भजन गाने की उनकी एक घंटे की कीमत भी लाखों में है। माता के जागरणों में हर बार भक्तों की भक्ति का चढ़ावा भी आता है। मेरी कलम संदेह में है क्या एक रूपया भी उस चढ़ावे का माता को मिलता भी है या माता के चरणों में रखने के कुछ समय बाद धीरे से फिर किसी पंडित जी के हाथों माया में ही खर्च हो जाता है ? कुछ लोग कहते हैं हम इससे सौ प्रतिशत डोनेशन करते हैं दान करते हैं आश्रम है जहां सभी का कल्याण होता है जहां लोगों का इलाज

किया जाता है। भाई मुझे माफ़ करना मैं थोड़ा तर्कवादी व्यक्ति हूं मुझे तो प्रमाण के साथ प्रतिशत में समझाओ कि कितना कल्याण होता है और कितना प्रोफिट होता है। मैंने सम्पर्क किया है अपने कल्याण के लिए कई तथाकथित संतो के आश्रमों में भी, गरीबों के कल्याण के नाम पर वहां मिलने वाली कई सुविधाएं फाइव स्टार होटलों से भी महंगी है। बाबाजी मेरी कलम तो सबका सम्मान करेगी आपके भी चरण स्पर्श कर रही है। मुझे कल्याण नहीं चाहिए मुझे प्रोफिट भी नहीं चाहिए, इतना विशाल हृदय रखते हो आशीर्वाद स्वरूप दया करके इतना 'सत्य' बता दीजियेगा कि क्या आप कोई अवतार हो ? साधु हो ? संत हो ? योगगुरु हो ? आनलाइन वायरल भी हो क्या आप कोई अभिनेता हो ? या आप कोई कलाकार हो ? मुठ्ठी बंद करके भभूत निकाल देते हो क्या आप कोई जादूगर हो ? लोगों का एम बी बी एस करना व्यर्थ है आप तो सिर्फ जादूई जल से कैंसर ठीक कर देते हो, क्या आप कोई उच्च कोटि के वैद्य हो या स्वयं ही कोई डाक्टर हो ? दवाईयां भी बेचते हो, क्या कोई फार्मेसी कंपनी हो ? विभिन्न प्रसाधन भी बेचते हो क्या कोई मल्टीनेशनल फर्म हो ? या फिर मेरी कलम इस 'सत्य' को स्वीकार कर लें कि आप भी औरों की तरह माया के इस बाजार अपने आश्रम की आड़ में भगवान को बेचने वाले बस एक और स्वयंभू 'ठेकेदार' हो ?

मुझे समझ नहीं आता कि अगर जनता की भलाई कि जिम्मेदारी संत महात्माओं पर ही है तो फिर ये सरकार क्यों बात बात पर हमसे टैक्स लेती है ? अगर कल्याण की सेवाएं संत महात्माओ को ही देनी है तो फिर जनता द्वारा सरकार को टैक्स ही क्यों दिया जाना है ? या फिर 'सत्य' ये है कि नए नए तरीके से 'सरकार' या 'सन्त' के नाम पर ये 'माया' ही हमें ठग रही है ? माया के इस बाजार में भगवान की भक्ति के नाम पर कई व्यापारी बीस बीस मिनट के प्रवचन के नाम पर अपनी लाखों करोड़ों की कीमत लगाएं बैठे है। मायापति को पाने के लिए संसार का त्याग कर चुके उन धर्म के ठेकेदारो पर क्या लिखूं जो माया के लिए 'सत्य' को अनदेखा कर रोज रोज ईमान बेचते हैं। कोई लेखक नहीं लिखेगा पर मैं स्पष्ट लिख रहा हूं आपमें से कोई भी मेरी किताब मत खरीदना, बिना वजह मुझे भी जेब में माया मिल जाएंगी। मित्र अपने हृदय से तुम्हारे हृदय के लिए एक 'सत्य' लिखता हूं बिना किताब खरीदें भी, बिना इसे पढ़े भी तुम्हारा बनाने वाला तुम्हारे भीतर है। पैसे की जरूरत ही नहीं है, बस प्रेम की जरूरत है। गरीब से गरीब व्यक्ति के भीतर भी वह परमात्मा उपलब्ध है और जो पैसे के दम पर खरीदना चाहता है उसे भगवान कभी मिला नहीं हैं।

श्रीकृष्ण ने सुदामा को सबकुछ दिया पर सुदामा ने कृतज्ञ होकर कहा कि "प्रभु मैं क्या दूं मेरे पास तो 'प्रेम' के अतिरिक्त और कुछ नहीं है।" जीवन में यही असली शिक्षा है यही असली भक्ति है। जिसके पास प्रेम रूपी धन है वह अमीरो का अमीर है चाहे उसका बैंक बैलेंस शून्य ही क्यों ना हो और जिसके पास प्रेम रूपी धन नहीं है वह फकीरो का फकीर है चाहे उसका बैंक बैलेंस करोडो ही क्यों ना हो।

गाय अपना चारा चरती है पर साथ ही अपने बछड़े पर भी ध्यान रखती है हमें भी कर्म करने है ताकि हम धन कमा सके और अपनी सांसारिक जिम्मेदारियां निभा सके पर साथ

ही अपनी ये भक्ति की कहानी भी पूरी करते जानी है। सब लोग इन बातों को नहीं समझते और वैसे भी जिसे वासना की लालसा है हम उसे चाहे कितना भी समझा लें प्यास तो उसे सिर्फ भोगो की ही लगी है। सिर्फ वासना से ही उसे वास्ता है। वह तो मंदिर मस्जिद गुरुद्वारे गिरजाघरो में भी वासना से प्रेरित ही घुसता है। संसार के भोग का ही उसे रोग है। कहां उसे बिना प्यास के जबरदस्ती 'सत्य' समझा रहे हो मित्र ? कान बेशक उसके खुले हैं कह तो आप बहुत कुछ रहे हो पर सुन वह कुछ भी नहीं रहा है। यह देखो इस तरफ एक 'भोगी' इस समय मेरी किताब भी पढ़ रहा है। पर पढ़ने मात्र से क्या होगा ? जिसमें कृतज्ञता नहीं है, शिष्यता नहीं है, प्यास ही नहीं है, जिसकी बाल्टी में अंहकार का छेद है पार्थ उसमें ज्ञान कहां टिकेगा ? और बिना 'प्रेम' ये किताबी शब्द तो बस शब्द ही रहेंगे कुछ 'आनंद' नहीं बनेगा। दिन रात सुबह शाम जैसे वासना हावी है, दिन रात सुबह शाम अगर ऐसे ही भक्ति हावी हो जाती तो सचमुच मे माया मीरा बन जाती। अरे प्रकाशक और वितरक ने मिलकर किसको बेच दी ? छीनो मेरी किताब इस लोभी से, देखो इसने छूकर सचमुच में 'अपवित्र' कर दी। ये भोग विलासो में डूबा हुआ संसार की विद्या का तथाकथित अमीर पंडित मेरे हृदय के प्रेम को क्या समझेगा ? ये कैसे समझेंगा कि भक्ति ही वह शक्ति है जो हमें जीते जी ही भगवान में समाहित कर सकती है। इन विद्वानो का सीधा प्रश्न होता है कि क्या आप भगवान दिखा सकते हैं ? तो इसका सीधा उत्तर है, हां। पर आप भी तो बताओ कि ये माया के घमंड का चश्मा उतारकर क्या आप उसे देखने के लिए छलकपट रहित बालक की कृतज्ञता और आभार वाली आंखें खोल सकते हैं ? यह आपको भ्रम में डालने वाला उत्तर नहीं है। यह सीधा स्पष्ट उत्तर है। वह ईश्वर सिर्फ आपका है उसे सिर्फ आप अनुभव कर सकते हैं आप बताइए कि भूख और प्यास आपको लगती है पर क्या वह प्यास वह भूख आप किसी और को दिखा सकते हैं ? स्पष्टतया नहीं, बिल्कुल असंभव। आपको स्वयं ही उसका अनुभव करना पड़ता है। इसी प्रकार ईश्वर, वह परम आनंद, वह शांति, वह संतुष्टि, वह मोक्ष सभी के लिए अपना अपना व्यक्तिगत है।

अपना अपना है तो यह तो स्वारथ की बात हो गई, तो फिर इसमें बाहर वाले दूसरे लोगों का क्या फायदा ? अरे मेरे विद्वान भाई, जब दीपक जलेगा तो प्रकाश तो आसपास ही फैलाएगा और वैसे भी अगर तुम्हें प्रकाश इतना ही पसंद है तो परहेज क्या है आगे बढ़ो और अपना ही दीपक जला लो। चक्कर ये हैं कि लोग भगवान वैसा पाना चाहते हैं जैसा उनकी कल्पना में है, पर 'सत्य' ये है कि भगवान सर्वव्यापक है कण कण में है वास्तविकता में है केवल मनुष्य की 'कल्पना' में नहीं है। तर्क, बुद्धि का विषय है। श्रीकृष्ण ने अर्जुन से कहा था कि ईश्वर मन और बुद्धि से परे है। अगर हम उसे अपनी बुद्धि के तर्को से समझना भी चाहेंगे तो कैसे समझ पाएंगे ? इतिहास को छोड़ते हैं और वर्तमान का तथ्य समझते हैं। आप बताइए क्या 'प्यास' तर्क का विषय है ? किताब का विषय है ? व्याख्या का विषय है ? या इन बातो से परे वह अनुभव की बात है। जब आपको 'प्यास' लगे तो 'पानी' आपको लिखा हुआ चाहिए, कहीं फोटो में बना हुआ चाहिए, पानी की कोई मूर्ति चाहिए, किसी देवता के मंदिर

की तरह पहाड़ के ऊपर चाहिए या फिर इन बातों से अलग पीने लायक असली पानी चाहिए जिसे आप अनुभव कर सके जिससे आप तृप्त हो सके ?

हाथ से आप सूरज नहीं देख पाएंगे, आंखों से आप गर्म तवे को स्पर्श नहीं कर पाएंगे। हर अंग की अपनी एक खूबी है पर अपनी एक सीमा भी है। सामान्य सी बात है हर कार्य के लिए उपयुक्त सही अंग का इस्तेमाल किया जाता है। ईश्वर से मिलन के लिए भी आपके भीतर एक विशिष्ट अंग है कुछ लोग उसे 'घट' कहते हैं कुछ 'हृदय' कहते हैं। गीता में श्रीकृष्ण उसे दिव्य चक्षु कहते हैं ताकि उन दिव्य नेत्रों से हम प्रभु के दर्शन कर सकें जो सामान्य नेत्रों से संभव नहीं है। देखना क्यों जरूरी है ? सरल सी बात है, क्या आप किसी ऐसे व्यक्ति से प्रेम कर सकते हैं जिसे आपने कभी देखा नहीं, सुना नहीं, समझा नही ? प्रेम करने के लिए पहले मिलना, देखना, उसे समझना भी तो जरूरी है अन्यथा प्रेम होगा कैसे ? ईश्वर से प्रेम के लिए भी पहले उनसे मिलना उनको देखना जरूरी है उनको समझना जरूरी है। अब प्रश्न उठता है देखेंगे कैसे ? इसी प्रश्न का उत्तर सब लोग जानना चाहते हैं। सीधा सा उत्तर है - आत्म ज्ञान से। आत्म ज्ञान मिलेगा कैसे ? सीधा सा उत्तर है - समय के सदगुरु से। गुरु तो भरे पड़े हैं तो असली और नकली को पहचानेंगे कैसे ? सीधा सा उत्तर है - जो दीया रोशनी दे और दूसरे दीये को भी जला सके वह असली है और जो यह नही कर सके वह नकली है। यही गुरु की भी कसौटी है। अगर उनके ज्ञान से तुम्हारे भीतर भी दीया जल रहा है तो वह असली है नहीं तो नकली है। केवल रोशनी देना असली दीये की पहचान क्यों नहीं है ? दूसरे दीए को जलाने का परीक्षण क्यों जरूरी है ? मित्र आपने ही तो पूछा कि गुरु तो भरे पड़े हैं असली और नकली को पहचानेंगे कैसे ? सीधी सी बात है कि जो नकली दीया है, वह प्रकाश तो दे सकता है पर दूसरे बुझे दीये को जला नहीं सकता है और उसकी यही कमजोरी, उसके नकली होने का प्रमाण भी है। किसी भी माध्यम से जो आपसे लगे और आपको भीतर तक प्रकाशमान कर दें वही असली सदगुरु है। चलिए असली गुरू की पहचान भी हो गई।

यहां माया के गुरु भी है, धर्म के नाम पर आजकल बड़े-बड़े भंडारा करवाते हैं और जितना बड़ा भंडारा है उतनी बड़ी भीड़ है, और जितनी बड़ी भीड़ है लोगों के लिए उतना ही बड़ा गुरु है। पर आप अपने आप से पूछिए की आपको किस चीज की भूख लगी है अगर पेट की ही भूख लगी है तो आपके लिए 'भोजन' ही उचित है पर अगर हृदय की, ईश्वर की, शांति की, इस जीवन को सफल करने की भूख लगी है तो आपके लिए 'भक्ति' है। आपको वासनाओं से छूटना है और परम आनंद की तरफ बढ़ना है प्रक्रिया बहुत सरल है। आपके बनाने वाले ने आपके लिए सभी प्रबंध पहले ही कर दिए हैं, आपको सिर्फ अपनी प्यास को समझने की जरूरत है। यही आपकी असली तैयारी है। मन को तो हम अपने से कभी भी पूरी तरह पृथक कर नहीं सकते इसका सीधा सा अर्थ है कि वासनाएं कभी पूरी तरह समाप्त होगी ही नहीं। कभी कोई कामना, कभी कोई कामना हमारा पीछा करती ही रहेगी। हमें क्या करना है और हम क्या कर सकते हैं ? एक सरल सा कार्य, हृदय की कामना पूर्ति के छोटे-छोटे प्रयास शुरू कर सकते हैं। इन छोटे-छोटे प्रयासों से होगा क्या ? हमारी खोज को एक किनारा मिल सकता

है, हमारे पथ को एक मंजिल मिल सकती है, हमारी प्यास को तृप्ति मिल सकती है। इस प्रक्रिया में हमें असीमित आनंद मिल सकता है और इस बार यह जीवन सफल हो सकता है। लोगों को यह कहानी शब्दों की लग सकती है परंतु मैं फिर स्पष्ट कर दूं कि मेरे शब्द कल्पना नहीं एक जीती जागती जिंदगी है।

मैं कोई नेता नहीं हूं, वायदे करना और भूल जाना मेरा व्यवसाय नहीं है, आनंद की यह सभी संभावनाएं मनुष्य जीवन में सच्ची है। हम इस पल सचमुच में जिंदा है, देखिए अपनी तरफ छुईए अपने आप को और महसूस कीजिए कि आप इस आंनद की संभावना के जीते जागते प्रमाण है, आपका जीवन कोई थ्योरी नहीं है। क्या समझते हैं आप ? बनाने वाले ने इस दुनिया के सारे दुख भोगने के लिए आपको बनाया था ? या फिर सत्य यह है कि उसने फलो में स्वाद भरा और आपको चखने की सामर्थ्य दे दी। उसने आकाश बनाया, इंद्रधनुष में सातों रंग भरे, रात्रि के आकाश को सुंदर सुंदर तारों से जड़ा और आपको देखने की सामर्थ्य दे दी। उसने ठंडी मनोरम हवा के झोंके बनाए और आपको महसूस करने की सामर्थ्य दे दी। उसने हमारी सारी जरूरतो की पूर्ति करने वाली विशाल पृथ्वी बनाई और आपको चलने की सामर्थ्य दे दी। उसने पक्षियों के सुंदर कलरव गान बनाए और आपको सुनने की सामर्थ्य दे दी। उसने प्यास बनाई तो फिर स्वच्छ शुद्ध जल का भी प्रबंध किया और जब आप वह जल गृहण करते है तो तृप्ति आपको अपनी भीतर महसूस होती है कहीं बाहर नहीं।

कौन सी चीज आपके लिए सही है और कौन सी चीज आपको नुकसान पहुंचा सकती है इसे समझने की क्षमता भी ईश्वर ने आपको दी। आपको किसी प्रेरक वक्ता के पास जाने की जरूरत नहीं है। आपको किसी किताब को पढ़ने की जरूरत नहीं है। आपको प्रभावित और आकर्षित करने के लिए यह मेरे कोई सुंदर शब्द नहीं है। यह मेरे हृदय से आपके हृदय के लिए आवाज है कि आंनद लेने की हर क्षमता आपके भीतर है। जब पृथ्वी भी है और हमारे पास चलने की क्षमता भी है तो गुरु की क्या जरूरत है ? भाई प्राकृतिक बात है कि पृथ्वी है तो गढ्ढे भी है और गुरु प्रकाश करता है ताकि हम देख सके और उस गढ्ढे में गिरने से बच सके। नहीं तो इन बड़े बड़े गढ़्ढो में गिरने के परिणाम कितने भंयकर हो सकते हैं आप और मैं सोच भी नहीं सकते हैं। क्या गुरु जबरदस्ती गढ्ढा पार कराएगा ? बिल्कुल भी नहीं अगर ऐसा होता तो कबीर दास जी ने यह दोहा ही क्यों लिखा होता कि

बहते को बह जाने दो, मत पकड़ावो ठौर ।

समझावे समझे नहीं तो, दे दोऊ धक्का और।।

स्पष्ट सी बात है कि समझाना गुरु का काम है परंतु उस पर अमल करना और उस रास्ते पर चलना, टिके रहना तो शिष्य को ही पड़ेगा। क्या मैं कोई गुरु हूं ? फिर उत्तर सीधा और स्पष्ट लिखता हूं - बिल्कुल भी नहीं। मैं तो बस आपकी तरह एक मनुष्य हूं, उस बनाने वाले के आनंद में विभोर हूं और बस अपना आभार लिख रहा हूं। उसकी कृपा है जो क्षमता मिली, उसकी कृपा है जो जीवन मिला, उसकी कृपा है जो सेवा मिली, उसकी कृपा है जो समझ मिली, उसकी कृपा है जो अवसर मिला, उसकी कृपा है जो आनंद मिला और हे पार्थ, उसकी

ही कृपा है जो मेरी कलम को तुम मिले। क्या मेरे जीवन में कभी दुख की बारिश नहीं हुई ? घनघोर हुई है छप्पर फाड़ के हुई है, भीतर तक मुझे चीर गई है। पर मैं उस बारिश की बूंदें तुम पर नहीं पड़ने देना चाहता हूं इसलिए उस विषय में यहां लिख नहीं रहा हूं। पर हां, घर से निकलने से पहले अब छाता साथ रख लेता हूं ताकि भीगना ना पड़े। क्या 'सत्य' को समझने के बाद आप जीवन में कभी गिरेंगे नहीं ? निश्चित रूप से गिरेंगे, फर्क सिर्फ इतना है कि यदि ध्यान रखेंगे तो ईश्वर आपको थाम लेंगे। क्या तब आपके पास पैसे ही पैसे हो जाएंगे ? हो सकता है हो, हो सकता है ना हो। पर तब आप असली धन, असली अमीरी को समझ सकेंगे।

जख्म वही होता है जिसका एहसास होता है अगर गरीबी भी है पर आप भीतर से खुश हो तो आपसे अमीर कोई नहीं है। आपकी आशा की एक मुस्कान निराशाओं के सारे अंधकार को मिटा रही है। छोटी सी तो बात है याद रखें कि दुख के घनघोर से घनघोर अंधेरे में भी आशा का दीपक आपके भीतर ही है। क्या 'सत्य' को समझने के बाद आपके घर में कोई मरेगा नहीं ? बिल्कुल मरेगा, जिसका जन्म हुआ है उसका अंत तो होगा ही, ऐसा महान वैज्ञानिक आइंस्टीन का कहना था। आए हैं तो जाना तो पड़ेगा ही, आप ध्यान दीजिए जब समस्या भवसागर में डूबने की हो रही हो तो प्राथमिकता तैरने की भी हो सकती है और तरने की भी हो सकती है। क्या सत्य को समझने के बाद उससे आपका विवाह हो जाएगा जो आपको पसंद था और जो आपको रिजेक्ट करके चला गया ? इसकी कोई गारंटी नहीं। जीवन में आगे बढ़ो, दुनिया उसी पर समाप्त नहीं है, मोह से बाहर आओ और ईश्वर की इस महिमा को समझो पार्थ, जिससे आप चिपके जा रहे हो, हो सकता है उससे दूर रहने में ही आपका असली कल्याण हो।

क्या सत्य को समझने के बाद बिना मेहनत किए परीक्षाओं में पास हो जाएंगे ? इस प्रश्न पर एक काम करो प्रिय, किताब को छोड़ो, ईश्वर को छोड़ो और जाकर एक अलादीन का चिराग खरीद लो। जो मेहनत नहीं करना चाहता संघर्ष नहीं करना चाहता वह वैसे भी इस धरती पर बिना पूछ और सींगो वाला पशु ही है।

वह संस्कृत का श्लोक याद है तुम्हें साहित्य संगीत कला विहीनः साक्षात् पशु पुच्छ विषाण हीनः।

व्यावहारिक बनो और स्वयं को उत्तर दो, जिसको आप जानते हो जो पैसे देकर या नकल करके डॉक्टर बना है, जिसकी विद्या ही बिना मेहनत की है नकली है, क्या आप उसके पास दवा लेने जाएंगे ? अपना कोई ऑपरेशन करवाने के लिए जाएंगे ? बिल्कुल भी नहीं। स्पष्टतया आप स्वयं चाहते हैं कि पढ़ाई में आगे वही बढे जो मेहनत करें। तो वहीं नियम आप स्वयं पर लागू क्यों नहीं करते ?शिक्षा सरल है 'समझने' की सरल मेहनत कीजिए, अध्यापको से शंकाओं का समाधान कीजिए, ध्यान को व्यसनों में जाने से रोकिए, जीवन यात्रा में माया के ये कंकर पत्थर छोड़िए ज्यादा से ज्यादा उन चीजों को इकट्ठा कीजिए, जो आपके भीतर परमआनंद को जोड़ते है। जो आपके जीवन में संतुष्टि का संचार करते हैं, जो आपके अस्तित्व का मौलिक आधार है। जो इस जीवन में साथ भी हैं जो इस जीवन के बाद

भी है।

जब हम बहुत छोटे थे तो स्वतंत्र रहना चाहते थे, सारा समय हमारे पास हमारे लिए था। जैसे-जैसे हम बड़े हुए हमारे कंधों पर बोझ बढ़ते चले गए, दुनियादारी की जिम्मेदारियों की इस बोझ तले हम दबते चले गए। सबको इतना समय देना पड़ा कि अपने लिए निकालना मुश्किल हो गया। दबे दबे कई लोग इस दुनिया से चले गए पर वो बोझ कभी खत्म ही नहीं हुआ। तथ्य ये है कि संसार में आए हैं तो जिम्मेदारियां तो निभानी ही है, परन्तु क्या इन जिम्मेदारियों का बोझ बनना जरूरी है, क्या ये ज़िम्मेदारियां आंनद लेते हुए नहीं निभाई जा सकती ? यहां तथ्य समझिए कि विद्यार्थी के लिए गृहकार्य करना बोझ है, पर फिल्म देखना कोई बोझ नहीं है। स्पष्ट है कि जिस बात से हमें प्रेम है जिसमें रूचि है जिसमें लगन है लगाव है वह बोझ नहीं है, बाकी सब बोझ है। लोग कहते हैं जीवन सफल करना, आंनद में रहना बहुत कठिन है स्पष्टतया उनके लिए उनके भीतर बैठा परमात्मा एक सहारा नहीं है अपितु एक बोझ है।

रही बाहरी बोझ और बाहरी जिम्मेदारियों की बात तो 'सत्य' को समझिए कि हमारे अस्तित्व की मूलभूत जरूरते हवा पानी भोजन आदि बनाने वाले ने बड़ी सरल बनाई है जो बड़ी सरलता से पूरी हो सकती है, समस्या उसकी नहीं है। हमारी असली समस्या बनती है हमारी वह इच्छाएं जो एक पूरी होती है तो दस और निकलती है और उन्हें पूरा करने के चक्कर में हम कोल्हू के बैल बने रहते हैं। मनुष्य की क्षमता को देखते हुए जीवन में उसकी जरूरत का बोझ बहुत ही सरल रहता है जबकि उसकी इच्छा का बोझ हमेशा बोझिल रहता है। चलिए जीवन मिला है तो पूरी तरह से इच्छाओ को मार लेना भी ठीक नहीं है पर हां उन्हें पूरा करने के चक्कर में जीवन को नरक बना लेना भी सही नहीं है। बस यही कारण है की मनुष्य को मार्गदर्शक से लगातार संतुलन की दीक्षा लेनी जरूरी है। चतुरता दुनिया को बदलना चाहती है पर बुद्धिमत्ता स्वयं को बदलना सिखाती है। हमें भी चतुरता को छोड़कर बुद्धिमत्ता की राह पकड़नी चाहिए। एक उम्र होती है जब हमे बहुत फर्क पड़ता है कि दूसरे हमारे बारे में क्या सोच रहे हैं, समाज क्या सोच रहा है लोग, दोस्त, रिश्तेदार क्या सोच रहे हैं ? पर समय का चाबुक हम सभी पर ऐसा पड़ता है कि अधेड़ आखिरी सांसों को समेटते हम इस सच को देख पाते हैं कि इस संसार में सब अपने अपने सपनों के संसार में खोए हुए है सब बड़े व्यस्त हैं किसी के पास हमारे बारे में सोचने के लिए समय ही नहीं है।

संसार के रिश्ते इसी बात पर टिके हुए हैं कि किसने किसने हमारे लिए क्या-क्या किया है, रिश्तो में कितना नफा है कितना नुकसान है, पर असली प्रेमी तो वही है जिसने नफा नुकसान तौलना ही छोड़ दिया है।

गाली देना सरल है इसके तो लोगों के घरों में भंडार लगे पड़े हैं पर ज्ञान देना, प्रेम देना, यह तो कोई बिरला संत ही कर सकता है। बड़ी संख्या में लोग महात्मा बुद्ध का अनुसरण करते हैं और उनके दिखाए पद चिन्हों पर चलकर उनके जैसा बैरागी बनना चाहते हैं, वह भी प्रबुद्ध बनना चाहते हैं। मेरे वंश का है मतलब मेरे शरीर का है पर मेरी कलम का कोई धर्म

नहीं है। संसार में कई धर्म है। सत्य, अहिंसा, अस्तेय, अपरिग्रह और ब्रह्मचर्य, बौद्ध धर्म के पंचशील गुण हैं। जीवित प्राणियों को नहीं मारना, जिसे हृदय से ना दिया जाए उसे लेने से परहेज करना, दुराचारो में लिप्त न होना, निरंतर स्वयं का परीक्षण करते रहना, असत्य बोलने से बचना, नशा और दवा दोनों से बचना, बौद्ध धर्म के अनुसार यह सभी मोक्ष प्राप्ति के मार्ग में अनिवार्य कार्य हैं जिनका साधक को पालन करना चाहिए। परंतु मेरे तथ्य को भी समझिए क्योंकि जब आप भीतर से संतुष्ट होते हैं, प्रेम में होते हैं, उस ईश्वरीय आनंद में होते हैं, तो यह सभी कार्य अपने आप ही होते हैं। कबीर ने कहा है :

माला फिरु ना कर फिरूं जिभ्या कहे ना राम ।

सुमिरन मेरा हरि करें, मैं पाऊं विश्राम।।

मेरी कलम की परिभाषा के अनुसार कोई भी हो, कैसा भी हो 'धर्म' भक्ति के लिए है प्रशंसा या आलोचना के लिए नहीं है। जहां से भी मिले इस 'दास' को ज्ञान का सर्जन कर लेने से कोई संकोच भी नहीं है। हे पार्थ, भीतर पूरी मनुष्यता के लिए प्रेम हो, आलोचना से मन दुखी ना हो, प्रशंसा से भीतर अहम ना हो, तो अनपढ़ से अनपढ़ व्यक्ति भी प्रबुद्ध हो जाए, सबके भीतर साक्षात 'बुद्ध' हो जाए। सन्यासी भेष में हो या सूट बूट में, इससे क्या फर्क पड़ता है ? लक्ष्य तो हमारा यही है ना कि कैसे भी करके कुछ भी करके वह परमेश्वर साथ हो जाए। शिकायतें करने में हम सभी लोग निपुण है पर आभार व्यक्त करना हमने सीखा ही नहीं है, चाहिए सभी को इस संसार में शांति, पर यहां सबके लिए है पर 'शांति' के लिए कोई सहयोग ही नहीं है।

एक दया हर क्षण हर सांस के साथ हमारे भीतर आ रही है बिना याद किए ही आ रही है और उसे यह कोई परहेज नहीं है कि हम नहाए नहीं है, ब्रश नहीं किया है, कपड़े नहीं पहने हैं, हम पढ़े लिखे नहीं हैं, गोरे हैं या सांवले है, अच्छा दिखते हैं या भद्दा दिखते हैं, स्त्री है या पुरुष है या इन दोनों से अलग हैं, बच्चे हैं बूढ़े हैं जवान हैं धनी है निर्धन है आस्तिक है नास्तिक है हिंदू मुस्लिम सिख ईसाई किस धर्म को मानते हैं या अधार्मिक ही क्यों ना है। बिना किसी प्रकार का कोई भी भेदभाव किए यह सांस हमारे भीतर आती है। यह निष्पक्ष निरंतर आती जाती सांस हमें उस निराकार ईश्वर तक पहुंचा सकती है। किसी धर्म का ठेका लिए फिरते बनावटी सनातनी नहीं, सम्मान के नाम पर मरने के लिए उकसाते जेहादी नहीं, हम सभी में विभाजन की रेखाओं को और गहरा करते, अंधविश्वास की बुनियादो को बनाते तथाकथित श्री श्री महात्मा जी नहीं। भेड़ चाल को छोड़ो और समझो कि तुम मनुष्य हो और मनुष्य होने के नाते तुम्हारी एक खूबी यह भी है कि तुम सत्य और असत्य में भेद कर सकते हो, जागो और आंखों को खोलो और देखो क्योंकि तुम सभी योनियों में सर्वश्रेष्ठ हो, तुम असाधारण क्षमता धारण किए हुए हो, तुम रावण और राम को पहचानने की शक्ति रखते हो। मेरी कलम आग्रह करती है तुमसे, की हो सकता है कि इतिहास को तुम ना बचा पाए हो परंतु कम से कम भविष्य को बचाने की, संवारने की कोशिश तो करो।

याद रखना की योग्य होते हुए भी यदि तुमने कदम नहीं बढ़ाए, कुछ नहीं किया तो मानवता की दृष्टि में तुम सदा सर्वदा के लिए कायर और अपराधी ही गिने जाओगे। उत्तर दो अपने आप को की वो लोग तुम्हारे नेता कैसे बन गए जो धर्म, जाति, संप्रदाय, देश या इतिहास के नाम पर ही मनुष्य मनुष्य को बांटे बैठे हैं। जो बातें तो एकता की करते हैं पर अपने ही घर में विभाजन की लकीरें खीचे बैठे है। मुझे नहीं पता कि जो मनुष्य को मनुष्य नहीं देख सकते, वो स्वयं मनुष्य कैसे हैं ? बात बड़ी ही सरल बड़ी ही स्पष्ट है, ईश्वर तक पहुंचने के लिए किसी को जिहाद या धर्म युद्ध करने की जरूरत नहीं है, पहाड़ियो पर या समुद्र के नीचे दुर्गम स्थानों पर जाने की जरूरत नहीं है, अगर उन दुर्गम स्थानों पर जाने की तन की मन की धन की सारी शक्तियां भी आपकी समाप्त हो चुकी हैं और संसार ने कह दिया है कि तुम अब किसी काम के नहीं रहे, कमरे में कहीं किसी कोने में आपको अकेला मरने के लिए छोड़ दिया गया है तब भी मैं कहूंगा कि निराश ना हों। ध्यान तो दो तुम्हारी भीतर अभी भी वह परमात्मा हर सांस के साथ आ रहे हैं और जा रहे हैं। अभी भी तुम्हारे पास समय है कुछ बिगड़ा नहीं है। संसार को छोड़ो, उनकी बातों को छोड़ो, वैसे भी जिसने तुम्हें छोड़ा है एक दिन संसार उसे भी छोड़ देगा यही तो माया की चक्की है।

तुम ध्यान दो हर सांस के साथ तुम्हारे हरि तुम्हारे भीतर अभी भी आ रहे हैं, तुम्हें छू रहे हैं। हो सकता है कि इस जीवन यात्रा में तुमने उन्हें कभी याद नहीं किया, पर सत्य यही है कि तुम बेशक भूले रहे पर उन्होंने तुम्हें कभी भुलाया नही है। रावण भी जीवन भर हरी से विमुख रहा पर अंत समय में रणभूमि में जब आखिरी सांसें बची थी तब केवल एक बार हृदय से उसने हरि को याद किया और उस एक बार की ही पुकार ने हरि को इतना विवश किया कि उन्होंने उसके सारे पापों को बिसरा कर उसके लोक और परलोक दोनों को संवार दिया। उदाहरण हिंदू धर्म से संबंधित है बहुत सारे उदाहरण दूसरे धर्मो में भी भरे पड़े हैं, परंतु मैंने कहा ना, कि हमें शिक्षा जहां से भी मिले उसके गूढ अर्थ को समझते हुए उससे 'ज्ञान' ले लेना चाहिए। आज समय है कि हम भी अपने आप से पूछे कि रावण का भी आ गया पर हमारा वह 'एक बार' कब आएगा ? लोग कहते हैं कि हमने सारी उम्र ढूंढा पर वह मिला ही नहीं। मैं कहता हूं कि यह तो तभी संभव है जब तुमने सही जगह ढूंढा ही नहीं। दुनिया भर की विद्या आप सीखते हैं एक भीतर की भी विद्या सीख लेते, जिसको सीख जाने के बाद मनुष्य के लिए कुछ अन्य सीखना बाकी नहीं। लोग कहते हैं कि हम तो बड़ी कोशिश करते हैं पर लोग बड़े बुरे हैं, मैं कहता हूं ध्यान से तो देखो प्रेम की नजरों से तो देखो तब तुम देख पाओगे की हर मनुष्य उस बनाने वाले का चलता फिरता एक मंदिर है। तुम भी एक मंदिर हो अपने भीतर प्रवेश करने पर तुम पाओगे कि वहां सारे संसार को बनाने वाला पहले से ही बैठा है। यह प्रबंध इतना सुंदर है जिसका वर्णन नहीं किया जा सकता, जरा सोचो वह भीतर का ईश्वर सिर्फ तुम्हारा है क्योंकि तुम्हारे सिवा तुम्हारे घट में और कोई प्रवेश नहीं कर सकता है।

हो सकता है कि बाहरी संसार वाले प्रेमी के पास कभी-कभी तुम्हारे लिए समय ना हो पर भीतर का वह प्रेमी सब काम छोड़कर हर समय केवल तुम्हारे लिए ही बैठा है। प्रेम की इस अटूट कहानी को समझो की तुम उसे भूल कर बेशक पूरी दुनिया में घूमते रहो पर वह भीतरी प्रेमी तुम्हारे सिवा किसी और के बारे में कभी नहीं सोचता है। जब उसे भूल कर, नजरअंदाज करके तुम इस दुनिया का मीठा लगने वाला जहर पी पी कर मदहोश होते हो तब भी वह प्रेमी सिर्फ तुम्हारे लिए रोता है वह सिर्फ तुम्हें याद करता है। वह कोई ईमेल नहीं लिखता कोई चिट्ठी या व्हाट्सएप्प नहीं करता पर यह भी सत्य है कि हर समय वह सिर्फ तुम्हारी प्रतीक्षा करता है। संसार तुम्हें लाख गालियां देता हो, इस संसार में बेशक तुम फेल हो गए हो पर उसकी नजरों में सिर्फ तुम हीरो हो। तुम्हारे सुख में तुम्हारे साथ वह हंसता है तुम्हारे दुख में तुम्हे भीतर से सांत्वना देता है, वह सिर्फ एक स्थिति में उदास होता है जब तुम्हारा ध्यान उससे जुदा होता है। यह तुम्हारे भीतर का प्रेम है यह तुम्हारे भीतर की गीता है। यह कैसा अमर प्रेम की जब तक तुम जिंदा हो तुम्हारे लिए ही वह जीता है। तुम्हारे ना रहने पर वह भी नहीं रहता है। हो सकता है दुनिया में तुम्हारी कोई पहचान नहीं बनी तुम गुमनाम ही रहे पर यह भी तो समझो कि हर स्थिति में वह प्रेम तुम्हारे साथ ही रहा।

ध्यान रखना कि जो चाहिए वह हमारे भीतर है, प्रयास हमें सर्वोत्तम करने होते हैं और परिस्थितियां चाहे कितनी भी विपरीत क्यों ना हो, तुम प्रयास करो क्योंकि तुम सफल हो सकते हो। आगे बढ़ने के मार्ग में कई बार हमारी अपनी मान्यताएं ही सबसे बड़ी बाधा होती है क्योंकि हम किसी भी हालत में अपनी मान्यताओं को बदलना नहीं चाहते। इसका सीधा अर्थ है कि यदि शरीर के किसी अंग में ट्यूमर हो गया है और डॉक्टर कह रहे हैं कि यह तुम्हारे लिए घातक है इसे काट कर निकलवा दो तो हम उसे कटवाना नहीं चाहते हैं यह सोचकर कि यह हमारे ही शरीर का अंग है। हमारी निराशा ही हमारी सबसे बड़ी कमजोरी है और हमारी हिम्मत ही हमारी सबसे बड़ी आशा है। यदि निराशा हमारे भीतर है तो कहीं ना कहीं यह हमारे विचार, शब्दों के माध्यम से बाहर जरूर निकलेंगे। समझदारी इसी में है कि निराशा को छोड़िए और आशा की तरफ बढ़िए। लोग चालाकियां करते हैं वह अपने परिवार को परेशान नहीं करना चाहते इसीलिए अपनी निराशा को छुपाने की व्यर्थ कोशिश करते हैं। मैं पूछता हूं आपसे कि आप अपने शब्दों को तो रोक लोगे पर चेहरे का क्या करोगे पार्थ, क्योंकि निराशा चेहरे पर चमकने लगती है। असली आशा कहां है ? क्योंकि बाहर जितनी आशाएं हैं उससे कहीं ज्यादा निराशांएं हैं। आपकी हिम्मत, आपकी प्रेरणा, आपका सुकून, आपकी आशा भी कहीं बाहर से नहीं आएगी वह आपके भीतर ही है।

हमारे दृष्टिकोण में उपलब्धियां सिर्फ बाहरी भौतिक दुनिया में मिलती हैं और उन्हें प्राप्त कर लेने के लिए आशा भी हमें बाहर ही मिलेगी हमें ईश्वर भी सिर्फ और सिर्फ इसलिए चाहिए कि वह हमारी मनोकामनाएं पूरी कर दें।

दो प्रकार के उत्तर होते हैं एक वह जो सही उत्तर है और दूसरा वह जिसे हमारे कान सुनना चाहते हैं। प्रश्न यह है कि आपको कौन सा उत्तर चाहिए ? दुनिया के संदर्भ में भी यही बात है।

हर धर्म एक उत्तरदाता हो गया है जो अपना ईश्वर देना चाहता है, चाहे वह असली हो अथवा नहीं और हर व्यक्ति धर्म का अंधभक्त हो गया है, वह बस वही ईश्वर देखना चाहता है जो उसके धर्म के अनुसार उसे रटवाया गया है। यहां असली नकली से व्यक्ति को कोई लेना देना नहीं है। अंधभक्ति का आलम यह है जपनाम जपनाम करते अंधभक्त इस नकली भक्ति के लिए मरने के लिए भी राजी है और मारने के लिए भी। विद्वानों की धार्मिक सभाओ में भी जाओ तो धार्मिक किताबें बाचंते मुझे तोते नजर आते हैं। किताब के द्वारा जैसा तोतों को रटवाया गया है तोते वैसा ही बोलते हैं, तोतों के सारे तर्क किताबों के अध्यायों की लाइनों में से निकलते है जिनके सही अर्थ पर भी अभी तक सभी तोते एकमत नहीं हैं। पर हां बांच रहे हैं। और हां मैं बिल्कुल नहीं कहूंगा कि यह मनुष्य है, शायद यह धार्मिक वस्त्रो में लिपटी कोई मशीने हैं, जैसा प्रोग्राम किया गया है वैसा व्यवहार करती है, क्योंकि इनके पास अपना कोई दिमाग ही नहीं है। प्रभु की भक्ति में तन मन धन सब कुछ समर्पित कर दो, मोह माया मान सम्मान किसी का भी लालच ना करो और इस बात को हमेशा ध्यान रखें की कुछ दान करने के बाद यदि मैंने दिया है का कुछ भी भाव लेशमात्र भी मन में रह जाता है तो फिर दान व्यर्थ हो जाता है।

हो सकता है कि हमारे भाग्य ज्यादा ही बड़े हो और उस परमात्मा से मिलन का वह द्वार, दया करके कोई मार्गदर्शक हमारे लिए खोल दें। वह रास्ता बता दे वह विधि बता दे जिससे हमने निशदिन अपने जीवन को आनंद से ओत प्रोत कर सके। परंतु अब हमारी एक और जिम्मेदारी है जैसे माता-पिता को बच्चों के बुरे कर्मो की बदनामी झेलनी पड़ती है उसी प्रकार गुरु को भी शिष्य के कारण ही संसार में अपमानित किया जाता है। जब आप अंधेरे में होते हैं और एक दीया जल रहा होता है तो आपको सिर्फ वह दीया और उसका प्रकाश ही नजर आता है और कुछ नहीं इसी प्रकार जब आप उस सत्य का साक्षात्कार कर लेंगे तो असत्य अपने आप ही ओझल हो जाएगा।

बिना उस परम सत्य को जाने हम हाड मास के पिंजरे से ज्यादा और कुछ नहीं है जो कुमति के अधीन होकर अंधी दिशा में अंधी दौड़ लगा रहे हैं, इस स्थिति में हम स्वतंत्र नहीं हैं, हमारा सारा जीवन गुलामी में बीत रहा है। गुलामी भी किसकी ? असत्य की। पर मेरी कलम आपको यह सलाह देती है कि इस झूठी माया की गुलामी करना छोड़कर उस परमपिता परमेश्वर की गुलामी आप शुरू करो, आप कहोगे कि फिर क्या फायदा यहां भी गुलाम और वहां भी गुलाम ? मैं कहूंगा कि आप इस दिशा में आगे तो बढ़ो, शुरू तो करो क्योंकि उसकी गुलामी करने का जो परिणाम है वह सभी बंधनों से मुक्त और परम स्वतंत्र हैं जो समय और काल से परे हैं जो इस माया से भी परे हैं। जिसने ये सारी माया रची है जो देवताओं का देवता और मालिकों का भी मालिक है, स्वयं को उसे समर्पित करके आप परम स्वतंत्र अनुभव करेंगे, इस दिशा में आगे बढ़ने के लिए आपको अपनी प्यास की जरूरत पड़ेगी, हां आपकी अपनी प्यास। क्योंकि अगर दूसरों को देखकर, सुनकर आप आगे बढ़े, आपको पानी मिल भी गया और आपने वह पानी पी भी लिया तो वह पानी आपके पेट में तो चला जाएगा

परंतु तृप्ति के एहसास से आप वंचित रह जाएंगे, क्यों ? क्योंकि जब प्यास आपकी अपनी नहीं थी तो तृप्ति आपकी अपनी कैसे हो सकती है।

पानी पीना महत्वपूर्ण है परंतु तृप्ति का आनंद लेने के लिए प्यास भी महत्वपूर्ण है और वह भी जरूरी है। आपको जितनी ज्यादा प्यास रहेगी पानी मिलने के बाद तृप्ति के आप उतने ही ज्यादा अधिकारी रहेंगे। संसार में कई तरह के लोग हैं कुछ लोग मंदिर मस्जिद चर्च और गुरुद्वारे में मानते हैं कि भगवान है और वहां वह बड़ी ईमानदारी से भक्ति मगन भी रहते हैं परंतु जैसे ही उसकी चौखट से बाहर आते हैं, अब वह मानने लगते हैं कि वह भगवान के घर से बाहर आ गए हैं अब भगवान उन्हें नहीं देख रहा है और अब वह जो गड़बड़ करना चाहें कर सकते हैं। ये सिर्फ आपके विचारों और मन का सत्य है वास्तविकता में सत्य यह है कि जब तक आपके भीतर ये सांस आ रही है जा रही है तब तक आप हर पल उस ईश्वर के घर में ही है आप चाहकर भी उससे बाहर नहीं जा सकते और अगर आपका धर्म आपको ये सिखाता है कि जब आपकी सांस छूट जाएगी जब आप मर जाएंगे तो आप अपने कर्मों के अनुसार स्वर्ग या नरक जाएंगे। तो अब जा ही रहे हो पार्थ तो एक 'सत्य' और समझ लो : स्वर्ग और नरक के कमरे भी उस परमात्मा के घर में ही है उससे बाहर नहीं है। स्पष्ट तथ्य यह है कि उस रचने वाले ने रचना ही ऐसी की है कि आप चाहकर भी जीते जी अथवा मरने के बाद भी उससे जुदा हो ही नहीं सकते हो। पर समझदारी यह है कि स्वयं को मूर्ख मत बनाओ, रस्सी से छूटे बैल की तरह अनुशासन को मत भूलो, विक्रम बनकर बार बार बेताल के बहकावे में मत आओ, बार बार मन के पीछे नशे में धुत मदहोश दौड़ने मत लग जाओ और दुष्कर्म करते समय इस भ्रम में तो बिल्कुल मत आओ कि वह ईश्वर हमें देख नहीं रहा है।

ईश्वर हमें हर क्षण देख रहा है जब हम एकांत से भी ज्यादा एकांत में हो जहां कोई नहीं है वह हमें वहां भी देख रहा है और अगर हमें यह लगता है कि अपनी इन चालाकियां से हम इस भवसागर को पार करके 'मोक्ष' की प्राप्ति कर लेंगे तो फिर मैं कहूंगा मित्र रूक जाओ और स्वयं को 'सत्य' बताओ कि सालों से बोल रहे हो पर स्वयं से और कितने 'असत्य' बोलेंगे ? जिज्ञासा, भक्ति, दया, प्रेम, विनम्रता और आभार घर छूट गए कोई बात नहीं पर ये कैसी गलती कि ईश्वर से भी बस मतलब सिद्ध करना है, बस मांगे पूरी करनी है, बस अपेक्षाएं पूरी करनी है की जीते जी नहीं दे रहे तो कोई बात नहीं मरने के बाद दे देना पर दे जरूर देना। भाई, आप भक्ति कर रहे हो या कोई लेन देन का हिसाब किताब कर रहे हो ? ईश्वर ने आपको इस संसार में निर्वस्त्र ही भेजा था, जरूरते पड़ी तो मनुष्य ने वस्त्र भी धारण किए अभी लोग धार्मिक स्थलों पर जाते समय अपने कपड़ों का बहुत ध्यान रखते हैं मैं आपसे एक प्रश्न पूछता हूं और इसका उत्तर आप स्वयं को दें कि यदि एक कौवे को आप सफेद पेंट कर दें या सफेद रंग से रंग दे तो क्या वह हंस बन जाएगा ? कितना असत्य बोलते हो ? कितना असत्य करते हो ? सत्य क्यों नहीं स्वीकार करते कि माया मै मदहोश तुम 'असत्य' ही बन गए हो ? मतलब क्या समझे ? जिस चीज पर हम सारा ध्यान लगाए बैठे हैं वह तो बस बाहरी आडंबर

है क्योंकि ईश्वर को तो बस निष्कपट भाव से मतलब है। बाहरी दिखावटी तिलक छाप दाढ़ी मूछ भगवा हरा पीला नारंगी पगड़ी इन सब बातों का असली भक्ति से कोई लेना-देना ही नहीं है, पर पूरा संसार इसी के पीछे पागल है।

सामाजिक मर्यादाएं हैं अनुशासित और स्वच्छ आपको अवश्य रहना चाहिए लेकिन इन बाहरी चीजों को ही भक्ति समझ लेना हमारा वहम ही है। लोग कहेंगे कि फिर क्या करें आप सीधे-सीधे क्यों नहीं कहते ? भाई क्रोधित क्यों हो रहे हो, जानता हूं आपने 'सत्य' को समझने के लिए इस किताब के पूरे पैसे दिए हैं और अपना समय भी दे रहे हैं। पर मेरी बात को समझो मैं 'सत्य' ही लिख रहा हूं कि अगर भक्ति मार्ग में पास होना चाहते हो तो बाहरी वेशभूषा को छोड़ो और पहले अंदर की कमियां दूर करो। थोड़ा मन के पीछे दौड़ना कम करो, थोड़ा हृदय की दिशा में चलना शुरू करो, थोड़ा लालच करना कम करो, थोड़ा सा संतुष्टि में रहना शुरू करो, थोड़ा क्रोध के आवेशो को रोकना शुरू करो, थोड़ा क्षमा के गुण को अपनाना शुरू करो, थोड़ा वासनाओं में लिप्त रहना कम करो, थोड़ा भीतर से भक्ति की लगन रखो, दो कदम चिंता से मुक्त होकर आनंद की दिशाओं में भी विचरण करो, थोड़ा मोह की रस्सियो को ढीला करो, थोड़ा भक्ति के धागे से स्वयं को परमात्मा के साथ बांधना शुरू करो, थोड़ा आने वाले और बीते हुए कल की चिंता कम करो, थोड़ा आज को पूरा-पूरा जीना शुरू करो।

29

मनतरंग !

जब हम भीतर की शांति के संपर्क में नहीं है तो हम निश्चित रूप से भ्रमित हैं एक ऐसा भ्रम जिसकी गहराइयां अपरिमित हैं। भ्रम एक ऐसा अंधेरा है जहां आशाओं के सारे दीपक बुझने लगते हैं हम शंकाओं पर इतना ज्यादा ध्यान देने लगते हैं कि 'सत्य' को ही भूल जाते हैं। जैसे-जैसे दूसरों के साथ अपेक्षाओं की संख्या बढ़ती है वैसे-वैसे अपेक्षाएं पूरी न होने पर हमारी निराशाओं की संख्या भी बढ़ने लगती है और हमारे भरम का यह खेल चलता रहता है। संसार स्वयं एक भिखारी है उस भिखारी को हमने अपना मालिक बना लिया है उसकी नौकरी करने लगे है। कब बनेंगे हम अमीर ? जहां अपेक्षाएं पूरी होने की कोई संभावना ही नहीं है।

परमात्मा एक शून्य स्वरूप है और शून्य सब कुछ होता है पर कुछ नहीं भी होता है यदि किसी संख्या के आगे लगे तो संख्या का मूल्य बढ़ता है और अगर किसी संख्या के पीछे लगे तो संख्या के मूल्य में कोई परिवर्तन नहीं करता है। शून्य ही है जिसे किसी संख्या में जोड़ा नहीं जा सकता है, शून्य ही है जिसे किसी संख्या से घटाया नहीं जा सकता है, शून्य से किसी संख्या को गुणा करें तो वह शून्य हो जाती है, शून्य से किसी संख्या को भाग करें तो वह शून्य हो जाती है। शून्य का ना कुछ दायां है ना कुछ बायां है शून्य में ना कुछ ऊपर है कुछ ना कुछ नीचे है शून्य में ना कुछ आगे है ना कुछ पीछे है। शून्य स्थिर है अचल है अटल है। जब कुछ नहीं था तब भी एक शून्य था जब सब समाप्त हो जाएगा तब भी एक शून्य रहेगा। शून्य से ही हर जीवित और निर्जीव का प्रारंभ होता है शून्य से ही हर जीवित और निर्जीव का अंत है। भूत भी शून्य था भविष्य भी शून्य हैं और वर्तमान भी शून्य हैं लेकिन जो अपने वर्तमान में इस 'सत्य' को नहीं समझ पाता और सोचता है कि वह शून्य नहीं है वह भी 'कुछ' है यह हमारा 'कुछ' ही हमारा वहम है और यह हमारा 'कुछ' ही हमारा भरम है।

लोग कहते हैं कि अगर सब कुछ भरम है तो हमें कर्म ही क्यों करना हैं भोजन ही क्यों खाना है विवाह ही क्यों करना है गृहस्थी ही क्यों बसानी है ? यहां हम हैं ही क्यों ? क्योंकि सभी कुछ भरम है तो आपकी कलम को किताब ही क्यों लिखनी है किस प्रसिद्धि को आपकी

कलम पाना चाहती है किस धन को आपकी कलम कमा लेना चाहती है ? बडा सत्य सत्य लिख रहे हो क्या यह सत्य नहीं पता कि यदि सब कुछ भरम है तो फिर आपकी किताब भी तो एक 'शून्य' ही है। मित्र आप बिल्कुल सही सोच रहे हैं मैं सहमत भी हूं। मेरी कलम यह किताब, यह धन, यह वैभव सब कुछ उस माया पति की माया है। प्रकृति ने ही इन सारी चीजों की रचना की है और प्रकृति ने हीं हमें बनाया है। मित्र पुस्तक तो आपसे बात करने का सिर्फ एक माध्यम है ये नहीं होता तो कुछ और होता। हां ये 'सत्य' है कि इस संसार रूपी सराय में हम दोनों सिर्फ एक मुसाफिर है। प्रकृति ही रचना करती है प्रकृति ही पालन करती है और प्रकृति ही नष्ट कर देती है। आपके तर्क में ही उत्तर निहित है उसे समझे। परमात्मा ने ही उस प्रकृति रूप से मेरी रचना की है ठीक वैसे ही जैसे उसने आपकी रचना की है। मुझे बनाने में और आपको बनाने में जो हाथ लगे हैं वह परमात्मा के हैं। और अगर इस बात से आप सहमत हैं कि तो जरा सोचिए कि मैं और आप दोनों कितने पवित्र हैं कि उस बनाने वाले के हाथों से बने हैं।

हम दोनों तो चलते फिरते मंदिर है। एक ऐसा मंदिर जो जिंदा है, एक ऐसा मंदिर जहां आती जाती हर सांस सो उस ईश्वर की आराधना की जा रही है, एक ऐसा मंदिर जिसके भीतर आशाओं के हजारों करोड़ो दीपक प्रज्वलित है, जो उस ईश्वर ने अपने हाथों से जलाए हैं। कितनी बड़ी दुख की बात है कि इस वास्तविकता को ना देख पाते हुए हम निराशाओ के, दुख के, संताप के, प्रायश्चित के, पीड़ाओं के घोर अंधकार में बैठे है।

यदि आप मुस्लिम हैं तो भाई पांच बार ही तो नमाज अदा करने के लिए मस्जिद जाते हो। आप स्वयं उस मस्जिद से भी बड़े मस्जिद हो जहां पांच बार नहीं दिन और रात सोते जागते हर क्षण हर पल लगातार जब से तुम जीवित हो तब से जब तक तुम इस शरीर में हो तब तक हर सांस के साथ उस खुदा की इबादते, खुदा की नमाजें अदा की जा रही हैं। देखो तो सही अपने आप को तुम मरे हुए नहीं हो, तुम जीते जागते हो चमकते मुस्कुराते हो, लड़खड़ाते गिरते फिर साहस से उठते हो, आशाओं की ऊंचाइयों को छूते हो, कुछ नहीं को कुछ बनाते हो, इस अनंत ब्रह्मांड के क्षितिज को अपने भीतर निहारने की क्षमता रखने वाले हो, देवताओं को भी 'दुर्लभ' इस मनुष्य शरीर को धारण करने वाले हो, धूल जिसके लिए उठना चलना बोलना सोचना खेलना जो पूरी तरह असंभव था उसको संभव करने वाले हो। तकनीक के पीछे दुनिया पागल है पर उस मशीन में भावनाएं नहीं उमड़ सकती, वह मशीन प्रेम से हृदय को सराबोर नहीं कर सकती, पुरानी से पुरानी बनी मगर फिर भी बिल्कुल नई तकनीक हो तुम। यहां संसद में कोई पांडे कोई त्रिवेदी विशिष्ट धर्म के पक्ष में फिर लकीरें बढ़ा रहा है प्रतिउत्तर में कोई सौवेसी क्रोध के आवेश में अपनी भृकुटी तान रहा है। दोनों इस 'सत्य' से अनजान हैं कि जिस इतिहास के लिए ये लड रहे हैं उसका कोई भविष्य नहीं है। आज मंदिर और मस्जिद नाम की ये इमारतें खड़ी है पर भाई कल फिर ये सब मिट्टी मिट्टी है। जब हमारे बीच आपस में प्रेम ही ना रहे तो हम धर्म का क्या करेंगे ? लोग राम और रहीम, मंदिर और मस्जिद के मुकदमों में सालों साल अपने अपने भगवान के लिए लड़ रहे हैं, कोई

जीत रहा है कोई हार रहा है मगर याद दिला रही है मेरी कलम उस भगवान के आदेश को जिसने हिंदू मुस्लिम सिख ईसाई जैन बौद्ध पारसी यहूदी ही नहीं बल्कि इस सारी मानवता को बनाया है। जिसने लड़ाई और मुकदमो की नहीं बल्कि एकता की बुनियाद रखी है, जिसने हारकर भी जीतना सिखाया है। जिसने सिखाई वो बाजी जिसमें जीतने पर भगवान मिल जाते हैं और हारने पर हम भगवान के हो जाते है।

जिसने देशो के बॉर्डर और सीमाएं नहीं बनाई थी एक जगह बनाई थी जहां मनुष्यता बस सके। जिसने रास्ता और नियम बनाने के लिए कोई आर्टिकल कोई संविधान नहीं लिखे थे पर जिसका हमारे साथ प्रेम इतना गहरा था की हम कहीं भटक न जाए उससे कहीं छूट न जाए जब भी हमें उसकी जरूरत हो हम उसे पास पाए और जीवन के संचालन के सभी निर्देशों को पल-पल देने के लिए जो जीता जागता संविधान बनकर हमारे भीतर ही समाहित है। पर हमारी बुद्धि देखो, हम जज बन गए वकील बन गए वैज्ञानिक बन गए प्रधानमंत्री बन गए, हमने पूरी दुनिया की तमाम बुद्धिमत्ता हमारे मस्तिष्क में भर रखी है पर उस भीतर के प्रेम के संविधान की एक धारा भी हमारी आंखों से नहीं बहती है। एक दूसरे को हम समय देते हैं सम्मानित करते हैं चर्चाएं करते हैं भाषण देते हैं तर्क वितर्क करते हैं पर जीते जागते हमारे हृदय की किताब का क्या, जिसे हम धूल खाने के लिए किसी अलमारी में पटक देते हैं। पूछा था ना आपने मेरी कलम से कि किताब क्यों लिखनी है या कोई कर्म ही क्यों करना है ? उसका सीधा सा उत्तर यही है कर्म इसलिए करना है ताकि थोड़ी-थोड़ी ही सही पर हृदय की बात भी होती रहे।

विवाह क्यों करना है ? ताकि यह समाज, जंगल राज ना बन जाए और हम सभ्यता में आगे बढ़ते रहें। भोजन क्यों करना है ? ताकि यह शरीर जिसमें नाशवान और अविनाशी दोनों मिलकर एक हो गए हैं वह हमारा नाशवान हिस्सा हमारे उस अविनाशी हिस्से से अधिकाधिक समय तक जुड़ा रह सके। आज संसार में आगे बढ़ने की एक प्रतियोगिता है कुछ मंजिलें निर्धारित की जाती है कुछ नियम बनाए जाते हैं और जो लोग उन मंजिलों को प्राप्त करना चाहते हैं उन्हें वह सभी नियम अभ्यस्त कराए जाते हैं। बड़ी-बड़ी परीक्षाएं होती हैं बड़े-बड़े टाइटल सेट किए जाते हैं और इस सारे खेल में बहुत ज्यादा धन लगाया और कमाया जाता है। कई खिलाड़ी हैं जो इस प्रतियोगिता की दौड़ में बीच में कहीं गिरते हैं और फिर समय में कहीं खो जाते है, कई खिलाड़ी है जो हिम्मत दिखाते हैं अपने क्षेत्र में शेर की तरह गरजते हैं और एक बहुत बड़ा नया कीर्तिमान बनाते हैं। माया का चक्र अद्भुत है समय उस रिकॉर्ड को भी खा जाता है और कई बार एक छोटा सा खरगोश आगे बढ़कर शेर से भी बड़ी दहाड़ लगा जाता है। पिछले सारे रिकॉर्ड टूट जाते हैं और एक नया कीर्तिमान स्थापित हो जाता है। हर बार ऐसा ही होता है। उस समय सभी को बस यही लगता है कि बस अब यही अंतिम है अब और कहां ? परंतु समय समय लेता है पर उस नए कीर्तिमान को भी खा जाता है और एक नया कीर्तिमान फिर से खाने के लिए बना जाता है।

मेहनत करना अच्छी बात है नए कीर्तिमान बनाना भी अच्छी बात है मगर कितनी बड़ी शिक्षा मिलेगी अगर हम उस खिलाड़ी से पूछे जिसने स्थापित अंतिम पड़ाव पार कर लिया कि अब क्या ? अब कौन सी मंजिल ? अब कौन सी नई ऊंचाई ? देखो उसकी आंखों में कई बार उसका हृदय खाली समय में उससे हिसाब किताब करने लगता है वह पूछता है उससे इस कीर्तिमान के मेडल जो दीवारों पर चमकते धमकते टंगे हैं सच-सच बता इन्हें टांगने के लिए क्या-क्या खो दिया है ? शायद एक ऐसा समय भी खो दिया है जो कभी वापस नहीं आएगा। कितने मेडल हैं इनमें से जिसे अब जीवन के अंतिम खेल में अपने साथ ले जा सकेगा ? अगर इसमें से कोई साथ नहीं जाना है तो फिर इतनी जंगे क्यों लड़ी जा रही थी ? देश के लिए, समाज के लिए, रुचि के लिए तुमने बहुत कुछ किया परंतु यह मनुष्य शरीर जो मोक्ष का दरवाजा है कभी वह दरवाजा भी मिला ? मित्र अगर यही अंतिम साध्य था जिसे पाना था तो फिर भीतर से आज भी संतुष्टि पाने की प्यास क्यों है ? मेरी कलम किसी इंटरव्यू में बैठाकर तुम्हारी कमियां ढूंढ ढूंढकर तुम्हें नीचा दिखाकर तुम पर अपनी श्रेष्ठता स्थापित करने वाली नहीं हैं। तुम अनदेखा करके आगे बढ़ सकते हो पर 'सत्य' तुम्हारे भीतर से प्रश्न बार बार पूछेगा, ईमानदारी से सत्य को साक्षी मानकर उत्तर भी स्वयं को ही दे देना। तुम्हारा अनुभव ही तुम्हारा सबसे बड़ा खजाना है, जब जीवन ही कठिन हो जाए तो किताब भी क्या करेगी ? किताबें मार्गदर्शन तो कर सकती हैं परंतु उन मार्गों पर चलने का साहस तो मनुष्य को स्वयं ही करना पड़ता है। माया हमें संसार में तो उलझा देती है परंतु जिन चीजों और जिन लोगों के साथ उलझाती है उनमें से असली में हमारा अपना कोई नहीं है। क्योंकि कोई अपना नहीं है इसीलिए उनके साथ लगाने वाली का नाम 'माया' है।

जो असली अनुभवी डॉक्टर है वह तो तुम्हें देखकर ही तुम्हारी बीमारी को पहचान लेगा और तुम्हें एक अच्छा इलाज बता देगा परंतु जो नकली डॉक्टर है वह बड़ा खतरनाक है वह तुम्हारी बीमारी को और बढ़ा देगा, नासूर बना देगा। तुम्हें सच्चे हृदय से समर्पित भाव से निस्वार्थ उस ईश्वर के प्रति भावना अपने भीतर रखकर आगे बढ़ना है और असली मार्गदर्शक तक पहुंचना है जो तुम्हें जीते जी ही उस परमात्मा से मिलवा देगा। परंतु यदि तुम्हारी प्यास ही नकली रही तो फिर तृप्ति का आनंद असली कैसे होगा ? यह माया का मेला है यहां बहुतेरे होशियार लुट चुके हैं और अगर तुम्हारे हृदय में 'सत्य' नहीं रखा और चालाकी ही है तो दूसरों से तो बातें छुपा लोगे पर स्वयं से कैसे छिपा पाओगे ? स्वयं से सत्य बोलना ही तो भक्ति मार्ग है। मेरी कलम ने तो लिख दिया तुमने उसे पढ़ भी लिया पर यदि अपनाया नहीं स्वीकार नहीं किया तो मेरा लिखना और तुम्हारा पढ़ना दोनों ही व्यर्थ गया। तुम ईश्वर को खोज रहे हो ये जानते हुए कि वह तुम्हारे ही पास है। जब तुम ऐसी चीज को खोजने के लिए निकलोगे जिसे तुमने खोया ही नहीं है तो तुम्हें बहुत सारी चीज मिलेगी पर वह सब की सब असंबंधित मिलेंगी। तुम्हारा हृदय तुम्हारे भीतर है तो ईश्वर का अनुभव तुम्हें किसी और के भीतर कैसे होगा ? यह तो प्रकृति ही नहीं है यह तो संभव ही नहीं है। जैसे प्यास तुम्हें स्वयं महसूस होती है वैसे ही शांति भी तुम्हें स्वयं महसूस होगी। लोग कहते हैं कि और स्पष्ट करो, भाई जैसे

दुख होने पर भीतर जलजला महसूस होता है वैसे ही असली सुख होने पर भीतर ही आंनद का सैलाब भी होता है आपको क्या चाहिए आप स्वयं देख लो अब और कितना स्पष्ट लिखूं ये बता दो ?

हां, यदि नकली मार्गदर्शक यानी नकली डॉक्टर तुम्हें मिल गया तो जितनी जल्दी उसे छोड़ दोगे उतना ज्यादा तुम नुकसान से बच जाओगे। इस माया में लिप्त रहने के कारण हमारे भीतर बीमारियां बहुत हैं जब असली डॉक्टर से मिलेंगे तो वह बीमारी भी बताएगा, बीमारी का कारण भी बताएगा, जरूरी परहेज भी बताएगा और बीमारी का स्थायी निवारण भी बताएगा। अगर तुमने स्वयं से झूठ नहीं बोला और निर्देशित सभी नियमों का ईमानदारी से पालन किया तो बीमारी तो छूटेगी ही तुम 'काल' की फांस से भी छूट जाओगे। बीमारी ठीक हो गई है इसके लिए तुम्हें कोई प्रमाण पत्र नहीं मिलेगा तुम्हारा अपना हृदय ही बताएगा कि तुम गुलामी से स्वतंत्र हो गए हो। जैसे दाग को छुड़ाने के लिए साबुन रगड़ा जाता है वैसे ही माया से तुम पर लगे दागों को अपने शब्दों से रगड़ रगड़ कर वह मार्गदर्शक तुम्हें जगमग जगमग कर देगा। माया इस संसार में किसी से नहीं डरती इतनी बड़ी इतनी ताकतवर और इतनी विकराल है कि अच्छे अच्छों को पकड़ रखा है जकड़ रखा है निगल रखा है उगल रखा है दुर्गति कर रखी है पर क्या करें बेचारी 'सत्य' का साक्षात्कार करते ही यह भीगी बिल्ली बन जाती है डर-डर कर भाग जाती है।

सूर्य के निकलने पर अंधकार कैसे टिकेगा भाई, ऐसे ही सत्य की शक्ति भी असीमित है। दुनिया में अनगिनत लोग हैं ताकतवर है, बड़े-बड़े घरों में रहते हैं बड़ी-बड़ी कारों में घूमते हैं बड़ी-बड़ी कंपनियों के मालिक हैं जिनको देखते ही अच्छे-अच्छे अफसरो का पसीना छूट जाता है पर क्या करें बेचारे वह बाहुबली, संसार के लिए तो वह मालिक हैं बस बेचारे अपने मन के गुलाम बन कर रहते हैं। मन जहां चाहता है उनको वहां नाचना पड़ता है। मन जो करवाता है उनको वह करना पड़ता है मन जहां भगाता है उनको वहां भागना पड़ता है। नाम के लिए तो वह मालिक हैं पर वह स्वतंत्र नहीं हैं बस 'नौकरो' वाली जिंदगी जी रहे है। नौकर को दर्द होता है तो कम से कम वह कह तो देता है पर यह बाहुबली बेचारे क्या करें ? अगर यह कह देगे कि इन्हे भी दर्द होता है तो इनके मान सम्मान रुतबे और इस विशाल साम्राज्य का क्या होगा ? यही सोच सोच कर वह बेचारे भीतर ही भीतर दर्द सहते जाते हैं रोज जीते हैं रोज घुट घुट कर मरते जाते हैं। मन के बंधन से छूटना सब चाहते हैं पर ध्यान दीजिए यदि अभी आप पूरी तरह मन के आधीन है तो मन 'सत्य' से तुम्हारा सामना होने ही क्यों देगा ? वह तो कहेगा ही ना आपसे कि बंद करो इस किताब को क्योंकि बाहर जो चल रहा है वह सब ठीक ही तो है। मन कहेगा कि मालिक हो तुम आदेश दो और राज करो यही तुम्हारी जिंदगी है।

आडंबर और पाखंड हमारे भीतर चर्बी की तरह जमा होते हैं हमें पता नहीं चलता जब धीरे-धीरे हम मोटापे के शिकार होते हैं। इस चर्बी से बल भी पैदा होता है और यह बल हमें किसी भी पाप को करने से डरने ही नहीं देता है। हमने बाईबल पढ़ी, कुरान पढ़ी, वेद पढ़े, पुराण पढ़े, गीता पढ़ी, हम सभी नियमों और व्रत का पालन करते रहे और एक अच्छा सम्मानित

जीवन जिया। बहुत कुछ सीखा और दूसरों को भी बहुत कुछ सिखाया। बाहर का तो बहुत पढ़ लिया, भीतर का वेद भी पढा ? भीतर का पुराण भी पढा ? भीतर की गीता भी पढ़ी ? भीतर का कुरान भी पढा ? भीतर भी आनंद लिया या वहां बस अनपढ़ ही रह गए ? बाहर बहुत जगह घूमने जाते हैं पर भीतर के धाम में भी गए ? यहां तो किताबों का सिलेबस भी थोड़ी ही समय में बदल दिया जाता है नए तथ्य जोड़ दिए जाते हैं और पुराने तथ्य नकार दिए जाते हैं और जिन तथ्यो को जोड़ लिया जाता है थोड़े ही समय बाद वह भी पुराने हो जाते हैं। तो फिर इसी सिलेबस से पढ़े लिखे तुमने स्वयं क्या सीखा है और दूसरों को क्या सिखाया है ?

मैं मानता हूं कि मेरी कलम की क्षमता कम है पर यह एक छोटा सा दीया जलाने की बात कर रही है ताकि प्रकाश हो और हम देख सकें, फिर हमें ठोकरें ना खानी पड़े परंतु मैं इस 'सत्य' को भी जानता हूं कि संसार में एक 'सूर्य' नाम की भी चीज है और अंधेरा चाहे कितना भी घना क्यों ना हो जब वह सूर्य उदित होगा तो इस अंधेरे की कोई ऐसी क्षमता नहीं है कि यह उस सूर्य को भगा सके या उसके आने पर यह कम से कम टिका ही रह सके। आप कहेंगे कि बहुत अच्छा लिखा मैं फिर कहूंगा कि आपने भी बहुत अच्छा पढ़ा पर अगर अनुभव नहीं किया तो मेरा लिखना और आपका पढ़ना दोनों ही व्यर्थ गया। मैं फिर कहूंगा कि अभी पढ़ते समय भी जिस सूर्य की फोटो तुम्हारे मस्तिष्क में आई वह 'भौतिक सूर्य' बहुत छोटा है पर जिस आनंद स्वरूप सूर्य की महिमा मै लिख रहा हूं उसके आगे तो यह सूर्य भी एक छोटे से दीये से ज्यादा बड़ा नहीं है। करोड़ों करोड़ों दीये मिलकर भी उतना प्रकाश नहीं दे सकते जितना वह असली सूर्य अकेले दे सकता है और दे रहा है। हम सभी के भीतर वह सूर्य विराजमान है आप कहेंगे कि यदि इतना ही बड़ा सूर्य है इतना बड़ा प्रकाश है तो हमें भी दिखाओ हम भी देखेंगे। मैं कहूंगा कि जीवन मिला है इसका मतलब है कि दिन निकला है। वह सूर्य तो स्पष्ट है और बिल्कुल हमारे प्रत्यक्ष है पर समस्या यह है कि हमारी आंखों में माया का मोतियाबिंद हो रखा है और वह मोतियाबिंद इतना फैल चुका है कि लगभग हमें अंधा ही कर चुका है। हृदय के भावों को पढ़कर तुम इतना तो अनुभव कर सकते हो कि तुम रोशनी में हो पर स्पष्ट रूप से तुम उस सूर्य को तभी देख पाओगे जब अपने इस मोतियाबिंद का जाल कटवाओगे। मेरी कलम तुमसे झूठ नहीं कहेगी और सत्य यह है कि माया का मोतियाबिंद हमें भीतर से जकड़े हुए हैं। पर हां वह सूर्य भी हमारे ही भीतर है। वर्तमान समय में मनुष्य की स्थिति तो देखो जिसके भीतर इतना बड़ा सूर्य है वह अंधकार में जीवन जी और काट रहा है वह इस चीज की चिंता कर रहा है दीया कैसे बनाऊं, बाती कैसे लगाऊं तेल कहां से लाऊं ?

इतिहास में बहुत सी किताबें लिखी गई है कई तो दीमकों ने खा ली और कई तो पड़े पड़े ही सड़ गई है। मैं भी जानता हूं कि मेरी आवाज को सुन लेने के बाद दुनिया एकदम से उस सूर्य को देखने के लिए पागल नहीं हो जाएगी। यह संसार की माया की चक्की है सत्य समझ लेने के बाद भी लोग फिर से अज्ञानी ही बन जाते हैं यह ऐसी गहरी रात है जिसका कोई सवेरा नहीं है। लोगों को चंद मिनट भी नहीं लगेंगे और मेरी कलम की उंगली छोड़कर वह फिर इस

माया से मोहित उस अंधेरे में ही दौड़ जाएंगे। बडी संख्या में लोग तो मेरी किताब को अनसुना कर देंगे, हो सकता है कुछ लोग मेरी किताब को किसी गैलरी के अंदर सजा कर रख देंगे और हो सकता है कुछ ऐसे भी होंगे जो इस पर 'सत्य' का शीर्षक चिपकाकर इसकी धार्मिक किताब की तरह पूजा करेंगे। यह संसार है यह माया की चक्की तो चलती ही रहेगी। पर मैं उन लोगों के लिए नहीं लिख रहा जो 'सत्य' को भूले बैठे हैं जो इतनी गहरी नींद में सोए हैं कि जगाने पर भी नहीं जाग रहे है जो इतना ज्यादा भूल चुके हैं की याद दिलाने पर भी जिन्हें याद नहीं आ रहा है। मैं तो उस एक हृदय के लिए लिख रहा हूं जो प्रेम से प्रेरित है। भविष्य में मशीने या आर्टिफिशियल इंटेलिजेंस मेरे शब्दों का अनुवाद कर सकती हैं पर ध्यान दो सिर्फ एक मनुष्य का हृदय तुम्हारा अपना हृदय मेरे शब्दों के सही अर्थ को समझ सकता है। एक मनुष्य होने के नाते मैं लिख रहा हूं एक मनुष्य होने के नाते तुम पढ़ लेना, बीच की और सब बातों पर तुम ध्यान मत देना। हो सकता है जल्दी ही मेरा शरीर छूट जाए मैं उस अविनाशी की दिशा में बढ़ जाऊं पर तुम्हारी और मेरी इस प्रेम कहानी में अगर तुम मेरे सभी शब्दों को भूल जाओ तो बेशक दुनिया असत्य और माया के पीछे पागल है तुम्हें परमात्मा के उस प्रेम का वास्ता बस इतना ध्यान रखना कि वह 'सत्य' तुम्हारे भीतर है।

अनुभव सचमुच में अद्भुत है और क्योंकि हम मनुष्य हैं हमारे पास यह क्षमता है कि हम अनुभव कर सकते हैं। अनुभव बहुत जरूरी है। लोगों को धन की कामना रहती है हर व्यक्ति ज्यादा से ज्यादा धन प्राप्ति के पीछे आतुर है और लोग हैं जो इस धन के भी ज्ञान को समझने के लिए बड़ी-बड़ी वर्कशॉप करते हैं उनके वर्कशॉप में प्रवेश करने वाले विद्यार्थी अमीर हो या ना हो परंतु इन वर्क शॉप को प्रस्तुत करने वाले व्यक्ति जरूर अमीर हो जाते हैं। धन के बारे में मेरी कलम एक सरल संदर्भ देती है वही शब्द जिन्हें कबीर ने लिखा था

साई इतना दीजिए जामें कुटुम्ब समाए।

मैं भी भूखा ना रहूं साधु न भूखा जाए।।

"संसार में अपनी प्रतिभा को इतना निखार लो की ज्यादा से ज्यादा कमा सको और अपनी जानकारी को इतना बढा लो की ज्यादा से ज्यादा बचा सको।" बस हो गया धन का बेड़ा पार। बस हो गई दो लाइनों में मेरी धन की वर्कशॉप खत्म। जाओ और बचे सारे समय में इस जीवन का पूरा पूरा आनंद लो। अपने अपने ईश्वर से अपने-अपने स्वार्थ के अनुसार हम वरदान मांगते हैं और मागने वाले भक्तों की बहुत लंबी मानव श्रृंखला है। श्रृंखला में क्रमबद्ध लोगों के मन में बहुत सारी अभिलाषाएं हैं कोई बेटा मांगने आया है कोई किसी से विवाह की मनोकामना लाया है कोई अपनी बीमारियों से निजात पाना चाहता है तो कोई धन की लालच में खड़ा है, किसी को प्रसिद्धि की भूख लगी है कोई पिछले बने रिकॉर्ड को तोड़ देना चाहता है। अलग-अलग मान्यताओं को लेकर अलग-अलग मांगों को लेकर अलग-अलग लोग खड़े हैं। यह सारी की सारी मांगे माया से जुड़ी हुई है और दुख की बात है मगर सत्य है कि यहां इस जीवन का आभार व्यक्त करने के लिए कोई भक्त नहीं है।

अब अगर भगवान से वरदान में ही हमने माया मांग ली और उसने कृपा करके दे भी दी तो उससे हमारा कल्याण कैसे होगा क्योंकि माया की प्रकृति तो नाशवान है भरम वाली है और उस सत्य स्वरूप अविनाशी की तो हमने कामना ही नहीं की है। पहले तो अपनी कामना पर हमने बुद्धि चढ़ा ली और फिर अपने वचनों के तीर हमने कुटिल बना लिए और फिर इन विषैले तीरों से कानों में प्रहार उनके करते हैं जो हमारे अपने ही सगे हैं। फिर हमारे द्वारा दागे गए तीखे वचनों के कारण जब उनकी आत्मा चोटिल होती है तो वह भी तीर कमान अपने हाथ लिए अपने कटु वचनों के तीर हमारी तरफ साध लेते हैं। प्रश्न यह नहीं है कि जीत कौन रहा है ? उत्तर यह है कि युद्ध ही क्यों हो रहा है ? युद्ध से कभी किसी का भला नहीं होता है युद्ध में सबसे पहली मृत्यु 'सत्य' की होती है। शैतान की संगत छोड़कर किसी संत की संगत पकड़ लीजिए। शैतान के वचन आपके अस्तित्व को छलनी छलनी कर देंगे पर संत के वचन कड़वे भी हो तो दवा का ही काम करेंगे। मनुष्य होने के नाते हमारी एक स्वाभाविक प्रकृति है कि जब भी हमें कुछ प्राप्त हो सबसे पहले हमारे भीतर उसका आभार होना चाहिए, हमें संतुष्टि महसूस होनी चाहिए परंतु आदतें हमने अपनी कुछ ऐसी बना ली है कि जैसे ही हमें कुछ भी प्राप्त होता है तो संतुष्टि की जगह हमारे दिमाग में 'और-और' का भूत होता है। अगर हमने अपनी आदतें नहीं बदली तो कब आएगा हमारे जीवन में सामंजस्य ? कब आएगा हमारे भीतर संतुलन ? आगे चलकर इस 'और-और' को पाने के पीछे पागल हम, जीवन रूपी समय समाप्त होते ही इस सीखने की कक्षा से निकाल दिए जाएंगे।

हम सभी को तर्क वितर्क करने की आदतें भी पड़ गई हैं, होनी भी चाहिए। सही ज्ञान की तलाश में तर्क करना आपकी सच्ची जिज्ञासा का प्रमाण है परंतु गलत साबित करने के लिए तर्क करना कुटिल कुतर्क है।

'सत्य' सत्य है उसे स्वयं को सत्य साबित करने के लिए किसी तर्क या प्रमाण की आवश्यकता ही नहीं है। संसार में लोगों की स्थिति उनका वास्तविक स्टेटस आपको उनके सोशल मीडिया प्लेटफॉर्म पर नहीं दिखेगा इस माया में संलग्न लोगों का वास्तविक स्टेटस कुछ इस तरह है कि उन्होंने नाव तो कागज़ की बना रखी है पर पार भवसागर को करने चले हैं। और तो और इस नाव को चलाने के लिए खेवट उन्होंने अपने मन को बना लिया है जिसे दिशा का कोई ज्ञान ही नहीं है। जो स्वयं चंचल है जो स्वयं भ्रमित है, लीजिए अब वही उनका मार्गदर्शक भी है। क्या आप इस सरल तथ्य को समझते हैं कि अपने जीवन को सुखी रखने के लिए अपने अस्तित्व को बनाए रखने के लिए हमें बहुत ज्यादा की जरूरत नहीं है। जब मानव सभ्यता का विकास शुरू हुआ था उन प्रारंभिक अवस्थाओं में हमें केवल अपनी जरूरतो की चिंता करनी पड़ती थी। भोजन जलवायु सभी चीजे प्राकृतिक रूप से उपलब्ध थी जो हमारी सभी जरूरतो की पूर्ति कर दिया करती थे। धीरे धीरे समूह बने, कबीले बने, समाज बना। उस समय समाज में प्रेम था सहयोग की भावना थी संतुष्टि थी। परंतु जैसे-जैसे हम आधुनिकता की तरफ विकसित होने की दिशा में आगे बढे हमने संग्रह करना सीख लिया, संतुष्टि को हमने छोड़ दिया। हमने 'मेरा-तेरा' 'और-और' को पकड़ लिया। हमने पाया की

प्रकृति में सभी चीजे हमारी सभी जरूरतो की पूर्ति के लिए पर्याप्त है अगर ऐसा ही चलता रहा तो हमारा संग्रह और कैसे बढ़ेगा ? इसलिए हमने एक नई योजना बनाई क्योंकि हम भली-भांति जानते थे कि हम सभी का मन चंचल है इसलिए हमने लोगों की और इच्छाएं और कृत्रिम ज़रूरतें बनानी शुरू कर दी। तेरा मेरा, अपना पराया, खरीदना बेचना, लाभ हानि सब शुरू हो गया, ये सांसारिक माया शुरू हो गई ये व्यापार शुरू हो गया। अब जो प्राकृतिक रूप से हमारी जरूरत भी नहीं थी उसे प्राप्त करने के लिए परेशान रहने का एक रिवाज हो गया। आदिमानव तो कब के चले गए पर 'माया' कहीं नहीं गई कभी नहीं गई वह आज भी है।

आज भी नफरत के यह बीज जो हमारे भीतर इस माया ने बो दिए 'जिंदा' है। समय बीता कहानी में एक दिन हम भी मर गए पर 'माया' नही मरी। आज भी यह 'और-और' का वायरस अभी भी जिंदा है। हम सभी के भीतर पड़ा है हमे काटता है हमें चीरता है हमें हमसे दूर करता है हमें इतना ज्यादा व्यस्त कर चुका है कि हमें एहसास ही नहीं है कि हमारा पूरा जीवन जो एक आशीर्वाद है जिसमें हर क्षण हमें आनंद लेना चाहिए वह इस 'और-और' के चक्कर में दुखी दुखी बीत रहा है। प्रगति करना, तरक्की करना, धन कमाना, शिक्षा बढ़ाना सब कुछ अच्छी बात है और मानव कल्याण की दिशा में हमें इसे लगातार पूरे प्रयास से करना भी चाहिए परंतु यदि इस प्रगति को प्राप्त करने की लागत हमारी संतुष्टि है तो सभी कुछ प्राप्त कर लेने के बाद भी तो हम खाली हाथ ही रह जाएंगे हमें इस परिणाम पर भी विचार करने की जरूरत है।

हर व्यक्ति काम काम के चक्कर में अंधाधुंध परेशान है। एक काम पूरा होते ही दूसरा काम निकल आता है जैसे रावण का सिर हो, एक सिर कटते ही दूसरा बन जाता है। परंतु इस काम के चक्कर में अगर हम अपने बनाने वाले राम के नाम को ही भूल गए तो हमारे प्रयास हमारे काम और उसका परिणाम हमारे लिए सब 'शून्य' ही है। अगर कोई बहुत जानकार व्यक्ति है अपनी विद्या में उसने बहुत महारत हासिल कर रखी है उसके जैसा व्यक्ति उसके विषय में कोई दूसरा नहीं है। वह विद्वानों का विद्वान महापंडित है। परंतु यदि कामनाएं क्रोध मोह और अहंकार उस पर सवार है इन पर उसका नियंत्रण नहीं है तो अपने विषय का महापंडित ही सही पर मित्र वह तो गुलाम है। संसार को बाद में जीतना होता है पहली विजय व्यक्ति को स्वयं पर हासिल करनी होती है। जब उसे यही शिक्षा नहीं है तो उसकी शिक्षा दूसरों के लिए किस काम की है ? एक 'सत्य' और भी है कि यदि व्यक्ति अनपढ़ है निरक्षर है पर प्रेम की भाषा समझता है, अपने भीतर आभार रखता है, क्रोधित होने पर मर्यादा का ध्यान रखना है, वासनाओं का हमला होने पर संयम का पालन करता है, अहंकार के लिए मन में स्थान नहीं रखता है, कृतज्ञता से भरा रहता है, मन में सेवा भाव रखता है तो फिर ऐसी स्थिति में बेशक उसके भीतर संसार की कोई विद्या नहीं है परंतु फिर भी वह महापंडित है। अच्छी खबरें हमें ज्यादा सुनाई नहीं जाती और बुरी खबरें हम पूरा ध्यान लगाकर स्वयं ही सुनते हैं इसीलिए हमेशा वही ट्रेंड पर रहती है। अब क्योंकि खराब खबरें ही ज्यादा चर्चा का

विषय है इसीलिए हमें उनकी आदत सी हो गई है। पर 'सत्य' यह है कि नफरत इस संसार में कम है, प्रेम दया और उदारता कहीं अधिक है। बस बात इतनी सी है कि उनके लिए लोगों की मांग ज्यादा नहीं है इसलिए मीडिया के द्वारा उनकी ज्यादा पूर्ति भी नहीं है।

हां अगर आपके चश्मे का शीशा ही काला है तो आपको रोशनी में भी सब कुछ काला ही दिखाई देना स्वाभाविक है। इसका अर्थ स्पष्ट है कि जब हमारा नजरिया ही विपरीत हो तो और स्पष्ट और प्रत्यक्ष चीजों को भी हम देख नहीं सकते हैं। हमारे सारे संघर्ष या तो अपने लिए है या अपनों के लिए है। यदि किसी भी कारण हमारा वह अपना हमसे छूट जाए, गुजर जाए, ना रहे तो बहुत संघर्ष कर चुके हमारे भीतर एक प्रश्न उठेगा। जिसके लिए दुनिया जीतने चले थे जब वही नहीं रहा तब अब इस संघर्ष का इस युद्ध का क्या औचित्य है ? जैसे मृत्यु के बाद संसार के कई काम अधूरे रह जाते हैं वैसे ही माया से मेरी कलम के कुछ प्रश्न भी अनसुलझे ही रह जाएंगे। हमारे भीतर का मन हमारे भीतर के खालीपन को कभी भर ही नहीं पाएगा।

अभी आपके अपने जिंदा हैं तो तमाम प्रकार से उन्हें जलील कर लेते हैं शिकायतें करते हैं उनसे लड़ लेते हैं पर अगर वह अपने जीवित ही ना रहे तो आओ बैठो मेरी कलम के साथ चर्चा करो विषय रहेगा कि अब किससे लड़े ? अगर तुमने भी किसी अपने को खो दिया है तो सांत्वना के शब्दों में मेरी कलम सिर्फ तुमसे इतना कहेगी कि संतुलन में रहे, स्वयं को ज्यादा तनाव का शिकार न होने दे, इस सत्य को समझे कि जिस दिशा में वह अपना चला गया है वहीं दिशा हम सभी जीवित लोगो की भी अन्तिम 'नियति' है। तुम्हारे अपने ने सिर्फ अपना शरीर छोड़ दिया है आंखें बंद करो और ध्यान से देखो अपने भीतर, उसका प्रेम अभी भी तुम्हारे भीतर मुस्कुरा रहा है। जब तक तुम जीवित हो तुम्हारी यादों में वह हमेशा हमेशा तुम्हारे साथ ही है। इस शरीर का नाश होता है ऊर्जा का नाश नहीं होता, वह बस एक रूप से दूसरे रूप में रूपांतरित होती है।

30

युद्धम शरणम !

चेहरे चारों तरफ बहुत सारे है इन सभी चेहरों में एक चेहरा 'अपना' ढूंढता हूं। चंद्रमा का चेहरा भी हम देख सकते हैं पर उसकी खूबसूरती सिर्फ दूर से ही है पास जाने पर तो सुना है उसमें भी गड्ढे हैं। एक लंबी यात्रा करके हो सकता है मैं वहां तक उड़ भी जाऊं, पर वहां के वायुमंडल की उन परिस्थितियों और वहां के धरातल की बंजरता को देखकर जहां जीवन योग्य अनुकूल परिस्थितियों ही ना हो, जहां प्रकृति ना हो, जीवनदायिनी परिस्थितियां कृत्रिम हो, उसकी सच्चाइयों को देखकर अगर मेरे मन में यह भाव आ गया कि पृथ्वी ही भली थी कम से कम हरीभरी तो थी कृत्रिमता नहीं थी, प्रकृति थी। इन सभी भावों के कारण अगर चंद्रमा के प्रति मेरा वैराग्य हो जाए तो उसके प्रति मेरे मोह का अभी टूट जाना ही मेरे लिए सही है।

आपका मोह भी हो सकता है चंद्रमा से ना हो, चंद्रमा आपने किसी और चेहरे को ही बना रखा हो, जिसकी नश्वर खूबसूरती को तो आपकी आंखें देख पा रही है पर जिसकी वास्तविकता से आप अनभिज्ञ हो। सत्य को पाना है तो भ्रम में भ्रमित ना रहो, वास्तविकताओं को देखने की कोशिश करो, चेहरे की बनावटों से आकर्षित होने की जगह चरित्र की गहराइयों को समझने की कोशिश करो। जहां आप हो जैसे आप हो जब तक जीवित हो संपूर्ण हो परिपूर्ण हो किसी भी चीज की आपके भीतर कमी नहीं है।

हर व्यक्ति अपने वर्तमान में भयभीत है परंतु यह भी सत्य है कि उसके भय में 'वास्तविकता' हो या ना हो परंतु 'कल्पना' अधिक है। आज अगर भय के कारण हम दुख दर्द पीड़ा का अनुभव कर रहे हैं तो कल्पना को छोड़िए और वास्तविकता को देखिए क्योंकि जब सत्य सामने आता है तो भय स्वत: ही दूर हो जाता है। जिस भय का आधार ही कल्पना है उसके परिणाम को हम वास्तविकता की दिशा में स्वयं ही क्यों खींच रहे हैं ? क्या हो गया यदि एक व्यवसाय छिन गया, समाप्त हो गया ? क्या दुनिया खत्म हो गई ? मेहनती हो कर्मठ हो तो दूसरा कर लेना। क्या हुआ यदि कोई एक रिश्ता छोड़ गया ? छोड़ जाना और बन जाना यह सब तो रिश्तो में चलता ही रहेगा इनके पीछे इतना क्यों परेशान हो ? क्या हुआ यदि कोई यमराज की दिशा में चला गया ? नि:संदेह दुख बहुत ज्यादा होता है परंतु यह भी

तो सत्य है कि आज नहीं तो कल हमें भी उसके पास उसी दिशा में चले जाना है। क्या हुआ यदि शरीर बीमारियों से ग्रस्त है और अब ठीक होने के कोई आसार भी नहीं है ? इस स्थिति तक स्वयं को ले आए तो उसके लिए कहीं ना कहीं हम स्वयं ही तो जिम्मेदार हैं।

जो बीत गया उसे हम पलट नहीं सकते पर जो आने वाला है कम से कम उसे ही खुशी खुशी बिता ले। या फिर इसमें भी उन्हीं चिंताओं में डूबे रहे और बस अंतिम क्षणों में भी इस जीवन की किताब में दुख और चिंता ही लिखते रहे ? भाई दुख की चिंता छोड़ो अंतिम क्षण ही बचे हैं तो सुख का सुमिरन लिख जाओ। जीवन तो चलेगा परंतु सभी चीजें इस जीवन में हमारी योजनाओं के अनुसार नहीं चलेंगी। योजनाओं के असफल होने पर निराशाओं से बचना और एक नई आशा के साथ हमेशा आगे बढ़ना ही समझदारी है संतुलन है सामंजस्य है। जीवन की इस दौड़ में हम निरंतर अवांछित घटनाओं से टकराते हैं और पहले की तुलना में अधिक परिपक्व होते चले जाते हैं। जब आंधियां चलती हैं तो बड़े-बड़े पेड़ तो उनका सामना करते हैं परंतु क्या आप जानते हैं कि नन्हे नन्हे नवजात पौधे भी उनसे लड़ते हैं। जो इस आंधी में टिक जाते हैं वही आगे बढ़ते हैं फलते हैं फूलते हैं और अपने अस्तित्व को एक पूर्णता प्रदान करते हैं। हजारों मील की रफ्तार से जब आंधियां चलती हैं तो बड़े-बड़े पंछी अपने बड़े-बड़े पंखों और अनुभव के साथ उड़ान भरते हैं दिशा तय करते हैं और दूरी भी तय करते हैं परंतु क्या आप जानते हैं उसी आंधी तूफान में कुछ प्रयास नन्हे नवजात पंखों के भी होते हैं ? उनकी भी अपनी दिशाएं होती हैं, वह भी कुछ दूरियां तय करते हैं। वह भी इन आंधियों से सीखते हैं अपने लिए कोई शांत ठिकाना ढूंढते हैं। एक छोटे से छोटा नवजात पंछी भी सामंजस्य और संतुलन के लिए अंतिम क्षणों तक हर संभव प्रयास करता है तो मनुष्य होने के बावजूद इतनी सामर्थ्य होने के बावजूद हम अपने जीवन में हार मानकर निराश कैसे हो जाते हैं ?

समुद्र से एक लहर उठती है इतनी विकराल और इतनी विनाशकारी की पूरे के पूरे देश को तबाह कर देती है पूरी की पूरी सभ्यताएं नष्ट हो जाती हैं, पर पता नहीं कैसे एक नन्ही सी मछली ऐसी युक्ति करती है कि अपने पूरे अस्तित्व के साथ आनंद से इस लहर में बिना कोई हानि हुए निरंतर बनी रहती है। मेरी कलम आपको उदाहरण बहुत दे सकती है पर बात उदाहरणों की नहीं है। बात है इस सत्य को समझने की, क्योंकि हम मनुष्य हैं हमारे लिए 'सीखना' बहुत ज्यादा जरूरी है। यदि पंछी सीख सकता है मछली सीख सकती है फूल सीख सकता है चींटी सीख सकती है तो हम क्यों नहीं सीख सकते ? सीखना हमारे लिए बहुत ज्यादा जरूरी है और यदि हम ऐसा नहीं करते तो भाई मेरी कलम विनम्रता से ही लिखेगी पर सत्य यह है कि फिर हम यहां आनंद में नहीं रहेंगे।

डॉक्टर, इंजीनियर, वकील, पायलट, अध्यापक या अन्य कोई लक्ष्य हो सकता है हमारे माता-पिता ने हमारे लिए निर्धारित किए हैं परंतु हमारी सभी आशाएं हमने स्वयं ही बनायी है। दूसरे लोग जो हमसे आशाएं करते हैं उन्हें आशा करने की स्वीकृति भी हम ही प्रदान करते हैं कि हां आप मुझसे यह आशा करो। दूसरे लोग हमसे तमाम तरह की आशाएं करते हैं हम

उन्हें स्वीकृति दे दें इसमें कोई समस्या नहीं है समस्या तब है जब दूसरों की आशाओं को ही हम अपनी आशा बना लेते हैं और तो और उस आशा को पूरा करने के लिए हम अपना सर्वस्व लगा देते हैं। चलिए अगर वह आशा पूरी भी हो जाएगी तो सफलता से मिलने वाली संतुष्टि को आप कैसे महसूस करेंगे क्योंकि महसूस तो वही करेंगे जिसकी वह आशा थी और वह आशा तो आपकी 'अपनी' कभी थी ही नहीं।

यह जीवन एक नक्शा है जिसमें हम भ्रमित हो रहे है। तमाम लोग हमें कह रहे हैं कि मेरे पास आओ मैं यहां हूं मैं यहां हूं पर फिर भी हम उन तक पहुंच नहीं रहे है। हमारे भ्रम का कारण यह नक्शा नहीं है वह सब लोग भी नहीं है हमारे भ्रम का कारण है कि हमें यह पता ही नहीं है कि उस नक्शे में हम कहां हैं ?

अब जरा सोचिए क्योंकि जैसे ही आपको यह पता चलेगा कि नक्शे में आप कहां है तो उस नक्शे की सहायता से आप कहीं पर भी पहुंच सकते हैं पर यदि आपको यह पता नहीं कि उस नक्शे में आप कहां हैं तो उस नक्शे की सहायता से आप कहीं भी नहीं पहुंच सकते हैं। जीवन रूपी नक्शा हम सभी को मिला है बस समस्या इतनी सी है कि सभी को यह नहीं पता कि इस जीवन रूपी नक्शे में वह कहां है। यह नक्शा यह जीवन जो आपको मिला है यह बड़े काम का है, भ्रमित मत रहो निराशा में मत उलझो सिर्फ अपनी लोकेशन पता करो और फिर इस जीवन की उन मंजिलों तक पहुंचों जिनकी तुम्हारे हृदय को कामना है। अगर इस मनुष्य शरीर को धारण किया ही है तो कम से कम अपने अस्तित्व को एक सार्थकता प्रदान करो एक 'पूर्णता' प्रदान करो। दुनिया बहुत बड़ी है और सबसे उत्तम जगह कहां है जहां हमें होना चाहिए इसका एक शब्द में उत्तर है 'वास्तविकता' में। इतिहास बीत चुका है समय में वापस लौटकर हम उसे बदल नहीं सकते, भविष्य जो आने वाला है वह बहुत ही सुविधा संपन्न क्यों ना हो परंतु हम किसी भी तरह से अभी या कभी उसमें पहुंच नहीं सकते। भविष्य हमेशा भविष्य रहेगा और भूतकाल हमेशा भूतकाल रहेगा हमारी नियति में केवल एक ही जगह निश्चित है और वह है हमारा वर्तमान।

समझदारी भूतकाल से निराशाएं लेकर अपने वर्तमान को बिगाड़ते हुए भविष्य की चिंताओं में जीने में नहीं है। समझदारी इस मिले हुए हर क्षण का वर्तमान में पूरा-पूरा आनंद ले लेने में है। वर्तमान में किसने किसने - कितना कितना आनंद समेट लिया है यह खजाना हर व्यक्ति का व्यक्तिगत है। यदि हम भी आनंद चाहते हैं तो हमें भी इसे एकत्रित करना शुरू करना होगा। पायलट बनने के लिए बहुत मेहनत करनी पड़ेगी बहुत कुछ सीखना पड़ेगा बहुत कुछ समझना पड़ेगा कठिन परीक्षाओं का भी सामना करना पड़ेगा तब जाकर आप एक प्रमाणित अर्हता प्राप्त करेंगे। चाहे कोई आपको कितनी भी प्रेरणा दे परंतु इस 'अर्हता' तक पहुंचना शारीरिक आर्थिक और बौद्धिक आदि क्षमताओं की सीमाओं के कारण हर व्यक्ति के लिए संभव नहीं है। पर मेरी कलम एक अलग उड़ान भरने की बात कर रही है। चाहे आपकी शारीरिक आर्थिक या बौद्धिक क्षमताएं कितनी भी कम ज्यादा क्यों ना हो 'आनंद' के इस कोर्स की योग्यता सिर्फ इतनी ही है कि आप 'जीवित' हैं आप 'मनुष्य' हैं। मेरी

कलम हिंदी भाषा में लिख रही है हो सकता है इसका दूसरी भाषाओं में भी अनुवाद हो जाए परंतु आनंद की इस जीवन में उड़ान को भरने के लिए आपको किसी भी भाषा की जानकारी होना भी अनिवार्य नहीं है। हर आती जाती सांस ही आप में परम आनंद का संचार कर रही है। इतिहास में बिना शब्दों के भी एक हृदय से दूसरे हृदय के लिए बहुत कुछ दिया गया है अनगिनत लोगों ने इस आनंद की उड़ान भरी है और इसकी भी एक लंबी श्रृंखला है। आपसे क्या कहूं ? इतना ही कह सकता हूं कि इस बार आपकी बारी है। अंधेरे में है तो अच्छा है कि एक दीया जला लिया जाए और अगर आपने एक दीया जलाया और आपके दीये से आपके माता-पिता ने भी एक-एक दीया जला लिया आपकी पत्नी भाई बहन और आपके बच्चों ने भी अपने-अपने दीये जला दीये तो आपकी जिंदगी के साथ साथ आपकी पारिवारिक जिंदगी भी जगमग जगमग हो जाएगी। इस जीवन में भी अगर अंधेरा है निराशा है हताशा है तो हमें आशा का दीया जला लेना चाहिए ताकि वह निराशा का अंधेरा हम पर हावी ना हो पाए।

जरा सोचिए अगर आपके पड़ोसी भी आपके घर के उजाले से आकर्षित होकर आपके घर से अपने-अपने दीये जलाकर जाने लगे और इसी प्रकार पूरा पड़ोस, पूरा गांव, पूरा नगर, पूरा जिला, पूरा देश और पूरा संसार जगमगाने लगे। एक दूसरे के बुझे दीये लोग जलाने लगे, सहयोग करने लगे तो संसार में किसी को अंधकार से भयभीत रहने की जरूरत कभी नहीं होगी। यह सरल है इस पूरी प्रक्रिया में सिर्फ निरंतरता और सहयोग की ही तो आवश्यकता है। भूलिएगा नही निराशा में और दुख में बैठा हर व्यक्ति भी एक दीया है जिसमें प्रकाशमान होने की संभावना है। आपको सिर्फ और सिर्फ इतनी मेहनत करनी है कि आपको सबसे पहले अपना दीया जला लेना है। अन्य लोग जलाएं या ना जलाएं उसकी भी चिंता छोड़िए आप अंधेरे से दूर हैं आप प्रकाश में है आप आनंद लें, यह सरल है सहज है संभव है। शांति से सुनो मौन को सुनो ध्यान से सुनो स्वयं को सुनो, आपके भीतर सुंदर वाद्य यंत्र बज रहे हैं। आपके भीतर एक पूरी प्रकृति जीवंत हैं। भीतर अनुपम संगीत गूंज रहा है पर क्या फायदा यदि हम बहरे ही बने रहे ? भीतर एक चमचमाती रोशनी है पर क्या फायदा यदि हम अंधे ही बने रहे ? भीतर सहज सुगम मार्ग है पर क्या फायदा यदि हम ठोकरें ही खाते रहे ? भीतर छप्पन भोग होते हुए भी यदि हम भूखे ही रहे तो करोड़पति होते हुए भी कंगाल के कंगाल ही रहे।

आपको इस जीवन का बस ये एक अवसर मिला है इसे व्यर्थ मत जाने दो, उठो बढ़ो प्रयास करो, वास्तविकताओं को पहचानो और अच्छे प्रतिफल के लिए बदल दो अपनी नियति को। आपके जीवन में 'धर्म' की विजय होना बहुत ज्यादा जरूरी है। हे पार्थ, 'सत्य' की विजय होना बहुत ज्यादा जरूरी हैं। अगर 'गांडीव' ना उठाया गया होता तो महाभारत भी ना जीता गया होता। अगर श्री राम भी अहिंसा अहिंसा चिल्लाते और हिम्मत नहीं बांधते तो 'रामायण' नहीं रची गई होती। अर्जुन के हथियार डाल देने, अहिंसा और शांति की तरफ बढ़ने से कृष्ण खुश नहीं हो जाते। धर्म की रक्षा और 'सत्य' की स्थापना के लिए अंतिम विकल्प 'हिंसा' ही सही और प्रथम विकल्प 'गीता' ही सही। जिसे जो भाषा समझ में आती है शांति की स्थापना के लिए हमें उसे उसी भाषा में समझाना चाहिए। अलग-अलग संत महात्मा अलग-

अलग परिप्रेक्ष्य में महाभारत को देख सुन समझ और प्रस्तुत कर सकते हैं। कई लोग सोच सकते हैं कि ऐसा भी क्या ईश्वरीय उपदेश जो 'हिंसा' की तरफ अग्रसर कर दे ? पर, किसी भी निष्कर्ष पर पहुंचने से पहले जरा गीता के सार को तो ग्रहण कर लें। किसी भी युद्ध से पहले अपनी मजबूती और अपनी कमजोरी को समझना ज़रूरी है पर उससे भी पहले अपने आप को समझना जरूरी है। श्रीकृष्ण ने अर्जुन को यह समझाया था कि राजा का सर्वोपरि कर्तव्य है प्रजा की रक्षा करना और अगर उसके लिए हिंसा भी करनी पड़े तो यही धर्म है।

'सत्य' की रक्षा के लिए असत्य से युद्ध जरूरी है। 'धर्मयुद्ध' जरूरी है।

लगभग बारह साल तक कुत्ते का जीवनकाल माना जाता है तेरह साल तक सियार जिंदगी जीता है परंतु क्षत्रियों को शास्त्रों में केवल अठारह साल तक जीवन का अधिकार है उसके बाद उनका पूरा जीवन 'धर्म' और 'सत्य' की रक्षा के लिए समर्पित होता है। समझ में आया पार्थ, असली हिंदू क्या होता है ? कैसा 'धर्म' और कैसा 'सत्य' ? वह नहीं जो बाहर है बल्कि वह जो भीतर है। युद्ध ही उसका जीवन है, युद्ध ही उसकी नियति है। असत्य के समक्ष सत्य के लिए गर्व से खड़े हो जाना अहंकार नहीं स्वाभिमान है। स्वाभिमानी क्षत्रिय के लिए सीना छलनी छलनी करवाना सहज है पर पीठ दिखाना दुष्कर है। लोग युद्ध नही करना चाहते, लोग मरना मारना नहीं चाहते, पर आप बताओ जिनके भीतर 'सत्य' नहीं है क्या वो जिंदा भी है ? यह युद्ध भीतर का है अपने 'भीतर' से पूछो कितना जिंदा हो कितने मरे हुए हो ? मरे हुए को मारना व्यर्थ है इस परिप्रेक्ष्य में हिंसा अहिंसा पर टिप्पणी करना व्यर्थ है क्योंकि इस प्रश्न का कोई औचित्य ही नहीं है। जब तक आप किसी भी विषय को पूरी तरह से ना समझे उसके पक्ष व विपक्ष का सही से विश्लेषण ना करें तब तक किसी भी निष्कर्ष पर पहुंचना जल्दबाजी है। दुनिया में क्या हो रहा है वह सब छोड़िए सबसे जरूरी बात की चर्चा करते हैं क्या आप अपने जीवन को समझते हैं ? क्या आप अपने आप को समझते हैं ? तृप्ति तो हर व्यक्ति भरपूर चाहता है पर उससे पहले प्रश्न यही है क्या आप अपनी प्यास को समझते हैं ? सफलता के मार्ग में सबसे बड़ा अवरोध है एक शब्द 'ना' और सबसे बड़ी प्रेरणा है एक शब्द 'हां' । ना कहने वाले मंगल तक नहीं जा पाए वह लौट गए और अपनी दुनिया में व्यस्त हो गए पर हां कहने वाले लोगों ने अपने कदम नहीं रोके अपने लक्ष्य नहीं बदले कोशिशे बढ़ाई और असंभव को संभव कर दिखाया। गलतियों से सीखना और सुधार की कोशिशें करते रहना इसी का नाम तो 'मनुष्य' है। जब सम्मान की तुलना में हमारे लिए सिद्धांत महत्वपूर्ण बन जाए तब संघर्ष होना स्वाभाविक ही है और कलयुग में तो ऐसा आम बात है। संघर्ष ही हर जगह व्याप्त है, हमारे भीतर भी और हमारे बाहर भी। कलयुग का प्रभाव हमारे मन और हमारी समझ पर पूरी तरह हावी है पर हमारा हृदय अभी भी पूरी तरह कलयुग के प्रभाव से अछूता है। वहां भ्रम नहीं है वहां स्पष्टता है। अगर आप स्वयं को वहां स्थिर कर सके तो इसका स्पष्ट अर्थ है पूरी दुनिया कलयुग में त्राहिमाम त्राहिमाम करती रहे पर आप इस समय 'आनंद' में स्थिर है। लीजिए हो गया आपकी बहुत बड़ी समस्या का बहुत छोटा सा समाधान, आप 'आनंद' में स्थित है।

31

संघर्ष विराम !

प्रेम की क्या पहचान है ? बिना किसी प्रयास के एक सकारात्मक ऊर्जा एक भाव जो हमारे भीतर गहराई तक उतर जाए वह 'प्रेम' है। संख्याओं, चित्रों, कल्पनाओं, विचारों, परिभाषाओं, मानको, मापदंडों और भाषाओं से प्रेम बंधा नहीं है वह इन सभी से मुक्त है। असली 'प्रेम' की गहराई में जो भी उतरता है, हो सकता है वह गया खाली हाथ हो परंतु वहां से लौटते समय उसके पास हमेशा आभार होता है। आभार एक मुस्कुराहट है जो संतुष्टि के एहसासों की परिणति है। दुनिया काफी तरक्की कर चुकी है हमें तो खुश होना चाहिए, पर यहां तो उल्टी गंगा बह रही है। आज सबके चेहरे पर एक उदासी है।

लोगों को मुस्कुराहट खरीदनी पड़ती हैं। इसके लिए वो पैसा खर्च करते हैं। ऑनलाइन भी माध्यम है जहां हम थोड़े समय के लिए जोक्स पर हसा करते हैं, कई मोटिवेशनल स्पीकर है जिनकी बातें हमें थोड़े समय के लिए उत्साहित कर दिया करती हैं। बात उनकी कीमत की नहीं है बात है यह कि वह खुशी पता नहीं क्यों चेहरे पर परमानेंट टिकती नहीं है। हां, उस समय तो आई थी पर फिर वह बिना बताए कहीं चुपचाप चली गई है। यहां मेरी कलम एक ऐसी खुशी को लिख रही है जो पैसे की नहीं है। क्योंकि आप जीवित हैं इसलिए वह फ्री है। जब आपके जीवन में वह हंसी आएगी तो आपको एहसास होगा कि वह हंसी सिर्फ आती ही नहीं है हमारे रोम रोम को रोमांचित कर जाती है। एक बार अगर वह हंसी हमारे चेहरे पर आ गई तो फिर अगर हम उसे छिपाना भी चाहे तो वह छिपती नहीं है। यह वही परमात्मा की हंसी है जो हमारे चेहरे पर आ गई है। वही हमारी असली खुशी है। उसकी ही हमें वास्तविकता में तलाश है। प्रहलाद को उनके पिता ने बहुत प्रताड़ित किया शारीरिक मानसिक यातनाएं दी और कहा कि छोड़ दो इस 'खुशी' को। तो प्रहलाद ने कहा पिताजी क्या करू मैं कोशिश भी करूं तो भी अब यह खुशी मुझसे छूटती नहीं है। यह प्रेम का बंधन, बंध गया है, अब तोड़ने से टूटता नहीं है। यह अब मेरे बस की बात नहीं, मैं इस खुशी को छोड़ भी दूं तो भी यह खुशी मुझे अब छोड़ेगी नहीं। तो देखिए विकल्प तो हमारे पास भी सब हैं। हम चाहे तो इस संसार की नकली खुशी को ही अपने चेहरों पर चिपकाए फिरते रहे और अपने फोन में नकली खुशी

की सेल्फी लेते रहे या फिर एक विकल्प यह भी है कि हम भी उस असली खुशी को अपने चेहरे पर लाने की दिशा में कुछ प्रयास करें।

हे पार्थ, बीज बोना पड़ता है, तैयारी करनी पडती है, हल चलाना पडता है, देखभाल करनी पड़ती है, सिंचाई करनी पडती है, जब मौसम आएगा तो हमारी भी फसल हरी भरी होगी। कई लोग सोचते हैं काश बड़े-बड़े मंदिर पहाड़ों की जगह नीचे ही होते, काश चारों धाम दूर-दुर्गम स्थानों की जगह भीतर ही होते, यह शब्द नहीं है मेरी कलम के लिए वास्तविकता है क्योंकि वास्तव में ऐसा ही है। अगर सचमुच में भगवान कहीं दुर्गम स्थान पर कहीं ऊंचे पहाड़ पर हो तो इसका तो स्पष्ट अर्थ है की लंगड़े व्यक्ति वहां नहीं पहुंच पाएंगे। भगवान को भी यह बात अच्छी तरह से पता थी इसलिए वह हमें छोड़कर कभी गए ही नहीं है। वह हमारे भीतर ही बैठे रहे, अब चाहे अंधा हो लंगड़ा हो गूंगा हो चाहे बहरा हो स्त्री हो पुरुष हो अमीर हो गरीब हो कोई भी हो कैसा भी हो हर एक प्राणी के भीतर यह क्षमता है कि वह उस असली भगवान के मंदिर में अपने भीतर कभी भी बड़ी सरलता से जा सकता है। हे ईश्वर तुमने यह सारी रचना की है एक छोटा सा विचार लेकर तुमने बड़ी कहानी रच दी है। ना कलम का इस्तेमाल किया है ना कही कागज ही है, ना स्याही ही लगी है। ना कोई रंग लगा पर रचना तुम्हारी सतरंगी है। अद्भुत अचरज विलक्षण है यहां हम सभी के चेहरे आपस में मिलते हैं पर फिर भी सभी के चेहरे अलग-अलग है। तुमने यह सृष्टि जो कुछ नहीं थी उसे बहुत कुछ कर दिया है सभी को जीता जागता मंदिर बनाकर स्वयं को ही भीतर स्थापित कर लिया है।

यहां ना कुछ ऊपर है ना कुछ नीचे है ना कुछ उत्तर दक्षिण या पूरब पश्चिम है। यहां एक अचरज है क्यों ? क्योंकि यहां सब दिशाएं भी है परंतु यह स्थान दिशाहीन है। संसार में बिना आधार के, बिना खम्बो के एक घर भी नहीं टिकता परंतु यहां भीतर उस बनाने वाले ने सारी सृष्टि टिका दी है। एक सृष्टि जो सदियों से टिकी है निरंतर गतिशील है परंतु फिर भी कहीं जा नहीं रही है। इतनी बड़ी रचना है इतना बड़ा जंगल है परंतु इसका कोई बीज ही नहीं है। दूसरी तरफ अनंत संभावनाएं हैं क्योंकि हर बीज में एक जंगल है। देख सब रहे हैं परंतु ना किसी को इसका प्रारंभ पता है ना किसी को इसका अंत ही पता है। अचरज है क्योंकि यहां चल तो सब रहे हैं परंतु कोई कहीं पहुंच नहीं रहा है। अचरज है क्योंकि वह बनाने वाला कण कण में है परन्तु किसी को दिख नहीं रहा है। मैं जानता हूं मेरे मालिक सारी रचना करके तुम कहीं छिप गए हो परंतु मेरी कलम कोई ऐसी जगह ही नहीं पाती जहां तुम नहीं हो। एक तरफ दुनिया में अनंत अंधेरा है उदासी है बेचैनी है, दूसरी तरफ तुम्हारी याद मात्र से पूरा अस्तित्व परम आनंद से विभोर है ओत प्रोत है। यहां 'आंनद' है बस आंनद है। इसका ना आदि है ना मध्य है ना अंत है। मै जानता हूं मेरी कलम बड़ी नाजुक हैं स्थूल है नश्वर है पर इस स्थूलता की गुस्ताखियां तो देखो है ईश्वर, तुम जो शब्दों से परे हो तुम जो अलेख हो मेरी यह अनपढ़ कलम तुम्हें लिख रही है। यहां हर क्षण स्वर्ग है और हर क्षण नर्क है बात सिर्फ इतनी है कि हम स्वयं को किस क्षण में स्थापित कर रहे हैं जहां स्थापित करेंगे वही अनुभव करेंगे। यह प्रेम यह दया यह करुणा जिसके भीतर स्थापित हो जाए मैं सच कहता हूं इन मुर्दों में

वह 'जीवित' हो जाए। जिसके भीतर उस परमात्मा का प्रकाश हो जाए इस संसार की बाहरी ज्वालाओं से घिरा ही सही कम से कम उसके भीतर एक सुकून एक स्वर्ग हो जाए। जब हमारे भीतर शंका है क्रोध है डर है तो इसी क्षण सब नरक है और जब हमारे भीतर स्पष्टता है प्रेम है निर्भयता है तो इसी क्षण सब स्वर्ग है। यहां जीते जी स्वर्ग है जीते जी नर्क है तुम कहां हो पार्थ? सुना है किसी सोशल मीडिया प्लेटफॉर्म पर व्यस्त हो। कोई नई गर्लफ्रेंड बना रहे हो? पानी सब पीते हैं पर जब हमें प्यास लगी होती है तब हम पानी पीने का आनंद लेते हैं तब हम संतुष्टि महसूस करते हैं। उस प्यास के कारण हमारा पानी पीने का नजरिया, होने वाला एहसास, संतुष्टि के मापदंड सब कुछ पूरी तरह से बदल जाते हैं। ठीक ऐसे ही जब हम उस ईश्वर की संगत में होते हैं तब हमारे लिए यह संसार पूरी तरह बदल जाता है। तब हमारा देखने सुनने विचारने एहसास करने का एक विलक्षण तरीका होता है। तब हम हर चीज का आनंद लेते हैं। तब हम हर चीज की नश्वरता को समझते हैं। तब हम अपने भीतर की अमरता को अनुभव करते हैं। तब रोज एक सुंदरता के साथ में एक नया तरोताजा दिन मिलता है तब एक नया सूर्योदय रोज होता है। तब एक-एक अन्न का दाना हमें अपरिमित आनंद देता है। तब हमारी चेतना आशंका चिन्ता तनाव नहीं पर 'आनंद' लेती है। गर्मी में हल्के ठंड के झोंकों को तब हम अपने पर महसूस करते हैं। तब प्रकृति में पंछियों के कलरवों के हमारे लिए बिल्कुल नये बिल्कुल अलग मायने होते हैं।

तब जीवन में एक सामंजस्य आने लगता हैं, तब हम पारस बन जाते हैं। तब जिस चीज को हम छू लेते हैं वह कंचन हो जाती है। तब हम अपने आप से संतुष्ट होते हैं। तब हम परिपूर्ण होते हैं। तब आकाश में तारे चमकते हैं और चंद्रमा उनके बीच शोभायमान होता है। तब हमारे नींदे सुकून भरी होती है। तब हमारा दिन सही रूप से पूरा होता है। फिर जब यह 'आंनद' एक दिन होता है फिर यह रोज-रोज होता है। जब यह रोज-रोज होता है तब यह जीवन सफल होता है। जब यही हमारा जीवन होता है तब हम हर पल हर क्षण स्वर्ग में जीते हैं। हंसते हैं खेलते हैं कभी-कभी कृतज्ञता से रोते हैं आनंद में रहते हैं और इस जीवन के अंत में 'सुकून' से सोते हैं। विकल्प आपका है आप चाहो तो ये किताब बंद करो ये सब विचार बंद करो और दौड़ो अपने मन के पीछे जहां पहले दौड़ रहे थे। जाओ अपने इस छोटे से स्वर्ग को फिर से नरक बना लो। ध्यान रहे पार्थ, बेशक अभी आप एक स्पष्टता में क्यों ना हो, परंतु अभी भी बाहर एक बड़ा नरक है जो आपकी प्रतीक्षा में है।

क्योंकि आप जीवित है तो सारी संभावनाएं हैं यहां स्वर्ग है जहां आप सूर्योदय का आनंद ले सकते हैं, यहां जहां आप वर्षा की बूंदों को स्वयं पर महसूस कर सकते हैं, यहां जहां आप स्वच्छ तालाबों में मछलियों की तरह तैर सकते हैं, यहां जहां आप किसी दूर जंगल में भी पंछियों के कलरवो का आनंद ले सकते हैं, यहां जहां आप अपने बाहर से अपने भीतर तक नाच सकते हैं, यहां जहां आप हर स्वाद को चख सकते है, यहां जहां आप अंधेरो में भी छोटे से दीये के साथ उत्सव मना सकते हैं, यहां जहां आप बहुत दूर होते हुए भी उन सितारों की तरफ हाथ बढ़ाकर उनके स्पर्श को महसूस कर सकते हैं, यहां जहां आप बिना किसी वजह

के मुस्कुरा सकते हैं, यहां जहां आप न केवल अपने लिए पर दूसरों के लिए भी एक छोटा सा स्वर्ग बना सकते हैं। पर हां आप चाहे तो इस जीते जागते स्वर्ग की तरफ से ध्यान हटाकर फिर से अपने उसी पसंदीदा नरक में लौट सकते हैं जहां आप सोच सोच में स्वयं को तनाव ग्रस्त कर सकते हैं जहां आप रहेंगे तो जिंदा पर जीते जी 'मर' सकते हैं। यहां हर देश की अपनी सीमाएं हैं और इन सीमाओं पर सख्त से सख्त पहरे हैं। लंबी-लंबी दीवारें हैं कांटेदार जंजीरें हैं नवीनतम आधुनिक लेजर तकनीक संलग्न है। हर चहलकदमी को सुन सकने वाले आधुनिकतम यंत्र हैं। देश की सुरक्षा के लिए कठोर नियम है, संदिग्ध को देखते ही गोली मार देने के आदेश है। पर इस पूरी सख्ती का चींटी पर कोई असर नहीं है, पंछी को भी इन सब नियमों का कुछ अता पता नहीं है। वो पता नहीं क्यों नहीं समझते, रोज रोज सीमाएं कई कई बार लांघते है।

किताबें उन्होंने पढ़ी नहीं है नियमों का उन्हें पता नहीं है उन्हें तो यह भी नहीं पता कि जिस जगह वह उड़ रहे हैं उस देश का नाम क्या है ? अच्छी जिंदगी वह जानवर भी तो जीते हैं उनके पास कोई वीजा कोई पासपोर्ट नहीं है। उनका कोई बिजनेस प्रोफाइल नहीं है। उनका कोई सोशल मीडिया अकाउंट नहीं है। उनका कोई बैंक बैलेंस नहीं है। मेरी तरह वो कोई किताब भी नहीं लिखते, उन्हें तो गीता का भी पता नही है। आओ जरा चले उनकी गलियों में यह 'सत्य' पता करें, कहीं वे हमसे ज्यादा सुखी तो नहीं है ? साध्य और साधन परस्पर पूरक है बिना साध्य के साधन का कोई अर्थ नहीं है। आप समझे नहीं क्या ? भाई सती होने के लिए पहले पति का होना जरूरी है क्योंकि अगर पति ही नहीं होगा तो सती किसके नाम पर होंगी। हमारे भीतर भी एक अंधा कुआं है जिसे भरने के लिए हम जीवन भर कोशिशें करते हैं। तमाम यत्न करते हैं मगर आज तक वह कभी भरा नहीं है। वह कुआं है हमारा 'मन'। कितना भी हम कोशिश करते रहें परंतु वह कभी शांत होने वाला नहीं है। हां, हम चाहे तो इस प्रयास में अपना समय जरूर नष्ट कर सकते हैं। कई ऐसे भी लोग हैं जो हृदय की दिशा में आगे बढ़े और उन्होंने वह साधन भी प्राप्त कर लिया जिससे हृदय संतुष्ट होगा परंतु सालों बीत जाते हैं कहानी अधूरी रह जाती है क्योंकि नाम के लिए तो वह परमात्मा की भक्ति करते हैं परंतु भाव उनके सभी इस माया में ही मुड़ते हैं। लोगों की ईश्वर भक्ति भी लालच से होती है, समझाइए स्वयं को जहां सांसारिक लालच है क्या वहां भक्ति भी कभी होती है ? गंदगी मक्खियों से बहुत ज्यादा पसंद है। जहां उन्हें गंदगी मिले वहां ढेर सारी मक्खियां जाकर भिनभिनाती रहती हैं। जहां साफ सफाई हो वहां से यह मक्खियां जरा परहेज करती है। दिन रात माया में मन के पीछे मदमस्त लिपटी रहने वाली मदहोश गंदी सांसारिक मक्खियां भी मेरी किताब से जरा दूर ही रहेंगी। तुम देखो जरा कोई इसे पढ़ तो नहीं रही है ? कुछ लोग किताब खरीदकर घर में रख सकते हैं पर जंगल में यदि चंदन के पेड़ से बड़ी संख्या में सांप दिन रात लिपटे रहे तो भी अलग होते ही सांप विष से ही भरा रहता है उसमें चंदन का कोई गुण नहीं आता है। यह नियम यह प्रकृति मैंनै नहीं बनाई यह ऐसी ही है और हमें इसे ऐसे ही समझना होता है। सीखना संभव है तरना संभव है तभी तो मेरी कलम लिख रही है :

तुम सांप नही, तुम चंदन हो ।
तुम तिलक ईश के माथे का ।।

सीखना संभव है पर 'प्यास' सीखनी नहीं पड़ती वह स्वाभाविक है। भक्ति के लिए उस स्वाभाविक प्यास की ही ज़रूरत है। शिष्य का पर्याय हैं पात्र। वह पात्र खाली होना चाहिए ताकि उसमें देने वाले जो भी ज्ञान दे वह उसे ग्रहण कर सके धारण कर सके सुरक्षित रख सके और फिर आवश्यकता पड़ने पर उसका उपयोग कर सके। जब स्वभाव ही विचित्र हो तो समझ के लिए समाज में स्थान कहां होता है ? लोगों की एक स्वाभाविक सी आदत बन गई है कि यदि उनसे मित्रता कर ली तो उनमें इतना भाव है कि वह रोज-रोज हमारी ही थाली में खाना खाने लगते हैं और अगर किसी कारण से हमने उन्हें रोक दिया तो वह अहंकार में तुरंत हमारी ही थाली में थूक देते है। जिस लोक में लोगों की ऐसी प्रकृति हो ऐसी सोच हो वहां पराया किसे कहे अपना किसे बनाएं, किसकी गोद में सिर रखे, प्रेम किससे साझा करें ? आजकल पैसे कमाने के नए-नए तरीके हैं। काफी लोग नई-नई तकनीक को सीखते हैं, समझते हैं और जब वह थोड़े निपुण हो जाते हैं तो फिर वह दूसरों से संपर्क करते हैं और उनसे कमाते हैं। वह उन्हें ज्यादा से ज्यादा ठगने की कोशिश करते है। कम से कम देते हैं और उनसे ज्यादा से ज्यादा लेने का प्रयास करते हैं। इस काम में जो सबसे ज्यादा दूसरों को ठग लेता है उसे कई बार सबसे बड़ा इनाम भी मिलता है। पर एक सत्य यह भी है कि उन्हें लगता रहा कि उन्होंने दूसरों को अच्छा ठगा है पर जब वह सीखने के लिए गए थे माया ने उन्हे तभी ठग लिया था। उत्तर दो स्वयं को : जब 'सीखे' ही ठगना हो तब 'सीखें' ही क्या हो ?

कई धारावाहिकों में मैंने हिंदू देवता शिव को क्रोधित होकर तांडव करते देखा है, विष्णु भगवान भी देवताओं के आग्रह पर कई कई रूपों में अवतार लेते रहे हैं और राम कृष्ण इत्यादि कई अवतारों में उन्होंने बड़े दुख भी झेले हैं। ब्रह्मा जी तो हमेशा असुरो की तपस्या से ही परेशान दिखे हैं। धारावाहिक में जब रावण ने तपस्या की और वरदान में शिव का त्रिशूल मांगा तो ब्रह्मा के माथे पर भी मैंने चिंता देखी है। क्या देवी देवता भी सुख और दुख की परिपाटी के बीच ही रहते हैं ? अगर ऐसा है तो फिर तो निःसंदेह वह असली ईश्वर इनसे अलग होगा क्योंकि वह तो सुख और दुख दोनो से ही परे है। इंद्र को सभी देवताओं का राजा माना गया है पर मैंने सभी धारावाहिकों में हमेशा उन्हें अपने स्वर्ग के सिंहासन की ही चिंता करते देखा है। मेरी कलम अपने अनुभवों के आधार पर ही लिख रही है कि जिस माया के भ्रम से हमें बचना है उसकी शक्ति को थोड़ा पहचान लें क्योंकि उसका प्रभाव तीनो लोकों में है। संसार में कोई भी उससे बचा नहीं है कोई भी उससे अछूता नहीं है। केवल एक जगह है जहां उसका कोई असर नहीं है पर मेरे भाई अपने व्यक्तिगत धारावाहिक की वास्तविक स्थिति को तो समझिए क्योंकि किताबे आपने काफी पढ़ी है, नक्शे भी आपने काफी देखें है पर अभी आपको उस जगह का कुछ अता-पता नहीं है। मेरी किताब तो बहुत छोटी है सरल है, यहां तो कई लोगों ने पूरे पूरे वेद पुराण रट लिए हैं। पर यह माया उन्हें भी जकड़े हुए हैं इस चक्की में कहीं ना कहीं वो भी पिस रहे है।

हमारी 'छाया' कभी हमारा पीछा नहीं छोड़ती, कभी ठीक हमारे पीछे पीछे भागती है और कभी ठीक हमारे आगे आगे दौड़ती है। कई बार हम चाहते है इससे बचना पर ये है कि अलग होती ही नहीं है। माफ कीजिएगा शायद गलती से मेरी कलम ने छाया लिख दिया क्योंकि यहां उपयुक्त शब्द 'माया' ही होना चाहिए था। माया इतनी सुंदर इतनी मनमोहक है कि सबको पूरी तरह लुभा लेती है। यह व्यक्ति को पकड़ती है और पूरी तरह खाकर ही छोड़ती है। माया तो सबको खा जाती है पर माया को खाने की क्या तरकीब है ? यही मूल प्रश्न है कि क्या कोई तरीका है कि हम इस संसार में भी रहे और माया के प्रभावों से भी बचे रहें। इसका उत्तर है हां। भक्ति और प्रेम के मार्ग पर चलकर व्यक्ति इस उपलब्धि को पा सकता है पर जो किसी उपलब्धि को पाने के लिए भक्ति मार्ग पर चलेगा उसे असली भक्ति कभी मिलेगी नहीं, यह भी एक अटल 'सत्य' है। कई लोग कहते हैं कि इस माया में पूरा नहीं डूबेंगे बस ऊपर ऊपर से ही थोड़ा सा छू लेंगे। भाई क्यों बिना सिर पैर वाले तर्क करते हो ? मक्खी ने भी यही सोचा था कि गुड़ की चासनी को थोड़ा सा ऊपर से ही चख लेगी इसी लालच में चासनी पर बैठी थी और फिर धंसी और फिर स्वयं को बचाने के लिए उसने अपने हाथ पैर पंख फड़फड़ाए और जितनी कोशिशे करती गई चासनी उतना ही उसे डुबाती गई।

फिर इस मिठाई में तड़प तड़प कर ही वह मक्खी मरी। मै पूछता हूं मक्खी से और चखनी है चासनी ? मैं जानता हू यहां भी प्रकांड विद्वान बैठे हैं जो कहेंगे कि मर गई तो क्या हुई बड़ी शान से मरी, बड़ी मीठी मौत मरी, एक दिन तो सबको मर जाना है ठीक है अपनी इच्छा पूरी करके मरी। लोग हैं जबान मिली है चाहे बात मूर्खतापूर्ण ही क्यों ना हो, उनको चलानी है बस। उनको इससे कोई मतलब नहीं की मक्खी 'मरी'। तुम्हैं मतलब हो या ना हो मेरी बात सुनो या अनसुना कर दो पर मेरी कलम तुमसे एक ही 'सत्य' कहेगी की माया के दलदल में जा रहे हो पार्थ, सावधान पैर डालने से पहले मेरी एक चेतावनी याद रखना : मक्खी बहुत हल्की थी पर तुम बहुत भारी हो। अगर किसी मूर्ख को हीरा दे दिया तो वह उसके किसी काम का नहीं है, वह फिर भी गरीब का गरीब ही रहेगा। सार को समझने के लिए हीरे जैसा शिष्य होना चाहिए। हीरे का कांच हो तो वह जौहरी उसे तरास लेगा और धीरे-धीरे तरास तरास कर चमका देगा पर अगर कोयला है और जौहरी उसे तरासने लगे तो आप बताओ वह कोयला हीरे की तरह कब चमकेगा ?

विज्ञान में गुणवत्ता के आधार पर हम सीखते हैं कि कोयले दो तरह के होते हैं एक जिसे एंथ्रेसिट कोयला कहते हैं और दूसरा जिसे बिटूमनी कोयला कहते हैं। मेरी कलम के लिए इस किताबी शिक्षाओं का क्या महत्व है क्या मतलब है ? मेरे लिए तो कोयला बस कोयला ही है वो मेरे किसी काम का नहीं है वो नहीं चमकेगा। जीवन की इस यात्रा में क्या खो दिया है क्या पा लिया है कितना लाभ में रहा हूं कितना नुकसान में रहा हूं बाहर से कितना जुड़ा हुआ हूं भीतर से कितना टूट गया हूं अपनों की तलाश में सब कुछ छोड़ चुका हूं या सब की तलाश में खुद से बिछड़ गया हूं कितना चल चुका हूं कहां तक पहुंच चुका हूं कितने दिन जीकर मरा हूं कितने दिन मर कर जिया हूं या असमंजस के इस जंगल में मै कही खो गया हूं ना मेरे पास

प्रश्न है ना मेरे पास उत्तर है एक शून्य हैं जो सब कुछ भी है पर कुछ नहीं भी है। मन की ऐसी स्थिति बहुत ही अनिश्चित है बहुत ही भ्रमित है आप चाहे तो इस स्थिति में रहे या फिर मेरी कलम के साथ-साथ आगे बढ़े। मन के साथ रहने में दिक्कत क्या है ? इसका उत्तर तो आप जानते ही हैं। अगर चंदन के साथ आप लहसुन को मिला दें तो चंदन की अपनी सुगंध भी दुर्गंध बन जाती है, बस यही दिक्कत है मन के साथ रहने में। अगर कोई ईश्वर की भक्ति में डूबा हुआ हो और सांसारिकता को भी अपने भीतर स्थान देता हो तो फिर भक्ति की अपनी सुगंध भी दुर्गंध सी बन जाती है। शायद इसलिए 'अशुद्ध' शब्द 'बुद्ध' शब्द से विपरीत अर्थ रखता है।

हमें भी तन से मन से वचन से ईश्वर की भक्ति में 'बुद्ध' होने की जरूरत है। बातों में तो बहुत विद्वान है आजकल आपको इंटरनेट पर बड़े बड़े तर्कशास्त्री महारथी मिल जाएंगे। मेरी कलम स्वयं भी, कई बार बड़ी-बड़ी बातें लिख देती है पर उससे आपका क्या भला ? आपका भला तब ही है जब आपको कोई ऐसा मिले जो खेवनहार इस भवसागर से पार कराने में सक्षम हो, जो बातों का हो या ना हो पर सुमिरन के अनुभव में कंचन हो, जो तुम्हें उस सार का साक्षात्कार करवा सके जो तुम्हें स्वयं के 'सत्य' से मिलवा सके। संसार की हर चीज हमें आकर्षित करती है, नाना प्रकार की चीजों से, लोगों से, हमारा मोह होता है और हम उस दिशा में खींचे चले जाते हैं। वह हमें नष्ट भी करता है काटता है गलाता है गंभीर रूप से भीतर तक जख्मी भी करता है। फिर भी हम उसके प्रति अपना मोह छोड़ने के लिए तैयार नहीं है। जो इसको छोड़ सके, जो मोह की इस गहरी उथली नदी की उल्टी धार में तैर सके, जो इस मोह से जीत सके वह है असली बाहुबली, किसी फिल्म का नहीं पर असली जिंदगी का। साधु कोई वह व्यक्ति नहीं है जिसने घर गृहस्थी त्याग कर संन्यास ले लिया है, जिसके पीछे पीछे वाद विवाद दौड़ रहे हैं, जो बातें तो सत्य की करता है पर जिसके भीतर घनघोर अंधकार है। जो ऐसी बातें बोलता है जिससे कई बार वह स्वयं ही सहमत नहीं हैं, जो बिना विचारे बोलता है, जिसने बहुत सारी मालाएं धारण कर रखी हैं, जिसने बड़ी बड़ी जटाएं रख रखी है, जिसने पूरे शरीर में भस्म लगा रखी है, जिस अपनी काम इंद्रियां दाग रखी है, जिसमें सब कुछ त्याग दिया पर जो अहंकार का त्याग नहीं कर पाया है, वो साधु नहीं होता। साधु वह होता है जो कोट पेंट में ही क्यों ना हो पर जो अपने भीतर 'दया' को रखता है जो निस्वार्थ भाव से 'ज्ञान' का 'प्रेम' का 'सत्य' का संदेश देता है जो परोपकार के प्रति समर्पित रहता है जो इस माया से दूर आंनद में रहता है और दूसरो को भी निर्भय उस आंनद में रहने की प्रेरणा देता है। यदि साधु ने आपको कुछ प्रेम से दिया है तो कितनी सुंदर बात है यदि आप भी उसे प्रेम से ही स्वीकार करें, और कितनी सौभाग्य की बात हो यदि वह चीज 'ज्ञान' हो।

यहां इस माया में हमें अपनी दो वक्त की रोटी की चिंता दीमक की तरह रोज-रोज खाई जाती है, पर चंद्र - सूर्य - नभ - यह चौदह भुवन के पूरे ब्रह्मांड को भी तो किसी का आसरा होगा ? जिसने युगो युगो से इनका पालन किया है जो आगे भी युगों युगों तक इनका संचालन करेगा। हम सोच भी नहीं सकते कि हमारी सोच कितनी छोटी है जिसमें हम सभी मनुष्यों

ने ही मिलकर आपस में एक ऐसा माहौल बना लिया है जिसमें दो वक्त की रोटी की चिंता हमारा सारा जीवन खा रही है। हजारों लाखों करोड़ों की संख्या में लोग भूखे मरते हैं पर फिर भी हमारे नेता तरक्की के नाम पर अपनी पीठ ठोकते हैं। ना मेरी कलम भूखों को रोटी खिला सकती है ना मेरी कलम आपको बाहरी संसार वाली कोई तरक्की ही दिला सकती है, पर हां यदि आप चाहो तो मेरी कलम की सलाह मानकर अपने भीतर एक संतुलन बना सकते हो और अपने इस सम्पूर्ण अस्तित्व को सफल बना सकते हो। भीतर का मार्ग, यह जिज्ञासा यह तृप्ति यह एहसास यह संतुलन यह संतुष्टि ही तो मनुष्य की मूल बुनियाद है इस अलग होकर इससे दूर होकर तो वैसे भी सब अंधकार ही है। आप धन्य है क्योंकि आपने 'सत्य' की जिज्ञासा को समझा है और इसलिए इस किताब में यहां तक आए हैं, आप धन्य है क्योंकि कम से कम मन को एक क्षण शांत करके आपने हृदय को अवसर दिया है। लोगों को दुख होता है जब लोग उनसे बेवफाई करते हैं, जब उनके अपने उन्हें छोड़कर चले जाते हैं पर मैं आपसे सच कहता हूं कि उनके जाने पर शोक ना करो क्योंकि अगर वह सचमुच में अपने होते तो छोड़कर ही क्यो गए होते ? वैसे भी हो सकता है उनके चले जाने में ही आपका भला हो, नहीं समझे ? अरे भाई उपद्रवी लोग, शेर, सांप जब तक सोए रहे आपकी तरफ ध्यान ना दें आपसे दूर रहें आपको छोड़कर चले जाएं इसमे ही आपका भला है। अगर ये आपके पास आने लगे तो सब खतरा ही खतरा है तब सब विपदा ही विपदा है।

बकरी अपने मालिक के साथ रहती है उसके अलग अर्थ होते है पर अगर कसाई बकरी के कान पकड़कर खींच कर ले जाने लगे तो उसके अलग अर्थ होते है, इसलिए बहुत जरूरी होता है कि हम भी समय रहते इस 'सत्य' को समझें कि इस संसार रूपी जंगल में हमारा अपना कौन है और पराया कौन है ? यह जिंदगी अगर एक खेत है और आप किसान हैं उसमें मेहनत करके फल सब्जी उगाते हैं क्या इतना ही पर्याप्त है ? बिल्कुल नहीं, इसके साथ आपको अपने खेत में एक बाड भी लगा देनी चाहिए ताकि आवारा पशु आपकी मेहनत के फल को नष्ट न कर दें। मैं आपसे पूछता हूं कि क्या वह बाड आपने अपनी जिंदगी में भी लगाई है या नहीं ? या जो भी आता है आपकी मेहनत को कहीं ना कहीं बस खा कर ही चला जाता है ? प्रत्यक्ष या अप्रत्यक्ष आपको बस नुकसान ही पहुंचा कर चला जाता है ? इस प्रश्न का उत्तर आप अपने आप को स्वयं दें। जो कुछ भी हम करते हैं उसका एक ही उद्देश्य है 'संतुष्टि'। सबसे ज्यादा आनंद तो उस ईश्वर की भक्ति में आता है। पर हां अगर किसी भी कारण से आप वह नहीं कर पा रहे हैं, तो आप चाहे कितनी भी कोशिश क्यों न कर लें ना आप दिन में सुखी रहेंगे ना आप रात में सुखी रहेंगे हमेशा बस भयभीत रहेंगे, ध्यान से पढ़ो दुर्गति - 'सपनों में भी परेशान रहेंगे।' जब आप धूप में रहेंगे तो आप छांव में जाना चाहेंगे और जब आप छांव में रहेंगे तो आप धूप में जाना चाहेंगे, एक जगह आपका मन नहीं टिकेगा। इस संसार में सब कुछ मिल जाने पर भी हमेशा अधूरे रहेंगे। किसी भी प्रकार से किसी भी परिस्थिति में अटल स्थिरता को कभी प्राप्त नहीं कर सकेंगे।

यह काम है वह काम है यहां जाना है वहां जाना है उसकी शादी है उसका तलाक है उसका बर्थडे है लेट हो रहा हूं यह काम अधूरा है वह काम अधूरा है ज्यादा लेट हो गया तो डांट पड़ेगी। क्या सचमुच में हम इस सत्य को समझते हैं कि यह जीवन पानी का एक बुदबुदा है। बहुत थोड़े से समय के लिए यह अभी तो हैं पर अगले क्षण नहीं है। क्या सचमुच में हम इस सत्य को समझते हैं कि हमारा सारा समय इसी दुनिया के चक्कर में चला जाता है पर अंत समय में दुनिया हमारे साथ एक कदम भी नहीं चलेगी, या फिर सब 'सत्य' जानते हुए भी हमने अपनी आंखें बंद कर ली है। जो हमारे साथ एक कदम नहीं चलेंगे हम उनके साथ पूरा जीवन चल रहे हैं। हां भक्ति के मार्ग में त्याग करना पड़ता है और जो जितना बड़ा त्याग करता है वह उतना बड़ा आनंद ले जाता है। त्यागने में सोना, चांदी, घर या फिर परिवार का त्याग कर देना काफी सरल है अगर कुछ कठिन है तो मान बढ़ाई या ईर्ष्या का त्याग कर देना कठिन है। आपका पड़ोसी आपके बारे में क्या सोचता है इस विचार का त्याग कर देना कठिन है।

मेरी कलम किसी को भविष्य से डराना नहीं चाहती पर कोई समय रहते बच सके इसलिए बस समझाना चाहती है। सतयुग त्रेता द्वापर कलियुग और उसमें भी घोर कलियुग, जैसे-जैसे हम भविष्य में प्रवेश करेंगे शर्म लिहाज मर्यादाएं सब टूटती चली जाएगी और यह भी सच है कि मर्यादाएं टूटने की सीमाएं सीमाओं से भी पार जा रही है और गहरी जाएंगी। दूसरे से थोड़ी शर्म करो कहने में आपको स्वयं शर्म आने लगेगी। रुको, वह सभी अपने मन के घोड़े पर सवार हैं अंधी दिशाओं में बहरे होकर दौड़ रहे हैं। तुम्हारे शर्म के शब्द और तुम्हारी 'सत्य' की सलाह का उनके लिए कोई मायने नहीं है। यह अज्ञानता का अंधेरा है पार्थ, यह और घना होगा। हां, मानवता के नाते 'सत्य' की संगत की सलाह देते रहना चाहिए क्योंकि इसी भीड़ में कोई कोई बिरला ऐसा भी होगा जो आपकी आवाज को सुन सकेगा और समझ भी सकेगा और यही कारण है कि जैसे यह सत्य है कि अंधकार रहेगा वैसे ही यह भी सत्य है कि उस अंधकार में सत्य का दीपक भी जलता रहेगा।

अंधेरे या प्रकाश में रहने के विकल्प हमेशा रहेंगे, किस विकल्प को चुनना है उसका निर्णय हर व्यक्ति का व्यक्तिगत रहेगा। दूसरों की जब बारी आएगी तब आएगी, आपको या मुझे उसकी चिंता करने की जरूरत नहीं क्योंकि इस बार हमारी अपनी बारी है। बड़े और ताकतवर तो पशु भी हुआ करते हैं परंतु उनके पास आपकी और मेरी भांति सत्य या असत्य जैसे मार्ग नहीं हुआ करते हैं।

जिस निर्णय कि मैं बात कर रहा हूं ना तो उसे लेना सरल है ना ही उस पर चलना। पर हां, आप चाहें तो छल कपट को त्याग कर बालक का हृदय लेकर आप उसे निर्णय पर दौड़ सकते हैं। कुछ लोग कहते हैं सत्य को बाद में समझ लेंगे, बाद में समय देंगे अभी मेरी ज्यादा उम्र भी नहीं है। अभी तो मेरे पास बहुत समय पड़ा है। पर आपको कैसे पता कि आपके पास बहुत समय पड़ा है ? जहां भी तुम हो, देखो अपने चारों तरफ और सोचो कि कौन सी ऐसी चीज है जो कभी नष्ट नहीं होगी जो नित्य है निरंतर है शाश्वत है अजर है अमर है समय के प्रभावों से परे हैं ? अगर तुम्हारे चारों तरफ तुम्हें ऐसी कोई चीज नहीं मिलती तो मैं फिर

कहूंगा कि आंखें बंद करो क्योंकि वह ईश्वर वह अमरता वह 'सत्य' तुम्हारे भीतर है। पर आंखें बंद करने मात्र से आप उसे देख नहीं पाओगे, आप मात्र अपने मस्तिष्क के विचारों में ही अटक जाओगे। तो फिर भीतर जाओगे कैसे मित्र ? अपने घट में झांकोगे कैसे ? इसीलिए तो मैं लिख रहा हूं छल कपट को त्याग कर बालक का हृदय लेकर समय के महापुरुष से आपको संपर्क करना पड़ेगा और वही वह युक्ति आपको बताएंगे जिसे जानने के बाद कुछ और जानना इस जीवन में शेष नहीं रहेगा। अब लोग कहेंगे समय के महापुरुष हमने बहुत देखे सब चोर है। भाई कभी मां के लिए ऐसे शब्दो का इस्तेमाल करते हो ? बिल्कुल नहीं। तो गुरु तो माता भी है पिता भी है बन्धु भी है सखा भी है। उसके लिए तुम्हारे छोटे विचार तुम्हें ही छोटा कर रहे हैं। तुम तुम्हारा चेहरा नहीं हो, तुम तुम्हारा नाम नहीं हो, तुम तुम्हारा धर्म नहीं हो, तुम तुम्हारी जिम्मेदारियां नहीं हो, तुम तुम हो। तुम उस बनाने वाले के हाथों से बनाए गए इस संसार रूपी बाग में एक फूल हो, तुम भद्दे नहीं हो तुम मनुष्य हो और तुम अति सुंदर हो। तुम तो महकते भी हो। समस्या सिर्फ इतनी सी है कि तुम स्वयं को भूले बैठे हो।

हां, जिस शरीर में तुम इस समय हो वह नश्वर है निरंतर परिवर्तनशील है। थोड़े समय के लिए तुमने इसे धारण किया है हो सकता है तुम सोशल मीडिया पर टकटकी लगाए व्यस्त रहते हो, पर 'सत्य' यह है कि काल भी टकटकी लगाए तुम्हारे शरीर को, तुम्हारे अस्तित्व को, तुम्हें निगलने के लिए एकटक घूर रहा है। कोई भी दे, कैसे भी दे, बहाना कोई भी हो, काल के लिए बस एक मौका, और तुम गए। वही तो मेरी कलम तुम्हें भी चेता रही है कि तुम्हारे लिए भी बस एक ही मौका है। बस एक मौका है। असत्य को छोडो अपना समय उस सत्य में लगाओ, ताकि यह जीवन धन्य धन्य हो। ताकि तुम्हारा यह मनुष्य शरीर धारण करना इस बार सफल हो। लोग सोचते हैं कि यह तो बहुत कठिन चीज है उस सत्य को समझने के लिए तो कोई बड़ा साधु या महात्मा बनना पड़ेगा। पर मेरी कलम कह रही है कि तुम्हें कुछ नहीं करना पड़ेगा जो कुछ है वह पहले से ही है, सारा आंनद उस बनाने वाले ने तुम्हारे भीतर पहले ही भर दिया है तुम्हें बस उसे हृदय से स्वीकार करना पड़ेगा। यह सोशल मीडिया और बाहरी आकर्षण तुम्हें कई बार घंटों घंटों के लिए छोड़ देते हैं जब तुम सो जाते हो तब भी यह दूर रहते हैं, पर ध्यान दो जब तक तुम्हारा अस्तित्व है सोते जागते नहाते धोते कुछ भी करते कहीं भी जाते, कहीं से भी आते, हर क्षण प्रतिपल तुम्हारा बनाने वाला हर सांस से तुम्हें छू रहा है। तुम तो अपनी समस्याओं में व्यस्त हो पर हर सांस तुम्हारे भीतर यह सुंदर जीवन ला रही है। तुम कितने समझदार हो उस सुंदरता से विमुख होकर तुमने इस संसार में प्रीत जो लगा ली है। बिना वस्त्रो के हम इस संसार में आए थे और बिना वस्त्रो के हम इस संसार से चले जाएंगे पर सारा ध्यान जीवन भर अपने और दूसरे के वस्त्रों पर ही देंगे। आज यह कपड़े भी हमारा स्टेटस बन गए है पर यह भी सत्य नहीं है।

सत्य को सीखने समझने स्वीकार करने के लिए जिज्ञासा चाहिए, समय चाहिए, प्रयास चाहिए, पर यही तीन चीजे हम इस माया को सीखने में लगा देते हैं। पर हां सांसारिक बातों

को सीखना भी अनिवार्य है ताकि हम अपनी सांसारिक जिम्मेदारियां निभा सके। अपना और अपने परिवार का पालन पोषण कर सके। पर इसमें बुराई ही क्या है अगर थोड़ा सा ही समय हम स्वयं को सीखने में भी लगा दें। लोग आने वाले कल की चिंता में आज इतने डूबे हैं कि उनके हाथों से हर रोज मिलने वाला 'आज' भी निकल जा रहा है। बुरी बातों की लत है उसके पीछे मदमस्त अपना आज लगा रहे हैं पर अच्छी बातो से परहेज़ है उन सबको कल पर टाल रखा है। ध्यान दो कही कल कल करते करते आपका आज भी आपके हाथो से निकल ना जाए। कल कल करते करते कहीं काल की आपके पास वो अंतिम कॉल ना आ जाए। क्योंकि अगर वह काल आ गया तो फिर उससे आप चाहे लाख बार कहे कि कल चलूंगा पर काल आपकी एक नहीं सुनेगा वह आपसे 'सत्य' कहेगा और स्पष्ट कहेगा कि कल नहीं 'आज' और आज में भी 'अब'।

32

कुंडलिनी चक्र !

हम सभी के लिए 'अब' महत्वपूर्ण है। भविष्य से आशाएं सबकी लगी है पर इतिहास से सबक सबके पास नहीं है। आज जितना भी घमंड है लोगो को अपने बाहुबल पर, अपने धनबल और सांसारिक उपलब्धियां पर, उससे कहीं ज्यादा अहंकार रावण करके बैठा था। जब काल की तलवार की धार से वह नहीं बचा जिसके पास दस सिर थे तो हमारी गर्दन तो बड़ी नाजुक सी है। लोगों को लगता है कि 'सत्य' वहीं होगा जहां सबसे बड़ी भीड़ लगी है पर आप बताइए जब आप मनुष्य है तो चाल भेड़ों की क्यों चलते हैं ? जब भीतर ना मन मरा है ना भय मरा है तो क्या हाल है पूछने का आधार ही क्या है ? मंदिर मस्जिद गुरुद्वारे या चर्च की इमारतों में हम लंबी उम्र की मनोकामनाएं मांगते हैं पर क्या हम यह भी जानते हैं कि काल उन सभी इमारतों को भी जर्जर कर देगा और धीरे-धीरे वही पहुंचा देगा जहां से उनकी शुरुआत हुई थी। मिट्टी से शुरू मिट्टी में खत्म। आओ चलो मित्र, उन इमारतों के नाम पर हम भी आपस में लड़ाईयां कर लें क्योंकि कई वर्तमान विद्वान तो यही कर रहे हैं।

जो कुछ समझना है वह कल नहीं आज समझना है और आज मे भी 'अब' समझना है। हमारे हाथ में सिर्फ आज है जिस कल पर हम जीवन को डाले बैठे हैं वह कल काल के हाथ में है। वह कल कभी आता नहीं है। वह कल जब भी आता है तो सिर्फ आज बनकर ही आता है और आज की तो हमें कोई परवाह ही नहीं है। जिस घर में हम रहते हैं वो बड़ी-बड़ी इमारतें हमारा असली घर नहीं है वह परमानेंट नहीं है। असली घर मैंने नापा है साढ़े तीन हाथ का ही होता है और थोड़ा बड़ा हो तो पौने चार हाथ का। आपसे कोई पैसे नहीं लिए जाएंगे पर हां, यह सांस निकलने के बाद ही आपको आपका वह असली घर दिया जाएगा। एक घर जहां आप सालों साल भी पड़े रहोगे तो कोई आपको डिस्टर्ब नहीं करेगा। जिस घर को हम अपना असली घर समझे बैठे पड़े हैं अगर उसमें प्रभु भक्ति की चर्चा नहीं होती, सत्य वचनो का स्वागत और पालन नहीं किया जाता तो वैसे भी वह शमशान ही है। लोग बड़ी-बड़ी लड़ाइयों से परेशान हैं बड़े-बड़े संगठन हैं जो इन लड़ाईयों और समस्याओं का समाधान ढूंढना चाहते हैं। लड़ाई राज्य या देश नहीं किया करते वह मनुष्य किया करते हैं और मनुष्य के बीच में होने वाली

लड़ाई सुख के लिए होती है हर व्यक्ति लड़कर ही सही पर सुख को जीत लेना चाहता है। पर क्या सुख को प्राप्त करने के लिए कोई लड़ाई लड़नी पड़ेगी, ये कैसा भ्रम है ? इससे पहले की धर्म के नाम पर, देश के नाम पर सीमाओं के नाम पर, सम्मान के नाम पर, जमीन के नाम पर, तुम लड़ने के लिए निकलो पहले ही समझ लो संतुष्टि की चाहत में गलत दिशा में चल दिए हों। जिन दुखों से तुम बच जाना चाहते हो वो तुमसे दूर नहीं है तुम कहीं पर भी चले जाओ वो तुम्हे ढूंढ लेंगे। हां इतनी बात जरूर है कि इस जंगल में भ्रमित तुम अकेले नहीं हो, जो दुखी हो। यहां पति-पत्नी बच्चे बूढ़े जवान योगी तपसी सन्यासी अमीर गरीब राजा रंक हर व्यक्ति इस दुख से बचने के प्रयास में है। सांसारिक युद्ध जीत लेना सरल है पर भीतर के उस द्वंद से जीत पाना जटिल है। अगर कोई चिंता करनी है तो तुम्हें इन देशों के युद्धों की नहीं करनी, यह सदियों से होते रहे हैं और भविष्य में भी होते रहेंगे। तुम्हें अगर कोई युक्ति करनी है तो यह करनी है कि जब दुनिया युद्ध में झुलसने लगे तो तुम कैसे युद्ध से बचते हुए भी शांति की स्थापना कर सकते हो। बड़े-बड़े प्राण घातक आग्नेय अस्त्र-शस्त्रों से सुसज्जित होकर, बड़े-बड़े टैंको में बड़ी-बड़ी मिसाइलो को लेकर, नवीनतम उपकरणों से लैस बड़ी-बड़ी पनडुब्बियों में समुद्र की गहराई में घात लगाए, भागते दौड़ते बड़े-बड़े आधुनिक विमानो में दुश्मन के रडारों को धोखा देते, खाना पानी या बिस्कुट के पैकेटो के साथ नहीं बल्कि बड़े-बड़े बमो को भरे, दुश्मन को स्वाहा कर देने के इरादों से हजारों किलोमीटर की रफ्तार से दौड़ते उस व्यक्ति के पास कहां समय है बिना लड़े जीतने की युक्ति पर विचार करने के लिए ? या यह 'सत्य' लिखूं कि कहां समय है अपने ही हृदय की आवाज को सुनने के लिए। शायद वह एक इंसान भी नहीं है, शायद वह एक रोबोट है जिसके मस्तिष्क को प्रोग्राम किया गया है, दुश्मन को तबाह करने के लिए।

उनके पास ना समय था ना अभी है और ना कभी होगा पर अगर तुम सुन सकते हो तो मैं कहूंगा तुम मनुष्य हो और धन्य धन्य हो। और हां मेरी कलम की बात तो वे सुनेंगे नहीं पर अगर वह युद्ध करते व्यक्ति आपसे मिले और आपकी बात सुन लें तो उनसे कहना कि क्रोध के आवेश में दूसरों को तो नष्ट करने जा रहे हो पर समझ सको तो समझो आपस में युद्ध का होना ही मनुष्यता पर सबसे बड़ा कलंक है। अभी हो सकता है उनको तुम मार दो पर वैसे भी आज नहीं तो कल यहां बचेगा तो कोई नहीं। विजय किसी की भी हो पर मानवता की नजरों में युद्ध का परिणाम शून्य ही रहेगा। पढ़ने में अच्छा है पर आपके लिए क्या फायदा यदि आपको 'सत्य' मिला ही नहीं है। उसी सत्य ने पांच तत्वों के रूप में एकजुट होकर आपका निर्माण किया है और हर सांस के रूप में हर क्षण अभी भी वही सत्य आपके जीवन का, आपके अस्तित्व का प्रथम और अंतिम कारण है पर कितनी विचित्र बात है कि आपके पास उसी सत्य के लिए समय नहीं है। वह सत्य इस क्षण भी आपसे एक कदम भी दूर नहीं है ठीक वही है जहां आप हो। जब तक आपका यह शरीर है तब तक वह सत्य आपके लिए इस शरीर की सीमाओं में भी है। जब यह शरीर नहीं रहेगा तब वह बिना शरीर के ही अनंत दिशा में विलीन हो जाएगा। जब तक समय रहेगा तब तक वह सत्य रहेगा और अगर तुमने

उस सत्य की संगत पकड़ ली तो जब तक वह सत्य रहेगा तब तक तुम रहोगे। लोग कहते हैं इंटरनेट पर सब कुछ मिलता हैं 'सत्य' भी मिल जाएगा, मै कहूंगा कि यदि 'सत्य' कोई वस्तु होती तो आपका कथन सही था। यहां बाहर का सब कुछ बिकेगा पर आपका सत्य तो आपको आपके भीतर ही मिलेगा। हमेशा निशुल्क मिलेगा अभी भी वह आपके भीतर निरंतर है पर उसे इन बाहरी भौतिक आंखों से कोई देख नहीं सकता है।

जो मनुष्य उस सत्य का साक्षात्कार कर लेता है वह बिना पानी के उसमें डूबता है। युगों युगों बाद भी जब चंद्रमा सूर्य पवन पृथ्वी सब एक-एक करके चले जाएंगे समाप्त हो जाएंगे तब भी वह 'सत्य' अनश्वर रहेगा। जिन्होंने बाहर की दुनिया में कुछ सीखा है वह अच्छी तरह से जानते हैं कि बाहर की दुनिया में जैसे-जैसे हम कुछ सीखने लगते हैं वैसे-वैसे हमारे प्रश्न और अधिक जानने की लालसा में बढ़ते चले जाते हैं और काफी कुछ सीख लेने के बाद एक समय ऐसा भी आता है जब हम यह महसूस करने लगते हैं कि बहुत कुछ सीख लिया है पर अभी भी बहुत कुछ बाकी है। भीतर की दुनिया की अलग ही कहानी है यहां प्रवेश करते ही हमारे प्रश्न समाप्त हो जाते हैं और हम उत्तरों के समुंद्र में उतर जाते हैं। जैसे-जैसे हम उत्तरों को इकट्ठा करते हैं हमारी झोली और संतुष्टि लगातार बढ़ती जाती है। तब इस भटकते वीरान बंजर जीवन को एक आश्रय एक ठिकाना एक स्थिरता एक हरियाली मिल जाती है। तब यह जीवन सचमुच में धन्य धन्य होने लगता है। मेरी कलम ने तो लिख दिया अब आपको अपने जीवन के समय में कितना बाहर दौड़ना है और कितना भीतर दौड़ना है यह संतुलन आप स्वयं देख लेना। स्वयं मेहनत करें और अर्जित करें। दूसरों की उपलब्धियों पर, दूसरों के खजाने पर, दूसरों के पुरुषों पर, दूसरों की नारियों पर, दूसरों के अधिकारों पर, नजर ना डालें। ये अनैतिक भी है अप्राकृतिक भी है। लोग अहंकार में कहते है, अपनी किताब अपने पास रखो, जाओ हमें नहीं सुननी कोई हृदय वगैरह की आवाज। रूको भाई इतना अहंकार मत करो। एक था बेचारा रावण, उसका अंतर्मन भी उसे बार बार 'सत्य' को स्वीकारने हेतु कह रहा था, पर उसने हृदय की आवाज़ अनसुनी कर दी थी और किसी दूसरे की नारी पर नजर डाल दी थी। मैं सच कहता हूं मरते समय उसे ना आकाश ही मिला था ना ज़मीन ही मिली थी। उसने अपने कर्मों से अपनी तो की ही थी अपने पूरे परिवार की भी दुर्गति की थी।

हे मित्र, चार ही तरह के लोग होते हैं एक वह जो कहते हैं कि यह मेरा है, दूसरे वह जो कहते हैं कि यह तेरा है, तीसरे वह जो कहते है कि आधा तेरा है और आधा मेरा है और चौथे वह जो कहते हैं कि ना कुछ मेरा है ना कुछ तेरा है सब चिड़िया रैन बसेरा है। हम सब यहां मुसाफिर है अपनी इमारतों पर घमंड ना करें ये किसी का घर नहीं है। आपका नहीं है यह घर मेरा भी नहीं है। थोड़े से समय के लिए ही हम यहां हैं। अब हम लडे या झगड़े, चाहे हम कुछ भी करे, हमें जल्द ही अनन्त दिशा में चले जाना है जहां हमारा स्थायी घर है। यदि जीवन एक दीया है तो हमारा शरीर सिर्फ उसमे लगी हुई रूई की बाती है और 'मैं' या 'मेरा' उस बाती में लगी हुई आग है, ज्यादा समय नहीं लगेगा जब यह बाती में लगी आग इसे जला कर राख कर देगी। बर्बाद करने के लिए हमारे पास समय नहीं है। निन्द्रा से उठो, भ्रम का नाश करो

संशय का त्याग करो और ज्ञान को गृहण करके 'सत्य' का साक्षात्कार करो। लोग पूछते हैं कि यह 'संशय' कहां मिलेगा, मुझे बताओ मैं उसे मारूंगा ? मैं कहूंगा की संशय बाहर कहीं नहीं है इसने हमें भीतर से जकड़ रखा है, तुम देखना चाहते हो इसको तो बहुत ही सरल है एक पल के लिए माया का सबकुछ छोड़कर उस परमात्मा की दिशा में जाने का दृढ़ निश्चय कर लो, संशय विचारों के बादलों के रुप में स्वयं तुम्हें घेरने लगेगा। जब जब तुम सत्य की संगत का प्रयास करोगे तब तब ये संशय तुम्हें किसी ना किसी तरह से रोकने का प्रयास करेगा भ्रमित करेगा। जैसे प्रकाश और अंधकार एक समय में एक जगह पर नहीं रह सकते वैसे ही स्पष्टता के आने पर ही संशय से छुटकारा निश्चित है। इस भौतिक संसार में किसी ना किसी बात की 'चिंता' सबको खाए जा रही है। चिंता भी दो तरह की होती है एक संसार की और दूसरी सतनाम की। अब आप देख लो आप कौन सी वाली करने के अभ्यस्त हो गए हो। अगर संसार के कामों की कर रहे हो तो वह कभी पूरे नहीं होते है एक खत्म होता है तो चार और निकल आते हैं पर अगर सतनाम की कर रहे हो तो भ्रम खत्म होता है और स्पष्टता बढ़ने लगती है। सभी संतों ने इस माया को, इस संसार को एक जंगल बताया है और आपको यहां से गुजरना है। अगर आप पैदल गुजरने लगे तो आप हर क्षण भयभीत रहेंगे, जंगली कुत्ते भी आपको नोच नोच के खायेंगे, अगर शेर या भालू से सामना हो गया फिर तो वह आपकी सारी यात्रा अभी इसी क्षण पूरी कर देंगे पर अगर आप उस हाथी रूपी सतनाम पर सवार रहे तो आप बड़ी शान से इस संसार रूपी जंगल का भ्रमण करेंगे। तब आपके लिए यह जंगल जंगल नहीं रहेगा आपके लिए यह एक चिड़ियाघर बन जाएगा और इसमें बीतने वाला हर पल आपके लिए मौज मस्ती का रहेगा। अब आप देख लो आपको सतनाम की सवारी लेनी है या नहीं। जीवन आपको मिला है इसलिए निर्णय का अधिकार भी आपका है। सोच समझ कर रहना, हृदय रूपी तराजू में तौल तौल कर बोलना, मद से बचना, क्रोध को सीमा में रखना, सही संगत में बैठना, संसार आपके बारे में क्या सोचता है इसकी परवाह छोड़ देना, किसी को बुरा ना कहना, अगर कोई आपको बुरा कह दे तो बुरा ना मानना और अगर बुरा मान भी जाएं तो बदला लेने की इच्छा ना रखना। ये सभी सरल बातें हैं जिनका पालन आपको जटिल 'क्लेश' से बचा सकता है। पर अगर आप ये सब अनदेखा करते रहे तो जाने अनजाने ही सही पर जीवन रूपी प्याले में अमृत की जगह विष ही भरते रहे।

संसार के ज्ञानी ज्ञान भी बेच रहे हैं इस बात से अनजान की जो बिक जाए वो 'आत्म ज्ञान' नहीं है। 'ज्ञानी' होना कोई महामंडलेश्वर की पदवी भी नहीं है कि थोड़ी किताबे रटी विशेष रंग के वस्त्र पहने और अब हम उपदेश देने लायक हो गए। संसार के ज्ञानियो को मेरी पंक्तियां पढ़कर यदि क्रोध आ जाए तो और भी अच्छा है कम से कम सबको पता तो चल जाएगा कि जो स्वयं को वैरागी शीर्षक देकर बैठे पड़े हैं उन्होंने भी संसार को अभी त्यागा नहीं है। उन बेशर्म निर्लज्जो ने बस अपने बूढ़े मां बाप त्याग दिए, कई निकम्मो ने तो संसार को दिखाने के लिए उनके जीते जी ही पिंड दान कर दिए अपने भी पिंड दान कर दिए पर रहते वो जीवित ही है। जब सांस ले ही रहे हो, भोजन चबा ही रहे हो, जल पी ही रहे हो, तो स्वीकार

क्यों नहीं करते कि तुम जीवित हो ? पिंड दान का दिखावा क्यों है ? क्या शास्त्रों में ये नहीं पढ़ा की पिंड दान मरने के बाद करना होता है, या अपने ही शास्त्र की अवहेलना करने की तुमने ठान ही ली है। बूढ़े माता पिता छोड़ दिए, पत्नी छोड़ दी, नवजात शिशु छोड़ दिए, पर क्या कामना छोड़ी ? क्रोध छोड़ा ? वासना छोड़ी ? लोभ छोड़ा ? मूर्ख तुमने सिर्फ 'सत्य' वचन छोड़ दिया है। महाकुंभ में आए एक कथित नागा साधू संन्यासी का इंटरव्यू तो मैंने भी देखा जो ये कह रहे है कि संसार के लोगों को चरस गांजा भांग या मद्यपान नहीं करना चाहिए क्योंकि ये केवल नागाओं का एकाधिकार है। भाई धन्य हो तुम, धन्य है तुम्हे ज्ञान देने वाले गुरु और धन्य है तुम्हारा ज्ञान। कहना क्या चाहते हो ? भक्ति के लिए गजेडी नशेड़ी होना जरूरी है ? अगर जंगलों में जाकर भी तुम पर मन ही हावी है तो ये झूठा वैरागी त्यागी का चोला उतार फेंको क्योंकि तुम सबसे बड़े पापी हो, तुम सबसे बडे कायर हो। जो लोग संसार में रहकर गृहस्थ जीवन में रहकर सार और असार के मध्य संतुलन बनाकर भक्ति नहीं कर सके वो लम्पट जंगलों में रहकर भी क्या करेंगे ? ज्यादा से ज्यादा वो मूर्ख आत्म संयम के नाम पर अपने गुप्तांग को दागकर स्वयं को नपुंसक बना लेंगे। तुम मुझे बताओ शास्त्रों में कहां लिखा है और भगवान ने कहां कहा है कि भक्ति के लिए ईश्वर प्रदत इस प्राकृतिक शरीर को छेदकर नपुंसक बनना जरूरी है ? भक्ति कोई दिखावा नहीं है ये तो एक धन्यवाद है एक आभार है कि हे ईश्वर आपने मुझे जो दिया मैंने उसे समझ लिया है। यहां कई लोगों को भक्ति से भी कोई मतलब नहीं है उनको कुंडलिनी जाग्रत करनी है, कई लोग ऐसे भी हैं जिन्होंने इंटरनेट पर इस विषय पर उच्च गुणवत्ता के साथ ग्राफिक्स की बेहतरीन प्रस्तुतियां बना रखी हैं। उनमें कुंडलिनी जागरण के चक्रण के विविध रूपों को विभिन्न रंगों में दर्शाया जाता है। लोग उन वीडियोस से प्रभावित होते हैं और उनका अनुसरण करते हैं। उनमें शब्दों के माध्यम से भी बहुत कुछ समझाया जाता है। ग्राफिक्स के माध्यम से बहुत कुछ दिखाया जाता है पर समस्या यह है कि जब तक हम वह सब देख सुन रहे हैं तब तक हमारी भी कुंडलिनी जागृत है वीडियो के साथ साथ हमारा भी मूलाधार चक्र घूम रहा है, पर जैसे ही स्क्रीन बंद होती है हमारी चेतना अपने अंधकार में फिर वापस लौट जाती है। जब हम उनसे पूछते हैं कि ऐसा क्यों है तो वह कहते हैं कि अभ्यास की कमी है। आंखें बंद करो अपने तीसरे नेत्र पर ध्यान लगाओ पर जब हम अपनी आंखें बंद करते हैं और अपने तीसरे नेत्र पर ध्यान लगाने की कोशिश करते हैं तो ध्यान इतना ज्यादा गतिशील है कि एक जगह टिकता ही नहीं है। उनका कहना सैद्धांतिक है पर हमारा करना तो व्यवहारिक है। अगर आंखें बंद करने पर उनके बताए नियमों से चलने पर भी हमें कुछ अनुभूति नहीं हो रही है तो फिर हम 'असत्य' क्यों कहे कि हां हो रही है ? तो कुंडली जागृत होगी कैसे ? वह हमें कुछ योग और क्रियाएं भी समझाते हैं कि ऐसा करो तब ध्यान टिकेगा और हम महीनों महीनों सालों साल ऐसा करते जाते हैं पर दुख की बात है की 'इष्ट' नहीं मिलते 'आनंद' नहीं मिलता, हमारी चेतना फिर अंधकार में ही वापस लौट जाती है। लंबे समय तक अभ्यास के बावजूद भी मन शांत नहीं होता है। कई लोग इसके लिए विभिन्न शिक्षक बनाते हैं विभिन्न आश्रमों में जाते हैं बहुत

पैसा भी खर्च करते है, अगर वह शिक्षक भी ये सफेद 'सत्य' सच सच बता देंगे कि उनको भी कुछ अनुभूति नहीं होती है तो उनका व्यापार कैसे चलेगा ?

मुझे पता है मेरी पंक्तियो को पढ़कर कई योग गुरुओं का तीसरा नेत्र मुझे भस्म करने के लिए खुल चुका है। पर गुरूजी योग सत्रों में आप ही तो कहते हो कि शांति रखो क्रोध पर नियंत्रण रखो, तो भाई थोड़ा सा ही तो मैंने लिखा है आप स्वयं इतने व्याकुल क्यों हो रहे हो ? इतने बड़े योग गुरु हो थोड़ा सा ही सही, मुझ नादान के 'सत्य' का थोड़ा सा विष सत्रों की गुरू दक्षिणा समझकर पी ही लो। योग से शारीरिक सुख मिलता है पर 'राजयोग' से आत्मिक सुख मिलता है, तुम देख लो तुम्हे किसकी तलाश है ? बस यही सरल सा भेद है जिसे तुम्हें समझना है। मैं जानता हूं कई लोग इस प्रक्रिया में सस्ते में निपटते हैं और कई लोगों को यह प्रक्रिया काफी महंगी पड़ती है। कई लोग अंततः स्वयं को ठगा हुआ महसूस करते हैं। कई लोग अपने मन में कभी इस दिशा में न लौटने का संकल्प लेकर निराश लौटते हैं। मेरी कलम आपको किसी भी रूप में ठगना नहीं चाहती आपके पास पैसे हैं तो उन्हें संभाल कर रखें आपकी जरूरत पर आपके काम आएंगे। मेरी कलम को चलने के लिए जितनी स्याही चाहिए उतनी परमात्मा ने इसे पहले ही बक्श दी है, ज्यादा की लालच मेरी कलम करती भी नहीं है। जो कुछ भी लिख रही है वह सिर्फ अपने मार्गदर्शक के प्रति आभार, सेवा समर्पण भक्ति भाव प्रेम और मनुष्यता के कल्याण के लिए लिख रही है। मेरी कलम जानती है कि एक दिन तो यह स्याही समाप्त हो ही जानी है पर इससे पहले की यह स्याही समाप्त हो जाए, यह इस जीवन का 'सत्य' इस आंनद को व्यक्त कर देना चाहती है। यही इसकी अंतिम इच्छा भी है। हे पार्थ, आपके काम की बात आपका 'सत्य' यह है कि किसी कुंडलिनी जागृत के चक्कर में मत पडो। जिस दिन आपका जन्म हुआ था और यह पहली सांस आपके भीतर आई थी उसी दिन उसी क्षण आपके सारे चक्र और सारी कुंडलिनी स्वत: ही जागृत हो गई थी। आपकी चेतना ही आपका असली जागरण है। जब तक यह है, तब तक सारे चक्र स्वत: ही जागे हुए हैं और जिस दिन यह सांस चली जाएगी उस दिन कोई योग कोई क्रिया आपके काम नहीं आएगी। अगर आप इस अस्तित्व को पवित्र करना चाहते हो तो सत्य को समझो कि यह पहले ही परम पवित्र है। ईश्वर प्रदत्त सारा आंनद आपके लिए नि:शुल्क है, बस क्योंकि आप भूल चुके है इसलिए आपको एक मार्गदर्शक के मागदर्शन की आवश्यकता जरूर है पर कुंडलिनी जागरण के नाम पर किसी पैकेज किसी प्रीमियम किसी प्रेरणादायी सत्र की आपको जरूरत नहीं है। समझने की तैयारी भी सहज है। सरल सी बात है गंदा देखते हो तो पवित्र देखना शुरू करो, गंदा करते हो तो पवित्र करना शुरू करो, गंदा चुनते हो तो पवित्र चुनना शुरू करो, गंदा सोचते हो तो पवित्र सोचना शुरू करो, गंदा कहते हो तो पवित्र कहना शुरू करो, गंदे रहते हो तो पवित्र रहना शुरू करो, गंदा सुनते हो तो पवित्र सुनना शुरू करो, गंदा पढ़ते हो तो पवित्र पढ़ना शुरू करो, गंदी संगत है तो पवित्र संगत शुरू करो।

सब गंदा गंदा करते रहोगे पर परिणाम पवित्र होगा ऐसा क्यों स्वयं से 'असत्य' बोलते हो ? कहां है वह परम पवित्रता ? ठीक आपके भीतर, ठीक वहीं जहां आप हो, जहां आपका

'सत्य' है आपके लिए वह पवित्रता, बाहर ना कभी थी, ना अभी है, ना कभी होगी। पाने तो निकल पड़े हो पर पहले यह तो समझ लो की क्या पाना है। आपको इस संसार का ना सुख पाना है ना दुख पाना है। सुख और दुख दो स्थितियां हैं जिससे हर जीवित प्राणी गुजर रहा है। ना ही आपको इन दोनों ही चीजों में उलझना है। आपको वह पाना है जो इन दोनों चीजों से परे हैं जो अविनाशी है जो अनश्वर है जो वह आंनद है। जब तक वह नहीं है तब तक जीवन में सुख और दुख ही हावी है। पर जब वह 'सत्य' आता है तो इस संसार का ना कोई सुख रह जाता है ना कोई दुख रह जाता है। तब ना आप इस संसार में होने वाली प्रशंसा का गर्व करते हैं ना ही आप इस संसार से मिलने वाली निंदा की चिंता करते हैं। तब जिस जगह आप स्थित हैं उस जगह ही परमात्मा स्थित होते हैं। तब ना कोई अपना है ना कोई पराया है। तब सारे काम निष्काम है। तब जैसे फूल के बीच में आकर सुगंध बस गई हो वैसे ही मनुष्य के भीतर आकर वह परमात्मा महकने लगता है। तब उस स्थिति में मनुष्य सुनता है तो परमात्मा को, देखता है तो परमात्मा को, कहता है तो परमात्मा से, चलता है तो परमात्मा की तरफ। उसके रहने पर उसके लिए सब कुछ है और उसके ना रहने पर वह स्वयं ही शून्य है। तब सारे नाते सारे रिश्ते सिर्फ उसी से शुरू है, तब सारी कहानियां सारी किताबें सब उसी पर खत्म है। तब जब आप उस परमात्मा की ट्रेन में बैठे इस जीवन का आनंद ले रहे हैं तो एक-एक करके सैकड़ो हजारों करोड़ो सेकंड- त्रुटि -लव -क्षण -विपुल -पल -घड़ी -होरा -प्रहर- दिवस- सप्ताह -माह- ऋतु -वर्ष -शताब्दी- सहस्राब्दी- युग- महायुग -मन्वन्तर -कल्प -नैमितका और महालय आते है और चुटकी भर में बीत जाते हैं। पर तब आप इस 'आनंद' में स्थिर रहते हैं। आप बस उस लय में रहते हैं, आपको ना पता है ना चिंता है इस बात कि कब आपका अपना शरीर भी आपको छोड़ चुका है। अब अगर आप उस अदृश्य को देखना चाहते हैं तो अनंत को देख लीजिए, अलेख को लिखना चाहते हैं तो आंनद से लिख लीजिए। आंनद को छोड़िए यहां तो लोग काफी गुस्सा होते हैं कहते हैं कि हमारा गुरु तो गड़बड़ निकल गया। मैं कहता हूं कि ठीक है कि उसने गुरु शब्द की गरिमा नहीं रखी पर तुमने उसके चक्कर में अपने भीतर की शिष्यता क्यों खो दी ? क्यों छोड़ दी ? और किस महापंडित ने तुम्हें कहा था कि तुम प्रयास करते ही सफल हो जाओगे ? इसका जवाब दो। तुम्हारी झोली में एक वह 'शिष्यता' ही तो थी जो सच्ची थी, जो तुम्हारे लिए अंधेरे में चिराग थी। अगर तुमने उस गड़बड़ गुरु के चक्कर में उस चिराग को ही बुझा दिया तो अपने भीतर संशय को भरे तुम, शिष्यता का त्याग कर बैठे तुम, हार मान चुके तुम, इन सब झंझटों और उल्टी सीधी मान्यताओं में फंसे छोटा सा दिल और छोटी सी समझ लेकर चले तुम, असली गुरु से ज्ञान मांगोगे कैसे ? आप सैकड़ो बार असफल हुए इसका मतलब यह नहीं है की सफलता कभी मिलेगी ही नहीं। लोग पूछते है मनुष्य क्या है ? मैं कहता हूं जो गिरता जरूर है कई बार हारता भी जरूर है पर हार को कभी स्वीकार नहीं करता और सफलता के लिए प्रयास अंतिम क्षण तक जारी रखता है वही 'मनुष्य' है।

33

माया प्रपंच !

हमारी चेतना और हमारा आनंद मिलन के इंतजार में है, बडी शांति से है, बड़े धैर्य से है, बड़ी आशा और बडी अपेक्षा से है। परंतु हमारी समझ के पैमाने इतने असंतुलित हैं कि हमारे लिए जिंदगी में सब चीजें मूल्यवान है पर शांति कितनी मूल्यवान है इसकी हमारे लिए कोई कदर ही नहीं है। हम संसार की इस अंधी दौड़ में इतने भ्रमित हो चुके हैं कि आज जीवित होने का कोई धन्यवाद और कोई भी आभार हमारे हृदय में नहीं है। हमारा लक्ष्य ज्यादा से ज्यादा धन कमाना, ज्यादा से ज्यादा प्रसिद्ध हो जाना, ज्यादा से ज्यादा भौतिक शक्तियां प्राप्त कर लेना हो गया है, पर ये सब प्राप्त करके मिली सफलता कितनी टिकाऊ है ? ये विचाराधीन है। इन्हें प्राप्त करना ग़लत नहीं है पर कोयले और कंकड़ों के चक्कर में सोने को नजरअंदाज करना भी बुद्धिमानी नहीं है। दोनों कानों के बाहर का शोर फिर भी शांत कर लोगे लेकिन मन ने हमारे भीतर एक शोर मचा रखा है, जो हमारे ध्यान को एक जगह टिकने ही नहीं दे रहा है, जो चाहता ही नहीं है कि हम अपनी व्यक्तिगत शांति को कभी प्राप्त कर पाए। हर बार मन हमे और बातों में उलझा देता है। हर बार हम इस मन के बहकावे में आते हैं। हर बार हम हृदय की उंगली छोड़कर इस मन का साथ पकड़कर आनंद की तलाश में बाहर की दिशाओं में दौड़ जाते हैं। आपको जानकर आश्चर्य होगा पर हम दिन में कई कई बार ऐसा ही करते हैं।

बाहर का आनंद स्थूल है, टिकाऊ नहीं है अगर वह आनंद सचमुच में टिकाऊ है तो आज उस प्लास्टिक की छोटी सी खिलौना कार में हमें मजा क्यों नहीं आता जो एक समय हमारे लिए काफी महत्वपूर्ण थी और काफी आनंददायक थी। एक समय था जब वह हमारे लिए काफी कीमती खिलौना थी। उस समय हम इसके पीछे पागल थे और 'सत्य' ये है पागल हम आज भी है पर मन को बहलाने के लिए अब हमने खिलौने बदल लिए है। कई खिलौने निर्जीव है पर कई खिलौने जीवित भी है।

हमारे भीतर निरंतर एक स्पंदन हो रहा है, रक्त हमारी शिराओं में निरंतर दौड़ रहा है, मस्तिष्क निरंतर सोच विचार कर रहा है, सांस निरंतर आ रही है जा रही है परंतु यदि हम भी

इस संसार के क्लेश का ही एक हिस्सा बने हुए हैं आनंद में नहीं है, चिंताओं में ही जीवन काट रहे है, तो मैं आपसे पूछता हूं कि ईमानदारी से बताओ हम कितने जिंदा है और कितने मरे हुए हैं ? क्या इन सांसारिक दुःखों को सहने के लिए ही इस मिट्टी ने यह जीवन ग्रहण किया था ? रोशनी के ना होने का परिणाम है अंधेरा। पर क्या असली सुख का वह चिराग जलाने की हमने कभी कोशिश भी की है ? या समाज ने जो नियम बना रखे थे हमने उन्ही नियमों में से अपनी पसंद के कुछ नियम बनाए और उन नियमों पर ही दौड़ते चले गए ? हमने दौड में हिस्सा लिया, एक बंदूक की आवाज आई और प्रतियोगिता में प्रतिभागियों के साथ पहले से तैयार हम पूरी गति से दौड गए। हम बहुत आगे तक दौड़े, बहुत तेज दौड़े, ऐसा दौड़े ऐसा दौड़े की बड़े-बड़े रिकॉर्ड तोड़ गए। ऐसा दौड़े की बड़े-बड़े मेडल अपने नाम कर लिए। हर बार अपने को देखते गए और गर्व करते गए। फिर एक दिन आया, जब इस दौड़ में कोई और आया जो हमसे तेज दौड़ गया, जो हमारे सारे रिकार्ड तोड़ गया, और हम देखते रह गए। फिर समय बीता, फिर एक दिन आया, जब हम या तो लकड़ियों के ढेर पर जला दिए गए या फिर कहीं जमीन में दफना दिए गए, क्योंकि हम बड़े महारथी थे इसलिए हमारे लिए बंदूकों और तोपों की सलामी भी हुई, पर पता नहीं कहां गई वो सुनने की क्षमता। क्योंकि इस बार असली दौड़ में हमे एक भी बंदूक चलने की आवाज सुनाई ही नहीं दी।

मैं जानता हूं पार्थ, मेरी कलम चलते चलते यात्रा के अंतिम कुछ पड़ावों पर है और तुम भी मेरी बातें सुनते सुनते शायद किसी जमीन में दब गए हो, इसलिए बोल नहीं सकते। मैं तुम्हारी पीड़ा को समझता हूं। परंतु है मुनिश्रेष्ठ दया करके मेरे कल्याण के लिए मुझे यह तो बता दीजिए कौन सा धन, कौन सी सफलता, कौन सा मेडल अपने साथ ले गए ? मेहनत करना और आगे बढ़ना गलत बात नहीं है और मनुष्य का मेहनत करना ही इस जीवन का सदुपयोग भी है। पर मेरा कहना तो सिर्फ इतना ही है कि ज्यादा तो यह माया लेने ही नहीं देगी पर थोड़ा सा ही सही, वह राम नाम भी ले लेते, फिर कोई शिकवे नहीं रहते अगर हम शांति से उस परमात्मा के साथ युगों युगों तक इस मिट्टी में दबे रहते। लोग मेरी कलम से कहते हैं की तकनीक कितनी अच्छी है इसने हमारे लिए बहुत कुछ संभव कर दिया है। मेरी कलम का एक सीधा सा नजरिया है कि मकड़ी जाला बनाती है और अगर उस जाले में दूसरा कीड़ा फंसता है और वह मकड़ी का भोजन बनता है तो यह जाला मकड़ी के लिए फायदेमंद है पर अगर मकड़ी अपने जाल में खुद ही फंस गई, खुद ही मर गई, तो आप बताइए जाले का क्या मतलब है ? अर्थ बिल्कुल स्पष्ट है कि हम टेक्नोलॉजी के नाम पर बेशक अपनी पीठ ठोंक रहे है पर क्या अनदेखा कर दे उस इतिहास को, उस 'सत्य' को जब हिरोशिमा नागासाकी पर ये टेक्नोलॉजी ही जहाजो से नीचे गिरी थी ? लोग कहेंगे कुछ मनुष्य मरे थे मैं कहूंगा बिल्कुल नहीं, गलत सोचा आपने, उस दिन मानवता मर गई थी। क्या नजरअंदाज कर दे आज के इस 'सत्य' को कि आज इंटरनेट पर सबसे ज्यादा अश्लीलता बढ़ती जा रही है, ढूंढी जा रही है, देखी जा रही है, बाटी जा रही है ? मित्र आप क्यो मानवता की दुहाई देते हो अगर इस विनाश को करने में आप स्वयं भी हिस्सेदार हो ? नैतिकता और मानवता के लिए

इस तकनीक में कोई स्थान मिले या ना मिले पर पागलपन वाले दृश्य बेहिसाब ट्रेंड करते हैं। भक्ति के लिए लोगों के पास समय हो या ना हो पर दूसरों को ट्रोल करने के लिए उनके पास समय की कमी नहीं है। टेलेंट के नाम पर कई लोगों में फूहड़पन भरा पड़ा है, ऐसे भी मानसिक रोगी है जो अपनी वीडियो वायरल करने के लिए गोबर खा रहे हैं कीचड़ खा रहे हैं और बड़ी संख्या में मानसिक रोगी है जो उन्हें सब्सक्राइब और फालो करें बैठे हैं। ध्यान से देखो शायद एक सब्सक्राइबर तो इस समय मेरी किताब भी पढ़ रहा है। बच्चों को किताबों की जगह आज गेम्स पसंद है जो उन्हें हिंसक और अधीर बना रही है शायद ये भी इस तकनीक का ही प्रतिफल है। रील्स के चंद सेकंडो के मजे के लिए लोग आज अपने घंटे घंटे खराब कर रहे हैं। दूसरी तरफ सब वैज्ञानिक बस टेक्नोलॉजी को और आकर्षक और विकसित करने में लगे हैं। सरल शब्दों में इसका अर्थ है वो लोग जाले को और बड़ा करने में लगे हैं। काश कोई वैज्ञानिक दो मिनट के लिए रूककर बच्चों को यह भी समझा देता कि बेटा यह इंटरनेट का नशा तुम्हें खोखला कर देगा, तो मेरी कलम उस महात्मा के पैर छू लेती। पर नहीं, यहां अंधी दौड़ है। यहां रुकने का, सोचने का, समझने का समय ही किसके पास है ? और तो और, मेरी कलम अगर यह सच लिखने लगे तो यह तो सबसे बड़ा अपराध है। आप स्वयं भी कितने बड़े अपराधी हैं जो सत्य को समझना चाहते हैं जो समाज के नियमों को छोड़कर मेरी कलम के पीछे-पीछे चल रहे हैं। 'सत्य' यही है कि चाहे कितनी भी तकनीक प्रगति कर जाए बिना उस परमानंद के भूत भविष्य और वर्तमान हमेशा अधूरे ही रहेंगे। अगर तकनीक खुद से मिला दे तो वह एक आशीर्वाद है और अगर तकनीक खुद से जुदा कर दे तो वह एक अभिशाप है। अगर आपको एक बॉक्स में एक उपहार मिला पर आपने उसे घर में रख दिया और कभी खोलकर देखा ही नहीं तो वह एक डिब्बे से ज्यादा कुछ भी नहीं। यह जीवन भी एक उपहार है और जरूरत है कि हम इस जीवन की संभावनाओं को खोले- देखे-समझे तभी जाकर हम इस उपहार की असली कीमत को जान पाएंगे। कहना अलग बात है और अनुभव करना अलग बात है। किसी ने हमारी मदद की तो हम धन्यवाद बोल सकते हैं पर अगर मदद भीतर तक चली गई तो हम आभार महसूस कर सकते हैं। आभार कोई अच्छी-अच्छी बातें नहीं है यह एक भाव है जो शब्दों से बंधा नहीं है।

यहां एक तथ्य समझिए कि यदि आप स्वयं गिर रहे हैं तो आप दूसरों को कैसे संभाल सकते हैं ? यदि आप अपने आप से ही खुश नहीं है तो फिर आप दूसरों को खुशी कैसे दे सकते हैं ? हो सकता है आपकी उम्र ज्यादा हो, आपके सारे बाल सफेद हो गए हो पर यदि आप अभी तक अपने आप को ही नहीं जानते तो आप बताइए कि आपकी कहानी किस समाप्ति की ओर है ? जिस दिन आप उस आनंद के समुंद्र की एक बूंद चख जाएंगे आप पूरा का पूरा समुंद्र चख जाएंगे। जिस दिन आप उस भीतर के राम का एक पल के लिए अनुभव कर जाएंगे आप यह पूरा जीवन सफल कर जाएंगे। इसलिए जो बीत गया है उसकी चिंता छोड़िए जो आने वाला है उसका स्वागत कीजिए। जीवन अगर उस आनंद के साथ जीया जा रहा है तो वह सबसे बड़ा शुभ है मृत्यु अगर हृदय में बिना उस आनंद के हो गई तो वही सबसे बड़ा अशुभ

है। ज़रूरतें तो पूरी करनी ही है, इच्छाएं भी पूरी करनी है, आशाएं भी पूरी करनी है और सपने भी पूरे करने हैं। परंतु जो चीज मिलने वाली हैं उसकी चिंता में जो चीज मिली हुई है उसका आनंद ना ले पाना कहां की समझदारी है ? जब हमारे पास सर्टिफिकेट नहीं थे जब हमने कुछ सीखा नहीं था जब हम शब्दों का भी ज्ञान नहीं रखते थे जब हमें चलना तक नहीं आता था तब भी हम पूर्ण थे और हमारी मुस्कुराहट ही उस पूर्णता का प्रमाण थी। तब सपने में भी हमें आने वाले कल की चिंताएं नहीं सताती थी हमारे चेहरे पर शांति लहराती थी एक खुशी जगमगाती थी। ऐसा हमने क्या कर दिया, कहानी ऐसे कैसे बदल गई, शांति चिंता कब बन गई ? आभार क्रोध कब बन गया ? आंनद भय क्यो बन गया ? वो बचपन की पूर्णता आज महसूस क्यों नहीं होती ? नब्ज देखी मैने अपनी, जिंदा तो है हम, पर वो खुशनुमा जीवन कहां छिन गया ? सब कुछ होते हुए भी आज हमारे अस्तित्व को किस पूर्णता की तलाश है ? यह सफेद होते बाल, यह चेहरे पर बढ़ती झुर्रियां, यह हड्डियों की कमजोरी, यह आंखों का धुंधलापन, हमें किस सच्चाई से मिलवा देना चाहता है ? जीवन में स्थाई क्या था ? बचपन बदल गया, युवावस्था भी नहीं टिकी अब हम बुढ़ापे से गुजर रहे हैं। जर्जर हो चुके हम आज वह लक्ष्य क्यों नहीं बना लेते दुनिया जीत लेने के ? क्या हमारे पहले बनाए वह लक्ष्य भी स्थायी नहीं थे ? क्या वह मंजिले भी स्थायी नहीं थी ? क्योंकि 'सत्य' तो यही है कि हम संसार को स्थायी समझते रहे पर हमारा अपना शरीर ही कभी स्थायी नहीं था। जो अनमोल समय हमें मिला इसमें हम और सब चीजे इकट्ठी करते रहे सिर्फ इसलिए क्योंकि दूसरे भी यही कर रहे थे। हम इसी में हमेशा फंसे रहे, पर कहानी पूरी तरह तब बदल गई जब सब कुछ जोड़ते जोड़ते कमबख्त हमारा अपना शरीर ही हमें छोड़ गया। हम सभी को अपने बच्चों की बहुत चिंता है, हम सभी प्रकार के प्रबंध करते हैं ताकि उनका भविष्य उज्जवल हो, पर ये अलग 'सत्य' कैसा है कि अगर बच्चे समझदार है मेहनती है तो अपनी उड़ान खुद भर लेंगे और अगर वह मूर्ख है निकम्मे है तो राज पाठ भी गवा देंगे। मित्र जो बच्चा अपने आंसू पोंछकर खुद खडा हो गया समझ लेना वो बड़ा हो गया। सोना सोना होता है लोहा लोहा होता है हीरा हीरा होता है, इन्हें बनाया प्रकृति ने ही है। हम अपने प्रयासों से सिर्फ एक काम कर सकते हैं इन पर कारीगरी कर सकते हैं इन्हें तराश कर इनकी मूल्यवृद्धि कर सकते हैं। हमारे बच्चे भी हमारे ऐसे ही हीरे हैं, अगर वो चमक नहीं रहे तो उसमें जौहरी की भी कमी है। सुख है तो दुख भी है, अंधेरा है तो उजाला भी है, समस्या है तो समाधान भी है। यही प्रकृति है और हमें इसे समझना भी है।

आज की आधुनिक दुनिया में हम अप्राकृतिक कार्य करने के आदि होते जा रहे हैं। लोग रातों को भी खुशी-खुशी कोल्हू के बैल बन गए हैं। जागने के समय पर सोना और सोने के समय पर जागना फैशन और ट्रेंड बन गया है। हमारी गलत जीवनचर्या के कारण हमें कितनी ही सेहत की समस्याएं हो रही हैं। आंखों से नहीं देख पाएंगे ? कोई बात नहीं लेजर करवा लेंगे। मां-बाप नहीं बन पाएंगे ? कोई बात नहीं आईवीएफ या सरोगेसी का सहारा लेंगे। अब तो शादी भी करना पिछड़ापन समझने लगे हैं लोग ? शौक हम पर हावी है चलो लिविंग में

रहेंगे। पार्टनर से किसी कारण नहीं भी पटती तो कोई बात नहीं अपने शरीर की जरूरत को पूरा करने के लिए ऑनलाइन उपकरण मंगवा लेंगे। हम नकली चीजों को ही असली समझ लेंगे। देखो मामला कितना गंभीर है आज हम लोग नकली प्यार करने लगे हैं आज हम लोग रिश्तों व्यापार करने लगे हैं। दोस्ती का दिखावा हो गया है प्रेम प्यार भी अब स्वार्थ सिद्धि का एक हथियार हो गया है।

आज इनका वक्त है इन्हें बोल लेने दो एक बार पैसा हाथ में लग जाए सफल हो जाऊं तो सबको बता दूंगा कि मैं कौन हूं ? जिस पर मैंने हाथ रख दिया वह सिर्फ मेरा है अगर मुझे नहीं मिलेगा तो मैं किसी और का होने भी नहीं दूंगा। तुम सबको मेरे हिसाब से चलना पड़ेगा क्योंकि तुम सब का खर्चा मैं उठाता हूं। तुम्हारी हिम्मत कैसे हो गई मेरे घर के आगे गाड़ी खड़ी करने की जानते नहीं हो कि मैं कौन हूं ? नफरतें बंद करे आओ एक प्रेम का आगाज लिखे, थोड़ा ही सही पर मनुष्य होने के नाते चलो दया का इतिहास लिखे। हम सभी एक अच्छा चेहरा चाहते हैं लेकिन जिन्हें अच्छा चेहरा मिला है कई बार उनका ही चेहरा उनका दुश्मन बन जाता है। कई बार तो वे अपने चेहरे से इतना सम्मोहित होते हैं कि ताउम्र और कुछ देख ही नहीं पाते हैं। चेहरा अगर घमंड चढ़ा दें, धन मगर मर्यादा भुला दे तो फिर आप इन्हें वरदान कहेंगे या अभिशाप यह 'सत्य' अपनी समझ से समझिए। अगर यह सत्य है कि वह परमात्मा हमारे भीतर बैठा है तो उसे समझने की जगह संसार का ऐसा कौन सा जरूरी काम है जिसके पीछे हम अपना सारा समय लगा रहे हैं ? संसार की तो वही नीति है जैसा सुकरात ने कहा कि यदि आपको वह ना मिले जिसे आप चाहते हैं तो आप दुखी होंगे, यदि आपको वह मिले जिसे आप नहीं चाहते हैं तो आप दुखी होंगे। यदि आपको वह भी मिल जाए जिसे आप चाहते हैं तो भी आप सुखी नहीं होंगे। समय हर चीज को बदल देता है। इसीलिए जब वह चीज बदलेगी जैसी है वैसी नहीं रहेगी तो उसके प्रति हमारा लगाव भी बदल जाएगा।

जब संसार का सुख या दुख मिलता है तो कई बार हमारे भीतर उठने वाली भावनाओं को, हमारे संवेगों को, नियंत्रण में रखना बहुत जटिल हो जाता है। हमारे भीतर उमड़ने वाला सुख अलग है दुख अलग है और उनकी लहरों के तूफान में हमें ध्यान देना होगा क्योंकि हमारे हृदय में विराजमान शांति का संसार अलग है वह इन सुखों और दुखों से बंधा नहीं है। सुख और दुख आते जाते रहेंगे बदलते रहेंगे पर वह शांति हमेशा हमारे भीतर अटल अपरिवर्तित और शाश्वत रहेगी। बरसात होने के बाद जैसे बाग की रौनक कई गुना बढ़ जाती है। इसी प्रकार हमारे जीवन में भीतर कि उस शांति से मिलन होने के बाद फिर हमारे अस्तित्व को एक ठहराव मिल जाता है। एक हरियाली मिल जाती है। भटकना बंद हो जाता है। वह प्यास भीतर ही उठी थी और भीतर ही तृप्त हो जाती है। आनंद के फूल हमारे जीवन रूपी बाग की शोभा बढ़ाने लगते हैं। हमारे बोलने में चलने में सुनने में हमारे रोम रोम में इस आनंद का उत्सव होने लगता है। फिर जैसे-जैसे भीतर की उस शांति के साथ हमारी मित्रता गहरी होती जाती है, माया के मोह के क्रोध के अहंकार के अज्ञानता के काल के और फिर एक दिन आता है जब उस 'मृत्यु' के भय से भी हम मुक्त हो जाते हैं। इस स्थिति में अब हम चिड़िया बन

गए, वह नही जो पिंजरे में है बल्कि वह जो स्वतंत्र उड़ान भरती है। अब हम फूल बन गए वह नही जो अविकसित रहे ब्लकि वह जो खिल गए, ऐसे फूल नहीं जो कागज के हैं बल्कि वह जो उस माली के बाग की शोभा बढ़ाने वाले हैं। ज्यादा पाने की भावना लालच है, जो मिल गया है उसका आनंद लेना आभार है, धन्यवाद देना कृतज्ञता है। लालच बढ़ाने से कृतज्ञता कभी नहीं मिलती पर कृतज्ञता बढ़ाते बढ़ाते एक दिन लालच जरूर हमें छोड़ जाता है। हम मेहनत करते हैं हमारे कान दूसरों से प्रशंसा सुनना चाहते हैं पर हमारा हृदय कोई मेडल या प्रसिद्धि नहीं बस शांति पाना चाहता है। प्रसिद्धि का परिणाम कई बार घृणा भी हो सकता है पर शांति का परिणाम सिर्फ और सिर्फ आनंद ही होता है। मन की इच्छाएं असीमित है कभी खत्म नहीं होती, समझिए जो रास्ते गोल होते हैं उनकी कोई मंजिल नहीं होती। हम सब मन की इच्छाओं की पूर्ति के पीछे पड़ जाते हैं पर यह भी तो 'सत्य' है कि उनकी कभी पूर्ति नहीं होती। हृदय की शांति हमारी इच्छा नहीं हमारी जरूरत है। जैसे शरीर को जल या भोजन की जरूरत है इस तरह हमारे अस्तित्व को शांति की जरूरत है। जैसे भूख रोज लगती है भोजन रोज करना पड़ता है वैसे ही शांति की यह प्यास नियमित उठती है जिसकी तृप्ति रोज होना जरूरी है। तृप्ति नहीं होने पर सभी के भीतर होने वाली व्याकुलता स्वाभाविक है। इसी व्याकुलता में संसार जी भी रहा है।

आज इच्छाओं की पूर्ति के पीछे हम इतने दौड़ पड़े हैं कि शांति के लिए हमारे पास समय ही नहीं है। बहुत सारी दुकाने हैं ऑफलाइन भी हैं ऑनलाइन भी है करोड़ों करोड़ों के विज्ञापन बनते हैं हम उन्हे देखते हैं उनसे प्रभावित होते हैं खरीदने निकल पड़ते हैं बहुत बार तो उन चीज़ों को जिनकी हमें जरूरत भी नहीं है।

शांति की कोई दुकान नहीं है ना कभी थी ना अभी है ना कभी होगी। उसे खरीदने की जरूरत ही क्या है जो हमारे भीतर पहले से ही भरी पड़ी है। जो हमारे भीतर हमेशा थी जो हमारे भीतर इस क्षण भी है जो हमारे भीतर अंतिम सांस तक रहेगी। कितनी विचित्र माया है जिस चीज का हमारे पास भंडार लगा पड़ा है हम उसी की तलाश में डगर डगर भटक रहे हैं। कोई हमारे सारे धन को हमारे कपड़ों को छीन सकता है कई बार हमारे शरीर के अंगों को भी हमसे छत विच्छत किया जा सकता है पर जब तक हम जीवित हैं हमारी शांति को किसी भी परिस्थिति में हमसे जुदा नहीं किया जा सकता है। जब भूकंप आता है तो बड़ी-बड़ी इमारतें भी गिर जाती हैं लेकिन जिस इमारत की बुनियाद मजबूत है वह हजारों सालों से आज भी खड़ी है। शांति की डगर पर चलते हमारी जिंदगी में भी बाधाओ का भूकंप जरूर आएगा पर अगर हम नहीं चाहते कि हम गिरे तो हमें अपनी जिज्ञासा अपनी भक्ति की बुनियाद को मजबूत करने की जरूरत है। जो फल उपज जाता है वह कई रूपों में ढलता जगह-जगह अपने बीज फैलाता है उस बीज के अंदर ही अंकुर होता है और जो उस अंकुर को पहचान जाता है उसकी संभावनाओं को पहचान लेता है उसके हाथ में आज बेशक एक बीज है पर क्योंकि उसने समझ लिया है इसलिए उसे एक दिन पेड़ भी जरूर मिल जाता है। उस एक बीज से एक पेड़ ही क्या वो पूरा का पूरा जंगल पा सकता है। इस संसार में विभिन्न प्रकार की शिक्षाएं देने के लिए विभिन्न

प्रकार की शिक्षक हैं पर प्रेम की शिक्षा ? आभार की शिक्षा ? नम्रता की शिक्षा ? भक्ति की शिक्षा ? माफ़ किजिएगा पर इसके लिए सरकारो की कोई योजना नहीं है बजट भी नहीं है। बजट तो सिर्फ महत्वपूर्ण युद्ध संबंधी कार्यों के लिए है, मित्र आप तो समझते ही हो वो कितने जरूरी है।

मेरी कलम ने बहुत ढूंढा पर बाहर शांति का कोई सिलेबस नहीं मिला। मिलता भी कैसे क्योंकि वह सिलेबस तो हर जीवित मनुष्य के भीतर है। प्रेम और भक्ति की एक ऐसी स्थिति जिसमें जीवित होने पर हर पल उस ईश्वर का ध्यान रहे और मरते समय भी उसकी ही छवि आंखों में बनी रहे मनुष्य के लिए यही शांति है यही मुक्ति है यही मोक्ष है। जब हमे कोई दुख होता है तो हम अपनो को याद करते हैं पर हृदय की भक्ति में वह 'आनंद' ही सत्य स्वरूप में एक मात्र हमारा अपना है। उससे विमुख रहना, उससे बिछड़े रहना, उसका अहसास ना हो पाना ही मनुष्य के लिए 'मृत्यु' है। सुख हो तो उसकी याद रहे और दुख हो तो उसका साथ रहे, यही 'मोक्ष' है।

सच्चे हृदय से की गई छोटी सी फरियाद ही काफी है, तुझे जरूरत नहीं आने की मेरे मालिक तेरी याद ही काफी है। सब सेवा से बचते हैं पर संतों ने तो ये तक कहा है कि जिसके हृदय में परमपिता परमेश्वर का नाम बस गया हो अगर अपनी शरीर की चमड़ी से उसके पैरों की जूती भी बनवा दे तो भी यह हमारे शरीर का सौभाग्य है। शब्दों की ये बातें हमें अतिश्योक्ति लगती हैं पर सदियों से हृदय की ये गाथा ऐसे ही अविरल बहती है। हर सांस उस बनाने वाले का एक उपहार है उसका नाम लेते इस शरीर में आती है फिर हमारे में जीवन छोड़कर स्वयं निकल जाती है, फिर एक और आती है। ये कृपा लगातार चलती है हर सांस हमारे भीतर आनंद की छाप छोड़ती है। हमारी चेतना उस परमात्मा की एक बूंद के लिए तरसती है पर वास्तविकता तो अलग ही है वह परमात्मा स्वयं आनंद का समुंद्र ही है। परमात्मा के इस सागर में रहते हुए भी अगर हमारे अस्तित्व रूपी यह बूंद उस परमात्मा को पहचान ना पाए तो यह इस जीवन का दुर्भाग्य ही है। तलाश हमे आनंद की है उस अटल अमर अनश्वर अविनाशी स्थायी की है, यहां सांसारिक भी सुख होते हैं जिसमें मनुष्य उलझते हैं, उनकी अनुभूति करते हैं समस्या सिर्फ इतनी है कि वह अनुभूतियां स्थायी नहीं है।

जब समय बीता तब अनुभूतियां बदल गई, जिसको हमने असली सुख समझा, वो खुशियां बदल गई। कोशिशें बहुत की कुछ इकट्ठा करने की पर जाते समय हम खाली हाथ ही रहे। ना प्यास मिटी ना तृप्ति मिली ना ईश ही मिले। एक खोज से ये यात्रा शुरू की थी हमने जो हमेशा बस खोज ही रही। सबकी यही कहानी बनी सबकी यही कहानी रही। पर हां, कुछ लोगों ने ये कहानी बदल दी उन्ही के चरण छूकर तो मेरी कलम चल पड़ी। अब या तो हम अपनी इस प्यास को समझें और इस दिशा में प्रयास करना शुरू करें और या फिर हम 'सत्य' से मुंह मोड़ ले और इस संसार की उपलब्धियां को ही असली सुख समझकर यह जीवन बिता दें। संसार से प्रेम का परिणाम निराशा ही है और यहां कोई ऐसा नहीं है जिसे कभी ना कभी उस निराशा ने मारा नही है।

संसार से प्रीत लगाने वाले, निराश होने वाले अनगिनत हैं। पर एक ऐसा बालक का हृदय जो निस्वार्थ होकर सेवा और विनम्रता का भाव लेकर अपने जीवन को समझना चाहता है, जीते जी जो साक्षात उस परमात्मा में मिलना चाहता है। जिसका हृदय सिर्फ इस बात से दुखी हैं कि इतना समय गुजर गया, क्यों वह ईश्वर अभी मिला नहीं है ? भक्ति के लिए, 'प्रेम' के लिए जिसकी जिज्ञासा सच्ची है। ज्ञान के इस संसार में बस वही शिष्य पात्र है बाकी सब अपात्र है। जीवन चलता रहेगा, सुख दुख आते जाते रहेंगे, ना माया पीछे हटेगी ना प्रेम पीछे हटेगा, ये द्वंद हमेशा रहेगा ये 'सत्य' हमेशा रहेगा ये भक्ति हमेशा रहेगी। माया रोज हमें काटेगी, प्रेम रोज कुछ बटोरेगा, माया एक दिन इस शरीर को खोखला कर देगी पर भक्ति मृत्युशय्या पर भी हृदय को आनंद से सराबोर कर देगी। माया एक दिन इस जीवन को खा लेगी पर प्रेम मरने के बाद भी अमरता का इतिहास लिखेगा। जब तक हम इस जीवन रूपी सपने में है यह द्वंद्व ही सत्य है यह संघर्ष ही जीवन है। अगर चाहते है हम, कि प्रेम जीत जाए तो रास्ता एक ही है। अपना समय अपना ध्यान ज्यादा नहीं दे सको तो बस एक पल ज्यादा, माया की तुलना में उस 'प्रेम' को दो। हम यदि कौवे की मति बनाकर रहे तो इसी सागर में गोते ही खाते रहेंगे पर यदि हंस की गति पकड़ी तो इस भवसागर को भी जीत लेंगे। मान सम्मान की लालच में यदि हम परमात्मा की दिशा में आगे बढ़े तो यह दिशा ही हमें भ्रमित कर देगी और यदि छल-कपट रहित हृदय से आगे बढे तो परमात्मा स्वयं ही हमें ढूंढ लेंगे।

प्रेम को हृदय में लेकर उस परमात्मा की दिशा में चलने वाले व्यक्ति का एक-एक कदम एक-एक कोटि यज्ञ के समान होता है। माया मोह अज्ञानता काम क्रोध लोभ तब हावी नहीं हो पाते जब प्रेम हावी होता है। जब प्रेम होता है तब भूख प्यास सब मर जाती है क्योंकि प्रेमी की लय हमेशा अपने प्रेम में ही होती है। इस संसार से होने वाला प्रेम मोह कहा जाता है जिसका परिणाम सिर्फ डर होता है परंतु उस परमात्मा से होने वाला प्रेम भक्ति कही जाती है जिसका परिणाम परम आनंद होता है। हर चीज में आज हमें किसी का साथ चाहिए पर मुक्ति की दिशा में व्यक्ति अकेला ही जाता है। यही निश्चित है यही नियति है। इस संसार का आकर्षण हमारे लिए बीमारी है जिसने हमें जकड़ लिया है एक ऐसी बीमारी जो धीरे-धीरे हमें नष्ट कर रही है। तत्व ज्ञान इस बीमारी की दवा है, ज्ञानदाता द्वारा बताए गए नियम परहेज है। अगर आप इस मार्ग पर टिक सके तो इस बीमारी का छूटना लाजमी है। निराशा कितनी ही क्यों ना हो इससे कोई फर्क नहीं पड़ता, जब वह ज्ञान का चिराग जलेगा तब आप उठोगे भी चलोगे भी दौड़ोगे भी और मैं सच कहता हूं एक दिन आएगा जब आप उडोगे भी।

34

वियोग बेला !

बीमार होकर मरने वालों के नाम भी इतिहास में बहुत ज्यादा है। पर जब आपको इलाज की जानकारियां हैं तो उन मरने वालों की लिस्ट में अपना नाम ही क्यों लिखवाते हो ? लोग हर काम के लिए एक शुभ मुहूर्त निकालते हैं पर पता नहीं क्यों ? वह इस बात को समझते नहीं है कि जब तक यह सांस आ रही है जा रही है उनके लिए हर मुहूर्त शुभ ही है। असली अशुभ से तो मित्र बस एक बार सामना होगा जब यह सांस इस शरीर से निकल जाएगी। तब ना कोई किताब रहेगी ना कोई कलम रहेगी। कुछ पाने का लालसा तो भक्ति में भी होती है पर पाना यहां सिर्फ भगवान को होता है। संसार का लगाव भी रहा और परमात्मा से प्रेम भी किया तो कम से कम आपको इस भवसागर में किनारा मिल जाएगा, पर हां संसार से लगाव हटाकर सिर्फ परमात्मा की ही आपने धुन लगा ली तो आपको इस भवसागर से छुटकारा ही मिल जाएगा। अपनी अपनी समझ और सुविधा अनुसार देख लीजिए जिसको जो चाहिए वह उसे ले लीजिए। संसार में जो कुछ भी हम कर रहे है हो सकता है असफलता मिले, हो सकता है निराशा मिले पर आप निराश ना होए। किसी साधु ने दया करके सही ही कहा था कि ठीक है कि मेरा पानी की मटका टूट गया क्योंकि अब मैं पानी भरने के झंझट से भी छूट गया। मतलब नुकसान होने पर भी जो निराशा में नहीं जाता और सकारात्मक नजरिया रखता है वही बुद्धिमान हैं। दुनिया में मिलने वाली निराशाएं भी जरूरी है क्योंकि कम से कम इसी बहाने हमें बार-बार यह 'सत्य' स्पष्ट होता है कि इस संसार से प्रीत लगाना मूर्खता ही है। तब हमें यह सत्य स्पष्ट दिखने लगता है कि हम इस दुनिया से मक्खन की आस लगाकर बैठे हैं पर यह दुनिया एक बांझि गाय हैं जो दूध तक नहीं देती है। लोगो की एक आदत है कि वे बीज बेशक बबूल के बो रहे हो पर अपेक्षा हमेशा आम की ही करते है। आज एक छोटा बच्चा जो पैदा होता है, देखता है, सुनता है, धीरे-धीरे चलने, सोचने और विचारने के गुण विकसित करता है, जिसे वर्णमाला का एक वर्ण भी नहीं पता था जो कोरा कागज था वह आसपास बोलते हुए दूसरे लोगों को सुनता है। वह वही करता है जिसे वह आसपास करते हुए पाता है। वह वही देखता है जो उसे दिखाया जाता है। अब अगर उसे गलत दिखाया जाता है और

धीरे-धीरे वह उस गलत की आदत में पड़ जाता है, वह गलत ही उसकी जरूरत बन जाती है, और उस गलत में ही वह कई बार मदहोश इतना आगे बढ़ जाता है कि किसी जघन्य अपराध को कर देता है जहां से वह कभी लौट ही नहीं पाता है तब संसार तुरन्त उसे अपराधी कहने के लिए खड़ा हो जाता है उसे सजा देने के लिए खड़ा हो जाता है। परंतु वह तो एक कोरा कागज था जिसपर लिखा सब संसार ने ही है। संसार को सजा देने के लिए कौन आता है ? समझ नहीं आता कैसे कब बन गए ? पर हां मित्र अपराधी ही यहां जज बन गए। गलत होने ही क्यों दिया गया इसकी जिम्मेदारी लेने के लिए समाज स्वयं से जी चुराता है, इसका मतलब असली अपराधी हो सकता है वह बालक हो या ना हो परंतु समाज तो जरूर है। दूसरों को सजा देना सरल है पर स्वयं अपनी गलतियों को पहचानना कठिन है। पहचान कर उन्हें ठीक करने की कोशिश करना और भी दुष्कर है।

यहां कौन देखता है कि समाज किस मुकाम पर खड़ा है ? इसकी गलतियां कितनी है ? कितनी कर चुका है ? कितनी कर रहा है ? इसकी कोई सूची ही नहीं है। अपराधी को अपराध की श्रेणी तक पहुंचने देना गलती थी या नहीं ? समाज को सजा देने के लिए संविधान में यहां कोई प्रावधान ही नहीं। यहां संविधान व्यक्ति विशेष को पकड़ता है क्योंकि समाज का तो मित्र कोई चेहरा ही नही। पर आपके समझ की मूल बात तो रह ही गई और वह यह हैं कि जिस समाज का कोई चेहरा नहीं है ध्यान दीजिए आज हम उसी से सबसे ज्यादा भयभीत भी हैं। इसका सरल शब्दों में अर्थ यह है कि आज हम सारी जिंदगी एक ऐसे भूत के भय में जीते हैं जिसका वास्तविकता में कोई अस्तित्व ही नहीं है। अपराध भाव तो छोड़िए समाज तो उस समय भी बड़ी बेशर्मी से तेरहवीं खाने चला आता है जब इसके द्वारा बनाए गए नियमों के कारण कोई मासूम मारा जाता है। जी हां, समाज के नियम जिसे हम न्याय संगत समझते हैं कई बार वही नियम सबसे बड़े अन्याय साबित हो चुके हैं। पर उन नियमों के विरुद्ध ना तो कोई आवाजें उठती है ना ही जंतर मंतर, इंडिया गेट और गलियों में कोई कैंडल मार्च ही होते हैं। कई बार जज भी जानते हैं वकील भी जानते हैं कि अन्याय हो रहा है पर फिर भी कानून की थालियों में, धाराओं में लपेटकर निर्दोषो को अन्याय परोस दिया जाता है। तर्क है कि संविधान अपडेटेड नहीं है। मासूमो पर किताबों का बोझ इतना बढ़ा दिया गया है की लीजिए बचपन ही छीन लिया गया है। नन्हे-नन्हे पैरों को इस दुनिया की अंधी प्रतियोगिता में दौड़ा दिया गया है और एक बार गिर जाने पर उन्हें सांत्वना मिले ना मिले पर समाज द्वारा उन्हें निकम्मा जरूर ठहरा दिया गया है। क्यों जी यह प्रतियोगिता जिसमें उसका नाम लिखा गया क्या वह अपनी मर्जी से इस प्रतियोगिता में शामिल हुआ था या फिर 'सत्य' ये है कि समाज ने अपने सपने भी उस मासूम पर लाद दिए थे ? लादने वाले सब लोग बाहरी ही थे ना, या फिर वो भी अपने थे ? ठीक है की मेहनत करनी चाहिए सबको करनी चाहिए पर समाज की अपेक्षाएं और दबाव का आलम इतना भी क्या, जहां हार मानकर किसी मासूम ने अपनी हत्या कर ली हो ? कई बच्चे प्रतियोगिताओं से परेशान होकर जीवन छोड़ देते हैं और उन्हें समाज में अखबार में सिर्फ एक लाइन मिलती है और कितने मासूमो को तो वो भी

नसीब नहीं है। शायद उनके पिता का सरनेम टाटा बिरला अडानी या अम्बानी नहीं है। मेरी कलम तो यह प्रार्थना करती है विनती करती है कि अगर समाज के नियमों के कारण किसी एक भी मासूम की जान जाए तो कृपया ऐसे नियमों को हटा दिया जाए।

जो खो गए हैं उन्हैं तो हम वापस नहीं ला पाएंगे, अरे हम थोड़ी सी शर्म करें जो मोती बचे हुए है कम से कम उन्हैं ही बचा लें। बच्चों को बाद में पढ़ना, पहले हर मां बाप को समझाओ कि जरूरी नहीं है हर बच्चे का दिमाग आइंस्टाइन हो। जिसकी क्षमता कम है क्या उसे बराबर ममता पाने का अधिकार नहीं है ? मानता हूं बड़ी जरूरी है श्रीमान यह दुनिया की प्रगति, पर आपके थोड़े रहम से किसी मां की कोख उजड़ने से बच सकती है। आप बताइए, क्या जाति वर्ण धर्म के बिना एक सभ्य मनुष्यता का विकास नहीं हो सकता जहां सभी एक दूसरे के साथ मेल मिलाप से रहे, जहां मनुष्यता ही सबसे बड़ा संविधान हो। हां अपराधों की संभावनाएं रहेंगी उसके लिए दंड भी अनिवार्य है परंतु हमारे सुधारो के प्रयासों की संख्या हमें बढ़ानी है। मनुष्यता का ऐसा विद्यालय हो जहां सत्य का सिलेबस हो और उसका साक्षात्कार ही अनिवार्य हो। यह हमारे प्रेम का विद्यालय है मगर इसकी पहले वर्णमाला तो समझ लें क्योंकि यहां के नियम माया के नियमों से बिल्कुल अलग होते हैं। यहां का शिक्षक सबसे पहले अपना भ्रम का घर जला देता है और फिर हाथ में मसाल लिए वह आगे बढ़ता है और जो जो उसके साथ चलने लगता है चुन चुन कर वह उसका भी घर जला देता है। जिसकी हिम्मत छोटी होती है उसकी क्षमता बड़ी कैसे हो सकती है ? अगर मुझे वास्तविकता को देखना है तो मुझे इन सुख और दुख दोनों की सीमाओं से परे झांकना ही होगा। बगुला बनकर मैली नदी के घोघो में मुंह मारना अलग बात है और हंस बनकर मोती का सेवन करना अलग बात है। जिस परमात्मा ने तुम्हैं इतना सुन्दर मनुष्य शरीर दिया है उसने तुम्हारे लिए इस जीवन के स्वच्छ मानसरोवर में आंनद रूपी अनंत मोतियों का प्रबंध भी किया गया है। एक रोशनी जो इस निराशा के अंधेरों का नाश कर देती है, एक बादल जो बंजर पड़े इस जीवन में अमृत की वर्षा कर देता हैं, अनहद की एक धुन जो निरंतर बजती है जिसे जितना सुनो व्यक्ति आनंद में उतना ही विभोर होता है, स्पष्टता का एक ऐसा दीया जो बिना बाती और बिना तेल के निरंतर जलता है जिसकी लौ के आकर्षण में व्यक्ति सराबोर होता है। शंकाएं और समस्याएं कही पीछे छूट जाती है जब व्यक्ति भीतर के उस परमात्मा में लीन होता है। एक मीठी प्यास, एक अनुपम अहसास, एक पूर्ण तृप्ति, एक पूर्ण जीवन, एक अटल शांति, जैसे ही इस स्वच्छ अमृत कुंड की एक बूंद व्यक्ति ग्रहण करता है यह पूरा मलिन बोझ बन चुका जीवन पवित्र और निर्मल होता है।

जो हंस है वह उस मानसरोवर का पता जानता है वह नियमित वहां जाता है और अपनी प्यास बुझाता है, आनंद के मोती आनंद से खाता है, आनंद में डूबता है, आंनद में नहाता है, आनंद लेता है और मैल को छोड़कर स्वच्छता में जीवन बिताता है पर जो सत्य को नहीं पहचान पाता वह गंदगी में ही रहता है, गंदा खाता है, गंदा सोचता है, गंदा बोलता है, गंदा करता है और एक दिन गंदा ही मरता है। मेरी कलम तुम्हैं डराना नहीं चाहती बस यह स्पष्ट

करना चाहती है कि भ्रम में मत रहो मन के छलावे में मत पडो, कोशिश करो और एक दीया बनो। इस अनमोल जीवन का सदुपयोग करो, अपने आप को अभागा मत समझो। तुम बहुत ज्यादा भाग्यशाली हो इसलिए तुमने यह जीवन पाया है, इसमें मिले इन सुंदर अवसरों को व्यर्थ मत जाने दो, आनंद लो और अपने जीवन को पूरा पूरा सफल करो। मनुष्य बनाए गए हो तो मनुष्य ही रहो, निस्वार्थ भाव से सेवा करो, भक्ति को अपने हृदय में स्थान दो, मनुष्य होने के नाते आंनद भाव में रहना ही तुम्हारी असली नियति है। मैं कहता हूं अपने चित को उस अनन्त ईश्वर में लगाओ। यहां लोग उस 'सत्य' में अपनी चेतना को लगाने से हिचकते है शायद वो मेकप के पीछे छिपे रहना चाहते हैं शायद वो अपना असली चेहरा देखने से डरते हैं। मैं आपसे पूछता हूं कि ऐसा भी क्या चिंता करते हो, ऐसा भी क्या नुकसान हो जाएगा अगर उस इष्ट को लखते लखते तुम्हारा चित उसी में खो जाएगा ? तुम्हारे भीतर क्या डर है ? क्या असमंजस है ? क्या परेशानी है ? उसमें खोने के बाद इस संसार की कहानी पूरी हो या ना हो पर कम से कम तुम्हारी अपनी व्यक्तिगत कहानी को एक सुखद अंत तो मिल जाएगा। यहां देखो चश्मा लगाए आई फोन लिए रुढ़िवादी लोग आज भी प्राचीन वर्ण व्यवस्था में फंसे हैं और छुआछूत करते हैं। ऊंची जाति के होने पर स्वयं कितने ही नीच कर्म क्यों ना करते हो पर नीची जाति वालों को नीच समझते हैं। मित्र,

आए एक ही देश से, उतरे एक ही घाट।

हवा लगी संसार की तो हो गए बारह बांट ।।

अगर हमारी बुद्धि नीच हो गई तब सचमुच में हम शुद्र बन गए, अगर हमारी बुद्धि लाभ हानि नफा नुकसान में अटकी रही तब सचमुच में हम वैश्य बन गए, अगर हम काम क्रोध मोह लोभ से लड़ नहीं सके तो क्षत्रिय होकर भी कायर रहे, अरे अगर हम उस ब्रहम में लीन ही नहीं हो पाए तो तुम बताओ किस बात के ब्राह्मण रहे ? मैं जानता हूं लोगों को जात पात और धर्म की बड़ी चिंता है। बेशक कुछ जंजीरें इतिहास ने बांध दी हो पर गुलाम रहने से लोगों को कोई परहेज़ नहीं और तर्क भी क्या देते हैं वो, कि गुलाम है तो क्या हुआ हमारी जंजीरें तो सोने की है। उनके तर्क का क्या जवाब लिखूं क्योंकि समझने के लिए भी तो समझ चाहिए होती है। जो समझ आए उसे सीख लो और जो प्रयास के बाद भी समझ ना आए उसे छोड़ दो, जिसकी समझ ना हो वो व्यापार मत करो जैसा स्वयं के साथ नहीं चाहते हो वैसा दूसरों के साथ व्यवहार मत करो। समझ ना आने वाले प्रश्नों पर अटक कर समय बर्बाद मत करो।भगवान सब जगह है कोई भी ऐसी जगह ही नहीं है जहां भगवान नहीं है। अगर वह सचमुच में सब जगह है तो इसका मतलब तो यह हुआ कि वह नरक में भी है। अब समझो कि अगर भगवान नरक में भी है तो दुख कैसा, निराशा कैसी क्योंकि उसके होने से वह नरक तो अपने आप ही स्वर्ग बन जाएगा। जी हां यही है उस परमपिता परमेश्वर की महिमा, यही है उसकी कृपा, यही है उसका आशीर्वाद कि आप चाहो तो उस पर ध्यान ना दो उससे दूर रहने की कोशिशें करो पर जब तक आप जीवित हो आप कोई भी ऐसी युक्ति नहीं कर सकते कि वह आपसे दूर हो।

35

शत्रु संहार !

मन की माया और हृदय का आनंद, दोनों विकल्पों के बीच में होने वाला यह द्वंद सदा से था अभी हैं और सदा रहेगा। युद्ध नीति यही कहती है कि किसी भी परिस्थिति में अपने शत्रु को निर्बल ना समझो। हमारी मन के भी कई रूप है जो हमें आत्म साक्षात्कार से दूर ले जाते हैं, बार-बार ले जाते हैं, हमें वासना और लालच का दास बना देते हैं। ऐसी स्थिति में सही और गलत के बीच अंतर करने की क्षमता मनुष्य खो बैठता है। अपनी इस बेहोशी में कोई अंतर करना जरूरी भी है वह यह भी नहीं समझता है। क्रोध हमें तर्कहीन और आवेग पूर्ण बना देता है, लोभ हमें स्वार्थी बनाता है दूसरों का शोषण करने के लिए निरंतर प्रेरित करता है, मोह हमें भ्रमित कर देता है, जो सत्य है वह देखने ही नहीं देता है। अहंकार व्यक्ति को अंधा बना देता है एक ऐसी स्थिति में ले जाता है जहां व्यक्ति को अपनी गलतियां दिखाई देना बंद हो जाती हैं इस विषय में रावण का काम और फिर उसका परिणाम तो याद ही होगा ना आपको ? यह सब तो बस कुछ अंश है क्योंकि मन रूपी जिस शत्रु को हमें जीतना है वास्तव में वह बहुत ही ताकतवर है। जब मन हमें कोई आदेश देता है तो उस आदेश की अवहेलना तो बस कोई शूरमा ही कर सकता है।

क्या करे शत्रु ताकतवर है यह सोचकर हार मान लें ? तो यह जीवन सफल कैसे होगा ? इसका एक सरल समाधान है शत्रु को जीतने के लिए शत्रु की कमजोरी को समझो और हर बार सही अवसर देखकर उस कमजोरी पर वार करो और धीरे-धीरे उसे और कमजोर करो। मन के आदेश पर हमारी काम इन्द्रियां ही हम पर हावी होती हैं और आवेश में हम बह जाते हैं। क्रोध हम पर हावी होता है हमें तुरंत अधीर कर देता है। फिर हमें होश तब आता है जब वह अपना काम कर चुका होता है। वासना हम पर हावी होती है हमें तुरंत अधीर कर देती है। फिर हमें होश तब आता है जब वह अपना काम कर चुकी होती है।

शांति और परम आनंद हमें भीतर से भरा और परिपूर्ण रखते हैं, जब अंदर से किसी चीज की कमी ही महसूस नहीं होती तो उस कमी को पूरा करने के लिए मन का गुलाम बनने की जरूरत ही नहीं होती।

जब क्रोध आए तो क्रोध पर क्रोध करना शुरू करें, जब लोभ आए तो थोड़ा संतुष्ट रहना शुरू करें, जब मोह आए तो सत्य से संपर्क करे, जब अहंकार आए तो नाशवान की नश्वरता को समझें। वैसे भी जब आप स्वयं को समझने लगेंगे, दूसरे का सम्मान करने लगेंगे तो इनके पास आपके भीतर टिके रहने के लिए कोई आधार ही शेष नहीं रह जाएगा। आप कहेंगे की सूची तो बहुत बड़ी हो गई, इतना कौन याद रखेगा ? तो ठीक है युद्ध नीति के अनुसार लम्बा युद्ध नहीं चाहते तो सीधे शत्रु राजा पर लक्ष्य साधे। काम क्रोध मोह लोभ अज्ञानता इन सबका राजा है मन। जब मन मरा तब सब मरे। जब मन गिरा तब सब गिरे। इस युद्ध में शत्रु की कमजोरी ही तुम्हारी सबसे बड़ी ताकत है। अब आप पूछेंगे कि मन की क्या कमजोरी है ? तो इसका सरल उत्तर है : पीछे पड़ना।

अब अगर आप इस बात को स्वीकार करें कि हां पीछे पड़ जाना मन की आदत है उसका स्वभाव है तो कितना अच्छा रहेगा यदि आप उसे बाहर की दिशाओं से मोड कर भीतर की दिशा में उस परमपिता परमेश्वर के पीछे लगा दे उस परम आंनद के पीछे लगा दें। फिर जब वह उस आंनद से ओत-प्रोत हो, तब एक जगह शांति से बैठो और पूछो अपने आप से की इस द्वंद्व मे मन जीता या आप ? क्योंकि इस बार इस प्रश्न का उत्तर आपका अपना हृदय देगा। ठीक है की मन ताकतवर है और उसने इस जीवन में झाड झंकार खरपतवार बहुत पैदा कर दिए हैं पर ज्ञान की कुल्हाड़ी को भी कम मत आंको क्योंकि वह कुल्हाड़ी अकेले ही इस जंगल को साफ करके खुला मैदान बना सकती है। एक समस्या और है कि यहां ऐसे भी लोग हैं जो पूरी तैयारी के साथ इस युद्ध को जीतने के लिए निकलते तो हैं पर अपना सेनापति वह मन को ही बना लेते है। भाई जिससे जीतना है उसी के पक्ष में उसी के नियमों से लड़ोगे तो जीतोगे कैसे ?

मन को एक मिनट भी स्थिर होने के लिए कहोगे तो वह उसे पसंद नहीं आएगा क्योंकि उसका स्वभाव उसकी प्रकृति ही चंचलता है। मन जहां है उसे वहीं रहने दो और आप आकर अपने हृदय की शांत आंगन में बैठ जाओ, यह सरल है यह संभव है। इस जीवन का आनंद लेना शुरू करो। 'भोजन' शब्द मन को बहुत अच्छा लगता है पर 'भक्ति' शब्द मन को कांटे की तरह चुभता है। शरीर कितना भी बड़ा क्यों ना हो पर इसका संचालन हमारी बुद्धि से होता है। अगर बुद्धि में ही 'कलयुग' आकर बैठ गया है तो इसके परिणाम वही होते हैं जिन्हें आप रोज के ताजा समाचारों में पढ़ देख सुन और समझ सकते हैं। पूरी दुनिया में काल बैठा है, कलयुग बैठा है, चारों तरफ निराशाओं और भय का घनघोर अंधेरा है। आप दुनिया के अंधेरे की बात छोड़ो, जहां हो बस वहां अपना दीया जला लो। बाकी संसार की चिंता मत करो क्योंकि उनके लिए भी और सबके लिए भी नियम एक ही है जो जो अपना दीया जलाएगा वह वह अंधेरे से बच जाएगा।

जिस गति से मनुष्य आज तकनीकी तरक्की कर रहा है उसे देखकर स्पष्ट है की शीघ्र ही एक समय आएगा जब उसमें इतनी सामर्थ्य होगी कि वह एक नया सृष्टिकर्ता ब्रह्मा जैसा बन जाएगा, उस नई सृष्टि का पालन करने के लिए सभी संसाधनों का वह प्रबंध करेगा

अर्थात विष्णु जैसा बन जाएगा। मनुष्य की प्राणघातक शक्तियां भी इतनी विनाशकारी होगी कि वह शिव जैसे तीनों लोगों में मृत्यु का तांडव नचाएगा। पर यह सभी तो तकनीकी प्रगति है मेरी कलम कुछ अलग ही लिख रही है। हमारी असली बुनियाद बाहर नहीं हमारे भीतर है। बाहर सारी दुनिया जीत लेने का क्या फायदा यदि हम स्वयं से ही हार जाते हैं। संसार जीतना सरल है पर काल पर विजय जटिल है। मृत्यु से आजतक कोई नहीं बचा है, कुछ लोग कहते हैं कि वह देवता अमर है पर क्या सच में आप नहीं जानते कि वह सब सिर्फ कोरी किताबी बातें हैं। हम सभी का अंतिम सत्य 'मृत्यु' ही है।

जब तक हम जीवित है संसार के इस मेले में लगी इस भीड़ का क्या फायदा यदि इसमें कोई अपना नहीं है। आसमान की ऊंचाइयों का क्या फायदा यदि पंछी ने खुले पंखों से कभी उसे नापा नहीं है। उस ठंडे स्वच्छ पानी के झरने का क्या फायदा जिसने कभी किसी की प्यास को बुझाया नहीं है। उस फल के स्वादिष्ट होने का क्या फायदा जिसने कभी किसी की भूख को मिटाया नहीं है। उस फूल का क्या फायदा जिसने हवा में अपनी सुगंध को बिखेरा नहीं है। हम भी इस क्षण जीवित है पर मनुष्य होने के नाते हमारी परम सुख की सभी संभावनाओं का क्या फायदा यदि हमने यह जीवन दुःखों में ही बिताने की ठान ली है। हम सब मनुष्य है। असली स्वभाव हमारा प्रेम और दया का है। पर ये स्वार्थ के कैसे संसार में फंस गए हम ? ये हमारे चाहने वाले हमारे चारों तरफ भीड़ लगाकर हमसे क्यों चिपके पड़े हैं ?

मित्र, वेश्या को व्यक्ति से कोई प्रेम नहीं होता, वह तो सिर्फ धन के लिए व्यक्ति से लगी पड़ी है और यदि व्यक्ति उसके स्वागत और आदर सम्मान को प्रेम समझने लगे तो उस व्यक्ति को आप क्या सलाह देंगे ? ठीक वहीं सलाह मेरी कलम भी इस संसार को देने का इस समय अपराध कर रही है। थोड़ी अधूरी सही पर चलो थोड़ी कोशिशें ही सही, जिस दिन व्यक्ति को वेश्या की सच्चाई का पता चल जाएगा कम से कम व्यक्ति तब उससे निस्वार्थ प्रेम की अपेक्षा भी नहीं लगाएगा। मोह के जाल में फसने से वो बच जाएगा। कोशिशें छोटी है पर बात बड़ी है अगर उसके सिर पर रखी भरम की गगरी गिर कर टूट गई है।

नशा हमारे ऊपर जब हावी होता है तब हम होश में नहीं रहते। हमें इतना भी ध्यान नहीं होता कि हम क्या सोच रहे हैं ? क्या बोल रहे हैं ? क्या कर रहे हैं ? क्यों व्यर्थ रो रहे हैं ? क्यों व्यर्थ हस रहे हैं ?

ठीक उसी प्रकार मेरी कलम इस माया की नींद में बेहोश हर व्यक्ति को आवाज देती है जगाती है, कहती है उठो जागो आगे बढ़ो बेहोश मत रहो। समय मत खराब करो देखो इस अनमोल समय का सूर्यास्त हो रहा है। आज एक नया दिन मिला है, नई संभावनाएं मिली है। करना ही है तो सतनाम का नशा करो। अपबल तपबल और बाहुबल के नशे सब नकली है। लोग कहते हैं कि हमारा मन काबू में नहीं रहता बार-बार चंचल होता है। भूल गए कवि वृंद का वह दोहा :

करत करत अभ्यास के जड़मति होत सुजान ।

रसरी आवत जात है सिल पर पड़त निशान।।

एक मनुष्य जो पृथ्वी से मंगल तक पहुंच गया है, जो सारे ब्रह्मांड का छोर नापने लगा है, वही मनुष्य कह रहा है कि मन चंचल है काबू में नहीं आ रहा है। याद है मुझे जब पार्थ ने भी श्रीकृष्ण से यही बात कही थी कि मन चंचल है काबू में नहीं आ रहा है। जो मनुष्य आज सबको जानता है सबका हिसाब किताब रख रहा है जो बाहरी बड़ी बड़ी चीजों को काबू में रखे बैठा है वह कह रहा है कि मन चंचल है काबू में नहीं आ रहा है। अचरज है यदि सबकुछ जानने वाला मनुष्य आज स्वयं से ही अनजान बैठा है।

मन तुम्हारे हाथ में है या तुम मन के ? पहले तो ये स्पष्ट कर लो। यदि वह तुम्हारे हाथ में है तो जहां चाहे वहां उसे लगा लो। मन आए तो उस प्रभु की भक्ति में लगा लो, मन आए तो इस संसार के भोगों में डूबा लो।

मैं जानता बहुत से लोगों को हूं जो मन के पीछे गए थे पर किसी ने भी लौटकर कभी 'सत्य' बताया नहीं है। पर मेरी कलम असत्य के लिए चली नहीं है। सत्य यह है कि जो भी हृदय को छोड़कर मन के बहकावे में भोग विलास विषय रस की लालच में इस संसार रूपी श्मशान में घुसे वह फिर कभी वापस आए ही नहीं है। मैं तो द्वार पर ही था, भीतर श्मशान में वह दफना दिए गए या जला दिए गए इसका मुझे कुछ पता नहीं है।

कबीर हो सुदामा हो या सूरदास, जिसने भी हिम्मत की और हृदय की उंगली पकड़कर उस परमात्मा की भक्ति गही, उनके पास बेशक ज्यादा धन ना रहा हो पर हां आंनद की कभी कमी नहीं रही है। मन बहुत शक्तिशाली है पर शक्तिशाली तो हाथी भी होता है और अगर आपने उस हाथी को नियंत्रित करना सीख लिया तो वही हाथी आपके लिए बहुत सारे मेहनत वाले काम भी कर सकता है। साथ ही में आप उस पर बैठे-बैठे उसकी सवारी का आनंद भी ले सकते हैं। अब आप देख लो आपको क्या करना है। अगर आपका मन भी आप पर हावी है, चंचल और शक्तिशाली है। तो समझ लो कि वह भी हाथी है। आप अभ्यास करो तकनीक को सीखो और स्वयं उसके ऊपर चढ़ जाओ। नहीं तो यदि वह हाथी अच्छे से सिर्फ एक बार आपके ऊपर चढ़ गया तो आपकी सारी कहानी, सारी किताबें, सारी बाइबल, सारी कुरान, सारी गीता अभी समाप्त हो जाएगी।

मन को हराना दुष्कर है एक पर्वत है एक पहाड़ है पर हर बार पहाड़ पर चढ़ने की जरूरत नहीं होती, पहाड़ों के किनारो से भी रास्ते होते हैं। हां अगर पहाड़ पर चढ़ना ही पड़े तो पहले सही से सीखें क्योंकि पहाड़ों पर चढ़ने की भी तरकीबें होती हैं। पर मैं यह भी जानता हूं कि आधुनिक मनुष्य प्रजाति कैसी है। वो कहेंगे कि "ये सीखने सिखाने का हमारे पास टाइम नहीं है। हमसे तो थोड़े पैसे ले लो और एक हेलीकॉप्टर ले आओ हमें यहां से उठाओ और सीधे पहाड़ के उस पार उतार दो।" रूकिए पार्थ, पहाड़ तो सिर्फ एक उदाहरण है समस्याओं और निराशाओं का। वहां कोई हेलीकॉप्टर नहीं उड़ा करते। बहुत अहंकार है ना आपको अपने धन पर, अगली बार जब यह दुनिया तुम्हें निराश कर दे तो जाना इसी पैसे से खुशियां खरीद लाना। जब यमराज के जाल में फंस जाओ तो उसे थोड़े से पैसे देकर फंदा छुड़ा लेना, बोलना

सारे पैसे ले लो थोड़ा फंदा ढीला ही कर दो। जब इस माया की बेवफाई से भीतर तक लहू लुहान हो जाओ तो इसी पैसे से भीतर के घावों का इलाज कर लेना।

जब कोई अपना ही विश्वास तोड़ जाए तो इस पैसे से विश्वास जुड़वा लेना। जब शरीर अंदर से बुढ़ापा बुढ़ापा बोलने लगे तो इस पैसे से थोड़ी जवानी चिपका लेना या फिर अपने लिए कोई नया शरीर ही खरीद लाना। यदि यह सब ना कर सको तब 'सत्य' को समझना, चालाकियां छोड़ना, बालक का हृदय लेना, अंहकार का त्याग करना और फिर हृदय की उंगली पकड़कर धीरे-धीरे मन रूपी पहाड़ को लांघने कि विधि सीखना शुरू से शुरू करना। हिम्मत करना, बाधाओं से आंखें मिलाना, पहाड़ो की विशालता से मत डरना, हवाओं से जूझना, पत्थरों से लड़ना और लक्ष्य पर पहुंचने के लिए जरूरत पड़े तो हर बाज़ी लगाना। बस संतुलन में रहना और आगे बढ़ते जाना। कितना चले हैं और कितना चलना बाकी है यह सब भूल जाना। 'सत्य' की शक्ति और भक्ति से एक दिन हनुमान पहाड़ उठा लाए थे मेरी कलम सच कहती है कि अगर तुम्हारी भक्ति निष्कपट रही सच्ची रही तो वह परमात्मा तुम्हें इतनी क्षमता देंगे कि उसकी सेवा में एक दिन तुम पहाड़ छोड़ो पूरा ब्रह्मांड उठा लाओगे।

वह बूंदें भी तुम्हारे भीतर से ही उठेंगी वह बादल भी तुम्हारे भीतर रो ही फटेगा। जब तुम तुम्हारे असली परमात्मा से मिलोगे, सच्चाइयों का सामना करोगे तब तुम देख पाओगे समझ सकोगे कि जिसे तुम बहुत बड़ा पहाड़ समझ रहे थे पार्थ, वह तो सिर्फ स्थूल सी धूल है, जिसे तुम फूंक मार कर उड़ा सकते हो।

अभी इतनी सामर्थ्य महसूस नहीं होती तो कम से कम इतना समझो कि तुम्हारा मन एक बंदर है और इधर-उधर सभी दिशाओं में दौड़ रहा है, उपद्रव कर रहा है, इससे पहले कि वह तुम्हें कोई गंभीर हानि पहुंचा दे, बांध दो उसे उस असली 'राम' नाम की रस्सी से। धन आए और प्रभु चले जाएं उससे तो अच्छा है कि भक्त गरीबी में ही जीवन बिताए। आज तो दुनिया धन के पीछे पागल है पर मीरा के पास भी तो काफी धन था पर वह किस धुन में रम गई कि सब कुछ छोड़कर वह प्रभु के पीछे पागल बन गई। मीरा भक्ति में रम गई उसने संसार की लाज लज्जा मान बड़ाई की परवाह नहीं की शायद इसलिए वह इतिहास में बड़ी बन गई। जो सचमुच में बड़ा है उसे मान बडाई की जरूरत नहीं है समझिए क्योंकि बडाई की जरूरत नहीं है इसलिए ही तो वह बड़ा है। परंतु जो सच में छोटा है उसे बडा होने के लिए बडाई की बड़ी जरूरत होती है। अब आप देख लीजिए आप कितने बड़े हैं और कितने छोटे हैं ?

जीवन एक शतरंज है, सुंदर है, मनोरंजक है, आनंद दायक है। पर टेढ़ी चाल चलने के लिए प्यादे का फर्जी होना जरूरी है। सरल अर्थ यही है कि जब हम मन के बहकावे में आए और गड़बड़ करने लगे तो हम मनुष्य नहीं रहे फर्जी हो गए। मनुष्य रहने के लिए प्रकृति के बने सभी नियमों का पालन करना जरूरी है।

36

मृत्यु मातम !

यहां इतनी घुटन क्यों है पार्थ और रोशनी का भी कोई प्रबंध नही है ? हम हिल भी नहीं पा रहे हैं हमारे शारीरिक संवेगों को जैसे रोक ही दिया गया है। यहां भीतर किसी की आवाज भी नहीं आ रही है, अभी तो बहुत लोग साथ आए थे वे हमें यहां अंधकार में अकेले छोड़कर कहां चले गए है ? हमारे मुकुट कहां है ? हमारे वस्त्र क्यों बदल दिए गए है ? पार्थ तुम शांत क्यों हो ? कुछ बोलते क्यों नहीं ? हे केशव। मैं शान्त हूं क्योंकि इस जीवन यात्रा में अभी तक मैं आपके श्रीमुख से 'सत्य' सिर्फ सुन रहा था पर अब मैं उसका साक्षात अनुभव कर रहा हूं। द्रौपदी का चीरहरण होना, युधिष्ठिर का जुएं में सबकुछ हार जाना, दुर्योधन का हमारे प्रति शत्रुता भाव रखना, हम पांडवों को सुई की नोक के बराबर भी पैतृक सम्पत्ति ना देना, आपके शांति प्रस्तावो को अस्वीकार करना, हमें मारने के षड्यंत्र रचना या धर्म - अधर्म के बीच में युद्ध क्षैत्र में रक्तरंजित वह धर्मयुद्ध, स्वयं आपके द्वारा दिया गया वह गीता संदेश सबका सब इस छह फीट नीचे दफन हम दोनों के अटल अंतिम सत्य के समक्ष स्थूल प्रतीत हो रहा है। आज मुझे वास्तविक 'सत्य' का साक्षात्कार हो रहा है। जिन वस्तुओ के लिए सारा जीवन युद्ध में बीता उनमें से कुछ भी साथ नहीं है सोच रहा हूं जब कुछ मिलना ही नहीं था साथ लेकर आना ही नहीं था तो फिर सारा जीवन मिले उस जीवन रूपी अनमोल समय में युद्ध ही क्यों किया ? आज हमारे ही बंधुओं के द्वारा हमें मिट्टी में मिलने के लिए मिट्टी में दबाकर छोड़ दिया गया है। केशव स्वयं आप भी तो उस युद्ध का हिस्सा थे, हे माया पति आज मै आपके वास्तविक सत्य को समझ सका हूं जिसमें मनुष्य की शिक्षा के लिए मनुष्य के कल्याण के लिए आपने स्वयं को भी माया में बांध लिया है। हां पार्थ, मुझे प्रसन्नता है कि ज्ञान का जो अटल सत्य मैं तुम्हें जीवनभर नहीं समझा सका कम से कम आज तुमने उसे अनुभव तो किया है। स्वयं मैं, जो सभी को युद्ध से बचने और शांति से रहने का प्रस्ताव देते महाज्ञानी होने का अंहकार करता था शांति से मिलकर रहने का गीता का यही पाठ अपने ही पुत्रों को नहीं समझा सका। स्वयं मैं अपने पुत्रों के कर्मों से मलिन अपने कुल अपने वंश अपनी सम्पूर्ण द्वारका के विनाश का अप्रत्यक्ष कारण बना। अब तो मेरी कलम भी मर रही

है स्याही भी बहुत अल्प बची है, शरीर महसूस ही नहीं हो रहा शायद सांसे निकल चुकी है। हम दोनों यहां साथ लेटे हैं पर अब आगे की अनंत यात्रा हम दोनों को अकेले अकेले ही तय करनी है। अब तो सबसे अंतिम वियोग की बेला आ गई है। जब जीवन का प्रारंभ है तो अन्त भी तो सुनिश्चित है मानव का अस्तित्व मात्र एक लेखनी है। आप वहां देखो इस लेखनी की लिखित नियति को पढ़ता यह मनुष्य जो सालों सालों की योजनाएं बना रहा है उसका अगला पल भी तो अनिश्चित ही है। पर मैं किस मुह से इसे 'सत्य' संदेश दूं जब मैं स्वयं अपने पुत्रो को नहीं समझा सका तो यह तो मात्र पाठक ही है। फिर भी यह मेरे प्रेम की गाथा है रूक कैसे सकती है ? वह तो मुझे अनंत काल तक लिखनी ही है। यही तो माया है देखो अगले पल मेरे हाथो में एक नई लेखनी है। करूणा से भरा मनुष्य इस धरती पर एक अनमोल उपहार है अन्यथा शेष सभी इस पृथ्वी पर मात्र भार है। तुम्हें कुछ भी कहा जाए पर तुम भ्रम में मत रहना वो कहते रहेगे कि वो हिंदू हैं मुस्लिम है सिक्ख है ईसाई है वो स्वयं को बहुत ऊंची जाति का बताएंगे पर तुम शब्दो प्रपंचो में मत आना, जो धर्म या जाति पाति के कारण दूसरे मनुष्य को मनुष्य नहीं देख सकते हैं उनके कहने से उनकी जाति प्रमाणित नहीं होगी क्योंकि मानवता के धर्मशास्त्र में वो मात्र चमार है। यहां चमार शब्द कोई जाति नहीं है कोई गाली नहीं है पर जैसे कुटिल बुद्धि वाले को कोटिल्य बोल दिया जाता है वैसे ही शब्दों के अर्थ में चमडी देखने वाले को चमार कहा जाता है।

दूसरों को चमार कहना सरल है और ये समझना की सारी बुरी बातें दूसरो पर ही लागू होती है क्योंकि मैं या हम स्वयं तो दूध के धूले है महाबेवकूफी है। छोटी बुद्धि वाला व्यक्ति, मानव शास्त्र के अनुसार चमार इसलिए है क्योंकि वह दूसरे मनुष्यों को सिर्फ चमड़ी से पहचानता है। अब जब मनुष्य को मनुष्य ही नहीं देख पाते चमडी की ही पहचान करते हैं और चमडी का ही सम्मान करते हैं, गोरे लड़के और गोरी लड़की के पीछे ही पागल है तो फिर हम स्वयं से कितना भी असत्य क्यों ना कहे 'सत्य' यही है कि ऐसे भेदभाव करते हम स्वयं भी चमार है। आप यहां देखो क्या अचंभा हो रहा है एक चमार लिख रहा रहा है दूसरा चमार पढ़ रहा है। देखो यहां असत्य से घिरा, शंकाओं से भ्रमित, मनमत पागल, विषय वासनाओं में डूबा चमार आज 'सत्य' की तलाश में निकला है।

शायद इसलिए संतों ने बार-बार कहा है कि ज्ञान के लिए पात्र बनना पड़ेगा। पात्र का अर्थ है एक ऐसी वस्तु जिसमें जो रखा जाए वह उसे संभाल कर रख सके, सुरक्षित रख सके। असत्य जिनको प्यारा लगता है और सत्य काटों की तरह चुभता है वह स्वयं को कितना भी शेर शेर कहे मित्र तुम उन कायरो से डरना मत वो इस जंगल के मात्र सियार है। सफेद टोपी पहनकर स्वयं को गांधीवादी नेता बताए धर्मरक्षक कहे या फिर महापंडित कहकर ही क्यों ना स्वयं को संबोधित करें यदि उनके हृदय में सभी प्राणियों के लिए दया ही नहीं है तो उनके समस्त ज्ञान पर धिक्कार है। मन मे कुछ तथा बाहर कुछ होना बगुले की प्रकृति होती है उससे तो काला दिखने वाला कौआ हजार गुना बेहतर है। कम से कम अंदर बाहर एक जैसा होता है। अगर तुम भी हंस बन सके तो फिर तो कहना ही क्या है। मेरी कलम आप सभी से सादर

निवेदन करती है कि आओ भेदभाव का त्याग करें, एक दूसरे को धर्म की, जाति की आंखों से नहीं मनुष्य की आंखों से देखें। यदि हम ऐसा कर सके तो यह धरती ही स्वर्ग है हमें किसी और ग्रह की जरूरत नहीं है। हम मनुष्य हैं और हम सब मिलकर एक परिवार हैं परिवार से अलग होकर सिर्फ मकान बनता है क्योंकि मित्र घर तो वहीं होता है जहां परिवार होता है। संसार शास्त्र के अनुसार अगर हम हिंदू हैं तो घनघोर सर्दी के ठिठुरते मौसम में, गंगा के ठंडे-ठंडे बर्फ जैसे जल में अपनी नाक बंद करके, राम नाम का उच्चारण करके डुबकियां लगाने का हम हक रखते हैं। अगर हम अच्छे मुस्लिम है तो रोजे के दौरान खाने-पीने - धूम्रपान - झूठ बोलने - गाली देने - बुराई करने - और यौन संबंधों से परहेज का भी हम फर्ज रखते हैं। परंतु यदि हम कोई उपवास व्रत रखें और ध्यान में बार-बार प्रभु ना आए बल्कि भोजन ही आ जाए तो यह कैसी भक्ति है ? यदि हम यौन संबंधों को तो रोके बैठे है पर वासना के विचार ही हम पर हावी है तो ये कैसा परहेज़ है ? क्यों मौलवी जी 'सहरी से शुरू और इफ्तार पर खत्म' उसके बाद तो चलिए 'अलविदा और तरावीह की नमाज' भी अदा कर दी। झूठ बोलना - गाली देना - बुराई करना - यौन संबंध, सब रोजे की बंदिशें तो अब खत्म है ना जी ? अब तो हम ये सब कर सकते हैं ना जी ? किसी भी धर्म की बुनियाद यदि 'आदमियत' है 'बशरियत' है तो उससे बड़ा कोई धर्म नहीं और धर्म की एक भी पंक्ति यदि 'बैर' है तो उससे बड़ा कोई अधर्म नहीं। जब हम किसी से प्रेम करते हैं तो हम नियमों से नहीं चलते। जो प्रेम करना पड़ता है वह सिर्फ एक बहकावा होता है क्योंकि जब असली प्रेम होता है तो बिना प्रयासों के ही हो जाता है। वह प्रेम अपने आप में ही पूर्ण है। प्रेम ही एक ऐसा धन है जो बांटने से बढ़ता है। जबकि इस संसार में जो कुछ भी हम कमाते हैं वह बांटने से घटता है। 'सत्य' शब्दों का नहीं परंतु स्वीकार करने और अपने जीवन में अपनाने का विषय है। जो कंजूस होता है उसके पास कितना भी धन क्यों ना आ जाए वह कभी भी उसका आनंद नहीं ले पाता है, उसने अपनी प्रवृति सिर्फ संचय की बना ली है। कई बार इतना पेट काट-काट कर बचाया गया वह सारा धन एक दिन कोई चोर ले जाता है या फिर अपना बनकर कोई और ले जाता है। असली धन शांति का है, संतुष्टि का है। उसके लिए संसार को नहीं अपितु स्वयं को जानना जरूरी है। बिना स्वयं को जाने परम शांति संभव नहीं है। अंधे व्यक्ति की एक समस्या है कि चाहे सूरज भी क्यों ना उदित हो जाए उसके लिए तो रात ही है। आपकी शांति आपसे कौन चुरा कर बैठा है उस चोर को कैसे पकड़ा जाए जिसका कोई चेहरा नहीं है ? वो कहां रहता है कुछ पता नहीं है ? चोर हमारी शांति को तो चुरा लेता है पीछे छोड़ देता है तो बस एक डर बस एक चिंता। अब अगर चिंता की चिता में ही जलना है तो देवता बनकर भी हम क्या करेंगे ? सुर बने, असुर बने, नर बने, नारी बने, मुनि बने, राजा बने या रंक बने, यह चिंता की अग्नि हम जैसे बहुतों को स्वाहा कर चुकी है। क्योंकि हम जीवित है तो ये भी एक विकल्प जरूर है कि इस बार हम अपनी कहानी में चिंता नहीं आनन्द लिख सकते हैं। आप भी चाहो तो अपनी कहानी का अंत ऐसा लिख सकते हो जिसमें इस बार चिंता की ही चिता जल जाए। बाल्यावस्था से युवावस्था की तरफ जाते समय टेस्टोस्टेरॉन हार्मोन की वृद्धि और लक्षणों को हम सभी महसूस करते

हैं। जैसे-जैसे हमारी उम्र बढ़ती है। हार्मोन में आने वाली प्राकृतिक कमी से होने वाले शारीरिक परिवर्तनों को भी हम महसूस करते हैं। फिर वृद्धावस्था में धीरे-धीरे कई शारीरिक उत्तेजनाएं हमारा पीछा छोड़ देती है।

सब उत्तेजनाएं शांत हो गई बस कमबख्त ये मन और मजबूत हो गया, हाथ पांव चले ना चले पर ये 'जीभ' लेटे लेटे भी सबको चाकू जैसी काटती है। कठोर कपटी या दुर्जन होना मन के लक्षण है, निस्वार्थ निर्मल होना हृदय के लक्षण है। चंचल होना मन का और शांति में रहना हृदय का स्वभाव है। मन इतना ताकतवर हो गया है कि अब इसे हराएं कैसे ? क्योंकि हमने ही तो इसे इतना ताकतवर बना दिया है। हमारी समझ तो देखो की मन रूपी शेर को तो हम देसी घी में डूबा डूबा कर रोटियां खिलाते रहे पर हृदय रूपी शेर जो हमें बचा सकता था उसको हमने सूखी रोटी भी कभी सीधे मुंह डाली नहीं है। तुम हो सकता है आराम से बैठे हो, ये सोचकर कि सबकुछ ठीक ठाक है, पर द्वंद्व तो चल रहा है, इससे पहले कि तुम्हारे जीवन की अंतिम बेला लगे वह यमराज तुम्हारे पीछे पड़े, जीत लो अपने मन से अपने समय को, अपने 'सत्य' को अपने 'आंनद' को। मन और हृदय का यह घातक युद्ध हो रहा है, तुम्हारी आंखों में जीत की वह आशाएं दिख रही है, तुम्हारे रक्त में साहस का वह स्पंदन हो रहा है, हृदय और मन रूपी शेर तुम्हारे जीवन की महाभारत में इस कर्मभूमि में इस रणभूमि में एक दूसरे के सामने खड़े हैं। यह युद्ध हर जीवित व्यक्ति के जीवन में हो रहा है, जिनका अभी जन्म भी नहीं हुआ उन सभी का भी यह युद्ध प्रतीक्षा कर रहा है। बड़े से बड़े शक्तिशाली लोग भी आज तक इसे टाल नहीं सके है। यह युद्ध अवश्यंभावी है। यह युद्ध सभी की नियति है। इतिहास में अमर वही हुए हैं जिन्होने मन को इस युद्ध में जीत लिया है। भीषण भी होगा विध्वंसक भी होगा, हर क्षण इस युद्ध में रक्त रंजित भी होगा। देखना ये है कि आशा घायल करेगी या निराशाएं जीत जाएंगी ? हृदय की हानि होगी तो आनंद और समय तुमसे छीने जाएंगे मन की हानि होगी तो उस ईश्वरीय अनुभूति के तुम और करीब होगे। हां यह स्पष्ट है कि इसे जीतने का यह अवसर तुम्हारा अंतिम है। यदि तुमने इसे अनदेखा किया तो परमात्मा तुम्हें कभी नहीं मिलेंगे, पांच तत्वो से बने हो तुम और शीघ्र ही हमेशा हमेशा के लिए उन्ही तत्वो में लौट जाना ही तुम्हारी परिणिति है। मनुष्य हो तुम हार मानना तुम्हे संसार ने सिखा दिया होगा पर यह तुम्हारी अपनी प्रकृति नहीं है। गिरकर साहस से फिर उठ खड़े होना ही तुम्हारी असली प्रकृति है। डर से डरो मत, जिसके सिर पर स्वयं उस बनाने वाले का हाथ है, उसको इस संसार में किसका भय है ? ध्यान रहे आज हजार कहानियां चौपाईयां और दोहे सुनाए जा सकते हैं परंतु यदि 'राम' हार गए होते तो रामायण नहीं लिखी गई होती। आप भी जागो, उठो और पहचानो अपने आप को। जीवन फिर नहीं मिलेगा मौका फिर नहीं मिलेगा जीत लो इस बार इस जीवन की 'महाभारत' को। चलो पार्थ ! इस मृत्यु पथ पर अब हम भी अनन्त काल के लिए विश्राम करते हैं...।

TEXTBOOK OF INSTRUMENTAL METHODS OF ANALYSIS

PRINCIPLES AND TECHNIQUES

K. PRANUSHA, DR. LAGU SURENDRA BABU, DR. NAMMI USHA RANI